당절선산

唐絕選刪

당절선산

唐絕選刪

구지현 옮김

보고사
BOGOSA

『당절선산』 표지

唐絶選删卷之一

明濟南李攀龍于鱗選

夜送趙縱　　楊烱

趙氏連城璧由来天下傳送君還舊府明月滿前川

易水送别　　駱賓王

此地别燕丹壯士髮衝冠昔時人已沒今日水猶寒

子夜春歌　　郭振

陌頭楊柳枝已被春風吹妾心正斷絶君懷那得知

青樓含日光緑池起風色贈子同心花殷勤此何極

南樓望　　盧僎

『당절선산』 권1 첫 장

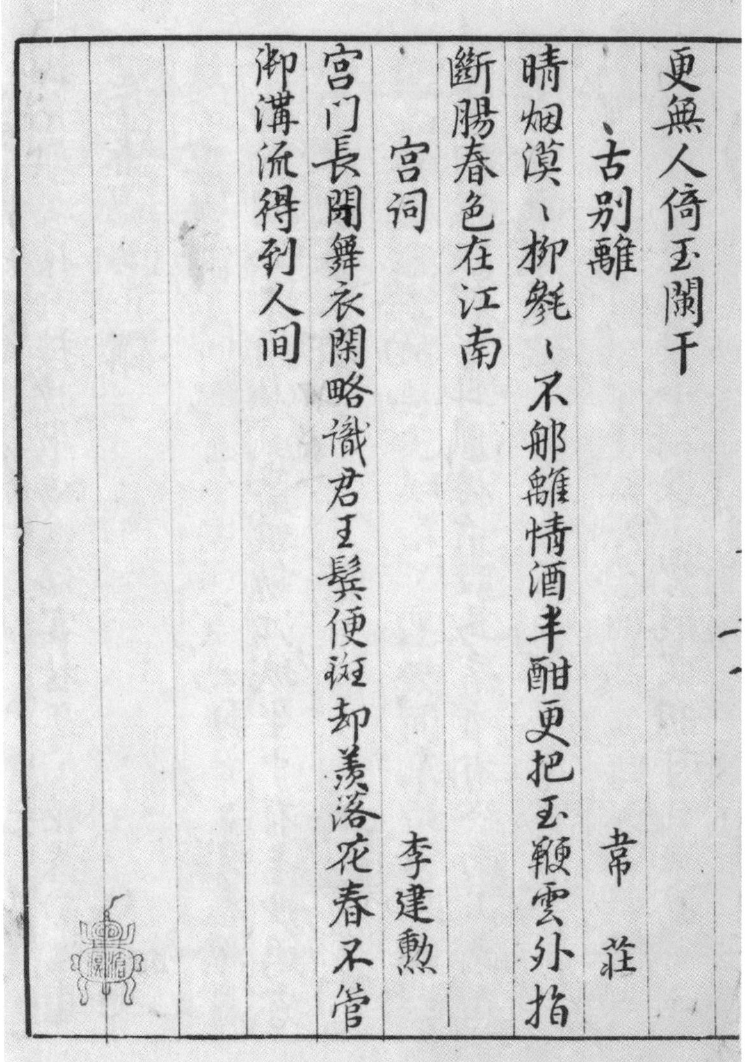

更無人倚玉闌干

古別離　　韋莊

晴烟漠丶柳毿丶不那離情酒半酣更把玉鞭雲外指

斷腸春色在江南

宮詞　　李建勳

宮门長閉舞衣閑略識君王鬢便斑却羨落花春不管

御溝流得到人间

『당절선산』 권6 마지막 장

머리말

허균은 억울하게 역적으로 몰려 죽은 사실이나 『홍길동전』의 작가라는 이름 때문에 문학비평가로서의 이미지가 대중에게 잘 알려지지 않은 듯하다. 그의 아버지 허엽은 동인의 영수였던 인물로, 학문적으로나 정치적으로나 당대의 중심에 있던 인물이다. 허균은 본래 명문가에 태어난 데다 뛰어난 자질과 영민한 머리를 타고났다. 불교와 도교에 대한 태도 때문에 여러 차례 탄핵을 당했는데, 이는 지적 호기심의 한계가 없었던 것을 반증하는 것이기도 하다. 또 천민 출신들과도 거리낌 없이 교유하였던 점을 보면 명문가 출신으로서의 특권 의식 역시 없었던 인물인 듯하다. 이러한 그의 태도는 시에서도 그러하였다.

허균은 당대 대학자인 유성룡에게 학문을 배웠으나, 시는 서얼 출신의 시인 손곡 이달에게 배웠다. 이달은 최경창, 백광훈과 함께 삼당시인으로 꼽히는데, 그 삼당시인 가운데에서도 첫 번째로 치는 시인이다. 신분과 상관없이 당시를 잘 체득한 시인에게 시를 배운 것이다. 또 그에 뒷받침하여 수많은 서적을 탐독하고 중국의 문사들과 교유하였다. 조선의 시를 편집해 중국에 소개하기도 하였으며, 누나 난설헌의 시를 발굴해 시집으로 만든 이도 허균이다. 그는 뛰어난 자질과 환경을 모두 갖춘 천재였다. 따라서 허균의 감식안만은 그의 공과 평가와는 별개로, 그 자체만으로 존중받을 가치가 있다.

『당절선산』은 허균이 당시에 대해 지닌 감식안을 그대로 담고 있는 책이다. 이 책에 대한 설명은 부유섭 선생님의 해제에 자세하여 더 이상 언급하지 않겠다. 다만 처조카이자 외종손인 김세렴이 위험을 감수하고 역적으로 죽은 허균의 인장에 자신의 인장을 덮어 지니고 있었을 만큼 중요하게 간직되었던 책이었다는 점은 밝혀둔다.

『당절선산』의 서문은 이 책에 실려있지 않고, 허균 문집 『성소부부고』에만 실려 있다. 서문 번역이 해제에 잘 실려 있으므로 따로 싣지 않았다. 또 허균 수택본으로 추정되는 이 책에 이따금 붉은 글씨로 추가한 기록이 보이는데, 아마도 책이 완성된 뒤에 소장자나 어느 독자가 덧붙인 듯하다. 누가 쓴 것인지 확인할 수 없어서, 번역하지 않았다.

마지막으로 20년 전에 『당절선산』을 찾아내어 학계에 소개했던 부유섭 선생님이 허균전집을 위해 해제를 다시 수정하여 보내주신 것에 대해 감사드린다.

수석재에서 구지현

차례

당절선산唐絕選刪 권2

당절선산唐絕選刪 권3

당절선산唐絕選刪 권4

당절선산唐絕選刪 권5

당절선산唐絕選刪 권6

당절선산 곤(坤)

당절선산唐絕選刪 권7

당절선산唐絕選刪 권8

당절선산唐絕選刪 권9

당절선산唐絕選刪 권10

허균이 뽑은 중국 당시 절구[1]
『당절선산』

허균과 『성소부부고』

이민구(李敏求, 1589~1670)는 허균(許筠, 1569~1618)의 『부부고(覆瓿藁)』를 보여준 오정위(吳挺緯, 1616~1692)에게 1657년 다음과 같은 편지를 보냈다.[2]

> 보여준 『부부고』는 범엽(范曄)이나 사령운(謝靈運)도 모두 글을 남겨 후세에 전하였는데, 이것을 전해지는 것이 어찌 불가하다 하겠습니까? 그 사람은 뛰어난 재주가 있고 총명하고 민첩한 것이 짝이 없을 정도지요. 다만 나비가 놀라 달아나듯이 경탈(輕脫)하여 깊이 책을 읽지 않고 깊이 힘을 쓰지 않았으니 들어간 문호(門戶)가 비루하고, 안목도 다소

1 본 해제는 부유섭(2004), 『문헌과 해석』 27호, 문헌과해석사, 2004에 실린 「허균이 뽑은 중국시(1)-『당절선산(唐絶選刪)』」를 일부 수정한 것임을 밝혀둔다.

2 「答吳三宰論選西坰集簡約兼示覆瓿稿書」(『東州集』, 「文集」 권1). 이민구의 부친 이수광은 허균과 동서지간이다(허균의 初娶는 安東 金大涉의 따님이다. 임진왜란 시기에 부인을 잃었다. 재취부인은 善山 金孝元의 딸이다). 허균의 처남 金矱은 허균과 함께 許篈에게 문장을 배웠는데, 이민구의 외숙이다. 그리고 허균이 과거에 조카를 부정 합격시켜 문제가 된 東岡 許宬(1585~1659)는 이민구와 지우였다. 그런 이유로 허균을 누구보다도 잘 알고 있었을 것이다. 오정위는 柳根의 『西坰集』을 初刊한 인물이다. 이민구의 편지 전반부는 柳根(1549~1627) 詩文에 대한 刪定이 지나치게 簡約한 것에 대한 변론이다. 번역된 부분은 근세에 『古鮮冊譜』(前間恭作 편)에 전문이 소개된 적이 있다.

낮은 듯합니다. 문장을 지을 때는 붓을 잡고는 바로 써 내려가고 마음 두고 진중하게 짓지 않아 얻은 것이라고는 평범한 것이 병통입니다. 시는 천솔(淺率)하여 놀랄 만한 음향이 드물고, 청편(淸便)한 기운은 넘치나, 조운(調韻)은 모자란 듯합니다. 유독 산에 노닐며[游山] 지은 고시(古詩) 서너 편만이 뽑을 만합니다. 문은 풍성하고 화려하나, 편안하고 느긋하기는 하나 손가는 대로 써 내려갔기에 특히 제(齊) 환공(桓公)과 진(晉) 문공(文公)의 절제(節制)와 같은 엄정한 법도가 모자랍니다. 척독은 때로 매를 쏘아 맞출 만한 뛰어난 솜씨를 발휘하여 사람들이 모범으로 삼고 있는데 『세설(世說)』, 『어림(語林)』이나 명나라 사람의 사한 중에 빼어난 것을 가지고 글을 생기있게 한 것입니다. 부(賦)나 명(銘)·뇌(誄)는 말을 만들고 문장을 구성하는 것이 대략 상투적인 글에 벗어나 있지 않습니다. 이외 잡저(雜著)나 기(記), 전(傳)은 역시 『단경(丹經)』이나 『열선전(列仙傳)』, 『수호지(水滸誌)』, 『서유기(西遊記)』 등 외서(外書)의 황탄(荒誕)한 말을 표절하고 부회하여 어리석은 사람들을 기쁘게 하였으니, 더욱 그 허망함을 볼 수 있습니다. 그러나 평소에 조신하고 검속하여 패륜으로 귀착되지 않고 보통사람의 하중(下中)만 되었어도 저술한 것들이 세상에 오랫동안 멀리 전해졌을 것입니다.

현전 『성소부부고』의 체재로 보건대, 이민구는 허균의 완전한 문집을 보면서 품평하고 있는 것으로 보인다. 이 『부부고』는 허균이 1611년(43세) 전라도 함열(咸悅)로 유배 갔을 때 기왕(既往)의 것을 살피고, 고실(故實)을 갖추어 파한(破閑)의 자료로 삼으려고 손수 써서 만들었다 한다. 시(詩)·부(賦)·문(文)·설(說)의 4부로 나누어 문은 400여 편, 시부에는 1400여 편, 설부는 300여 편으로 64권을 만들어 '부부고'라 이름하였다. '부부(覆瓿)'라 한 것은 황무하여 취할 것이 없어 장독 덮개로나 쓸 만하다는 뜻을 취한 것이고, 문장이 일가를 이루지 못한 데다 후세에 전해지지 못할 것이므로 '집(集)'이라 하지 않고 '고

(藁)'라는 이름을 붙였다(「옹사부부부고(翁四部覆瓿藁)」). 문집이 완성되자 허균은 감회와 결심이 녹아있는 시를 지었다.

四十三年攻翰墨　마흔세 살 되도록 글 짓는 데 공을 들여
千金敝帚枉勞心　변변찮은 글 애지중지하며 공연히 애만 태웠네
詩文十卷方書了　시문 10권 옮겨 쓰기 막 마쳤으니
從此惺翁不復吟　이제부터 다시는 시를 쓰지 않으리라

(「文集完, 用閑吟韻」)

현전하는 『성소부부고(惺所覆瓿藁)』 앞에는 이정기(李廷機)의 서문이 들어있다. 1606년에 조선을 다녀갔던 주지번(朱之蕃, 1558~1624)[3]은 조선에서 맺은 인연으로 허균의 문집을 보고 싶어 했고, 그리하여 1611년 편집이 끝난 『부부고』는 주지번에게 건네졌다. 1612년(광해군

3 정생화의 「朱之蕃의 문학 활동과 한중문화교류」(서울대학교 석사논문, 2010)에서 조선에서의 활동 등이 자세히 다루어졌고, 김정숙은 顧起元(1565~1628)의 「주지번묘지명」(『문헌과해석』 77호, 2016.)을 통해 주지번의 묘지명을 번역하고 생애를 소개한 바 있다. 주지번은 이 시기 조선의 서화, 문학 등에 영향을 끼친 중요한 인물로, 문학보다는 서화에 재능을 보였는데 서화 수장은 金陵(현 南京) 지역에서 으뜸이었다 한다(錢謙益 纂 『列朝詩集小傳』 참고). 주지번은 조선에 와서 상당수의 서적과 서화를 구해갔다 한다.(일본 靜嘉堂文庫에 소장된 조선간본 『須溪先生評點簡齋詩集』에는 朱之蕃의 장서인이 찍혀 있다. 심우준, 『日本訪書志』 참조.) 주지번은 명말 방각본이 다량 출판되었던 금릉에서 활동(玉華館은 그의 室名이다)하면서 상당수의 편찬서가 그의 이름으로 나왔으나 방각업자가 그의 이름을 빌린 僞書들일 가능성이 높다. 조선 사행시의 작품을 엮어 『奉使稿』(부록으로 『東方和音』을 만들어 조선 문인의 시를 수록하였다. 『봉사고』에 몇몇 단어가 청조에 거슬려 抽毁書目에 들어가 있다)를 만들었다. 『明百家詩選』 34권, 『中唐十二家詩集』 11권, 『晩唐十二家詩集』 12권, 『詠物詩』(謝宗可·瞿佑·朱之蕃) 등의 시선집을 편찬하였으며, 그의 시는 일본에서 간행되기도 하였다(『詠物詩』 1권). 동향의 왕명좌파의 인물 焦竑(1541~1620) 등과 『二十九子品彙釋評』(明 焦竑·翁正春·朱之蕃 同撰, 李廷機 序, 20권), 『新鐫焦太史彙選中原文獻』(明 焦竑 選, 陶望齡 評, 朱之蕃 註, 24권) 등의 책을 내었다 하나 역시 위서일 가능성이 높다. 다만 『金陵雅游篇』(1권, 1623년 간)은 同里同學의 余孟麟·焦竑·顧起元·朱之蕃의 酬唱集으로 이들의 교유를 확인시켜 주는 책이다.

4), 주지번은 허균에게 편지를 보내왔는데, 이를 들이라는 광해군의 전교(傳敎)가 있는 것으로 보아 이 둘의 관계가 지속되었음을 알 수 있다. 1613년 주지번은 당시 중국의 명사 이정기(李廷機, 1542~1616)[4]에게 편지를 보내 『부부고』의 서문을 부탁했고 이것이 조선에 들어와 허균 문집의 앞머리를 장식하게 된 것이다.

현전본 『성소부부고』[5]는 26권으로 규장각에 2종(홍문관본, 관물헌본), 국립중앙도서관본[6], 월탄 박종화 소장본, 고려대 소장본(신암문고 영본 1책 권23~26. 육당문고 영본 2책 권1, 권10~14)[7], 일본 하합문고(河合文

4 이정기의 전기는 『明史』 권217, 「列傳」 제105에서 살필 수 있다. 九我 李廷機는 당시 조선에도 이름이 알려진 인물로 광해군의 세자 책봉과 조선의 종계변무에 관여하였다. 1612년 9월 禮部尙書에서 파직되어 물러나 있었다. 『李文節集』(규장각, 28권 12책)에는 『부부고』 서문은 수록되어 있지 않다. 그의 문집은 淸代에 '사업은 칭상할 게 없고, 疏 가운데 淸을 배척하는 말이 있다(事業無可稱, 疏中有指斥之詞)'는 이유로 금서가 되었다. 이정기는 동향(福建 晉江 출신)인 李贄(1527~1602)가 죽은 다음해에 북경으로 가는 길에 通州를 지나다 이지의 무덤 앞에서 「祭李卓吾文」(권25, 1603년 작)을 지어 '竊謂之眞君子眞道學, 于程朱乎何愧!'라 한 것을 보면, 상당히 개방적인 태도를 가진 인물인 듯하다.

5 허경진, 「허균시연구」(연세대 박사학위논문, 1984)의 『성소부부고』의 '문헌비판적 연구'에서 허균 문집의 異名과 異本에 대해 상세히 소개하고 있다. 단, 윤근수에게 보낸 편지(1606년)에 賈維鑰이 빌려준 『夷門廣牘』(周履靖 輯, 1597년 간)에서 『病榻遺言』(明 高拱 撰)이라는 책을 보고 있다고 하였으나, 『이문광독』에는 『병탑유언』이 실려있지도 않고, 『병탑유언』에는 허균이 언급한 김주, 기순과 서거정의 시 얘기도 없다. 착오가 있는 듯하다.

6 국립중앙도서관(이하 국도)본은 실사한 결과, 1~2책, 6~8책과 3~5책의 글씨가 다르다. 3~5책은 정사되었을 뿐만 아니라 장서인('李□□□')이 찍혀 있다. 장서인은 오려낸 자리에 다시 찍은 것이다. 1~2책, 6~8책에는 붉은 글씨로 교정한 흔적이 있고, 3~5책에는 교정시에 틀린 부분을 오려내고 다시 종이를 붙인 후에 정사하였다. 오자도 거의 없다. 이 책은 본래 조선총독부도서관에 있던 책(소화 17년(1942), 도서번호21944)으로 확인된다.

7 신암문고본과 육당문고본은 동일 세트에서 흩어진 책이다. 신암문고본은 표지 우측 하단에 '共八'이라 적혀 있어 원래 8책이었음을 알 수 있다(아마도 26권본일 것이다) 고려대본은 표제가 모두 '看竹'으로 되어 있어 허균 문집이 『간죽집』으로 불려진 실물

庫)(영본 3책, 3~25권), 개인소장본('兪拓基印'이 찍힌 焦尾本) 등이 있다. 그런데 『성소부부고』는 서명이 다양해서 '부부고'(이정기의 서문), '사부부부고', '사부고'(『서포만필』), '양천부부고'(『율곡집』), '부부사부고', '간죽집' 등으로 유통되었다. 『간죽집(看竹集)』은 허균의 문집이 묶여진 후에 피휘하여 붙여진 이름으로, 당나라 시인 왕유(王維, 699~759)의 「봄날에 배적과 신창리를 지나다 여일인을 찾아갔으나 만나지 못했다[春日與裴廸過新昌里訪呂逸人不遇]」에서 "대나무를 보면 되었지 주인이 누군지 물을 필요가 있는가.[看竹何須問主人]"라는 구절에서 유래한다.[8] 이유원의 『임하필기(林下筆記)』(권33, 「부부사부고(覆瓿四部稿)」조)에는 "『성소부부고』는 교산 허균의 문집인데, 또한 『간죽집』이라고도 한다. 4부로 나누어져 있는데, 권단에는 이조참의를 지낸 임정(任珽)의 성명인(姓名印)이 찍혀 있으니 이것은 필시 임공이 손수 쓴 비본일 것이다"라고 하였다. 이는 신위(申緯)의 『경수당전고(警修堂全藁)』에 실려 있는 내용을 첨삭한 것이나,[9] 허균의 문집이 당시에 '간죽

을 보게 해주는 자료이다(권수제는 '성소부부고'). 다만 誤寫가 종종 보이는 것으로 보아 필사 시기는 다소 늦은 것으로 보인다.

8 『西序書目籤錄』에 『看竹集』이라는 서명이 올라 있다. 『帝室圖書目錄』「國朝板之部」(1909년 간, 서명만 기입된 목록임)에 『간죽집』 12책(缺 1), 『부부고』 8책이 보인다. 『朝鮮總督府古圖書目錄』(1921년)에는 『성소부부고』 2종(6718, 6286. 12책, 결1)이 저록되어 있는데, 현 규장각 도서번호와 동일한 것으로 봐서 지금 완질로 존재하는 것은 1921년 이후 부분적으로 보사된 것으로 보인다.

9 신위가 춘천부사 재직 시 1819년 4~6월 사이에 쓴 「余因邑子, 借閱許筠覆瓿四部稿鈔本, 卷端有任吏部珽姓名印, 此必任公之手錄秘本也. 遂爲長句批後」를 초록한 것이다. 다만 『간죽집』이라는 이명이 있음을 첨가한 것이 다를 뿐이다. 시의 내용을 보건대, 신위가 본 초본에는 靑批와 함께 임정의 장서인이 있었던 듯하다(靑批點定手閱勤, 窠篆瑟瑟鈐紅痕). 小北의 문인 임정(1694~1750)은 세거지가 수원으로, 수원의 李必進 후손가에서 『부부고』를 얻어 보았을 가능성도 있다. 그의 문집 『巵齋遺稿』(필사본)에는 허균 관련 기록은 보이지 않는다. 이필진의 둘째아들 和徵의 둘째 사위 엄경수(嚴慶遂, 1672~1718) 역시 소북으로 통혼 관계에 있다.

집'으로도 불렸음을 알려준다.

허균의 도서 수입과 『한정록』

허균의 글로는 『부부고』 이후 엮여진 『을병조천록』(1615년(광해 7) 윤8월부터 이듬해 2월까지 200여 편의 사행 시집)[10]과 『한정록(閑情錄)』(1618년), 일문(逸文) 등이 알려져 있다.[11] 허균은 1614년(천추사)과 1615년(동지겸진주부사)에 중국에서 수천 여권의 서책을 들여왔다.[12] 『한정록』은 1610년 처음 간략히 편찬했던 것에다 두 차례의 연행(燕行)을 통해 구입한 서책에서 자신의 뜻에 부합하는 문구를 뽑아 부전지(附箋紙)를 붙여두었던 것을 정리한 것으로, 허균의 다양한 독서 편력과 청언소품(淸言小品) 취향을 엿볼 수 있는 편서이다. 『한정록』의 인용서목을 검토해보면, 통행본 『한정록』에 대한 정밀한 교감(校勘)이 필요함을 새삼 느끼게 한다. 『을병조천록』에 실린 「이지(李贄)의 『분서(焚書)』를

10 최강현, 「을병조천록 해제」, 『국역 을병조천록』, 국립중앙도서관, 200에 처음 소개되었고, 『을병조천록』이 허균의 만년 사상과의 연관성은 정길수, 「許筠의 사상 전환-『을병조천록』에 담긴 허균 만년의 생각-」, 『한국문화』 64, 2013를 참고.

11 『한정록』에 대해서는 신승운의 「한정록 해제」(『국역성소부부고』 Ⅳ)와 한영규의 「'한적'의 선망과 『한정록』」(『문헌과 해석』 19, 2002 여름)에 자세하다. 이외 허균이 편한 『台閣志』(종로시립도서관, 규장각 등)를 정조 연간에 증보한 책이 현전하며, 『增補文獻備考』에는 허균이 찬했다는 『增補韻府群玉』이 저록되어 있다.

12 『광해군일기』 1615년(광해 7) 8월 8일자, 「중국 황제에게 바치는 주본의 내용」에 허균이 1614년에 중국에서 사들인 책들이 실려 있다. 陳賀千秋使로 갔던 배신 許筠이 경사로부터 돌아와 서책 11종을 가지고 왔다는 기록이 있다. 4천여 책 가운데 일부일 것이다. 『吾學編』(鄭曉, 69권), 『皇明大政記』(雷禮, 25권), 『續文獻通考』(王圻, 254권), 『皇明經世實用編』(馮應京, 28권), 『學海』(饒伸, 251권), 『昭代典則』(黃光昇, 28권), 『灼艾集』(萬表, 2권, 續集 2권, 餘集 2권, 別集 2권, 新集 2권), 『孤樹裒談』(李默, 10권), 『蒼霞草』(葉向高, 12권), 『碧山集』(黃洪憲, 19권), 『弇山堂別集』(王世貞, 100권), 『林居漫錄』(伍袁萃, 前集 6권·別集 9권·畸集 5권·多集 6권, 허균은 '草本 1권'이라 하였다) 등.

읽다[讀李氏焚書]」 3수 등을 통해 왕학 좌파(王學左派)의 사상가 이지의 『분서』를 직접 읽고 공명을 표하고 있다하더라도 『한정록』의 『분서』 인용이 과연 직접적인 적록(摘錄)인가는 의문스럽다. 『분서』의 인용 구절은 『소창청기(小窓淸記)』의 「청사(淸事)」, 「위호사자비고(爲好事者備攷)」조(서울대 중앙도서관본)를 그대로 전사(轉寫)한 것이며, 더욱이 이지(李贄, 1527~1602)의 글이 아닌 오종선(吳從先)의 글임이 확인된다.[13] 「위호사자비고」조의 '동파가 '나는 평소에 바둑을 좋아하지 않는다.'라고 했다[東坡云予素不解碁]'는 『한정록』에서는 『장공외기(長公外記)』에서 인용했다고 되어 있으나, 이 역시 『소창청기』의 인용이며, 다음의 '남악 이암로는 졸기를 좋아했다[南岳李岩老好睡]' 이하 2조와 함께 나란히 실려 있는 것을 『한정록』(바둑 기사)에 뽑아놓은 것이다. 허균은 『소창청기』의 「찬용서목(纂用書目)」에 『초담집(初潭集)』과 '이탁오 제서(李卓吾諸書)'가 들어 있고, 『소창청기』 본문에서 여러 번 인용하고 있어 이지에 대해 익히 알고 있었고, 직접적으로 이지의 『분서』와 『장서(藏書)』 등에 대한 독서가 확인되어 영향이 감지된다. 그러나 텍스트비평의 측면에서 『한정록』를 보면, 이지에 대한 인용은

13 『소창청기』(「淸語」, 「淸事」, 「淸韻」, 「淸享」)는 한영규의 앞의 글 참고. 국내 소장본은 서울대 중앙도서관에 소장된 사본(3책)이 알려져 있다. 「淸紀附」(1618년, 『소창청기』의 후속 편)의 「題吳寧野小窓自紀」 뒤에 "附記者十九字本淸紀之一部也. 字之可爲一行十九字, 寫字之人誤爲十八字, 別有黃裝二冊寫本, 亦十九字本之一部, 若得寫淸韻, 則十九字本淸紀可得完全"이라는 주서가 있다. 실제 이 사본은 만력간본(『四庫全書存目叢書』, 「子部」, 小說家類, 253)과 차이가 있다. 만력간본의 18자본과는 다른 19자본을 바탕으로 필사한 책임을 알 수 있으며, 「청운」은 실려 있지 않다. 간본과는 달리 사본에는 각 칙에 소제목을 붙었다. 『한정록』에 실려 있는 陳繼儒의 『太平淸話』 인용 항목(1칙) 역시 『소창청기』에서 인용했을 가능성이 크다. 사본의 난외주에 '官本太平淸話四字無'라고 되어 있는데, 만력간본에는 '태평청화'가 빠져 있다. 송신가, 「허균 『閑情錄』의 연구 : 明代 『小窓淸紀』 청언소품과의 대비를 중심으로」, 성균관대학교 석사논문, 2020에서 『한정록』과 『소창청기』에 대한 종합적인 검토가 이루어져 있다.

직접적인 이지 저술 영향이 아니라 『소창청기(小窓淸記)』의 인용에 더 가깝다고 하겠다. 1614년 중국 사행에 서장관으로 허균과 동행했던 김중청(金中淸)의 전언에 따르면, 허균이 중국 원대(元代)까지 인물평 중심으로 기술한 사론서(史論書) 『장서(藏書)』(68권, 초간은 초횡(焦竑)이 남경에서 1599년 간행)를 매우 기이하게 생각하여 자신에게 보여 주었다 한다. 『장서』는 김중청이 지적한 대로 유가학파(儒家學派)와 그 도통(道統)에 대해 신랄한 비판과 평가를 담고 있어 당시 중국에서도 물의를 일으켰던 책이다. 김중청은 이지의 『장서』에 대해 『황명경세실용편(皇明經世實用編)』에 실린 풍기(馮琦, 1559~1603)의 「정학소(正學疏)」를 인용, 비판하면서 이지에 대한 약력도 전하고 있다.[14] 허균이 이지의 『장서』에 대해 어떤 생각을 갖고 있었는지 구체적으로 드러나지는 않으나, 상당한 호기심은 갖고 있었던 듯하다.

14 김중청, 『苟全先生文集』 권1. "上使得李氏莊書(「조천록」에는 '藏書'로 나온다—필자주)一部以爲奇, 示余其書, 自做題目, 勒諸前代君臣, 其是非予奪, 無不徇己偏見, 以荀卿爲德業儒臣之首, 屈我孟聖於樂克馬融鄭玄之列, 明道先生僅參其末, 與陸九淵並肩, 若伊川晦庵夫子則又下於申屠嘉蕭望之, 稱之以行業, 肆加升黜, 少無忌憚, 余見而大駭, 曰此等書寧火之不可, 近居數日, 偶閱經書實用編[필자주: 「조천록]에는 『經世實用編』으로 나온다.), 馮琦正學疏, 有曰'皇上頃納張給事言, 正李贄誣世之罪, 悉焚其書'云, 所謂贄乃作莊書者, 倡爲異學, 率其徒數千, 日以攻朱爲事, 而卒爲公論所彈, 伏罪於聖明之下, 至以妖談怪筆多少梓板, 一炬而盡燒. 猗歟大朝之有君有臣也. 感題二律, 旣傷之, 又快之快之之中, 又有傷焉. 傷哉傷哉, 其誰知之" 허균의 사상적 추이를 알 수 있을 뿐만 아니라, 이지에 대한 허균의 태도를 엿볼 수 있는 좋은 자료이다. 풍기의 「정학소」는 권28에 수록되어 있다. 소(疏)의 내용은 유학의 해가 되는 道釋書를 태워버릴 것을 건의한 것으로 인용은 소의 앞부분이다. 이 소를 올리기 한 해 전에 張問達의 상소에 의해 이지의 『분서』, 『장서』 등이 불태워지고, 이지는 감옥에서 자결하였다. 김중청의 「朝天錄」(1614년 8월 20일)에 "夷考其人, 始以山僧有名, 五十後冠顚, 中進士知府, 遽不復仕, 其學始爲佛, 中爲仙, 終爲陸, 能文章, 言語惑誣一世, 其徒數千人散處西南, 以攻朱學爲事云"이라 하였다.

허균 장서의 전래

허균의 유고와 장서는 '형신(刑訊)도 하지 않고 결안(決案)도 받지 않은 채 단지 공초만 받고 사형된 죄인'으로 죽기 전 동고(東皐) 이준경(李浚慶, 1499~1572)의 손자이자 허균의 사위였던 이사성(李士星, 1591~1631, 자 景瞻)에게 맡겨졌다. 이후 이사성의 아들인 수암(守庵) 이필진(李必進, 1610~1671, 자 退夫)이 이어 소장하였다.[15] 이필진의 종질(從姪)이었던 검주(黔州) 이웅징(李熊徵, 1658~1713)은 이필진의 시집 1권을 임상원(1638~1697)에게 보여주면서 이필진의 묘지문을 부탁하였다.[16] 이필진은 1618년 허균의 역모사건에 연루되어 흥양(興陽)으로 유배된 부친 이사성을 따라 가 그곳에서 살다가, 다시 남원(南原)의 전장(田莊)으로 옮겨 살았다. 앞쪽으로 방장산(方丈山)이 둘러 있으며 대숲과 솔밭이 있던 이곳에 '차군헌(此君軒)'을 짓고 살았다 한다. 임상원은 여기에 허균의 장서 수천 책이 수장되어 있다고 하였다. 뒤늦게 선묘(先墓) 아래 손수 매화 여러 그루를 심고 '쌍적당(雙寂堂)'이라는 편액을 건 정사를 짓고 살다가 만년(1670)에 후손들이 유락(流落)하고 가세(家勢)가 떨치지 못할 것을 걱정하여 수원으로 다시 이거하였다. 그는 수원에 정착한 이듬해 죽음을 맞았다.[17] 수원은 이준경의 구장(舊庄)이 있던 곳으로 근처에는 또 지봉 이수광의 구장(舊庄)이 있었다. 그런 이유로 1674년에 이수광의 증손 이현석(李玄錫, 1647~1703)은 이준경의 후

15 이사성, 이필진의 생몰년은 『廣州李氏世譜』(국도, 21책)를 참고하였다.

16 任相元, 「李處士[必進]墓誌銘」(『恬軒集』). 족질인 이웅징은 『수암집』(현전 여부 미상)에 서문을 썼다. 이웅징은 북인계 인물로 『黔州詩稿』(2책, 국도) 등이 남아 있다. 이웅징은 왕세정에 경도된 인물로 『詩藪』를 통해 자신의 시를 일변시켰다 한다. 임상원의 『瑣編』에서 인용하고 있는 『黔翁志林』이 이웅징의 저작이다.

17 「前別坐李士星挽」, 『水色集』 권6, "古相李浚慶之孫, 許筠之壻, 卒于水原中牟"라는 소주가 있어 이사성이 죽음을 수원에서 맞았음을 알 수 있다.

손댁에서 이준경의 서첩과 『고씨화보(顧氏畵譜)』(明 顧炳 輯, 주지번 序), 『부부고』 등의 서책을 20여 일 동안 오가며 열람하였으며, 이 세 책에 대해서는 시를 지었다. 이현석이 본 『부부고』는 수서본(手書本)일 뿐만 아니라 이정기의 서문을 두고 '문아필묘(文雅筆妙)'라고 한 것으로 보아 이정기의 친필 서문이 실려 있었던 것 같다(「水城庄記」, 『游齋集』 권18). 이현석은 이필진가를 오간 인연 때문인지 이필진의 묘갈을 지었다.[18] 이상의 자료들은 17세기 말까지 허균의 유고와 장서가 남아 있었음을 알려주고 있다.

조선 중기 시학과 시선집

『부부고』에는 허균이 엮었으나 이후 일실된 여러 책의 서문이 남아 있다. 시선집(詩選集)만을 추려 보더라도 『고시선(古詩選)』, 『당시선(唐詩選)』, 『송오가시초(宋五家詩鈔)』, 『명사가시선(明四家詩選)』, 『사체성당(四體盛唐)』, 『당절선산(唐絶選刪)』, 『명시산보(明詩刪補)』, 『온리염체(溫李艷體)』 등으로 시학에 침잠했던 그의 단면을 보여준다. 한위 육조(漢魏六朝), 당송명(唐宋明)에 이르는 광범위한 시기에 대한 선시(選詩) 작업은 물론, 특정 시체에까지 관심을 기울여 다종의 시선집을 만들었다. 또한 허균의 시론이 명 복고파(復古派)의 전범론과 일정한 거리를 두면서 독자적인 선시 작업을 했음을 보여준다. 일찍이 남극관(南克寬, 1689~1714)은 허균과 이민구는 중국의 가정(嘉靖)·융경(隆慶) 연간(1522~1572)의 시를 배운 인물로, 김만기(金萬基, 1633~1687)와 김만중(金萬重, 1637~1692) 형제는 『이소(離騷)』와 『문선(文選)』을 익힌 인물로, 김창협(金昌協, 1651~1708)과 김창흡(金昌翕, 1653~1722) 형제는 당나라

18 이현석, 「士人李公[必進]墓碣銘」(『游齋集』 권24).

의 고시를 참조하여 시를 익혔으나 왕세정(王世貞)과 경릉파(竟陵派)의 아류에 그친 인물이라고 지목한 바 있다. 이 구도는 대체적으로 명시(明詩)에 민감한 반응을 보였던 조선 중기 시인의 줄기가 아닐까 생각된다. 허균과 이민구 시대를 거치면서 『승암시화(升庵詩話)』[19], 『예원치언(藝苑巵言)』, 『시수(詩藪)』[20] 등의 중국 시화의 유입·간행, 중국에서 간행된 시선집의 수용 문제는 결국 우리쪽 학시서(學詩書)의 확대 혹은 변화라는 문제와 연결되어 일정하게 우리 시사(詩史)에 반영되었으리라 판단되기에 소홀히 할 수 없는 문제다. 공안파(公安派)의 문집이나, 경릉파의 문집과 시선, 전겸익의 문집 혹은 『열조시집(列朝詩集)』에서 보여준 명대 복고파에 대한 격렬한 비판 또는 문제 제기가 명대 문단의 시학과 시(특히 복고파)에 대한 객관적 거리를 확보할 수 있게 하거나, 학시 전범을 확대할 수 있는 계기를 마련케 해주었을 것이다.

김만기는 『시선(詩選)』, 『당송비지(唐宋碑誌)』, 『황명율선(皇明律選)』, 『동시선(東詩選)』 등의 시문 선집을 편찬한 적이 있는데, 특히 『시선』은 허균의 중국시 선집들이 나온 이후에 새로운 학시 혹은 선시 참고서가 어떤 모습인지를 잘 보여주고 있다는 점에서 주목할 만하다. 남극관의 언급처럼 김만기는 『이소(離騷)』나 『문선(文選)』 등 복고론의 정전을 학시의 텍스트로 삼았지만, 근체시에서 송시(宋詩)의 영향, 명대 복고시론(復古詩論)과 주희 시론의 영향 등 다양한 스펙트럼의 학시 성향을 보여준다. 『시선』에 수록된 명대 편찬 시화 혹은 시선집,

19 楊愼의 『升菴詩話』는 다양한 이본을 갖고 있어 『升菴集』은 물론 『丹鉛總錄』에도 수록되어 있는데, 조선간본은 都穆의 교정본으로 4권으로 간행되었다.

20 안대회, 「중국시화의 조선간본고」, 『한국한시의 분석과 시각』, 연세대학교 출판부, 2000에 자세히 다루었다. 존경각에 조선간본의 저본으로 판단되는 중국간본이 소장(결본)되어 있다.

특히 종성(鍾惺)과 담원춘(譚元春)의 평어와 권점(圈點)을 단 『시귀(詩歸)』의 수용은 조선 중기 시사에서 중요한 의미가 있다. 다만 김만기의 『시선』은 전·후칠자의 시론도 중요하게 수용되어 있어 명대 시단의 추이를 고려할 때 과도기적인 수용 양상을 보여준다. 이 시기 심창흡이 『시귀』의 평어를 수용했다는 전언이 있고(심재, 『송천필담(松泉筆談)』), 남극관 역시 비판적이기는 하지만 『시귀』를 읽고 있던 독자였다. 이반룡(李攀龍)이 편찬한 『시산(詩刪)』에 이어 간행된 『시귀』는 복고파와 같이 복고 논리를 펴되, 옛시 속에서 정신(精神)을 읽어내야 한다는 논리를 갖고 이반룡의 선집 이후 가장 영향력 있는 경릉파 문학론이 구체화한 시선집이었다. 복고파의 학고(學古)를 통한 창작론은 인정하되, 표피적이고, 좁고, 상투적인('極膚, 極狹, 極套') 것을 배운 데 대한 불만과 공안파(公安派)의 학고(學古)를 통하지 않은 독창('須自出眼光')에 이론(異論)을 제기하고 '학고를 통한 진시(眞詩) 추구'라는 모토를 내세워 당시 문인들에게 반향을 불러 일으켰다. 이에 본격화된 학명(學明)의 영향 속에서 허균이 명대 시선 출간 추이에 대한 반응과 다음 세대에 나타나는 시선집의 수용사를 검토하는 것은 중요하다 할 것이다.

그런 의미에서 중국 칠자(七子)의 시론과 연관되는 『당음(唐音)』, 『당시품휘(唐詩品彙)』와 『시산(詩刪)』 등의 시선집과 허균의 시선(詩選) 혹은 비평의 비교는 의미 있는 작업이다. 허균이 한 중국 시선집의 실체가 보이지 않던 차에 일실된 것으로 여겨졌던 허균의 『당절선산(唐絶選刪)』을 확인하게 되었다.

당나라 시인의 절구를 가려내고 깎아내다: 『당절선산』

『당절선산』은 국립중앙도서관(古貴 3715-3, 이하 국도)에 소장된 책

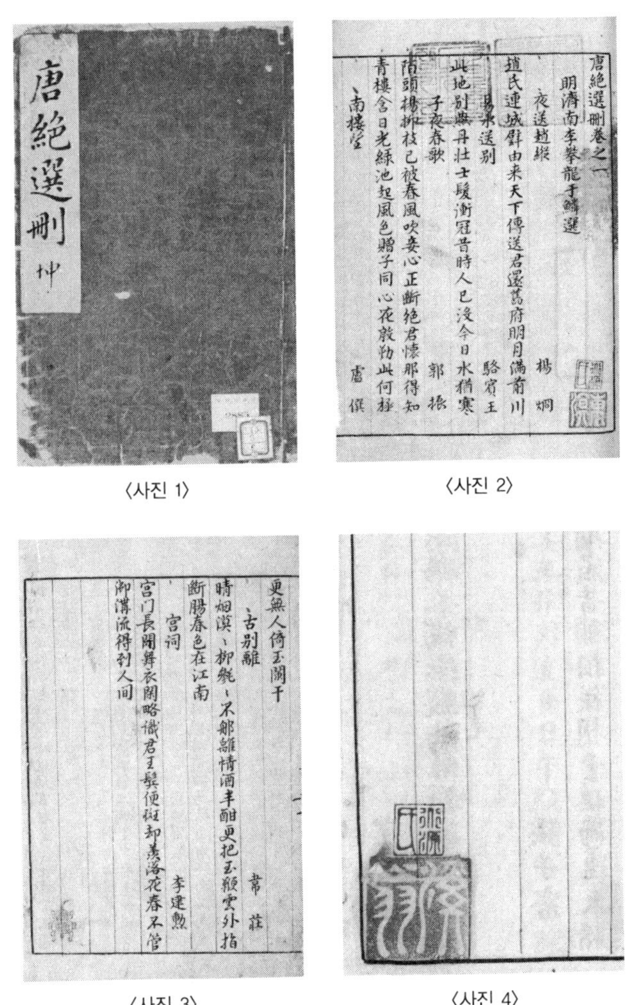
唐絶選删

〈사진 1〉

唐絶選删卷之一
明濟南李攀龍于鱗選
夜送趙縱 楊炯
趙氏連城璧由来天下傳送君還舊府明月滿前川
易水送別 駱賓王
此地別燕丹壯士髮衝冠昔時人已没今日水猶寒
子夜春歌 郭振
陌頭楊柳枝已被春風吹妾心正斷絶君懷那得知
青樓含日光綠池起風色贈子同心花殷勤此何極
、南樓望 盧僎

〈사진 2〉

更無人倚玉闌干
、古別離 韋莊
晴烟漠漠柳毿毿不那離情酒半酣更把玉鞭雲外指
斷腸春色在江南
宮詞 李建勳
宮門長閉舞衣閑略識君王鬢便斑却羨落花春不管
御溝流得到人間

〈사진 3〉

〈사진 4〉

으로 10권 2책이다. 허균의 『부부고』에 이 책에 대한 서문이 수록되어 있기에 이 책은 1611년 『부부고』가 정리되기 이전의 선집임을 알 수 있다. 장정은 비단으로 되어 있으며, 표제와 권수제 모두 '당절선산'으로 되어 있다(〈사진 1〉). 크기는 29.6×18cm, 10행 21자이다. 건책 표지에는 '中村拓藏書/2884', 곤책에는 '中村拓藏書/2885'라는 딱지가 붙어있다. 이 책에는 모두 7과의 인기(印記)가 있는데, 3과는 동일하며, 나머지 상이한 인장은 '道源氏', '東溟', '滄溟', '溪翁'이다. '도원씨'와 '동명'은 1책 첫 면 첫 행에 권수제와 권차(唐絶選刪卷之一), 2행에 '明濟南李攀龍于鱗選' 아래, 2책 첫 면 첫 행 권수제와 권차, 2행 '明江陰徐充子擴選' 아래 찍혀 있다(〈사진 2〉).

'창명'은 1책의 끝 장(권6 끝)에 찍혀 있으며(〈사진 3〉), '도원씨'와 '계옹'은 2책 권말에 찍혀 있다(〈사진 4〉). 인기로 보건대, 이 책은 김세렴(金世濂, 1593~1646)의 장서(藏書)로 보인다. '도원'은 김세렴의 자이며, '동명'은 그의 호이다.

유형원(柳馨遠, 1622~1673)의 고모부이자 그 스승으로 알려져 있는 김세렴은 허균의 집안과 매우 가까운 관계에 있다. 김세렴의 조부 김효원(金孝元, 1532~1590)의 따님이 허균의 재취 부인일 뿐만 아니라, 김세렴의 부친 김극건(金克鍵, 1569~1624)은 허균의 친형이었던 허봉(許篈, 1551~1588)의 사위이다. 국립중앙도서관에는 김세렴의 다른 저서들이 소장되어 있다.[21] 그중에 『예원양추(藝苑陽秋)』(국도 古3745-2, 필사본 3책)는 여러 가지로 흥미로운 책이다.[22] 이 책 역시 비단 장정으로 천책(天冊)에는 '中村拓藏書/2885', 인책(人冊)에 '中村拓藏書/2887'로 나와 있다.(地冊은 책 표지가 찢겨져 있다.) 여기에는 3과의 서로 다른 인기가 보인다. 매 권 첫 면 하단에 '東溟', '道源氏'가, 매권 끝에는 '毋不敬'이 찍혀 있다. 그런 때문인지 국도 목록에서는 이 책의 편자

21 김세렴은 유학 관련 서적(「進近思錄小學等書狀」, 『동명집』 권7 참고)을 다수 간행하였다. 국도에 일본에서 관문(寬文) 9년(1669)에 간행한 『七君子墨蹟』(국도 古古9-61-나74)이 소장되어 있다. 김세렴이 모은 주돈이, 정이, 정호, 소강절, 사마온, 장횡거, 주희의 묵적을 일본 쪽에서 간행한 것이다. 저자가 "朝鮮國 進士 東溟 金世濂輯"이라 되어 있다.

22 내용은 春夏秋冬의 4부로 나누어 중국 쪽 산문을 편서한 것이다.

를 '김세렴'이라고 밝히고 있는데, 확실한 근거는 없지만 그럴 개연성은 충분하다. 국립중앙도서관 고전운영실의 이혜은 선생은 이 책이 1946년 8월 구입 도서임을 확인해 주었는데, 일본인 중촌탁이 김세렴 장서의 일부를 갖고 있었고, 그것이 이후 국도로 유입된 것임이 확인된다. 중촌탁은 그 장서번호로 보건대(최소한 2,880여 책) 상당한 도서를 소장했던 인물로 보인다.[23]

필자는 '창명'과 '계옹'(누구의 인기인지 미상)이라는 인기가 누구의 것인지 찾던 중 '창명'이란 인기가 휴정(休靜)의 『청허당집(淸虛堂集)』(국도 일산貴 3648-97-13) 초간본(1612년)에 실려 있음을 확인하게 되었다. 서문 끝에는 "皇明萬曆紀元四十載壬子春孟陽川毘耶居士許端甫氏書"라고 되어 있으며, 4과의 인기('山河及大地/金露法王身', '滄溟', '毘耶居士', '鑑湖淸隱')가 찍혀 있다.[24] '창명'이라는 인기가 『당절선산』에 찍힌 인기와 동일하다. 따라서 이 책은 허균의 친필본임을 확정지을 수는 없다 하더라도 적어도 허균의 수택본(手澤本)임은 확인된다. 더불어 권1 하단에 찍힌 '도원씨'와 '동명'이라는 인기는 '明濟南李攀龍于鱗選' 아래 7~9자('陽川許端甫氏選' 정도였을 것이다) 정도가 들어갈 행간이 오려지고 여기에 다시 뒤로 종이를 댄 곳에 찍혀 있다. 따라서 인기는 원래 책이 만들어진 후 소유자가 바뀌면서 찍혔을 것으로 추

23 중촌탁에 대해서 자세히 약력을 파악하지 못했다. 다만 『문헌보국』(7권 9호, 1941년)에 의하면, 동경제국대학 의학부 출신으로 경성제국대학교에서 醫化學 강좌를 담당하였으며, 구라파 유학시절부터 古地圖 연구와 수집에 몰두하여 이 방면에 권위자로 인정받았다 한다. 『동명집』에 실려 있는 조선통신사 관련 정보와 일본 지도 때문에 김세렴 관련 도서를 모은 것이 아닌가하는 생각이 든다.

24 허균의 인장은 '太虛亭', '四明山下', '蓬萊道士'(『사명당대사집(四溟堂大師集)』 서문)과 『근역인수(槿域印藪)』(오세창 편)에도 보여 많은 도서를 사용하고 있음이 확인된다. 인장의 판독에는 성인근 선생이 도움을 줬다.

정된다. 허균이 '역(逆)'으로 사형당한 까닭에 이를 피해 그 장서인을 오려내고, 김세렴이 자신의 장서인을 찍어 놓은 것으로 추정된다.

앞서 말했듯이 이 책은 「당절선산서(唐絶選刪序)」가 남아 있어 만들어진 경위와 내용을 알 수 있다.

> 일찍이 이르기를 '시의 도는 삼백 편에 크게 구비되어 있다'했거니와 그 화하고 부드럽고 인정이 두터워서 족히 선심을 감발시키고 악을 징계할 만한 것은 국풍(國風)이 가장 훌륭하고, 아(雅)와 송(頌)은 이로(理路)에 관계되어 성정(性情)의 거리가 좀 멀어졌다. 그리고 한위(漢魏) 이후로는 시를 한 사람이 많지 않은 것도 아니요, 또 아름답지 않은 것도 아니지만, 너무 상세하고 세밀한 데로 잘못 빠져들었다. 이는 특히 아송(雅頌)의 유(流)가 범람한 것이니, 어찌 성정의 도에 허여할 수 있겠는가?
>
> 당나라에서 시로 이름이 있는 자가 거의 수천 명이지만, 대개는 이에 벗어나지 않으며, 심지어 기려(綺麗)와 풍화(風花)가 그 바른 기운을 손상했고, 흘러서 교화주(敎化主)의 나무람을 받게 되었다. 그 어찌 시도(詩道)의 재앙이 아니겠는가?
>
> 당인의 오언, 칠언 절구(絕句)가 판각되어 전하는 것이 무릇 1만 수이다. 그 말은 짤막하나 뜻은 멀고 그 사(辭)는 화려하되 사치하지 않다. 정언(正言)은 상리(常理)에 어긋난 듯하고, 치언(巵言)은 조잡한 것처럼 보이며, 바른 위치를 범하지도 않고 언어의 적상(跡象)에 떨어지지도 않았다. 풍간(諷諫)을 머금어 흥에 붙였고 기롱을 한 것은 중(中)을 얻어서, 그것을 읽으면 사람으로 하여금 거듭 감탄하고 감탄하게 하니, 진실로 국풍의 여음을 얻고 『시경』 3백 편과 거리가 가장 가깝다 하겠다.
>
> 이 때문에 당시의 악인(樂人)들이 취하여 노랫말로 삼았다. 왕유나 이익 무리의 작품은 천금을 주고 사서 악부에 넣기에 이르렀으며, 왕창령·고적의 사(詞)는 운소부(雲韶部)의 여러 기생들도 모두 부를 줄 알았으니, 어찌 훌륭하지 아니한가?
>
> 당의 제가가 매우 훌륭하나 중당·만당에 이르러 점차 스러졌다. 그러

나 유독 절구만은 성당과 만당을 막론하고 시인의 뛰어난 작품을 얻어 모두 읊조리고 욀 만하다. 비록 여항 부인이나 방외 선괴(仙怪)의 작품이라 할지라도 또한 모두가 뛰어났으니, 당의 시는 이에 이르러 극도로 구비되었다 이를 만하다. 한가한 날 이반룡의 『시산詩刪)』, 서충의 『백가선(百家選)』, 양백겸의 『당음(唐音)』, 고병의 『품휘(品彙)』 등의 책을 가져다 그 절구들 중에서 묘한 것 약간 수씩을 뽑아 나누어 10권을 만들어 『당절선산』이라 제목하여 책상머리에 놓아두고 아침저녁으로 읊조리고 외고 한다.

아, 당의 절구는 여기에 다하였으며, 삼백 편의 유음도 이로써 미루어 구할 수 있다. 성정의 도에 혹 작은 보탬이나마 없지 않으리라 여겨진다.(『국역성소부부고』)

이 서문은 삼당파 시인 및 권필·이안눌 등이 활동하던 시기의 전형적인 당풍 지향의 시론을 담아낸 글이다. 당시 절구를 선발하면서 중국의 4종의 시선집에서 가려 뽑아 10권을 만들었다고 했다. 국도본 『당절선산』은 이에 부합된다.

각 권(卷) 권수제 다음 행에 어느 시선집에 뽑았는지 알 수 있게 선자(選者)의 재세 왕조, 출신지, 이름, 자(字) 순으로 적고 있다. 권1~5까지는 오언절구만을 선발해놓고 있다. 권1에는 『시산』(明 濟南 李攀龍 于鱗 選)에서 51제(題) 54수(首), 권2에는 『백가선』(明 江陰 徐充 子擴 選)[25]에서 44제 46수, 권3에는 『당음』(元 襄城 楊士弘 伯謙 選) 「정음」

25 『부부고』에 '徐子充百家選'이라는 글 때문에 몇몇 논문에서 '徐子充의 『백가선』'이라고 기록하고 있으나, 이는 잘못이다. 徐充의 편서로 봐야한다. 명대 출판 문헌목록의 집성이라고 하는 『千頃堂書目』(상해고적출판사, 2001)에 서충에 관련하여 『백가선』이 확인되지 않는다. 필자는 사고전서의 검색을 통해 "徐克, 鐵硯齋集, 字子擴, 江陰人"이 있음을 확인하고(상해고적본 『천경당서목』에는 '徐充'으로 나옴), 다시 『중국고적선본서목』에서 『詳註百家唐詩彙選』 30권(『集部』中, 1672면. 요녕성도서관 소장)

에서 100제 105수, 권4에는 역시 『당음』, 「유향」에서 49제 55수, 권5에는 『당시품휘』(明 新寧 高棅 廷禮 選)에서 85제 91수를 선발하였다. 권6~10은 칠언절구를 선발하였다. 권6에는 『시산』에서 110제 123수, 권7에는 『백가선』에서 106제 109수, 권8에서 『당음』에서 85제 96수, 권9에는 역시 『당음』에서 94제 98수, 권10에는 『당시품휘』에서 149제 159수를 뽑았다. 시제 위에는 간혹 청점(青點)과 주점(朱點)이 보이는데 청점에 대해서는 건·곤책 표지 안쪽 우측 하단에 붉은 글씨로 '青點載品彙'라고 적혀 있어 선발한 선집 외에 『당시품휘』에도 실려 있음을 알 수 있게 하였다.[26] 그리고 붉은 글씨로 시제 아래 혹은 시가 끝나는 곳에 평(顧云, 劉云, 梅云, 徐禎卿云, 王世貞 등)을 달았다.[27] 여기에 나오는 평어의 출전을 찾아본 결과 중국 쪽 선집에서 옮겨 적은 것으로 확인된다.

허균이 본 당시 선집

당시 절구 선집은 이른 시기에 홍매(洪邁)의 『만수당인절구(萬首唐人絕句)』가 나와 당시 절구의 총집 역할을 하였으며, 명대에 양신(楊愼, 1488~1568) 등이 절구 선집을 냈으며,[28] 조선에서는 『정선당송연주시

이 저록되어 있음을 확인하였다. '明徐克輯並注, 明萬曆世美堂刻本'이라는 小註가 보인다. 항주 절강도서관에 동일한 책에 저자가 徐充으로 기록되어 있어 저자를 徐克이라 한 것은 오류인 듯하다. 필자는 이 책의 실물을 확인하지 못했으나, 서명으로 봐서 이도 주석본이다.

26 권10 「宮詞」(花蘂夫人 작)의 제목 위에 "題上青點者載品彙"라는 찌가 붙어 있다. 원래 여기에 붙어 있지 않았을 것이다. 국도에서는 귀중본의 경우 복사본을 두고 있는데, 복사본에는 1책 표지 안쪽 좌측 상단에 찌가 보인다.

27 애초에 초고가 만들어지면서 쓰여 있던 것인지, 후인이 가필한 것인지는 알 수 없다.

28 『絕句衍義』 4권, 『絕句辨體』 8권,『附錄』 1권, 『絕句增奇』 5권, 『絕句搜奇』 1권, 『六言絕句』 1권, 『五言絕句』 1권 등 전문적인 절구 선집과 시화가 간행되었다.

격(精選唐宋千家聯珠詩格)』이나 『당시절구(唐詩絶句)』(宋 趙蕃, 韓淲 同輯, 謝枋得 注) 등이 주석본으로 나와 칠언절구를 읽히는 데 애용되었다.

허균이 절구 선집으로 참고한 이반룡의 『시산(詩刪)』(34권)은 송(宋)·원(元) 시를 제외한 고일(古逸)에서 명나라 시인의 각체의 시를 가려 뽑아 놓은 시선집이나, 『시산』의 당시(唐詩)만을 뽑아내고 평주(評註)를 더하여 명말(明末) 방각본으로 유행하였다.[29] 평주본(장일규 전석본 참고)은 자구의 해석, 전고의 출처를 밝혀 독해를 용이하게 할 뿐만 아니라, 시화와 다른 평주본을 참고로 재편집하여 작품의 미감을 느낄 수 있도록 하였다. 『시산』은 복고파 문학론이 반영된 선집으로 오언절구는 권20, 칠언절구는 권21~22에 나누어 실려 있다.

무엇보다 『당절선산』에 많은 평어가 실려 있는 책으로 허균이 애용했던 동교(東橋) 고린(顧璘, 字 華玉, 1476~1545)의 비점(批點)이 들어간 『비점당음(批點唐音)』(始音 1권, 正音 13권, 遺響 1권)을 들 수 있다.[30] 이는 허균이 발문을 통해 부분적으로 비점에 불만을 나타내고는 있으나 상당히 애중함을 보여준 책이다.[31] 양사홍(楊士弘)이 편찬한 『당음』은

29 查屏球, 「李攀龍『唐詩選』評點本考索」, 『中國文學研究評點論集』, 상해고적출판사, 2002. 규장각 소장의 『唐詩廣選』이 『시산』에서 당시만을 뽑아 간행한 판본이다. 權敍經이 중정한 『古今詩刪』(국도본 필사본, 이반룡 編, 20권 7책)에는 鍾·譚의 『시귀』 등의 평어를 이용하여 재편집하고 있다.

30 『中國古籍善本書目』(「集部」 中, 상해고적출판사 1664~1665면)에 5종이 실려 있다. 嘉靖 20년(1541), 가정 40년(1561) 顧履祥刻 44년(1565) 李蓘重修本, 淸 丁丙 跋이 들어 있는 본, 崇禎 3년본(1630), 明刻朱墨套印本 등이다. 이른 시기에 편찬된 책임을 알 수 있다. 필자는 『叢書集成續編』(147책)에 소수된 이곤 중수본을 이용하였다. 장진 집주본과는 시에 출입이 있다.

31 「批點唐音跋」, 권13, 문부 10. 이외에 허균이 주지번에게서 받은 책 중(「丙午紀行」(1606) 정월 28일 기록)에 『詩雋』이라는 책도 주목되는 책이다. 필자는 『新鐫名公批評分門釋類唐詩雋』(明 李維楨 注, 4권)이 아니었을까 생각된다. 이외에 『삼체시』로 유명한 송 주필의 『汶陽端平詩雋』 4卷과 『詩雋類函』 150권(明 俞安期 彙纂, 梅鼎祚

이전 시선집의 만당(晩唐)을 주로 한 점을 비판하면서('多畧於盛唐而詳於晩唐也'), '음률의 정변에 따라 그 정수만을 가려(審其音律之正變, 而擇其精粹, 「自序」)' 초성당(初盛唐), 중당(中唐), 만당(晩唐)의 삼당설(三唐說)을 채택하고(고린의 비평에서는 사당설(四唐說)을 채택하고 있다), 음률(音律)에 따라 시음, 정음, 유향으로 나누어 편차한 당시 선집이다. 정음은 시체별로 편차하여 오언절구는 권11~12, 칠언절구는 권13~14에 수록되어 있다. 조선 문인들이 당시 선집 애독서로(兪棨, 「唐詩類選序」), 중국에서 집주(輯註), 비점(批點), 중선본(重選本) 등 다양한 판본으로 유통되었는 바, 조선에서는 장진(張震)의 집주본이 간행, 유행하여 학시의 전범서 구실을 하였으며,[32] 중국에서 수입된 비점본도 읽혔

增定, 만력 37년(1609) 간본으로 焦竑, 李維禎, 顧起元 서문)이『詩雋』이라는 기록에 부합된다. 다만, 『시준류함』은 주지번이 조선에 왔을 때 보다 이른 간본을 확인하지 못했다. 이외에 「明詩刪補」를 편찬하면서 "余取于鱗所刪, 刪其十三四, 又取王氏(廷相)風雅·顧氏(起淹)國雅及諸家集"라는 기록에 보이는 선집도 문맥상 왕정상의 『풍아』라는 명시 선집이 있었던 듯하나, 이는 보이지 않는다. 왕정상의 문집에 「風雅體」가 보인다. 혹은 『梁園風雅』 27권 (明 趙彦復 編)에 수록된 왕정상(1권)을 말하는 것인지 그 실체를 알 수 없다. 다만 『皇明風雅』(명 徐泰 편)가 유명한 명시 선집임을 밝힌다. 고기엄의 『국아』는 편자 '顧起綸'을 오사한 것이다. 고기륜의 편서에 『國雅』 20권, 『國雅品』 1권, 續 4권이 있다. 허균의 발문을 단 『四家宮詞』(唐 王建, 後蜀 費氏, 宋 王珪, 唐 趙佶 撰, 2권)도 명간본이다. 흥미로운 것은 이 책이 허균의 발문을 단 이후이기는 하지만, 朱之蕃 교정본 『詞壇合璧』(明 楊愼 評, 만력 43(1615)년간. 世德堂 刊)에 수록되어 출간된 적이 있다는 점이다. 이른 시기에 明 黃魯曾이 편한 『編選明四家宮詞』(4권, 1552년간)가 보인다.

32 蔡瑜, 「唐音析論」(『漢學硏究』 제12권 2기, 民國 83년 12월)에 판본과 특징에 대해 분석하였다. 이른 조선간본으로 일본 궁내청 서릉부에 소장된 가정 35년(1556) 安瑋內賜本(張震 집주본, 始音 1권, 正音 6권, 遺響 7권)이 있다. 정문만 실린 판본도 있으나 집주본이 유행했으며, 『唐詩正音抄』(일산貴3715-51, 갑진자본으로 판심제는 '唐詩精粹')이 따로 간행되었다. 『諺解唐音』(고려대학교)은 오언절구를 언해한 조선 후기 필사본이지만, 그 존재 자체가 희귀하다. 「언해발문서」(병오년 가을 9월, 密陽後人)가 권말에 붙어있다. 『雅音會編』(12권, 明 康麟 編 王鈍 校)도 『唐音』, 『正聲』, 이백, 두보, 한유의 문집 등에서 뽑아 운목(韻目)에 따라 편차한 시선집으로 활자(국도, 일산

던 것으로 보인다.

고린은 당시 강좌(江左, 蘇州 지역) 문단의 영수로 이몽양(李夢陽)·하경명(何景明)·서정경(徐禎卿)·변공(邊貢)·강해(康海)·왕구사(王九思)·주응등(朱應登)·진기(陳沂)·정선부(鄭善夫)와 함께 홍(弘)·정(正) 연간 십재자(十才子)로 불리면서 복고파 문단의 일원으로 활동하였다.[33] 이미 허균은 이몽양의 『공동집(空同集)』, 하경명의 『대복집(大復集)』 등에 수록된 고린 관련 시문은 물론, 왕세정의 『엄주사부고(弇州四部稿)』(특히 「藝苑卮言」) 등의 평론을 통해 고린의 위상과 시풍을 각인하고 있었을 것이다.

고린의 비점본은 시제(詩題) 아래 비(批)를 하거나, 미비(尾批)와 협비(夾批)를 갖추고, 좋은 시구에는 권점(圈點)을 해놓아 작품의 장법(章法), 풍격(風格)의 특색 이외에도 『당음』에 뽑아놓은 시가 과연 합당한지 여부('可刪')를 검토하고 있다. 고린의 시관이 반영된 비점본으로 복고파 시론과도 맞닿아 "氣象闊大, 音律雄渾, 句法典重, 用字淸新"(王維, 「和賈舍人早朝大明宮」, 『비점당음』 권8의 비어)으로 대표되는 성당시를 애호하였다.[34] 특히 허균의 『국조시산(國朝詩刪)』에 수록된 비(批)와 평(評)을 다는 방식에서 풍격 용어, 특정시대('音律雖柔, 終是盛唐骨格',

---

貴3715-50, 결본), 목판본(국내에 존경각에 완질)이 있다.

33 簡錦松, 『明代文學批評硏究』(대만 학생서국, 民國 78년)에서 서정경을 제외한 전칠자의 구성원들이 북방 출신인 점을 들어 蘇州 文壇의 복고파적 성향을 논구하고, 당시 復古派 문단을 前七子와 崔銑, 고린 등의 두파로 나누어 고린의 위상을 재고하고 있다. 특히 고린이 만년에 李夢陽이 창작에서 공교함을 구하는 태도와는 달리, 理學에 영향을 받아 유행하던 양명학을 배격, 이학에 부합되는 창작론을 개진하였음을 특기하였다.

34 『息園存稿文』 권1, 「嚴太宰鈐山堂集序」 "常聞君子之敎, 曰騷賦期楚, 文期漢, 詩期漢魏, 其爲近體也期盛唐, 此數則者, 文以質化, 言由性成, 古今同軆, 所謂適中, 豈非詞敎之正宗, 文流之永式乎"

'此盛唐中之似中唐者, 亦自雄渾不同', '此作不似盛唐') 혹은 특정 인물('摩詰家法')과의 관련성, 자신의 감상평을 다는 방식 등은 전범서 역할을 했을 것으로 보인다.

더불어 매정조(梅鼎祚, 1549~1615)의 『당이가시초(唐二家詩鈔)』 12권(『李詩鈔』 4권, 『杜詩鈔』 8권)에서도 비평을 수용한 것임이 확인된다.[35] 매정조의 이두(李杜) 선집은 허균의 『사체성당』 서에서 이백과 두보를 뽑지 않는 이유를 묻자, '매씨초(梅氏鈔)'에 모두 가려놓았다고 고평한 책으로 이두(李杜)의 학습과 선시(選詩)에 참고하였을 것으로 보인다. 『당시품휘』(권38~45 오언절구, 권46~55 칠언절구)에 실려 있는 유신옹(劉辰翁), 범덕기(范德機), 사방득(謝枋得) 등의 평어 역시 참고한 흔적이 있다. 『당시품휘』는 『당음』에서 제기한 삼당설을 이어 초당(正始)·성당(正宗, 大家, 名家, 羽翼)·중당(接武)·만당(正變, 餘響)의 사당설(四唐說)을 확립함으로써 명나라 중기 복고시론의 선구적 역할을 담당한 것으로 알려진 선집이다.[36] 『당시품휘』에 수록된 평어뿐만 아니라, 이미 범덕기(范德機)의 두보 비선본(批選本), 유진옹(劉辰翁, 1232~1297)의 비점, 평주본 당(두보, 위응물 등)·송(왕안석, 소식, 진여의 등) 문집이 다수 조선에서 간행되어 참고가 되었던 만큼 중요한 참고서 구실을

35 『당이가시초』는 만력 6년(1578) 鹿裘石室刻本('녹구석실'은 매정조의 室名이다)이 있으며, 屠隆 集評 만력간본(『唐李家詩鈔評林』), 도륭 집평 明 余紹崖刻本(『合刻李杜詩鈔評』)이 보인다(『중국고적선본서목』). 실물을 확인하지 못하여 『唐詩彙評』(진백해 주편, 절강교육출판사, 1992)을 참고한 결과, 『당절선산』 권10에 이백의 「贈汪倫」의 비어 '梅云詩不必深, 一時雅致'가 바로 『李杜二家詩鈔評林』에서 가져온 것임이 확인된다. 매정조의 평문은 『당시선』(이반룡 편, 장일규 집석)에도 실려 있다. 이외 매정조가 편찬한 『漢魏詩乘』과 『六朝詩乘』 등은 조선 후기에 많이 읽혀진 선집이다.

36 『사고전서총목제요』, 『당시품휘』 제요. "『明史』「文苑傳」謂終明之世, 館閣以此書爲宗, 厥後李夢陽·何景明等摹擬盛唐, 名爲崛起, 其胚胎實兆於此, 平心而論, 唐音之流爲膚廓者, 此書實啓其弊, 唐音之不絶於後世者, 亦此書實衍其傳"

하였을 것이다.

『당절선산』의 평어가 누구에 의해 쓰였든 허균은 이들 당시 선집 혹은 평주, 비점본을 상당히 참조하였다. 조선에서는 근체시 학습이 두드러져 다양한 중국 쪽 시선집이 다시 간행되거나 재편되었는데,[37] 중국에서는 명대에 평점본 선시집이 전성기를 이루어[38] 조선에서도 이에 민감하게 반응하였다. 중국의 도서 출판에 민감했던 허균이 이를 상당히 참조하여 선시에 활용한 듯하다. 『부부고』에 수록된 평어(이달, 권필 등), 『수색집(水色集)』(허체)에 실린 평어(허균과 김세렴), 『동명집(東溟集)』, 「사상록(槎上錄)」(김세렴)과 『설정집(雪汀集)』(조문수)에 실린 이식의 평어[39], 무엇보다 『국조시산(國朝詩刪)』의 비평(「許門世稿」에 권필의 평어) 등은 허균 주변의 인물과 자신의 평어를 단 것이어서 중국 쪽 평주본의 유행과 관련하여 상세한 연구의 필요성이 느껴진다. 동시대의 이수광 역시 중국에서 편찬된 다양한 당시 선집을 보고 있는 바,[40] 익히 알려졌거나 조선간본을 갖고 있는 책(『삼체시(三體詩)』,

---

37 이종묵, 「시풍의 변화와 중국시선집의 편찬 양상」(『한시의 전통과 문예미』, 태학사, 2002)에 자세하다. 더불어 『唐賢詩範』(국도 소장, 3권 1책, 목판본으로 판이 일그러져 판별이 용이치 않다. 다만 이 책은 오언절구를 天文, 時節 등으로 나눈 分類本 시선집이다)과 천혜봉이 간략한 서지를 소개(『日本蓬左文庫韓國典籍』, 2003)한 『詩學蹊徑』(어숙권 간, 본서는 봉좌문고에 소장된 孤本으로 국도에 복사본이 있다) 등도 눈여겨 볼 만하다. 어숙권 당시만 하더라도 (칠언)절구 선집은 채정손이 증주한 『당송연주시격』과 사방득이 주를 낸 『당시절구』가 애용되었던 듯하다. 童蒙用으로 나온 선집으로 사방득의 '詩莫盛於唐, 唐五季以下無足取'의 논의에 반론으로 당송시 250수를 뽑아 놓았다.

38 孫琴安, 『中國評點文學史』(상해사회과학원출판사, 1999), 章培恒·王靖宇 편, 『中國文學評點研究論集』(상해고적출판사, 2002).

39 허균, 김세렴과 이식의 평어에 대해서는 張裕昇, 「수색 허체의 古風詩 硏究」(『한국한시연구』, 2001), 金德秀, 「澤堂 李植의 漢詩批評 樣相」(『한국한시연구』, 2001) 등 참고.

40 『芝峯類說』 권7 「經書部」 3 「書籍」조 참고. 당송원명대의 당시 선집이 두루 언급되어

『당시고취(唐詩鼓吹)』, 『당시품휘』, 『정성(正聲)』[41] 등) 이외에 명대에 출간된 『당시유원(唐詩類苑)』(明 張之象 편, 200권), 『십이가시(十二家詩)』(明 楊一統)[42], 『당시기(唐詩紀)』(明 黃德水·吳琯 編, 170권), 『당시해(唐詩解)』(明 唐汝詢, 50권) 등도 언급하고 있다. 신흠이 본 『전당시선(全唐詩選)』(명 李默·鄒守愚 輯, 18권, 1547년간) 역시 당대에 읽혔던 명 간본 당시 선집이다. 장지상, 당여순 등의 편서는 자매편으로 나온 『고시유선(古詩類苑)』(明 張之象 편, 130권), 『고시기(古詩紀)』(明 馮惟訥 편, 156권), 『고시해(古詩解)』(明 唐汝諤 選釋, 24권) 등과 함께 고시 학습과 당시 학습이라는 조선 중기 주류 시학의 참고서 역할을 담당한다. 이외에 조선에서 간행된 왕안석(王安石)의 『백가시(百家詩)』가 익히 알려졌으며, 명대 간행된 『당백가시』 역시 조선간본을 갖고 있어 학당(學唐)의 참고서가 되었다.[43] 김석주(1634~1684), 김만기 등이 이와 같은 선집을

있다.

41 『당시품휘』를 編選한 『唐詩正聲』을 말한다.(명 高棅 編, 22권) 중국에서는 융경 연간 이후에 『批點唐詩正聲』(桂天祥 비점, 萬世德 각본), 『增定評註唐詩正聲』(郭濬 평점, 1626년 각본)과 같은 비점, 평주본이 나왔다.

42 明 楊一統 편서로 만력 12년(1584)간본이 있다(노조린, 낙빈왕, 진자앙, 두심언, 심전기, 송지문, 맹호연, 왕유, 고적, 잠삼). 비슷한 책으로 『十二家唐詩』(明 張孫業 편, 1552년간본)이 있다. 두 책이 권수는 차이가 있으나 수록 인물은 동일하다.

43 『淸芬室書目』(李仁榮) 406면에 徐獻忠(1469~1545) 편 『당백가시』 잔본 5권 2책이 저록되어 있다. 선조년간의 甲辰字 印本이라 하였다. 일본 龍谷大學校(국도 복사본 참고)에는 같은 간본으로 추정되는 책(17책, 1570년 成世章(1506~1583) 내사기가 있다. 결본)이 있는데, 이 책의 목차를 보건데, 明 朱警이 집찬한 『唐百家詩』 171권, 서헌충 찬 『唐詩品』 1권(1540년 간본)으로 확인된다(『중국고적선본서목』 집부 중, 1426~1430면). 이 책은 『당시품휘』에서 사용한 초(21家)·성(10家)·중(27家)·만당(42家)의 四唐說을 채택하고 시인별로 편차, 간행한 선집이다. 부록으로 있는 『당시품』까지 과연 간행되었는지 의문이다. 『당시품』은 당대 시인을 품평하고 있는 시화이다(『明詩話叢編』 3책 수록, 강소고적출판사, 참고). 『사고전서총목제요』에 '考明徐獻忠有『百家唐詩』一百卷'이라는 기록(『明史』, 「藝文志」, 『천경당서목』 저록)이 있어 서헌충의 『당백가시』가 있었던 듯한데, 실물의 현전 여부를 알 수 없다.

활용하여 고시, 혹은 당시 선집을 엮은 바 있어 중요한 시선집으로 자리매김하고 있음을 알 수 있다.

당시 선집과 복고시론 : 『당음』, 『당시품휘』, 『시산』

허균은 명대 당풍(唐風)의 주도적 역할을 담당했던 고린의 비점을 달아 재해석한 『당음』, 『당시품휘』와 후칠자파의 시론이 반영된 『시산』에 상당한 애착을 가지고 있었다. 무엇보다 이들 시선집은 복고파의 문학론과 밀접한 관계가 있는 선집이다. 허균은 따로 『당시선』(60권, 2,600여 수 수록)을 편집한 일이 있어서 여기에 세 선집의 장단을 소상히 밝히고 있다.

> 당나라 3백 년 동안에 작자가 1천이 넘는 수효에 달했으니 시도의 성함이 전후에 짝이 없었다. 그것을 종합하여 뽑아놓은 것이 수십 가였으니, 그중에서 특히 줄여서 알맹이만 골라진 것은 양사홍이 초집한 『당음』이며, 상세하고 많이 뽑아놓은 것은 고병의 『당시품휘』이며, 독자적인 지혜로 마음을 써서 고투를 답습하지 않고 스스로 운용하는 것을 높은 것으로 삼은 것은 이반룡의 『당시산』이다. 이 세 책이 나오자 천하의 당시를 뽑은 것들은 모두 폐기되고 행하지 못했으니, 아, 훌륭하도다.
>
> 나는 일찍이 세 사람이 뽑은 것을 가져다 읽었는데 다소 이의가 없지 않았다. 양씨는 비록 정(精)하기를 힘썼다지만, 정음과 유향을 분변함이 너무도 혜경(蹊徑)이 없고 그 웅준하고 고로(古魯)한 음을 채택하지 않은 것도 있어서 아는 자로 하여금 구슬을 빠트린 개탄을 가지게 한다. 고병이 모은 것은 극히 풍부하기는 하나 시대별로 사람을 늘어놓고 작가별로 작품을 늘어놓아 곱고 추한 것으로 하여금 함께 나아가게 하고 아(雅)와 속(俗)을 모두 몰아 넣어서, 식자들이 '고기 눈깔을 구슬과 섞어 놓았다'고 나무랐으니, 그 말이 혹 가까운 것도 같다. 우린씨가 가린 데 이르러서는 다만 경한하고 기걸한 것만을 택하여 자기 법도에 합하면

> 싣고 맞지 않으면 척벽(尺璧)과 경촌(徑寸)의 구슬을 던져버리고도 아깝게 여기지 않았으니, 영웅이 사람을 속인 것이라 전부 믿을 바는 못된다. 그 유편(遺篇)과 일운(逸韻)이 여러 작품들 사이에 묻혀 오랜 세월이 지나도록 탄상을 받지 못한 것을 우린씨가 능히 뽑아내어 상렬(上列)에 올렸으니 이는 확실히 언외(言外)의 뜻을 홀로 터득한 것으로 속된 안목으로는 헤아리기 힘든 점이 있다.(『국역성소부부고』)

양사홍의 『당음』은 당시의 '정수(精粹)'를 가려 뽑았다는 평가를 듣는 만큼이나 이론이 많은데, 이미 고병이 지적하였듯이 성당을 추숭하여 가려뽑았다는 양사홍의 선시관과는 달리, 중·만당 시인의 율시가 「정음」에 수록되어 있으며, 성당시인의 오언이 「유향」에 들어갔다는 지적과 함께 만당(晩唐)의 시가 다수 뽑혀 있다는 평가도 있다.[44] 허균이 지적한 '웅준하고 고로(古魯)한 음'은 성당시의 특징으로 만당의 유약한 시풍을 뽑았다는 비판이다. 그러나 『당음』은 다소 출입이 있다 하더라도 성당(盛唐)을 중심에 두고, 삼당설을 제기하여 명대 중기 학당(學唐)에 일정한 실마리를 제공하고 있는 시선집으로 『당시품휘』가 이를 계승했다고 평가받는다. 다만, 『당시품휘』가 지나치게 많은 선발로 정미하지 못하다는 문제가 지적되고는 있으나, 성당을 중심에 두고 선발하여 복고파 문학의 종지인 '성당시를 배워야 한다(詩必盛唐)'론에 크게 기여하였다. 이반룡의 『시산』은 복고시론에 부합하는 시만 뽑아 놓음으로써 김석주가 지적한 '고간(高簡)' 즉 지나친 목소리와 그에 따른 소략함을 지적받고 있다. 허균은 이미 이를 지적하

44 「唐詩品彙總敍」, "近代襄城楊伯謙氏唐音集, 頗能別體製之始終, 審音律之正變, 可謂得唐人之三尺矣. 然而李杜大家不錄, 岑·劉古調微存, 張籍·王建·許渾·李商隱律詩載諸「正音」, 渤海高適·江寧王昌齡五言稍見遺響, 每一披讀未嘗不歎息"; 이수광, 「詩說」, 『지봉집』 권21.

여 그 감식안으로 당시 선집을 만들어 낸 것이다. 허균은 선집의 장단을 잘 알고 있는 데다 높은 감식으로 '널리 뽑되(廣)' '정미한(精)' 당시 선집을 만들어 낼 수 있었을 것이다. 허균은 익히 알려진 대로 복고파의 영향 속에서 복고파 시인이 애용하였던 선집[45]을 참고하여 선시 활동을 하고 있다. 특히 이 시기 평점이 들어간 중국 쪽 시선집을 활용하여 학시(學詩)와 선시(選詩)에 상당히 참고했던 것으로 보인다.

『당절선산』에 뽑힌 당시 절구는 참고한 대상 선집을 충실히 반영하고 있다(사실 선집 내에서 군소 시인을 제외한 각 인의 시가 대부분 선발되어 있다). 대부분 각권에 각 작가의 시 1~3수 정도를 싣되, 주요 작가인 경우는 상대적으로 다수의 시를 선발하였다. 오언절구는 『시산』의 경우 이백(李白) 4수, 왕유(王維) 6수, 『백가선』에서 영호초(令狐楚) 3수, 백거이(白居易) 4수, 「정음」에서 왕유 10수, 맹호연(孟浩然) 3수, 최국보(崔國輔) 8수, 유장경(劉長卿) 7수, 위응물(韋應物) 6수, 장적(張籍) 9수, 「유향」에서는 각 인의 시를 한두 수 씩 뽑았다. 『당시품휘』에서는 이백 10수, 왕유 4수, 두보(杜甫) 2수, 한유(韓愈) 4제 5수, 최도융(崔道融) 4수 등이 많이 뽑힌 경우이다. 칠언절구의 경우는 『시산』에서 이백 14제 17수, 왕창령(王昌齡) 11제 16수, 왕유 4수, 잠삼(岑參) 9제 10수, 두보 1수, 고적(高適) 4수, 이익(李益) 4수, 유우석(劉禹錫) 5제 6수, 『백가선』에서 유우석 4수, 이섭(李涉) 5수, 백거이 9수, 허혼(許渾) 5수, 「정음」에서는 왕유 4수, 왕창령 6수, 유장경 6수, 위응물 7수, 유종원(柳宗元) 5수, 왕건(王建) 4제 8수, 장적 10수, 유우석 10제 14수, 「유향」에서 두목(杜牧) 19수, 이상은(李商隱) 28수, 『당시품휘』

45 陳國球, 『唐詩的傳承-明代復古詩論硏究』, 학생서국, 민국 79의 5장 '唐詩選本與復古詩論'에서 『당음』, 『당시품휘』, 『시산』의 특징과 상관 관계에 대해 상세히 다루고 있다.

에서 이백 6수, 왕창령 4제 5수, 두보 1수, 유장경 4수, 한굉(韓竑) 6수, 고황(顧況) 4수, 두목 4수, 허혼 4수 등이 다수 뽑힌 경우이다(두보는 참고로 기입).

대체적으로 성당 절구의 삼대가(三大家)로 일컬어지는 이백, 왕창령(칠언절구), 왕유(오언절구)의 시가 많이 뽑혀 있되,[46] 특히 만당의 이상은, 두목, 왕건, 장적 등과 같이 칠언절구에 뛰어난 시인도 다수 뽑혀 있다. 성당시인의 비중만큼이나 절구에 장처를 보인 중만당 시인의 시도 다수 뽑혀 있는 셈이다.[47] 이반룡이 만당시인을 무시한 예와는 다른 양상이다. 두보 절구의 경우 대우(對偶)와 전고(典故)에 구속되어 있기에 참고한 선집에도 많이 뽑지 않았을 뿐만 아니라 허균도 비중을 두지 않았다. 이식(李植)이 절구를 배우는 요령으로 오언인 경우는 왕유를 중심으로 배우고, 칠언인 경우 이백 이후의 시를 배우라고 한 점, 무엇보다 절구에 있어서는 만당시를 배제하지 않은 점 등과 일맥상통한다.[48] 내용을 볼 때 증별시(贈別詩)와 악부시(樂府詩)에 당시 절구의 장처와 성취가 있다 할 만큼 많이 뽑혀 있는데, 이는 조선 중기 삼당파 시인 등과 연관성이 있어 그들이 배운 절구의 연원이 이들 중국 선집과 관계가 있음을 암시해 준다.

---

46 이반룡이 「選唐詩序」에서 이백의 五七言絕句를 '唐三百年一人'이라고 고평하고, 『당시품휘』에서 오언절구의 정종(正宗)을 이백, 왕유, 최국보, 맹호연으로 하고, 칠언절구의 정종에 이백, 왕창령을 두었다.

47 왕세정의 경우 성당과 중만당의 시에 각각의 장처가 있음을 강조하였다. (『藝苑卮言』 "七言絕句盛唐主氣, 氣完而意不盡工, 中晚唐主意, 意工而氣不甚完, 然各有至者, 未可以時代優劣也")

48 「學詩準的」, 『澤堂集』 別集 권14 "五言絕則無出右丞, 同時名作, 近於右丞者, 略取之, 七言絕則初唐不可學, 太白以下, 皆可取, 晚唐絕句, 亦佳, 並抄誦數百首, 以爲準的"

당절선산 건(乾)

당절선산 권1

명(明) 제남(齊南) 이반룡(李攀龍)[1] 우린(于鱗) 선(選)

밤에 조종(趙縱)을 보내다

夜送趙縱

양형(楊炯)[2]

趙氏連城璧　　조나라에 연성벽[3] 옥이 있어서
由來天下傳　　천하에 이야기가 전하여 왔지
送君還舊府　　그대를 옛 고을로 보내노라니
明月滿前川　　밝은 달이 앞 냇가 가득하구나

1 이반룡(李攀龍) : 1514~1570. 산동(山東) 제남(齊南) 출신. 자는 우린(于鱗), 호는 창명(滄溟). 1554년 진사에 급제, 형부주사(刑部主事), 원외랑(員外郎), 낭중(郎中)을 거치고, 순덕지부(順德知府), 절강부사(浙江副使), 하남안찰사(河南按察使)를 역임하였다. 진한(秦漢)의 문학을 높이 평가하였으며, 명대 후칠자(後七子)의 우두머리로 꼽힌다. 저서로 『창명집(滄溟集)』이 있다.

2 양형(楊炯) : 650~693. 화음(華陰, 지금의 陝西) 출신. 신동(神童)으로 알려졌으며, 교서랑(校書郎)을 역임하고 숭문관 학사(崇文館學士)가 되었다. 초당(初唐) 사걸(四傑, 王勃, 楊炯, 盧照隣, 駱賓王)의 한 사람으로, 오언율시에 뛰어났다. 육조시대 시풍을 이어받았다.

3 연성벽 : 連城璧. 여러 개의 성과 바꿀 정도의 가치가 있는 화씨벽(和氏璧)을 가리킨다. 전국시대 조(趙)나라가 가지고 있었는데, 진(秦)나라가 이 화씨벽을 15개 성과 바꾸자고 제의하여 조나라의 인상여(藺相如)가 가지고 갔으나 진나라가 성은 주지 않고 화씨벽만 취하려 하자 담판 끝에 가지고 돌아온 고사가 있다. 『史記 卷81 廉頗藺相如列傳』

역수에서 송별하다

易水送別 낙빈왕(駱賓王)[4]

此地別燕丹 이곳에서 연 태자 단과 헤어져[5]
壯士髮衝冠 장사의 머리털이 관을 뚫었네[6]
昔時人已沒 옛 시절 사람들 이미 없건만
今日水猶寒 오늘날 여전히 강물 차갑네[7]

자야의 봄노래[8]

子夜春歌 곽진(郭震)[9]

陌頭楊柳枝 길거리에 심겨 있는 버들가지가
已被春風吹 벌써부터 봄바람에 흔들리네요

---

4 낙빈왕(駱賓王) : 630~684. 무주(婺州) 의오(義烏, 지금의 절강성 의오현) 출신. 호(號)는 매림(梅林). '초당사걸(初唐四傑)'로 일컬어졌으며, '왕양노락(王楊盧駱)'으로 병칭되기도 하였다. 육조(六朝)의 시풍을 계승하면서도 격조가 청려(淸麗)하였고, 특히 노조린과 함께 칠언 가행(七言歌行)에 뛰어났다. 『낙임해집(駱臨海集)』이 전한다.

5 연 태자 단과 헤어져 : 자객 형가(荊軻)가 연나라 태자 단(丹)의 원수를 갚기 위해 진나라로 떠날 때에 태자와 이 일을 알고 있는 빈객들이 모두 흰색 옷과 관을 쓰고 형가를 배웅하였으며 역수 가에 이르러 도로신에게 제사지내고 여행길에 올랐는데, 고점리가 축을 타고 형가에 이에 맞춰 노래를 불렀다고 한다. 『史記 卷86 刺客列傳』

6 관을 뚫었네 : 형가가 역수에서 노래할 때 그 소리가 강개하여 듣는 사람들이 모두 눈을 부릅떴고, 머리카락이 관을 찌를 듯 치솟았다고 한다. 『史記 卷86 刺客列傳』

7 차갑네 : 사람들과 헤어질 때 형가가 불렀던 「역수가(易水歌)」에 "바람이 쌀쌀하니 역수가 차갑네. 장사가 한 번 가면 다시 돌아오지 않으리.[風蕭蕭兮易水寒 壯士一去兮不復還]"라는 구절이 나온다. 『戰國策 燕策3』

8 자야의 봄노래 : 원 제목은 「자야사시가(子夜四時歌) 육수(六首)」 가운데 「춘가(春歌)」이다.

9 곽진(郭震) : 656~713. 자는 원진(元振). 이 필사본뿐만 아니라 『당음(唐音)』에도 곽진(郭振)이라고 잘못 적혀 있다.

妾心正斷絶　　제 마음은 정말로 끊어지는데
君懷那得知　　당신 마음 어떻게 알 수 있나요

青樓含日光　　푸른 다락[10] 햇빛을 머금고 있고
綠池起風色　　푸른 못에 바람이 일고 있네요
贈子同心花　　당신에게 동심화[11]를 보내드리니
殷勤此何極　　정성이 이 얼마나 지극한지요

남루[12]에서 바라보다

南樓望

노선(盧僎)[13]

去國三巴遠　　서울 떠나 삼파[14] 땅이 멀기도 해라
登樓萬里春　　다락에 올라 보니 만 리 멀리 봄
傷心江上客　　강가의 나그네 마음 아프니
不是故鄕人　　이곳에 고향 사람 아무도 없소

---

10 푸른 다락 : 남조(南朝) 제(齊)나라 무후(武帝)가 흥광루(興光樓)를 세웠는데, 지붕 위에 푸른 칠을 해서 세상 사람들이 '청루(青樓)'라고 불렀다. 이후 흥광루뿐 아니라 화려한 다락을 가리키는 말로 쓰인다.『南齊記 卷7 東昏侯本紀』

11 동심화 : 同心花. 다른 두 나무의 꽃이 서로 맞붙어 한 꽃을 이룬 것이라 한다.

12 남루 : 南樓. 성벽 남문 위에 있는 누각으로, 이 시에서는 사천성 파하(巴河) 강가에 있는 남루를 가리킨다.

13 노선(盧僎) : 생몰년 미상. 초당 시인으로 호북성 임장(臨漳) 사람이다. 중종(中宗 684~709) 때 사람으로, 처음에 문희위(聞喜尉)로 임명되었고, 집현원(集賢院) 학사(學士)로 옮겼다가 이부원외랑(吏部員外郎)에 이르렀다.『국수집(國秀集)』에 14수가 전한다.

14 삼파 : 三巴. 사천(四川)성 중경시(重慶市)와 호북성(湖北省)에 걸쳐 있는 파촉(巴蜀) 지방이니, 파군(巴郡)의 파하(巴河)를 중심으로 동쪽은 파동(巴東), 서쪽은 파서(巴西) 지역으로 나뉜다.

분하[15] 강가에서 가을에 놀라다

汾上驚秋 소정(蘇頲)[16]

北風吹白雲　　북풍이 흰 구름을 몰아가는데
萬里渡河汾　　만 리 분하를 건너 간다네
心緒逢搖落　　마음속은 쓸쓸한 계절을 만나
秋聲不可聞　　가을 소리 듣고 있을 수가 없다네

촉도[17]의 기약에 늦다

蜀道後期 장열(張說)[18]

客心爭日月　　나그네 마음은 세월 다투니
來往預期程　　오가는 데 예정된 기약 있었네
秋風不相待　　가을바람 기다려 주지를 않고
先至洛陽城　　제 먼저 낙양성에 가버렸다네

---

15 분하 : 汾河. 중국 산서성(山西省)에 있는 강으로, 위하(渭河)와 함께 황하의 2대 지류로 꼽힌다.

16 소정(蘇頲) : 670~727. 자는 정석(廷碩). 옹주(雍州) 무공현(武功縣) 출신이다. 당현종(唐玄宗) 때 재상으로, 허국공(許國公)에 봉해졌다. 문학에 뛰어나 장열(張說)과 함께 "연허대수필(燕許大手筆)"이라 병칭되었다. 시호는 문헌(文獻)이다. 문집 30편이 남아 있다. 『新唐書 卷125 蘇頲傳』

17 촉도 : 蜀道. 장안(長安)에서 촉 땅으로 가는 길로, 진령(秦嶺)과 대파산(大巴山)을 넘는 등 길이 매우 험난하여, 어려운 길의 대명사로 여겨진다.

18 장열(張說) : 667~731. 자는 도제(道濟) 혹은 열지(說之). 원적은 범양(范陽)이나 하동(河東)에서 세거하였고 후에 낙양(洛陽)으로 옮겼다. 당현종 때 재상을 지냈으며, 연국공(燕國公)에 봉해졌다. 문학에 뛰어났을 뿐 아니라 이민족을 평정하는 무공을 세우기도 하였다. 시호는 문정(文貞)이다. 문집 30권이 세상에 전한다. 『舊唐書 卷97 張說傳』

거울을 보다가 백발을 발견하다

照鏡見白髮

장구령(張九齡)[19]

宿昔青雲志　　예전에 청운의 뜻 품었었는데
蹉跎白髮年　　머뭇대다 백발이 되어버렸네
誰知明鏡裏　　그 누가 알았으랴, 밝은 거울 속
形影自相憐　　비친 얼굴 스스로 가엾어할 줄

영락공주[20]가 번국에 시집가는 것을 구경하다

觀永樂公主入蕃

손적(孫逖)[21]

邊地鶯花少　　변방 땅에 꾀꼬리와 꽃이 적으니
年來未覺新　　새해 와도 새로운 느낌이 없네
美人天上落　　미인이 천상에서 떨어졌으니
龍塞始應春　　용새[22]에 비로소 봄이 오리라

---

19 장구령(張九齡) : 678~740. 자는 자수(子壽), 일명 박물(博物). 소주(韶州) 곡강현(曲江縣) 출신. 재상 장열(張說)의 도움으로 발탁되어 교서랑(校書郎)·우습유(右拾遺)·중서시랑(中書侍郎)을 역임하였고, 당현종 때 상서우승상(尙書右丞相)에 이르렀다. 시호는 문헌(文獻), 문집20권이 있다.『舊唐書 卷103 張九齡傳』

20 영락공주 : 永樂公主. 715년 거란의 이실활(李失活)이 당나라 조정에 귀의하자 당에서 송막도독부(松漠都督府)를 설치하고 실활을 송막군왕(松漠郡王)으로 삼고 좌금오위대장군(左金吾衛大將軍) 겸 송막도독을 제수하였다. 이듬해 실활이 들어와 알현하자 동평왕(東平王)의 외질녀(外姪女)인 양씨(楊氏)를 봉해 영락공주(永樂公主)로 삼아 그에게 시집보냈다.『舊唐書 卷199 契丹』

21 손적(孫逖) : 696~761. 하북성(河北省) 섭현(涉縣) 출신. 어릴 때부터 문재가 뛰어났으며 최일용(崔日用)의 추천으로 당현종(唐玄宗)이 친견하여 문조굉려과(文藻宏麗科)에 급제하였고 좌습유(左拾遺)에 임명되었다. 벼슬이 중서사인(中書舍人)에 이르렀다. 시호는 문(文)이다.

22 용새 : 龍塞. 용성(龍城). 흉노의 지명으로, 그들이 하늘에 제사를 지내던 곳이다. 변방 지방을 범칭하기도 한다.

고요한 밤 그리워하다

靜夜思 이백(李白)[23]

牀前看月光 침상 앞에 달빛을 보고 있자니
疑是地上霜 땅 위에 서리가 내렸나 했네
擧頭望山月 머리 들어 산 위의 달 바라보다가
低頭思故鄕 머리 떨궈 고향을 생각한다네

원망하는 마음

怨情

美人捲珠簾 미인이 구슬발을 걷어 올리고
深坐嚬蛾眉 깊이 앉아 고운 이마 찡그린다네
但見淚痕濕 보이는 건 젖어있는 눈물 자국뿐
不知心恨誰 누구를 원망하는 마음인 건지

추포[24]의 노래

秋浦歌

白髮三千丈 흰 머리털 삼천 길 늘어졌으니

23 이백(李白) : 701~762. 자는 태백(太白). 호는 청련거사(靑蓮居士). 당현종(唐玄宗)의 부름을 받아 장안에 들어가 한림공봉(翰林供奉)이 되었다. 안록산의 난이 시작된 755년까지 산동성의 집을 거점으로 북쪽과 남쪽의 여러 지방을 두루 유람했다. 당숙종(唐肅宗) 때 이린(李璘)의 역모에 연루되어 유배되었다. 사면된 후 안휘성(安徽省) 당도(當塗)의 현령이었던 종숙 이양빙에게 의탁해 살며 빈객으로 있으면서 얼마 뒤 그곳에서 병들어 죽었다. 두보(杜甫)와 "이두(李杜)"로 병칭되는 중국의 최고 시인이자 시선(詩仙)으로 일컬어진다.

緣愁似箇長　　시름에 한 올 한 올 길어진 듯 해
不知明鏡裏　　모르겠다, 밝은 거울 들여다보니
何處得秋霜　　어디에서 가을 서리 얻어온 거지

홀로 경정산[25]에 앉다

獨坐敬亭山

衆鳥高飛盡　　뭇 새들 높이 날아 다 가버리고
孤雲獨去閑　　외딴 구름 한가롭게 홀로 떠가네
相看兩不厭　　바라봐도 양쪽이 싫지 않은 건
只有敬亭山　　오로지 경정산이 있기 때문에

높은 대에 오르다

臨高臺

왕유(王維)[26]

相送臨高臺　　높은 대에 올라서 그대 보내니
川原杳何極　　시내 언덕 아득해 끝은 어딘가
日暝飛鳥還　　날 저물어 나는 새는 돌아오건만
行人去不息　　떠난 사람 쉬지 않고 가버리누나

---

24 추포 : 秋浦. 안휘성(安徽省) 지주(池州)에 있는 지명. 추포수(秋浦水)가 있어서 얻은 지명이다. 추포수는 장강(長江) 하류의 지류이다.

25 경정산 : 敬亭山. 안휘성(安徽省) 선주(宣州)에 있는 산 이름. 산 위에 경정(敬亭)이 있어서 붙여진 이름이다. 명승지로 유명하다.

26 왕유(王維) : 699~759. 자는 마힐(摩詰). 호는 마힐거사(摩詰居士). 하동(河東) 포주(蒲州)에서 태어났다. 당현종(唐玄宗) 때 진사가 되고, 벼슬이 상서우승(尙書右丞)에 이르렀다. 이 때문에 왕우승(王右丞)이라 통칭되기도 한다. 시뿐만 아니라 그림, 음악으로도 유명하였다. 시선(詩仙) 이백(李白), 시성(詩聖) 두보(杜甫)와 함께 3대 시인으로 꼽히며, 시불(詩佛)로 일컬어진다. 문집이 전한다.

반첩여[27]

班婕妤

宮殿生秋草　　궁전에 가을 풀이 생겨날 무렵
君王恩幸疎　　군왕의 은총이 성거졌다네
那堪聞鳳吹　　궁궐 피리 어찌 차마 듣고 있으랴
門外度金輿　　문밖에 임금 수레 지나가누나

잡시

雜詩

家住孟津河　　우리 집은 맹진[28]의 물가에 있고
門對孟津口　　집 문은 맹진 하구 맞은 편이오
常有江南船　　강남을 오가는 배 항상 있는데
寄書家中否　　집에 부친 편지가 혹시 있나요

송별

送別

山中相送罷　　산중에서 전송을 끝내고 나서
日暮掩柴扉　　어스름에 사립문을 닫아 걸었네
春草年年綠　　봄 풀은 해마다 푸르르건만

---

27 반첩여 : 班婕妤. 한(漢)나라 성제(成帝)의 후궁 반씨. 첩여는 반씨의 후궁 첩지이다. 시가에 능하였다. 조비연(趙飛燕)이 들어온 후 총애를 잃고 참소를 받고 허황후(許皇后)와 함께 쫓겨났다. 후에 혐의가 풀렸으나 장신궁(長信宮)에 머물면서 시를 지었다.

28 맹진 : 孟津. 하남성(河南省) 북부에 있는 지명으로, 낙양(洛陽)의 직할지였다.

王孫歸不歸　　한번 떠난 왕손은 돌아오려나

사슴우리

鹿柴

空山不見人　　빈 산에 사람은 보이지 않고
但聞人語響　　들리는 건 울리는 사람 말소리
返照入深林　　저녁 햇빛 깊은 숲에 스며들어서
復照靑苔上　　다시 푸른 이끼 위에 비추는구나

죽리관

竹里館

獨坐幽篁裏　　그윽한 대숲 속에 홀로 앉아서
彈琴復長嘯　　거문고 타다 길게 휘파람 부네
深林人不知　　깊은 숲을 남들은 알지 못하고
明月來相照　　밝은 달이 찾아와 비추어주네

봄날 새벽

春曉

맹호연(孟浩然)[29]

春眠不覺曉　　봄잠 취해 날이 샌 줄 몰랐었는데

29 맹호연(孟浩然) : 689~740. 이름이 호(浩). 호연(浩然)은 자이다. 호북성(湖北省) 양양(襄陽, 지금의 襄樊) 출신. 고향을 떠나 장안에서 과거에 응시하였으나, 끝내 낙방하였다. 이후 귀향하여 지금의 절강 일대인 오월(吳越)을 만유하며 많은 산수·전원시들을 남겼다. 성당(盛唐)의 대표적인 시인 중 한 명이다.

處處聞啼鳥　　곳곳에서 새 우는 소리 들리네
夜來風雨聲　　밤사이 비바람 소리 났으니
花落知多少　　꽃잎은 얼마나 떨어졌을까

장안가는 길

長安道　　저광희(儲光羲)[30]

西行一千里　　서쪽으로 떠나는 일천 리 먼 길
暝色生寒樹　　땅거미가 내리는 겨울 나무들
暗聞歌吹聲　　어둠 속 들려오는 풍악소리에
知是長安路　　장안 길에 들어선 줄 이제 알겠네

낙양 가는 길

洛陽道

大道直如髮　　큰길은 곧기가 머리칼 같고
春日佳氣多　　봄날이라 아름다운 풍광 많구나
五陵貴公子　　오릉[31]에 노니는 귀공자들이
雙雙鳴玉珂　　쌍쌍이 옥구슬[32]을 울리는구나

---

30 저광희(儲光羲) : 707?~760?. 윤주(潤州) 연릉(延陵, 지금의 江蕭 丹陽縣) 출신. 중서시문장(中書試文章)과 사수위(汜水尉)를 지냈다. 종남산(終南山)에 은거하다가 태축(太祝)에 임명되어 저태축(儲太祝)으로 불리기도 한다. 문집 70권이 있었다고 하나, 전하지 않는다.

31 오릉 : 五陵. 함양(咸陽) 북부에 있는 오릉원(五陵原)을 가리킨다. 한나라 황제의 능인 장릉(長陵 : 高帝), 안릉(安陵 : 惠帝), 양릉(陽陵 : 景帝), 무릉(茂陵 : 武帝), 평릉(平陵 : 昭帝)이 있다. 여기에서는 지명과 관계없이 부귀함을 드러내기 위해 사용된 시어이다.

무릉 전 태수에게 답하다

答武陵田太守

왕창령(王昌齡)[33]

仗劍行千里 검을 짚고 천 리 길을 떠나가면서
微軀敢一言 미천한 몸 한 말씀 감히 아뢰오
曾爲大梁客 대량[34]의 식객 노릇 했던 사람이
不負信陵恩 신릉군[35]의 은혜를 저버리겠소

맹성요[36]

孟城坳

배적(裵迪)[37]

結廬古城下 옛 성 아래 오두막 지어놓고서
時登古城上 때때로 옛 성 위로 올라간다오

32 옥구슬 : 말에 장식하는 옥을 가리킨다. 원문의 "옥가(玉珂)"는 5품 이상의 관원들이 다는 옥장식이다.

33 왕창령(王昌齡) : 698~765?. 자는 소백(少伯). 하동(河東) 진양(晉陽) 출신. 일설에는 경조(京兆) 장안(長安) 출신이라고도 한다. 비서성교서랑(秘書省校書郎), 사수위(汜水尉), 강녕승(江寧丞) 등을 지냈다. 변새시(邊塞詩)에 조예가 깊었으며, 칠언절구(七言絶句)에 능해서 이백(李白)과 비견될 정도였다. 이로 인해 '칠절성수(七絶聖手)', '시천자(詩天子)' 등으로 일컬어진다.

34 대량 : 大梁. 위나라의 수도 대량성(大梁城)을 가리킨다. 동시에 위나라를 범칭하기도 한다.

35 신릉군 : 信陵君. 전국시대 위(魏)나라의 정치가 위무기(魏無忌). 위나라 소왕(昭王)의 아들이자 소왕을 이은 안희왕(安僖王)의 동생으로, 형에 의해 신릉군에 봉해졌다. 병법과 전술에 뛰어나 위나라를 위해 많은 공을 세웠다. 수많은 빈객을 우대하여 제(齊)나라의 맹상군(孟嘗君), 조(趙)나라의 평원군(平原君), 초(楚)나라의 춘신군(春申君) 등과 함께 전국 사공자로 일컬어진다.

36 맹성요 : 孟城坳. 맹성(孟城)은 섬서성(陝西省) 남전(藍田) 망천(輞川)의 경승지 가운데 하나로, 옛 성벽이 있었다. 요(坳)는 지대가 낮아 움푹 패인 곳을 가리킨다. 왕유(王維)가 이곳에 별장을 짓고, 벗 배적(裵迪)과 주변을 노닐며 시를 지었다.

37 배적(裵迪) : 716?~미상. 관중(關中, 지금의 陝西) 출신. 당현종(唐玄宗) 천보(天寶)

古城非疇昔　　옛 성은 예전 모습 아니라지만
今人自來往　　지금 사람 저절로 오고 간다오

장간행[38]

長干行　　최호(崔顥)[39]

君家住何處　　그대는 어느 곳에 살고 있나요
妾住在橫塘　　이 첩은 횡당[40]에 살고 있어요
停船相借問　　배 멈추고 서로 잠시 물어보는 건
或恐是同鄉　　혹시라도 같은 고향 사람일까 봐

역사를 읊다

詠史　　고적(高適)[41]

尙有綈袍贈　　그래도 명주 솜옷 주었던 것은[42]

연간에 왕유(王維)와 교유하였으며, 촉(蜀) 땅에서는 두보(杜甫)와 교유하였다. 일찍이 진사시(進士試)에 응시하여 상서성랑(尙書省郎), 촉주자사(蜀州刺史)를 지냈다. 시의 풍격은 왕유(王維)와 비슷하며, 대개 산천(山泉)을 그려내었다.

38 장간행 : 長干行. 고악부(古樂府)의 잡곡가사(雜曲歌辭)의 곡 이름 가운데 하나로, 가사는 장강(長江) 근처에 사는 부녀자들의 생활을 노래한 것이다. 장간(長干)은 남경(南京) 남쪽의 장강(長江) 근처 지명이다.

39 최호(崔顥) : 704~754. 변주(汴州) 출신. 당현종(唐玄宗) 천보(天寶) 연간에 태복시승(太僕寺丞), 사훈원외랑(司勛員外郎)을 지냈다. 악부시에 능하였으며, 민간의 가사를 즐겨 채용하였다. 초기에는 부염(浮艷)한 시풍을 보였으나, 변새(邊塞)를 다니게 된 이후로 웅혼(雄渾)하게 바뀌었다.

40 횡당 : 橫塘. 옛 제방의 명칭이다. 삼국 시대 오나라 손권(孫權)이 건업(建業) 남회수(南淮水) 남쪽 하안에 쌓은 제방의 명칭이다. 남회수는 현재 남경 진회하(秦淮河)이다.

41 고적(高適) : 707~765. 자는 달부(達夫), 중부(仲夫). 창주(滄州) 출신. 일설에는 산동성(山東省) 출신이라고도 한다. 간의대부(諫議大夫), 서천절도사(西川節度使), 형부

應憐范叔寒　　헐벗은 범숙[43]이 가엾던 게지
不知天下士　　천하의 선비를 몰라보고서
猶作布衣看　　오히려 포의로 여겼었다니

농가에서 보이는 봄 풍경

田家春望

出門無所見　　문 나서니 뵈는 게 하나도 없고
春色滿平蕪　　봄 풍경만 들판에 가득하구나
可歎無知己　　아는 이 없는 것을 한탄하노니
高陽一酒徒　　고양 술꾼[44] 노릇도 못하겠구나

시랑(刑部侍郎) 등을 지냈다. 이백(李白), 두보(杜甫)와 교유하였으며, 잠삼(岑參)과 함께 고잠(高岑)이라 일컬어진다.

42 명주 솜옷 주었던 것은 : 전국시대 위(魏)나라의 범수(范睢)가 수가(須賈)를 따라 제(齊)나라에 갔는데, 제나라 왕이 그가 마음에 들어 많은 선물을 하였다. 수가는 그가 위나라의 비밀을 누설한 대가라고 오해하여 귀국한 후 고하였다. 범수는 이 때문에 고문을 당하고 죽을 위기에 처하였으나 도주하여, 진(秦)나라로 가서 장록(張祿)으로 이름을 바꾸고 공을 세워 응후(應侯)에 봉해졌다. 후에 수가가 장록을 만나기 위해 진나라에 사신으로 오자 범수가 일부러 불쌍한 행색을 하고 만나러 가자, 불쌍히 여겨 입고 있던 명주 솜옷을 벗어주었다고 한다.『史記 卷79 范睢列傳』

43 범숙 : 范叔. 범수(范睢)이다. 자가 숙(叔)이라 수가가 범숙이라 불렀다.

44 고양 술꾼 : 고양주도(高陽酒徒). 술을 좋아하고 얽매이지 않고 사는 사람을 가리킨다. 초한(楚漢) 때 역이기(酈食其)가 유방(劉邦)을 만나려고 찾아갔으나 사자가 나와서 사절하며 유방이 유자(儒者)를 만날 겨를이 없다고 하자, 역이기가 칼을 어루만지면서 사자를 질책하여 말하기를 "달려가서 다시 패공에게 말하라. 나는 고양의 술꾼이지 유자가 아니다.[走復入言沛公 吾高陽酒徒也 非儒人也]"라고 하였다고 한다.『史記 卷97 酈生列傳』

행군하다 9월 9일에 장안의 옛 동산을 그리워하다

行軍九日思長安故園

잠삼(岑參)[45]

強欲登高去　　억지로 높은 곳에 올라갔지만
無人送酒來　　술 보내올 사람조차 하나 없구나
遙憐故園菊　　저 멀리 가엾어라, 옛 동산 국화
應傍戰場開　　전장터 곁에서 피었겠구나

위수를 보고 진천을 그리워하다

見渭水思秦川

渭水東流去　　위수는 동쪽으로 흘러 흘러 가
何時到雍州　　어느 때야 옹주에 도착하려나
憑添兩行淚　　두 줄기 눈물을 덧보태노니
寄向故園流　　고향 땅 강물 향해 부쳐줄는지

황학루에 오르다

登鶴雀樓

왕지환(王之渙)[46]

白日依山盡　　밝은 해는 산에 기대 다하여 가고
黃河入海流　　황하는 바닷물로 들어가누나

---

45 잠삼(岑參) : 715~770. 강릉(江陵, 지금의 湖北省 江陵縣) 출신. 몰락한 가문을 일으키기 위해 5년여간 안서(安西)와 북정(北庭) 등의 서부 변경 지역에서 종군하기도 했다. '변새시(邊塞詩)'라는 새로운 시의 영역을 확립한 인물로 고적(高適)과 더불어 '변새시파(邊塞詩派)'의 가장 대표적인 시인으로 명성을 얻었다. 문집에 『잠가주집(岑嘉州集)』 7권이 전한다.

46 왕지환(王之渙) : 688~742. 자는 계릉(季凌). 진양(晉陽, 지금의 山西 太原市) 출신.

欲窮千里目　　천 리 멀리 눈에 다 넣고 싶어서
更上一層樓　　누각을 한 층 더 올라가노라

종남산에서 남은 눈을 바라보다

終南望餘雪

조영(祖詠)[47]

終南陰嶺秀　　종남산 북쪽 고개 높이 솟아서
積雪浮雲端　　쌓인 눈이 뜬 구름 끝단에 있네
林表明霽色　　숲 밖으로 맑게 갠 하늘 색 밝고
城中增暮寒　　성 안에는 저녁 추위 한층 더하네

재상을 그만두며 짓다

罷相作

이적지(李適之)[48]

避賢初罷相　　현인에게 재상 자리 양보하고서
樂聖且啣杯　　성인 즐겨[49] 우선은 술잔 머금네

기주(冀州) 형수현주부(衡水縣主簿)를 지냈다. 시에 능하여 당시 악공들이 지은 노래로 많이 불리곤 하였다. 그러나 대부분 실전되어 『전당시(全唐詩)』에 「양주사(凉州詞)」와 「등관작루(登鸛雀樓)」 등 겨우 6수가 실려 있다.

47 조영(祖詠) : 699~762. 하남성(河南省) 낙양(洛陽) 출신. 진사에 급제하여 가부원외랑(駕部員外郎)이 되었다. 왕유(王維)와 교유하였으며, 시는 『전당시(全唐詩)』에 1권이 수록되어 있다.

48 이적지(李適之) : 미상~747. 당현종(唐玄宗) 때의 좌상(左相). 왕족 출신으로 성품이 강직하고 술 마시기를 즐겨하였다. 만년에 이임보(李林甫)의 모함으로 좌천되었다.

49 성인 즐겨 : 술을 좋아함을 뜻한다. 성인은 본래 청주(淸酒)를 가리키는 말이다. 위(魏)의 서막(徐邈)이 금주령이 내렸는데도 잔뜩 취하여 "내가 성인에 걸렸다.[中聖人]"라고 하여, 조조(曹操)가 매우 진노하니 장군(將軍) 선우보(鮮于輔)가 "평일에 취객들이 청주를 성인이라 하고 탁주를 현인이라 하니, 서막은 성품이 신중한 사람으로 우연히

爲問門前客　　문 앞의 손님들 물어나 보자
今朝幾箇來　　오늘 아침 몇 명이나 찾아왔는고

장안에 들어가는 다섯째 숙부를 전송하며 겸해서 기모삼(綦毋三)[50]에게 부치다

奉送五叔入京兼寄綦毋三　　이기(李頎)[51]

陰雲帶殘日　　음산한 구름은 석양빛 띠니
悵別此何時　　이별 슬픈 지금은 어느 때인가
欲望黃山道　　황산으로 가는 길 바라보려나
無由見所思　　생각대로 바라볼 길이 없어라

좌액(左掖)[52]의 배꽃

左掖梨花　　구위(丘爲)[53]

冷艶全欺雪　　서늘함과 고움이 눈인 듯한데

취해서 한 말일 뿐입니다.[平日醉客謂酒淸者爲聖人 濁者爲賢人 邈性修愼 偶醉言耳]"라고 해명하였다고 한다. 『三國志 卷27 魏書 徐邈傳』

50 기모삼(綦毋三) : 기무잠(綦毋潛, 692~755). 기무(綦毋)는 복성으로 기모(綦毋)라고도 쓰며, 항렬이 같은 이들 가운데 세 번째라 기모삼이라 한 것이다. 자는 효통(孝通) 또는 계통(季通). 벼슬은 저작랑(著作郎)에 이르렀으며, 안사의 난 이후 회수 가에 은거하였다. 장구령(張九齡), 왕유(王維), 이기(李頎), 저광희(儲光羲), 위응물(韋應物) 등과 교유하였다.

51 이기(李頎) : 690?~751. 본적은 미상이며, 영양(潁陽)에서 오래 지냈다. 왕유(王維), 왕창령(王昌齡) 등과 교유하였다. 진사가 되고 신향현위(新鄕縣尉)에 올랐으나, 더 이상 올라가지 못하고 영양으로 돌아와 은거하였다. 이로 인해 작품은 대부분 현언시(玄言詩)로 이루어져 있으며, 시는 『전당시(全唐詩)』에 3권으로 편집되어 있다.

52 좌액(左掖) : 문하성(門下省)을 가리킨다. 당나라 때 문하성과 중서성(中書省)이 황제

餘香乍入衣　　남은 향기 어느새 옷에 스미네
春風且莫定　　봄바람아, 우선은 멈추지 말고
吹向玉階飛　　옥계단에 꽃잎을 날려 보내렴

오랑캐를 평정한 노래

平蕃曲　　유장경(劉長卿)[54]

渺渺戍煙孤　　아득한 국경 초소 연기 외롭고
茫茫塞草枯　　망망한 변경 풀은 말라가누나
隴頭那用閉　　농두[55]를 어찌하면 지킬 수 있나
萬里不防胡　　만 리 먼 오랑캐를 막지 못하네

絶漠大軍還　　광막한 사막에서 대군 돌아와
平沙獨戍閑　　모래벌판 수자리가 한가하구나
空留一片石　　덩그러니 남겨진 한 조각 바위[56]

처소의 좌우에 위치하였으므로 이른 말이다.

53 구위(丘爲) : 생몰년 미상. 소주(蘇州) 가흥(嘉興, 지금의 浙江) 출신. 진사가 되고 태자우서자(太子右庶子)에 올랐다. 계모를 성심껏 봉양하여 효성으로 잘 알려져 있다. 시에 능하였고, 왕유(王維), 유장경(劉長卿) 등과 교유하였다. 작품집은 산실되었으며, 전하는 시는 모두 오언시(五言詩)로 대개 증별(贈別)이나 전원 풍광을 읊은 것이다.

54 유장경(劉長卿) : 725?~789. 자는 문방(文房). 하간(河間) 출신. 일설에는 선성(宣城) 출신이라고도 한다. 감찰어사(監察禦史), 장주현위(長洲縣尉), 남파위(南巴尉), 전운사판관(轉運使判官) 등을 역임하였다. 시 가운데 특히 오언시(五言詩)에 뛰어나 스스로를 '오언장성(五言長城)'이라 칭하였다. 문집으로는 『유수주집(劉隨州集)』이 전한다.

55 농두 : 隴頭. 섬서성(陝西省)과 감숙성(甘肅省)의 경계에 있는 농산(隴山) 근처를 가리킨다. 예로부터 이민족과의 국경에 해당하여 관소가 설치되어 있었다.

56 한 조각 바위 : 연연비(燕然碑)를 가리킨다. 후한(後漢)의 두헌(竇憲)이 흉노를 격파하고 연연산(燕然山)에 올라가 공적을 새긴 비석을 세우고 돌아왔다. 『後漢書 卷23 竇憲

萬古在燕山　　만년 가도 연산[57]에 남아 있으리

협사를 만나다

逢俠[58]者　　전기(錢起)[59]

燕趙悲歌士　　슬픈 노래 부르던 연조 협사를[60]
相逢劇孟家　　극맹의 집안[61]에서 만나게 됐네
寸心言不盡　　이내 마음 말로 다 하지 못한 채
前路日將斜　　앞길은 해가 이미 지려 한다네

강을 가다

江行

只尺愁風雨　　지척이 비바람 근심스러워
匡廬不可登　　광려산[62]은 올라갈 수가 없었네

列傳』

57 연산 : 燕山. 연연산(燕然山)을 가리킨다. 현재 몽골 중부에 있는 항가이 산맥이다.

58 俠 : 원문에는 "狹"으로 되어 있으나, 문맥에 맞게 "俠"으로 고침.

59 전기(錢起) : 710?~780?. 자는 중문(仲文). 절강성(浙江省) 오흥(吳興) 출신. 태청궁사(太淸宮使), 한림학사(翰林學士)를 지냈다. 시로써 낭사원(郎士元)과 이름을 나란히 하여 "앞서 심·송이 있고, 뒤로 전·낭이 있다.[前有沈宋 後有錢郎]"고 일컬어졌으며, 대력십재자(大曆十才子)의 필두로 칭송받았다.

60 연조 협사를 : 연조(燕趙)는 연나라와 조나라를 가리킨다. 옛날 연나라, 조나라 두 땅 지역에 비분강개하고 용맹한 협사가 많았으므로, 협사를 가리키는 대명사로 쓰이게 되었다.

61 극맹의 집안 : 낙양을 가리킨다. 극맹(劇孟)은 후한 때 낙양 사람으로, 호협으로 명성이 있던 사람이다.

62 광려산 : 匡廬山. 강서성(江西省)에 있는 여산(廬山)을 가리킨다. 은나라와 주나라 교체기에 광속(匡俗) 형제 7인이 이곳에 여막을 짓고 은거하여 신선술을 배웠다고 하여

祇疑香霧窟　　궁금하네, 안개 감싼 저 동굴 안에
猶有六朝僧　　육조 때 승려가 아직 있을까

첩여[63]의 원한

婕妤怨　　황보염(皇甫冉)[64]

花枝出建章　　꽃가지가 건장궁에서 나오니
鳳管發昭陽　　생황소리 소양궁에서 울리네
借問承恩者　　묻노라, 승은을 새로 입은 이
雙蛾幾許長　　한 쌍의 눈썹이 얼마나 긴지

가을날

秋日　　경위(耿湋)[65]

返照入閭巷　　석양빛이 골목까지 스며드노니

일컫는 이름이다.

63 첩여 : 반첩여(班婕妤). 한 성제(漢成帝) 때 궁녀로 왕의 총애를 받아 첩여(婕妤) 첩지를 받아 반첩여라 불린다. 후에 총애가 조비연(趙飛燕)으로 옮겨가자 참소를 당하여 장신궁(長信宮)으로 쫓겨나 허태후(許太后)를 모시었다. 시에 뛰어났는데, 「원가행(怨歌行)」이 잘 알려져 있다. 『漢書 卷97下 外戚傳』

64 황보염(皇甫冉) : 715~768. 자는 무정(茂政). 안정(安定) 출신. 동생인 황보증(皇甫曾)과 함께 명망이 있었으며, 세간에서는 장재(張載), 장협(張協)과 비교하였다. 저서에 시집 3권이 있는데, 『전당시(全唐詩)』에 2권으로 실려 있다.

65 경위(耿湋) : 생몰년 미상. 자는 홍원(洪源). 하동(河東) 출신. 우습유(右拾遺, 일설에는 좌습유(左拾遺), 대리사법(大理司法)을 지냈다. 시에 능하였으며, 풍격은 꿋꿋하고 시원하다 평해진다. 대력십재자(大曆十才子)의 한 사람으로 전기(錢起), 노륜(盧綸), 사공서(司空署)와 이름을 나란히 하였다. 시집은 있었으나 망실되었고, 명나라 때 모은 『경위집(耿湋集)』이 전한다.

憂來誰共語　　근심 들면 뉘와 함께 이야기하나
古道少人行　　옛길이라 다니는 이 적기만 하고
秋風動禾黍　　추풍이 벼와 기장 흔드는구나

변새의 노래

塞下曲

노륜(盧綸)[66]

林暗草驚風　　어두운 숲 바람에 풀이 놀라자
將軍夜引弓　　장군이 밤중에도 활을 당겼네
平明尋白羽　　새벽 되자 흰 깃 화살 찾아가 보니
沒在石稜中　　큰 바위 모서리에 박혀 있었네

노진경과 이별하다[67]

別盧秦卿

知有前期在　　앞으로 만날 기약 알고 있어도
難分此夜中　　오늘 밤 이별이 어렵기만 해
無將故人酒　　오랜 벗 술 가져올 필요 없다오
不及石尤風　　석우풍[68]에 미치지 못할 테니까

66 노륜(盧綸) : 748?~800. 자는 윤언(允言). 하중(河中) 포(蒲, 지금의 山西) 사람. 대력십재자(大曆十才子)의 한 사람이다. 여러 차례 과거에 응시하였으나, 번번이 떨어졌다가 혼감(渾瑊)에 의해 원수부판관(元帥府判官)이 되었다. 문집이 있었으나 산실되었으며, 명나라 사람이 모은 『노륜집(盧綸集)』이 전한다. 『전당시(全唐詩)』에 시가 5권으로 실려 있다.

67 노진경과 이별하다 : 당나라 시인 사공서(司空曙)의 작품이다. 원전에는 따로 표기되어 있지 않다.

68 석우풍 : 石尤風. 역풍(逆風)을 가리킨다. 상인 우모(尤某)가 석씨(石氏)의 딸과 결혼

유주

幽州 이익(李益)[69]

征戍在桑乾　　상건[70]에서 수자리 하고 있자니
年年薊水寒　　해마다 계수[71]는 물이 차갑네
殷勤驛西路　　역 서쪽 은근하게 뻗어 있는 길
北去向長安　　북쪽으로 장안을 향해 있겠지

임금의 은혜를 생각하다

思君恩 영호초(令狐楚)[72]

小苑鶯歌歇　　소원[73]에는 꾀꼬리 노래 그치고
長門蝶舞多　　장문궁[74]에 춤추는 나비 많구나

하여 금슬이 좋았다. 어느 날 남편이 장사하러 먼 길을 떠나려 하여 아내가 말렸으나 듣지 않았다. 끝내 남편이 돌아오지 않자, 아내가 죽을 때 "장사하러 먼 길을 떠나는 이가 있으면 내가 큰 바람을 일으켜 천하의 부인을 위해 막으리라."고 하였다. 이후로 역풍을 만나면 '석우풍'이라 하고 가지 않았다 한다. 『江湖紀聞』

69 이익(李益) : 748~829. 자는 군우(君虞). 농서(隴西) 고장(姑臧, 지금의 甘肅) 출신. 현령(縣令), 유주절도사(幽州節度使) 등을 역임하였다. 시가로 이하(李賀)와 이름을 나란히 하였다. 대력십재자(大曆十才子)의 한 사람으로 꼽기도 하지만, 성당(盛唐)의 시풍에서 크게 벗어나지 않으며, 율시에 뛰어났다.

70 상건 : 桑乾. 현재 북경 남쪽에 있는 영정하(永定河) 상류에 해당하는 하천. 매년 상심(桑椹), 즉 오디가 익을 때 물이 마르기 때문에 이런 이름이 붙었다고 한다.

71 계수 : 薊水. 북경 근처에 있는 하천으로, 근원과 지류가 길어 산동, 소주, 항주 등 뱃길이 모두 통한다고 한다.

72 영호초(令狐楚) : 766~837. 자는 각사(殼士). 자호는 백운유자(白雲孺子). 선주(宣州) 화원(華原, 지금의 陝西 耀縣) 출신. 직방원외랑(職方員外郎), 한림학사(翰林學士), 중서사인(中書舍人) 등을 역임하였다. 저서에 『칠렴집(漆匳集)』 130권이 있지만, 전하지 않는다. 선집으로 『원화어람시(元和御覽詩)』가 있다.

73 소원 : 小苑. 장안의 동쪽에 있던 동산이다.

74 장문궁 : 長門宮. 한나라 때 궁의 하나. 한무제(漢武帝) 때 진황후(陳皇后)가 유폐되어

眼看春又去　　봄이 또 가는 것을 눈으로 보니
翠輦不曾過　　임금 수레 찾아온 적이 없구나

유주의 민산을 오르다

登柳州峨山　　유종원(柳宗元)[75]

荒山秋日午　　가을날 오시에 황량한 산을
獨上意悠悠　　홀로 올라 생각이 아득해지네
如何望鄉處　　어찌하면 고향땅을 바라볼까나
西北是融州　　서북쪽은 융주가 있을 뿐인걸

추풍인

秋風引　　유우석(劉禹錫)[76]

何處秋風至　　가을바람 가는 곳이 어디이던가

있던 궁으로, 사마상여(司馬相如)가 「장문부(長門賦)」를 지어 황제를 깨우쳐 황후가 총애를 회복하였다고 한다. 이후로 총애를 잃은 여인이 거처하는 적막하고 처량한 궁을 의미하는 말로 자주 쓰인다.

75 유종원(柳宗元) : 773~819. 자는 자후(子厚). 유하동(柳河東), 유유주(柳柳州)로도 불린다. 산서성(山西省) 하동(河東, 지금의 河津 부근) 출신. 당송팔대가(唐宋八大家)의 한 사람이다. 집현전정자(集賢殿正字), 감찰어사(監察御史) 등을 지냈다. 왕숙문(王叔文), 한유(韓愈), 유우석(劉禹錫) 등과 가깝게 지냈다. 고문(古文)의 대가로 일컬어졌으며, 우언(寓言) 형식을 취한 풍자문(諷刺文) 등 산문에도 능하였다.

76 유우석(劉禹錫) : 772~842. 자는 몽득(夢得). 낙양(洛陽) 출신. 왕숙문(王叔文), 유종원(柳宗元) 등과 정치 개혁을 기도하였으나, 그의 실각으로 인해 좌천되었다. 만년에는 백거이(白居易)와 교유하면서 '유백(劉白)'으로도 불렸다. 시풍이 참신하고 민가의 특성이 농후하였는데, 특히 호방한 시의(詩意)로 인해 시호(詩豪)라고 일컬어지기도 하였다.

蕭蕭送鴈群　　쓸쓸히 기러기 떼 보내는구나
朝來入庭樹　　아침에 뜰 숲으로 들어 왔기에
孤客最先聞　　외로운 객 제일 먼저 듣게 되었네

공 땅[77]으로 가는 길의 감회

鞏路有感　　여온(呂溫)[78]

馬嘶白日暮　　말은 울고 밝은 해는 저물어가고
劍鳴秋氣來　　검이 울자 가을 기운 엄습해 오네
我心渺無際　　내 마음 아득하여 끝간 데 없어
河上空排徊　　물가를 공연히 배회한다네

옛 이별 노래

古別離　　맹교(孟郊)[79]

欲別牽郎衣　　이별할 제 낭군 옷에 매달렸는데
郎今到何處　　낭군께서 지금은 어디 갔을까
不恨歸來遲　　돌아올 길 늦어져도 원망 안 하니
莫向臨邛去　　임공[80]으로 가지만 말아주구려

---

77 공 땅 : 공(鞏)은 현재 하남성(河南省) 공의시(鞏義市)에 있던 지명이다.

78 여온(呂溫) : 772~811. 자는 화숙(和叔) 또는 화광(化光). 하중(河中, 지금의 山西 永濟縣) 출신. 왕숙문(王叔文)과 교유하였으며, 좌습유(左拾遺), 호부원외랑(戶部員外郎), 형주자사(衡州刺史) 등을 지냈다. 『전당시(全唐詩)』에 시가 2권으로 묶여 있다.

79 맹교(孟郊) : 751~814. 자는 동야(東野). 호주(湖州) 무강(武康) 출신. 젊어서부터 숭산(嵩山)에 은거하였으며, 한유(韓愈)와 교유하였다. 늦은 나이에 진사시에 합격하여 율양위(溧陽尉), 동도유수(東都留守) 등을 지냈다. 시에 능하였으며, 가도(賈島)와 함께 '교도(郊島)'라 불렸다. 시호는 정요선생(貞曜先生)이다.

은자를 찾아갔으나 만나지 못하다

尋隱者不遇 가도(賈島)[81]

松下問童子 소나무 밑 동자에게 물어봤더니
言師採藥去 말하기를, "스승님은 약 캐러 가서
只在此山中 이 산에 계신 것은 분명한데요
雲深不知處 구름 깊어 어딘지는 몰라요" 하네

술을 권하다

勸酒 우무릉(于武陵)[82]

勸君金屈卮 그대에게 금굴치[83] 술잔 권하니
滿酌不須辭 가득 따른 이 잔을 사양치 마오
花發多風雨 꽃 피면 비바람 겪는 일 많고
人生足別離 인생살이 이별로 가득하다오

---

80 임공 : 臨邛. 지금의 사천성(四川省) 공래(邛崍). 사마상여(司馬相如)가 탁문군(卓文君)을 거문고 연주로 유혹하여 함께 도망쳤다가 다시 돌아와 술장사를 한 곳이다. 주로 유흥가의 대명사로 쓰인다.

81 가도(賈島) : 779~843. 자는 낭선(浪仙). 하북성(河北省) 범양(范陽) 출신. 집이 빈한하여 일찍이 승려가 되어 법호를 무본(無本)이라 하였다. 811년 낙양에서 당대의 명사 한유(韓愈)와 교유하면서 환속(還俗)하였다. 837년 사천(四川)성 장강현(長江縣)의 주부(主簿)가 되어 간신히 관직을 얻었고, 이어 안악현(安岳縣) 보주(普州)의 사창참군(司倉參軍)으로 전직되었다가 병으로 세상을 떠났다.

82 우무릉(于武陵) : 810~미상. 이름이 업(鄴). 무릉(武陵)은 자이다. 진사시에 낙방한 뒤 유랑생활을 하였다. 일설에는 도관원외랑(都官員外郎), 공부낭중(工部郎中)을 지냈다고도 한다. 시에 능하였으며 특히, 오율(五律)에 뛰어났다.

83 금굴치 : 金屈卮. 고대 이름난 귀한 술잔. 금장식을 하고 손잡이가 구부러져 있다. 이를 써서 존중을 표시하였다.

가을날 호숫가

秋日湖上

설형(薛瑩)[84]

落日五湖遊　　해질녘 오호[85]에서 노니노라니
煙波處處愁　　곳곳에 안개 물결 근심스럽네
浮沈千古事　　흥망성쇠 부침하던 먼 옛날 일들
誰與問東流　　동쪽으로 흐르는 물 누가 물으랴

자은탑에 쓰다

題慈恩塔

형숙(荊叔)[86]

漢國山河在　　한나라 산하는 그대로인데
秦陵草樹深　　진시황릉 초목만 우거져있네
暮雲千里色　　저녁 구름 천 리 멀리 뻗은 풍경에
無處不傷心　　마음이 아프지 않은 곳 없네

이주[87]의 노래

伊州歌

옛노래(古曲)

聞道黃花戍　　들으니 황화[88] 땅 지키는 요새

---

84 설영(薛瑩) : 생몰년 미상. 당나라 문종(文宗) 때 사람. 일찍이 은거하였으며 시에 뛰어났다. 『동정시집(洞庭詩集)』 1권이 있었으나 일실되었다.

85 오호 : 五湖. 호남성(湖南省)의 동정호(洞庭湖)를 가리킨다는 설과 강소성(江蘇省) 남부 태호(太湖)를 가리킨다는 설, 두 가지가 있다.

86 형숙(荊叔) : 미상. 당나라 덕종(德宗)과 선종(宣宗) 연간 사람으로 추정된다. 이 『제자은탑(題慈恩塔)』 시 1수가 남아있다.

87 이주 : 伊州. 당나라 악부 곡조명 가운데 하나. 상조(商調)의 대곡이다.

頻年不解兵　　몇 년째 병사들이 못 돌아갔네
可憐閨裏月　　가련하다, 규방도 보고 있는 달
偏照漢家營　　한나라 군영에 유독 비추리

打起黃鶯兒　　툭툭 쳐 꾀꼬리가 날아올라서
莫教枝上啼　　가지에서 울도록 만들지 마오
啼時驚妾夢　　꾀꼬리 울 적에 제 꿈도 깨어
不得到遼西　　요녕의 서쪽까지 가지 못하오

---

88 황화 : 黃花. 다른 본에는 황룡(黃龍)으로 되어 있다. 黃龍은 지금의 요녕성(遼寧省) 개원(開原) 서북쪽에 있다. 산세가 용과 같아 지어진 명칭으로, 당나라 때 동북 변방의 중요한 요새였다.

당절선산 권2

명(明) 강음(江陰) 서충(徐充)[1] 자확(子擴) 선(選)

강가 매화를 읊다

詠江濱梅 왕적(王適)[2]

忽見寒梅樹　　겨울의 매화나무 갑자기 보니
開花漢水濱　　한수의 강가에 꽃을 피웠네
不知春色早　　봄빛이 일찍 온 줄 알지 못하고
疑是弄珠人　　구슬 찬 선녀인가 의심하였네

술집을 들르다

過酒家 왕적(王績)[3]

此日長昏飮　　이날도 어둡도록 술을 마시니

---

1 서충(徐充) : 생몰년 미상. 명나라 때 인물. 상주(常州) 강음(江陰) 출신. 자는 자확(子擴). 호는 겸산(兼山). 13세 때 태학의 학생이 되었다. 시를 잘 지었고 그림을 잘 그렸다. 『당시수선(唐詩粹選)』을 편찬하였다.

2 왕적(王適) : 770~814. 유주(幽州, 지금의 北京) 출신. 스스로를 천하기남자(天下奇男子)라 불렀다. 대리평사(大理評事)를 지내다가 감찰어사(監察御史), 관찰판관(觀察判官)을 대리하였다.

3 왕적(王績) : 590?~644. 자는 무공(無功). 왕통(王通)의 동생이다. 강주(絳州) 용문(龍門, 지금의 山西 河津縣) 출신. 대부분의 저술을 동고(東皐)에서 하였으므로, 동고자(東皐子)라 자호하였다. 비서성정자(秘書省正子), 대조문하성(待詔門下省)을 지냈다. 문집 5권이 있었지만, 실전되었다.

非關養性靈　　성령을 기르는 건 관계 없다네
眼看人盡醉　　사람들 모두 다 취한 걸 보니
何忍獨爲醒　　어찌 차마 나 홀로 깨어있으랴

타향에서 흥을 펴다

他鄕叙興　　왕발(王勃)[4]

綴葉歸烟晚　　나뭇잎에 안개가 감도는 저녁
乘花落照春　　꽃잎에 노을이 내리는 봄날
邊城琴酒處　　변성의 거문고와 술 있는 곳에
俱是越鄕人　　하나같이 월 땅이 고향인 사람

한강[5]을 건너다

渡漢江　　송지문(宋之問)[6]

嶺外音書斷　　고개[7] 너머 오는 소식 끊어진 채로

---

4 왕발(王勃) : 650~676. 자는 자안(子安). 강주(絳州) 용문(龍門, 지금의 山西省 河津縣) 출신. '초당사걸(初唐四傑)'로 일컬어졌으며, '왕양노락(王楊盧駱)'으로 병칭되기도 하였다. 종래의 완미(婉媚)한 육조시(六朝詩)에서 벗어난 시로 성당시(盛唐詩)의 선구자로 불렸으며 특히, 오언절구(五言絶句)에 뛰어났다. 문집으로 『왕자안집(王子安集)』 16권이 전한다.

5 한강 : 漢江. 한수(漢水)를 가리킨다. 장강(長江)의 가장 큰 지류이다.

6 송지문(宋之問) : 656~712. 자는 연청(延淸). 산서성(山西省) 분주(汾州) 출신. 처세에 능하였으나 인품은 좋지 못했다고 하는데, 측천무후(則天武后)에게 아첨하기 위해 그녀의 요강까지도 받들었다고 한다. 그의 오언시(五言詩)는 유창하고 아름다운 시체(詩體)로 인해 심송체(沈宋體)라 하였다.

7 고개 : 오령(五嶺) 이남의 광동성(廣東省) 지대를 가리키는 범칭이다. 당나라 때 유배지였다.

經冬復歷春　　겨울 겪고 또다시 봄을 보냈네
近鄕情更怯　　고향이 가까우니 더욱 겁이 나
不敢問來人　　마중 온 이 있는지 묻지 못하네

가을 아침 거울을 보다

秋朝覽鏡　　설직(薛稷)[8]

客心驚落木　　길손 마음 잎 떨어진 나무에 놀라
夜坐聽秋風　　밤에 앉아 가을바람 소리 들었네
朝日看容鬢　　아침에 얼굴과 귀밑털 보니
生涯在鏡中　　내 평생이 거울 안에 들어 있구나

상부련

相府蓮　　장열(張說)[9]

忽聞隣婦泣　　이웃 여인 우는 소리 홀연 들리니
切切有餘哀　　슬픔이 절절하게 배어 있구나
卽問緣何事　　무슨 일로 그러는지 바로 물으니

8 설직(薛稷) : 649~713. 자는 사통(嗣通). 포주(蒲州) 분음(汾陰) 출신. 예서(隷書)와 해서(楷書)에 능하였으며, '당초사대서가(唐初四大書家: 歐陽詢, 虞世南, 褚遂良, 薛稷)' 중 한 사람이다. 간의대부(諫議大夫), 소문관학사(昭文館學士) 등을 지냈으며, 예종(睿宗)이 즉위하자 태자소보(太子少保), 예부상서(禮部尙書) 등을 지내 세간에서 설소보(薛少保)로 불렸다.

9 장열(張說) : 667~731. 자는 도제(道濟) 혹은 열지(說之). 원적은 범양(范陽)이나 하동(河東)에서 세거하였고 후에 낙양(洛陽)으로 옮겼다. 당현종 때 재상을 지냈으며, 연국공(燕國公)에 봉해졌다. 문학에 뛰어났을 뿐 아니라 이민족을 평정하는 무공을 세우기도 하였다. 시호는 문정(文貞)이다. 문집 30권이 세상에 전한다. 『舊唐書 卷97 張說傳』

征人戰未回　　전장에서 안 돌아온 남편 때문에

남행별사

南行別事

위승경(韋承慶)[10]

萬里人南去　　만 리 멀리 사람은 남으로 가고
三春鴈北飛　　한창 봄에 기러기 북으로 나네
不知何歲月　　모르겠네, 얼마나 세월 흘러야
得與爾同歸　　너와 함께 더불어 돌아가려나

아침의 노래

朝來曲

왕창령(王昌齡)[11]

日昃鳴珂動　　해 기울자 말에 단 옥이 울리고
花連繡戶春　　꽃 이어진 화려한 집 봄이로구나
盤龍玉臺鏡　　용이 서린 옥 화장대 달린 거울이
惟待畫眉人　　눈썹을 그려줄 이 기다린다네

---

10 위승경(韋承慶) : 640-706. 자는 연휴(延休). 하남성(河南城) 원양(原陽) 출신. 기주(沂州), 예주(豫州), 괵주(虢州) 세 고을의 자사(刺史) 및 중서시랑(中書侍郞), 동평장사(同平章事)를 역임하였다. 신룡정변(神龍政變)의 일로 유배를 당했다. 위황후가 권력을 장악한 뒤 다시 복귀하였다. 예부상서(禮部尙書)에 추증되었다.

11 왕창령(王昌齡) : 698~765?. 자는 소백(少伯). 하동(河東) 진양(晉陽) 출신. 일설에는 경조(京兆) 장안(長安) 출신이라고도 한다. 비서성교서랑(秘書省校書郎), 사수위(汜水尉), 강녕승(江寧丞) 등을 지냈다. 변새시(邊塞詩)에 조예가 깊었으며, 칠언절구(七言絕句)에 능해서 이백(李白)과 비견될 정도였다. 이로 인해 '칠절성수(七絕聖手)', '시천자(詩天子)' 등으로 일컬어진다.

그리움

相思 왕유(王維)[12]

紅豆生南國　　붉은 팥 산지는 남쪽의 고장
秋來發幾枝　　가을 오니 가지 몇 개 나와 있으리
願君多採摘　　원컨대 그대는 많이 따 두오
此物最相思　　이 물건이 가장 많이 생각난다오

규원

閨怨 심여균(沈如筠)[13]

鴈盡書難寄　　편지 부칠 기러기 다 없어지니
愁多夢不成　　근심 많아 꿈조차 꿀 수 없구나
願隨孤月影　　원컨대 외로운 달빛 따라가
流照伏波營　　복파장군[14] 진영을 비추었으면

12 왕유(王維) : 699~759. 자는 마힐(摩詰). 호는 마힐거사(摩詰居士). 하동(河東) 포주(蒲州)에서 태어났다. 당현종(唐玄宗) 때 진사가 되고, 벼슬이 상서우승(尙書右丞)에 이르렀다. 이 때문에 왕우승(王右丞)이라 통칭되기도 한다. 시뿐만 아니라 그림, 음악으로도 유명하였다. 시선(詩仙) 이백(李白), 시성(詩聖) 두보(杜甫)와 함께 3대 시인으로 꼽히며, 시불(詩佛)로 일컬어진다. 문집이 전한다.

13 심여균(沈如筠) : 생몰년 미상. 윤주(潤州) 구용(句容) 출신. 당나라 측천무후 때부터 현종 때까지 살았던 것으로 추정된다. 횡양주부(横陽主簿)을 역임하였다. 시를 잘 썼고, 또 지괴소설을 썼다.

14 복파장군 : 伏波將軍. 후한 장군 마원(馬援)으로 남쪽으로 원정을 가서 교지(交趾)를 평정하였다.

송별[15]

送別 주좌일(朱佐日)[16]

楊柳東風樹　동풍에 나부끼는 수양버들이
青青夾御河　푸릇푸릇 운하를 끼고 있구나
近來攀折苦　잡혀서 꺾이느라 괴로운 요즘
應爲別離多　이별이 많아서 그런 것이리

옛노래

古歌 고적(高適)[17]

開篋淚沾裾　상자 열며 옷자락에 눈물 적시니
見君前日書　그대 보낸 지난날 편지 보았네
夜臺何寂莫　밤 누대가 어찌 그리 적막한 건지
猶是子雲居　오히려 자운[18]의 거처 같구나

---

15 송별 : 주좌일의 시로 표기되어 있으나 본래 왕지환(王之渙, 688~742)의 시이다. 왕지환의 자는 계릉(季凌). 진양(晉陽, 지금의 山西 太原市) 출신. 기주(冀州) 형수현주부(衡水縣主簿)를 지냈다. 시에 능하여 당시 악공들이 지은 노래로 많이 불리곤 하였다. 그러나 대부분 실전되어 『전당시(全唐詩)』에 「양주사(涼州詞)」와 「등관작루(登鸛雀樓)」 등 겨우 6수가 실려 있다.

16 주좌일(朱佐日) : 생졸년 미상. 당나라 시인. 오군(吳郡) 출신이다. 두 번 과거에 급제하였고 세 번 어사를 지냈다.

17 고적(高適) : 707~765. 자는 달부(達夫), 중부(仲夫). 창주(滄州) 출신. 일설에는 산동성(山東省) 출신이라고도 한다. 간의대부(諫議大夫), 서천절도사(西川節度使), 형부시랑(刑部侍郎) 등을 지냈다. 이백(李白), 두보(杜甫)와 교유하였으며, 잠삼(岑參)과 함께 고잠(高岑)이라 일컬어진다.

18 자운 : 子雲. 한(漢)나라 양웅(揚雄)의 자이다. 민산(岷山) 남쪽 비현(郫縣)에서 전답 한 뙈기와 집 한 채로 근근이 생업을 꾸리며 빈한한 문사의 삶을 살았다. 『漢書 87卷 揚雄傳』

회포를 진술하다

述懷 당이(唐怡)[19]

萬事皆零落　　만사가 모조리 영락했기에
平生不可思　　평소에 생각조차 할 수 없었네
惟餘酒中趣　　술 마시는 흥취만이 넉넉하여서
不減少年時　　젊을 때보다도 줄지 않았네

죽림사[20]에 쓰다

題竹林寺 주방(朱放)[21]

歲月人間促　　세월은 인간 세상 재촉하지만
煙霞此地多　　이곳에 안개 노을 많이 있구나
殷勤竹林寺　　아름답고 그윽한 이곳 죽림사
更得幾回過　　다시 더 몇 번이나 들리겠는가

강변 버드나무

江邊柳 옹유지(雍裕之)[22]

嫋嫋古堤邊　　오래된 제방 옆에 한들거리는

---

19 당이(唐怡) : 당나라 시인. 생애 미상. 『전당시(全唐詩)』에 시 2수가 실려 있다.

20 죽림사 : 竹林寺. 호북성(湖北省) 강릉(江陵)에 있는 죽림사인지 강서성(江西省) 여산(廬山)에 있는 죽림사인지 분명하지 않다.

21 주방(朱放) : 생몰년 미상. 자는 장통(長通). 호북성(湖北省) 양양(襄陽) 출신. 처음에는 한수 가에 살았으나 기근 때문에 섬계(剡溪)로 이주하여 은거하였다. 강서절도사에게 참모로 초빙되었으나 벼슬생활이 맞지 않아 사직하였고, 786년 좌습유(左拾遺)에 임명된 적이 있으나 사양하였다.

22 옹유지(雍裕之) : 생몰년 미상. 성도(城都) 출신. 진사에 급제하지 못하고 오랜 기간

青青一樹煙　　푸른 나무 한 그루 안개 감도네
若爲絲不斷　　줄 만들어 끊어지지 않게 한다면
留取繫郎船　　남겨뒀다 님의 배를 매고 싶구나

봄놀이 노래

遊春詞

영호초(令狐楚)[23]

閶闔春風起　　하늘 문에 봄바람이 일어나더니
蓬萊雪水消　　봉래산 눈 녹은 물 사라졌다네
相將折楊柳　　수양버들 나뭇가지 서로 꺾느라
爭取最長條　　가장 긴 가지를 다투게 되리

임금의 은혜를 생각하다

思君恩

紫禁香如霧　　자금[24]에 안개처럼 향이 오르고
靑天月似霜　　푸른 하늘 서리 같은 달이 떴구나
雲韶何處奏　　운소[25]를 어디에서 연주하는가

유랑생활을 하였다. 시가 『전당시(全唐詩)』에 1권으로 실려 있다. 악부시(樂府詩)에 능하였는데, 대개 영물(詠物)과 사경(寫景)의 작품으로 이루어져 있다.

23 영호초(令狐楚) : 766~837. 자는 각사(殼士). 자호는 백운유자(白雲孺子). 선주(宣州) 화원(華原, 지금의 陝西 耀縣) 출신. 시문에 뛰어났으며, 한림학사(翰林學士), 지제고(知制誥), 중서사인(中書舍人) 등을 역임하였다. 저서로 『칠렴집(漆匳集)』 130권이 있으나, 전하지 않는다.

24 자금 : 紫禁. 자미원(紫微垣)에 속하는 궁금(宮禁). 황제의 거소를 의미한다.

25 운소 : 雲韶. 황제(黃帝)의 음악인 「운문(雲門)」과 순 임금의 음악인 「대소(大韶)」. 궁정 음악을 가리킨다.

只是在昭陽　　다만 그 소양전[26]에 있을 뿐이네

종군행

從軍行

却望氷河闊　　바라보니 빙하가 펼쳐져 있어
前登雪嶺高　　앞에 있는 눈 고개를 높이 올랐네
征人幾多在　　종군하는 군인들 얼마나 있나
又擬戰臨洮　　임조[27]에서 또 전투를 치르겠구나

胡風千里驚　　호풍이 천 리를 격동시키고
漢月五更明　　한나라 달 오경에 밝게 떴다네
縱有還家夢　　집으로 돌아가는 꿈을 꾸어도
猶聞出塞聲　　변방의 진군 음악 계속 들리네

여름밤에 짓다

夏夜作

무원형(武元衡)[28]

夜久喧暫息　　밤 깊자 소란도 잠시 멈추고
池臺惟月明　　못과 대에 달만이 밝게 비추네
無因駐淸景　　멋진 풍경 잡아둘 길이 없으니

---

26 소양전 : 昭陽殿. 한나라 때 궁궐의 전각 명칭. 주로 후비가 거처하였다.

27 임조 : 臨洮. 감숙성(甘肅省)에 있는 지명. 만리장성의 시작점이다.

28 무원형(武元衡) : 758~815. 자는 백창(伯蒼). 하남(河南) 구씨(緱氏, 지금의 河南 偃師縣) 출신. 문하시랑평장사(門下侍郎平章事), 검남서천절도사(劍南西川節度使) 등을 역임하였다. 저서로 『임회집(臨淮集)』 10권이 있었으나 흩어졌다.

日出事還生　　해가 뜨면 일이 또 생겨난다네

푸르디 푸르른 물속의 부들

青青水中蒲　　한유(韓愈)[29]

青青水中蒲　　푸르디 푸르른 물속의 부들
長在水中居　　언제나 물속에서 살고 있구나
寄語浮萍草　　떠도는 부평초에 말을 하노니
相隨我不如　　나는 서로 따르는 너만 못하네

상산

商山　　백거이(白居易)[30]

萬里路長在　　만 리의 먼 길 길게 뻗어 있으니
六年今始歸　　육 년 만에 지금 처음 돌아가노라
所經多舊館　　가는 곳에 예전 묵던 숙소 많건만
太半主人非　　태반은 그 주인이 바뀌었구려

29 한유(韓愈) : 768~824. 자는 퇴지(退之). 창려선생(昌黎先生)으로 불리기도 한다. 하남(河南) 하양(河陽) 출신. 사문박사(四門博士), 국자박사(國子博士), 중서사인(中書舍人) 등을 역임하였다. '당송팔대가(唐宋八大家)' 중 한 사람으로 장성해서 『육경(六經)』을 다 외우고 백가(百家)의 학문을 익혔다. 시호가 문(文)이라, 한문공(韓文公)으로 불린다.

30 백거이(白居易) : 772~846. 자는 낙천(樂天). 호는 취음선생(醉吟先生) 또는 향산거사(香山居士). 화주(華州) 하규(下邽) 출신. 소주자사(蘇州刺史), 형조시랑(刑曹侍郎), 형부상서(刑部尙書) 등을 역임하였다. 시문으로 원진(元稹)과 이름을 나란히 하여 '원백(元白)'으로 불리기도 하였으며, 만년에는 유우석(劉禹錫)과 창수하여 '유백(劉白)'으로 불렸다. 시호는 문(文)이다.

못가

池上

小娃撑小艇　　어린 소녀 작은 배를 타고 가서는
偸采白蓮回　　남몰래 하얀 연꽃 꺾어 왔다오
不解藏蹤跡　　종적을 감출 줄 몰랐던 건지
浮萍一道開　　부평초에 길 하나가 나 버렸다오

취하여 붉은 잎을 마주하다

醉對紅葉

臨風杪秋樹　　바람이 불어 대는 늦가을 나무
對酒長年人　　술 마주해 앉아있는 장년의 사람
醉貌如霜葉　　취한 모습 서리맞은 나뭇잎 같아
雖紅不是春　　붉다고 하여도 청춘 아니네

회수를 묻다

問淮水

所嗟名利客　　명리 좇는 나그네를 한탄하노니
擾擾在人間　　인간 세상 소란스레 살아간다네
何事長淮水　　기나긴 회수는 무슨 일인가?
東流亦不閑　　동쪽으로 흘러가도 쉬지를 않네

나홍곡[31]

羅嗊曲

유채춘(劉采春)[32]

不喜秦淮水　　진회수를 좋아할 수가 없으니
生憎江上船　　강 위의 배를 보면 미움 생기네
載兒夫婿去　　낭군님 태워서 떠나가고는
經歲又經年　　한 해 지나 또 한 해가 가버렸다네

莫作商人婦　　상인의 아내는 되지 말 것을
金釵當酒錢　　금비녀로 또 술값을 치르게 됐네
朝朝江口望　　아침마다 강어귀 바라보면서
錯認幾人船　　몇 번이나 남의 배를 착각했던가

소군[33]의 원한

昭君怨

옛노래(古曲)

萬里邊城遠　　수만 리 변방 성은 멀기만 하고
千山行路難　　수천 산 가는 길은 어렵기만 해
擧頭惟見日　　머리 들어 보이는 건 오직 태양뿐
何處是長安　　어느 곳이 장안이 있는 곳인가

---

31 나홍곡 : 羅嗊曲. 곡명으로, 망부가(望夫歌)이다.

32 유채춘(劉采春) : 생몰년 미상. 회전(淮甸) 출신. 주계숭(周季崇)의 처이다. 군희(軍戲), 창가(唱歌)에 능하였다. 원진(元稹)과 교유하였다.

33 소군 : 昭君. 왕소군(王昭君)을 가리킨다. 한 원제(漢元帝) 때 궁녀이다. 왕소군이 미모가 뛰어난데도 궁중 화가의 농간에 의해 황제의 총애를 입지 못하다가 흉노의 선우(單于)에게 시집가 그곳에서 죽었다.『西京雜記 卷2』

규방 아씨가 멀리 있는 이에게 주다

閨人贈遠 왕애(王涯)[34]

花明綺陌春　　꽃이 밝아 화려한 길 봄이 깃들고
柳拂御溝新　　버들 스친 궁궐 도랑 새로워졌네
爲報遼陽客　　알려다오, 요양으로 떠난 이에게
流光不待人　　세월은 사람을 안 기다리네

영남에서 새해 아침을 맞다

嶺外守歲 이덕유(李德裕)[35]

冬逐更籌盡　　겨울이 경주[36] 좇아 다 지나가고
春隨斗柄回　　북두 자루 따라 봄이 돌아왔도다
寒暄一夜隔　　하룻밤에 추운 기후 따뜻해지니
客鬢兩年催　　나그네 살쩍은 두 해를 늙네

농부를 애처로워 하다

憫農 이신(李紳)[37]

鋤禾日當午　　호미로 밭 매다가 정오가 되니

---

34 왕애(王涯) : 764~835. 자는 광진(廣津). 태원(太原) 출신이다. 박학하고 문장에 뛰어났다. 792년 진사에 발탁되어 문종(文宗) 때 이부상서(吏部尙書)에 이르렀다. 문종 때 이훈(李訓)과 정주(鄭注)가 환관을 제거하기 위해 일을 계획하였다가 도리어 많은 관료들이 죽임을 당한 감로지변(甘露之變) 때 왕애도 잡혀 허리를 잘려 죽었다.

35 이덕유(李德裕) : 787~850. 자는 문요(文饒). 조군(趙郡) 출신. 문필에 뛰어나 한림학사(翰林學士), 지제고(知制誥), 중서사인(中書舍人) 등을 역임하였다.

36 경주 : 更籌. 밤에 시각을 재는 도구로, 대나무 가지를 사용한다.

37 이신(李紳) : 772~846. 자는 공수(公垂). 윤주(潤州) 무석(無錫) 출신. 왜소하고 사나

汗滴禾下土　　땀방울이 벼 밑 흙을 적시는구나
誰知盤中餐　　누가 알랴, 상 위에 올려진 밥이
粒粒皆辛苦　　알알이 모두가 고생인 것을

낙유원[38]에 오르다

登樂遊原　　이상은(李商隱)[39]

向晚意不適　　해질 무렵 마음이 울적해져서
驅車登古原　　수레 몰아 옛 동산에 올라갔다네
夕陽無限好　　석양은 한없이 좋기만 한데
只是近黃昏　　그저 다만 황혼이 가까워지네

집으로 돌아가다

歸家　　두목(杜牧)[40]

稚子牽衣問　　어린 아들 옷 당기며 물어보는 말

위 보여 사람들이 단리(短李)라고 부르기도 하였다. 우습유(右拾遺), 한림학사(翰林學士), 중서시랑(中書侍郎) 등을 역임하였다. 이덕유(李德裕), 원진(元稹)과 함께 삼준(三俊)으로 불렸다. 백거이(白居易), 원진과 교유하였다. 시호는 문숙(文肅)이다.

38 낙유원 : 樂遊原. 낙유궐(樂遊闕), 낙유원(樂遊苑), 홍고원(鴻固原) 등으로 불렸다. 당나라 때 장안성 안 동남쪽 귀퉁이에 있는 높은 지대로, 장안성 안에서 가장 높은 곳이었다. 본래 한선제(漢宣帝)가 낙유묘(樂遊廟)를 세운 데서 연유한 이름이다.

39 이상은(李商隱) : 812~858. 자는 의산(義山). 호는 옥계생(玉谿生). 회주(懷州) 하내(河內) 출신. 동천절도사판관(東川節度使判官), 검교공부원외랑(檢校工部員外郎)을 지냈다. 영호초(令狐楚)에게 병려문(駢儷文)을 배웠으며, 온정균(溫庭筠), 단성식(段成式)과 함께 36체(體)로 불렸다. 작품은 대개 사회적 현실을 투영한 서사시, 위정자를 풍자한 영사시 등이 주를 이룬다. 저서로 『이의산시집(李義山詩集)』과 『번남문집(樊南文集)』이 있다.

40 두목(杜牧) : 803~852. 자는 목지(牧之). 호는 번천(樊川). 경조(京兆) 만년(萬年) 출

歸來何太遲　　어찌 이리 더디게 돌아왔냐고
共誰爭歲月　　뉘와 함께 세월을 다투었길래
贏得鬢成絲　　실 같은 귀밑털을 얻게 됐냐고

청루[41]의 노래

青樓曲　　섭이중(聶夷中)[42]

青樓臨大道　　청루가 큰 길에 닿아 있는데
一上一回老　　한 사람 올라오면 한 번씩 늙네
所思終不來　　그리운 이 끝끝내 오지를 않고
極目傷春草　　눈 닿는 끝 봄풀에 마음 상하네

비오는 밤에 장관에게 바치다

雨夜呈長官　　이군옥(李群玉)[43]

遠客坐長夜　　멀리 온 손 긴 밤 내내 앉아있자니
雨聲孤寺秋　　외딴 절 빗소리는 가을이구나

신. 홍문관교서랑(弘文館校書郎), 감찰어사(監察御史), 사훈원외랑(司勳員外郎) 등을 역임하였다. 시문 모두 뛰어났으며, 이상은(李商隱)과 함께 '이두(李杜)'로 불렸으며, 두보와 비견하여 '소두(小杜)'라 불리기도 하였다. 『번천문집(樊川文集)』 20권이 전한다.

41 청루 : 青樓. 푸른색으로 아름답게 칠한 누각. 기루를 가리키는 말로도 쓰인다.

42 섭이중(聶夷中) : 837~884. 하동(河東) 혹은 하남(河南) 출신. 자는 탄지(坦之). 만당 시기 시인이다. 빈한한 집안 출신으로, 871년 진사(進士)가 되었고 후에 화음현위(華陰縣尉)에 올랐다. 문집 2권이 있었지만 이미 없어지고, 『전당시(全唐詩)』에는 시가 1권으로 편성되어 있다.

43 이군옥(李群玉) : 생몰년 미상. 자는 문산(文山). 예주(澧州, 지금의 湖南) 출신. 어렸을 적부터 시명(詩名)이 자자하였으며, 음악, 서예에서도 뛰어난 모습을 보여 문학

請量東海水　　동해의 물을 한 번 재어봐 주오
看取淺深愁　　시름보다 깊은지 얕은지 보게

어부의 집

漁家　　고섬(高蟾)[44]

野水千年在　　들녘 물은 천 년 동안 있어왔는데
閒花一夕空　　들꽃은 하룻저녁 다 사라졌네
近來浮世狹　　근래에 뜬 세상은 좁기만 하니
何似釣船中　　어찌 그리 낚싯배 안 같은 것인지

3월 그믐 손님을 전송하다

三月晦日送客　　최로(崔櫓)[45]

野酌亂無巡　　들에서 순배 없이 술을 따르고
送君兼送春　　그대를 전송하며 봄도 보내네
明年春色至　　내년에 봄빛이 이를 무렵에
莫作未歸人　　돌아오지 못하게는 되지 말게나

및 풍류로 일세를 풍미하였다. 저서로 시집 3권과 후집 5권이 있었으나 없어졌으며, 후대에 엮어진 『이군옥집(李群玉集)』이 전한다.

44 고섬(高蟾) : 생졸년 미상. 발해계. 876년 진사에 급제하여, 어사중승(御史中丞)에 이르렀다. 시인 정곡(鄭谷)과 친하였다.

45 최로(崔櫓) : 생몰년 미상. 형남(荊南) 출신. 벼슬이 체주사마(棣州司馬)에 이르렀다. 시에 뛰어났고 두목(杜牧)을 본받았다. 『무기집(無譏集)』 4권이 있으나 전하지 않는다.

눈

雪 나은(羅隱)[46]

盡道豊年瑞　　풍년 들 징조라고 다들 말하나
豊年事若何　　풍년 들면 우리 일 어떻게 되나
長安有貧者　　장안에 살고 있는 가난한 이들
爲瑞不宜多　　상서롭게 여길 것이 많지 않았네

흥이 나다

感興 정곡(鄭谷)[47]

禾黍不陽艶　　벼와 기장 화려하게 피지 않으니
競栽桃李春　　도리꽃을 봄날에 다투어 심네
翻令力耕者　　도리어 열심히 밭 갈던 사람
半作賣花人　　태반은 꽃 팔게 되어버렸네

46 나은(羅隱) : 833~909. 자는 소간(昭諫). 호는 강동생(江東生). 본명은 횡(橫). 여항(餘杭) 출신. 일설로 신성(新城) 혹은 신등(新登) 출신이라고도 한다. 저작좌랑(著作佐郎), 절도판관(節度判官), 간의대부(諫議大夫) 등을 역임하였다. 어릴 적부터 재능을 보였으며, 특히 시에 능하여 시명(詩名)이 자자하였다. 저서로 『참서(讒書)』, 『강동갑을집(江東甲乙集)』 등이 전한다.

47 정곡(鄭谷) : 생몰년 미상. 자는 수우(守愚). 원주(袁州) 의춘(宜春, 지금의 江西) 출신. 경조호현위(京兆鄠縣尉)를 제수받고, 우습유(右拾遺), 우보궐(右補闕) 등을 지냈다. 저서로 『의양집(宜陽集)』 3권, 『의양외집(宜陽外集)』 3권, 『운대편(雲臺編)』 3권, 『국풍정결(國風正訣)』 1권 등이 있다.

남에게 답하다

答人

태상은자(太上隱者)[48]

偶來松樹下　　우연히 오게 된 소나무 아래
高枕石頭眠　　돌을 높이 베고서 잠이 들었네
山中無曆日　　산중에서 달력 없이 지내다보니
寒盡不知年　　겨울 가도 해 바뀐 줄을 몰랐네

반첩여[49]

斑婕妤

최도융(崔道融)[50]

寵極辭同輦　　총애에도 같은 가마 사양했으나
恩深棄後宮　　은혜 깊자 후궁에 버려졌다네
自題秋扇後　　스스로 가을 부채[51] 시를 썼으나
不敢怨春風　　봄바람 원망은 하지 않았네

48 태상은자(太上隱者) : 생애 미상. 당나라 때 태상은자라 칭하며 종남산에 은거하여 살았다.

49 반첩여 : 班婕妤. 한(漢)나라 성제(成帝)의 후궁 반씨. 첩여는 반씨의 후궁 첩지이다. 시가에 능하였다. 조비연(趙飛燕)이 들어온 후 총애를 잃고 참소를 받고 허황후(許皇后)와 함께 쫓겨났다. 후에 혐의가 풀렸으나 장신궁(長信宮)에 머물면서 시를 지었다.

50 최도융(崔道融) : 생몰년 미상. 자호는 동구산인(東甌散人). 형주(荊州, 지금의 湖北江陵縣) 출신. 영가현령(永嘉縣令), 우보궐(右補闕) 등을 지냈다. 저서로 『신강집(申康集)』 3권과 『동부집(東浮集)』 9권이 있었으나, 전하지 않는다.

51 가을 부채 : 반첩여가 장신궁에 있을 때 자신의 신세를 가을 부채에 비유하여 『원가행(怨歌行)』을 지은 바 있다.

나그네 살이

客中

최치원(崔致遠)[52]

秋風惟若吟　　가을바람 괴로이 오직 읊노니
世路少知音　　세상에 나를 아는 이가 적구나
窓外三更雨　　창밖에는 삼경에 비가 내리고
燈前萬里心　　등 앞에는 만 리에 가 있는 마음

원가[53]

怨歌

귀신 작[鬼作]

卜得上峽日　　골짜기 올라가는 날을 점치니
秋來風浪多　　가을 와서 풍랑이 많아졌다네
江陵一夜雨　　강릉의 비 오는 어느 날 밤에
腸斷木蘭歌　　목란가[54]에 단장이 끊어진다네

---

52 최치원(崔致遠) : 857~미상. 자는 고운(孤雲) 또는 해운(海雲). 경주 사량부(沙梁部 또는 本彼部) 출신. '신라 말기 3최(崔)'의 한 사람으로, 6두품 출신 지식인 가운데 대표적인 인물이다. 황소(黃巢)의 난 때 지은 격문으로 인해 문명(文名)을 떨쳤으며, 시독겸한림학사(侍讀兼翰林學士). 아찬(阿湌) 등을 지냈다. 저서로 『계원필경(桂苑筆耕)』 20권, 『사륙집(四六集)』 1권, 『산중복궤집(山中覆簣集)』 등을 남겼다고 하나, 전하지 않는 것이 많다.

53 원가 : 怨歌. 『전당시(全唐詩)』에 안읍방 여인[安邑坊女]의 『유한시(幽恨詩)』과 같으나 시문의 "강릉(江陵)"이 "파릉(巴陵)"으로 되어 있다. 행적 미상이나, "선귀(仙鬼)"가 지었다는 전설이 있다고 한다.

54 목란가 : 木蘭歌. 중국 남조 악부로, 여자가 남장을 하고 군대에 가는 내용이다.

술을 보내다[55]

送酒 꿈속 작[夢作]

花前一相見　　꽃 앞에서 한 번 서로 만나고 나서
花下又相送　　꽃 아래에 또다시 서로 보내네
何必言夢中　　하필이면 꿈속 일을 말을 하겠소
人生盡如夢　　인생이란 모두 다 꿈 같은 것을

무제

無題 게송에서 뽑다[拈頌]

誰在畫樓西　　화려한 누각 서쪽 누가 있는가
相逢笑語低　　서로 만나 나지막이 웃고 말했네
到家春色晚　　집에 가니 봄 풍경이 무르익었고
花落鷓鴣啼　　꽃 지고 자고새가 울고 있었네

55 술을 보내다 : 장생(張生)이라는 사람이 돈을 벌러 집을 떠났다가 5년 만에 집에 돌아가는 길에 사람들이 모여 잔치를 벌이는 것을 몰래 엿보게 되었다. 그 가운데 그의 아내가 끼어 있었는데, 사람들이 시를 청하고 아내가 시를 지으면 만족스럽지 않다며 벌주를 주었다. 아내가 곤욕을 치르는 것을 보다 못해 긴 수염이 있는 자에게 기왓조각을 던졌는데 파편이 아내의 머리에도 떨어졌다. 이윽고 집에 돌아가보니 아내가 꿈을 꾼 후 머리가 아파 누워있었는데, 그 꿈의 내용이 바로 자기가 본 그대로였다. 이 시는 수염이 긴 자가 장생의 처에게 술을 보내며 읊은 시이다. 『太平廣記 卷282』

즉사

卽事

봉검(捧劍)[56]

靑鳥銜葡萄	파랑새가 포도를 입에 물고서
飛上金井欄	궁궐 우물 난간 위로 날아올랐네
美人恐驚去	놀라서 떠나갈까 근심한 미인
不敢捲簾看	주렴도 감히 걷지 못하고 보네

56 봉검(捧劍) : 당나라 때 함양 곽씨 집의 노복으로 알려져 있다.

당절선산 권3

원(元) 양성(襄城) 양사홍(楊士弘) 백겸(伯謙)[1] 선(選)

보안현 건음에서 벽에 쓰다

普安建陰題壁 왕발(王勃)[2]

江漢深無極　　장강과 한수는 끝없이 깊고
梁岷不可攀　　양산과 민산은 오를 수 없네
山川雲霧裏　　산천이 구름 안개 속에 있으니
遊子幾時還　　떠도는 이 언제쯤 돌아가려나

겨울밤 벗을 생각하다

寒夜思友

雲間征鴈斷　　구름 사이 철 기러기 끊겨 버리니
月下歸思切　　달 아래 고향 생각 간절하다네[3]

---

1 양사홍(楊士弘) 백겸(伯謙) : 생몰년 미상. 원나라 인. 자는 백겸(伯謙). 하남성(河南省) 양성(襄城) 출신으로, 강서성(江西省) 임강(臨江)에 우거하였다. 문장과 시에 뛰어났다. 저서 『남지춘초집(覽池春草集)』이 있으나 전하지 않는다.

2 왕발(王勃) : 650~676. 자는 자안(子安). 강주(絳州) 용문(龍門, 지금의 山西省 河津縣) 출신. '초당사걸(初唐四傑)'로 일컬어졌으며, '왕양노락(王楊盧駱)'으로 병칭되기도 하였다. 종래의 완미(婉媚)한 육조시(六朝詩)에서 벗어난 시로 성당시(盛唐詩)의 선구자로 불렸으며 특히, 오언절구(五言絶句)에 뛰어났다. 문집으로 『왕자안집(王子安集)』 16권이 전한다.

鴻雁西南飛　　기러기 떼 서남쪽에 날아가는데
如何故人別　　어찌하여 오랜 벗과 헤어졌는가

이 십사[4]에 주다

贈李十四

亂竹開三徑　　빽빽한 대숲에 오솔길이 셋
飛花滿四隣　　사방 이웃 날리는 꽃 가득하다네
從來楊子宅　　이전부터 양자[5] 댁 같은 이 집안
別有尙玄人　　현묘함을 숭상한 이 따로 있었네

초승달을 완상하다

翫初月

낙빈왕(駱賓王)[6]

忌滿光恒缺　　가득 찬 것 꺼려 항상 이지러진 빛
乘昏影暫流　　어둠 타고 그림자가 잠시 흐르네
自能明似鏡　　거울처럼 밝힐 능력 절로 있는데

3 구름 … 간절하다네 : 『전당시(全唐詩)』에는 "구름 사이 기러기에 마음 끊기고 달 아래 돌아갈 시름 간절하네[雲間征思斷 月下歸愁切]"로 되어 있다.

4 십사 : 十四. 집안의 항렬 가운데 열 네 번째 아들을 가리킨다.

5 양자 : 楊子. 『당음(唐音)』에는 "揚子"로 되어 있다. 한나라 양웅(揚雄, BC53~18)을 가리킨다. 『주역』을 기준하여 『태현경(太玄經)』을 찬술하였는데, 현(玄)은 천지 만물의 근원이요, 태(太)는 그 공덕을 형용한 것이라 한다. 『四庫提要 子集 術數類』

6 낙빈왕(駱賓王) : 630~684. 무주(婺州) 의오(義烏, 지금의 절강성 의오현) 출신. 호(號)는 매림(梅林). '초당사걸(初唐四傑)'로 일컬어졌으며, '왕양노락(王楊盧駱)'으로 병칭되기도 하였다. 육조(六朝)의 시풍을 계승하면서도 격조가 청려(淸麗)하였고, 특히 노조린과 함께 칠언 가행(七言歌行)에 뛰어났다. 『낙임해집(駱臨海集)』이 전하며, 조선시대 밀양에서 『당낙빈왕시집(唐駱賓王詩集)』이 간행되었다.

何用曲如鉤　　갈고리 같은 굽음 어디에 쓰랴

송별
送別

寒更承夜永　　추운 경 소리[7] 긴밤 내내 이어지고
涼夕向秋澄　　서늘한 저녁 가을 향해 맑구나
離心何以贈　　이별하는 마음에 무엇을 주나
自有玉壺氷　　옥병 속 얼음 같은 마음뿐이네

군대에서 성루에 오르다
在軍登城樓

城上風威冷　　성 위의 바람은 매섭게 불고
江中水氣寒　　강 가운데 물기운은 싸늘하구나
戎衣何日定　　갑옷 입고 어느 날에 평정하고서
歌舞入長安　　노래하고 춤추며 장안에 가나

두심언(杜審言)[8]과 이별하다
別杜審言

송지문(宋之問)[9]

臥病人事絕　　병에 누워 사람을 못 만나는데

7 경 소리 : 밤에 시각을 알리는 북소리를 가리킨다.

8 두심언(杜審言) : ?~708. 자는 필간(必簡). 당나라 때 시인으로 성당시인 두보(杜甫, 712~770)의 조부이다. 오언율시에 뛰어났으며, 초당사걸(初唐四傑)의 뒤를 이어 심전기(沈佺期), 송지문(宋之問)과 나란히 이름이 났다.

嗟君萬里行　　아! 그대는 만 리 먼 길 떠나는구려
河橋不相送　　다리까지 전송하러 가지 못하니
江樹遠含情　　강가 나무 멀리서 정만 품었네

일찍 소주(韶州)[10]를 출발하다

早發韶州

綠樹秦京道　　푸른 나무 우거진 진경[11] 가는 길
青雲洛水橋　　파란 구름 떠도는 낙수의 다리
故園長在目　　고향 동산 내 눈에 길이 남으니
魂去不須招　　혼이 먼저 가버려도 부르지 않네

소군[12]의 원한

昭君怨

동방규(東方虬)[13]

揜淚辭丹鳳　　눈물 가리고 단봉궐[14]을 사직하고

---

9 송지문(宋之問) : 656~712. 자는 연청(延淸). 산서성(山西省) 분주(汾州) 출신. 처세에 능하였으나 인품은 좋지 못했다고 하는데, 측천무후(則天武后)에게 아첨하기 위해 그녀의 요강까지도 받들었다고 한다. 그의 오언시(五言詩)는 유창하고 아름다운 시체(詩體)로 인해 심송체(沈宋體)라 하였다.

10 소주(韶州) : 589년 동형주(東衡州)를 고쳐서 설치한 고을. 광동성(廣東省) 곡강현(曲江縣)에 있었다. 북쪽에 소석(韶石)이 있어서 얻은 이름이다.

11 진경 : 秦京. 진나라 도읍이었던 함양(咸陽)을 가리킨다.

12 소군 : 昭君. 왕소군(王昭君)을 가리킨다. 한 원제(漢元帝) 때 궁녀이다. 왕소군이 미모가 뛰어난데도 궁중 화가의 농간에 의해 황제의 총애를 입지 못하다가 흉노의 선우(單于)에게 시집가 그곳에서 죽었다. 『西京雜記 卷2』

13 동방규(東方虬) : 생몰년 미상. 당나라 시인으로, 무측천(武則天) 때 좌사(佐史) 벼슬을 하였다.

銜悲向白龍　　슬픔 머금고 백룡퇴[15]를 향했네
單于浪驚喜　　선우는 놀라고 기뻐했으나
無復舊時容　　다시는 옛 자태 보지 못했네

胡地無花草　　오랑캐 땅에는 꽃과 풀 없어
春來不似春　　봄이 와도 봄이 온 것 같지 않아요
自然衣帶緩　　저절로 옷 띠가 느슨해지니
非是爲腰身　　가는 허리 만들려고 한 건 아네요

최 구제[16]가 종남산에 가려고 하여 말 위에서 입으로 짓고 이별하며 주다

崔九弟欲往南山馬上口號與別　　왕유(王維)[17]

城隅一分手　　성모퉁이에서 한 번 헤어지면은
幾日還相見　　며칠이 되어야 다시 만나랴
山中有桂花　　산속에 남아 있는 계수나무 꽃
莫待花如霰　　싸락눈 되기 전에 돌아오시오

14 단봉궐 : 丹鳳闕. 황제의 궁궐을 가리킨다. 한 무제(漢武帝)가 세운 봉궐(鳳闕) 위에 구리로 만든 봉황이 있었다고 한다. 『史記 卷28 封禪書』

15 백룡퇴 : 중국 총령(蔥嶺) 근처에 있는 사막이다. 일반적으로 변경 밖의 먼 지역을 뜻한다.

16 최 구제 : 崔九弟. 외사촌 동생 최흥종(崔興宗)을 가리킨다. 배행이 아홉째이므로 구제라 한 것이다.

17 왕유(王維) : 699~759. 자는 마힐(摩詰). 호는 마힐거사(摩詰居士). 하동(河東) 포주(蒲州)에서 태어났다. 당현종(唐玄宗) 때 진사가 되고, 벼슬이 상서우승(尙書右丞)에 이르렀다. 이 때문에 왕우승(王右丞)이라 통칭되기도 한다. 시뿐만 아니라 그림, 음악으로도 유명하였다. 시선(詩仙) 이백(李白), 시성(詩聖) 두보(杜甫)와 함께 3대 시인으로 꼽히며, 시불(詩佛)로 일컬어진다. 문집이 전한다.

상평전
上平田

朝耕上坪田　　아침에는 상평의 밭을 갈고서
暮耕下坪田　　저녁에는 하평의 밭을 간다네
借問問津者　　나루를 묻는 자[18]가 물어보거든
誰知沮溺賢　　장저 걸닉 현인을 뉘 알랴 하리

맹성요[19]
孟城坳

新家孟城口　　맹성의 입구에 새로 집 지어
古木餘衰柳　　쇠잔한 버드나무 오래 되었네
來者復爲誰　　나중에 누가 또 여기 살려나
空悲昔人有　　부질없이 예 살던 이 슬퍼하노라

남쪽 언덕[20]
南垞

輕舟南垞去　　가벼운 배 남쪽 언덕 향해 떠나니

---

18 나루를 묻는 자 : 『논어(論語)』 미자(微子)에 "장저와 걸닉이 김매며 밭 갈고 있을 때 공자가 지나가다가 자로를 시켜 나루터를 물어보게 하였다.[長沮桀溺 耦而耕 孔子過之 使子路問津焉]"라고 하였다. 장저와 걸닉은 모두 밭두렁에 은거한 현자들이다.

19 맹성요 : 孟城坳. 맹성(孟城)은 섬서성(陝西省) 남전(藍田) 망천(輞川)의 경승지 가운데 하나로, 옛 성벽이 있었다. 요(坳)는 지대가 낮아 움푹 패인 곳을 가리킨다. 왕유(王維)가 이곳에 별장을 짓고, 벗 배적(裵迪)과 주변을 노닐며 시를 지었다. 망천의 풍경을 읊은 시는 『망천집(輞川集)』에 모두 20수가 실려 있고, 이 시는 제 1수이다.

北垞淼難卽　　북쪽 언덕 아득하여 닿기 어렵네
隔浦望人家　　포구 너머 인가를 바라다 보나
遙遙不相識　　멀고 멀어 서로 알지 못하고 사네

난가뢰[21]

欒家瀨

颯颯秋雨中　　쏴아 쏴아 가을비가 내리는 중에
淺淺石溜瀉　　바위샘이 찰찰 넘쳐 쏟아진다네
跳波自相濺　　튀는 물결 저절로 서로 뿌리니
白鷺驚復下　　백로가 놀라 다시 내려앉았네

백석탄[22]

白石灘

淸淺白石灘　　맑고 얕은 백석탄 여울물에는
綠蒲尙堪把　　푸른 부들 오히려 손에 잡힐 듯
家住水東西　　여울물 동쪽 서쪽 집들이 있어
浣紗明月下　　밝은 달 아래에서 빨래를 하네

---

20 남쪽 언덕 : 南垞. 왕유의 망천 별장 풍경 가운데 하나이다. 『망천집(輞川集)』에 망천(輞川)의 풍경을 읊은 왕유의 시 20수가 실려 있는데, 이 시는 제 10수이다.

21 난가뢰 : 欒家瀨. 왕유의 망천 별장 풍경 가운데 하나이다. 『망천집(輞川集)』에 망천(輞川)의 풍경을 읊은 왕유의 시 20수가 실려 있는데, 이 시는 제 13수이다.

22 백석탄 : 白石灘. 왕유의 망천 별장 풍경 가운데 하나이다. 『망천집(輞川集)』에 망천(輞川)의 풍경을 읊은 왕유의 시 20수가 실려 있는데, 이 시는 제 15수이다.

부평초 못

萍池

春池深且廣　　봄 못은 깊고도 널찍하여서
會待輕舟回　　가벼운 배 돌아오길 기다린다네
靡靡綠萍合　　바람 쓸린 푸른 부평 합쳐 있다가
垂楊掃復開　　수양버들 쓸고 가면 다시 열리네

산중에서 아우들에게 부치다[23]

山中寄諸弟

山中多法侶　　산중에는 불법 닦는 승려가 많아
禪誦自爲群　　불경 외며 저절로 무리 이루네
城郭遙相望　　성곽에서 멀리 여기 바라본다면
惟應禮白雲　　흰구름에게만 예배 하리라[24]

반첩여[25]

班婕妤

玉窓螢影度　　옥창에 반딧불이 지나가는데
金殿人聲絶　　금 전각에 말소리가 끊겨 버렸네

---

23 산중에서 아우들에게 부치다 : 제목 "山中寄諸弟"는 『왕우승집(王右丞集)』에 "산중에서 아우와 누이에게 부치다[山中寄弟妹]"로 되어 있다.

24 예배 하리라 : 원문 "惟應禮白雲"이 『왕우승집(王右丞集)』에는 "오직 흰구름만 볼 수 있겠지[惟應見白雲]"로 되어 있다.

25 반첩여 : 班婕妤. 한 성제(漢成帝) 때 궁녀로 왕의 총애를 받아 첩여(婕妤) 첩지를 받아 반첩여라 불린다. 후에 총애가 조비연(趙飛燕)으로 옮겨가자 참소를 당하여 장신

秋夜守羅幃　　가을 밤 비단 휘장 지키노라니
孤燈耿明滅　　외로운 등불만이 깜박거리네

잡시

雜詩

君自故鄉來　　그대는 고향에서 왔다고 하니
應知故鄉事　　고향의 일들을 잘 알겠구려
來日綺窓前　　떠나던 날 비단으로 만든 창가에
寒梅着花未　　겨울 매화 꽃잎이 달렸던가요

망천 별장에서 이별하다

別輞川別業

왕진(王縉)[26]

山月曉仍在　　산에 뜬 달 새벽에도 그대로 있고
林風涼不絶　　숲에는 끊임없이 시원한 바람
慇懃如有情　　다정하여 정이 남아 있는 듯한데
惆悵令人別　　서글프게 이별하게 되어버렸네

궁(長信宮)으로 쫓겨나 허태후(許太后)를 모시었다. 시에 뛰어났는데, 「원가행(怨歌行)」이 잘 알려져 있다. 『漢書 卷97下 外戚傳』

26 왕진(王縉) : 700~781. 자는 하경(夏卿). 왕유(王維)의 동생으로 하동(河東) 출신. 어릴 적부터 형과 함께 문명(文名)을 떨쳤다. 시어사(侍御史), 무부원외랑(武部員外郎) 등을 지냈다. 왕유와 불교의 교리를 받들어 고기, 매운 음식 등을 먹지 않았다. 이는 만년까지도 지켜졌으나, 성격은 탐욕스러운 편이라 뇌물은 곧잘 받기도 하였다.

홰나무 거리

宮槐陌 배적(裵迪)[27]

門前宮槐陌　　문 앞에는 홰나무 거리 있으니
是向欹湖道　　의호[28]로 향하는 그 길이라네
秋來風雨多　　가을 오면 비바람이 많이 치지만
落葉無人掃　　낙엽 쓰는 사람은 하나 없다네

백석탄

白石灘

跂石復臨水　　돌을 딛고 다시 물에 가까이 가서
弄波情未極　　물결에 노는 마음 하염이 없네
日下川上寒　　날마다 개천에는 추위 내리고
浮雲澹無色　　뜬 구름은 담박하여 색이 없다네

목련 울타리

木蘭柴

蒼蒼落日時　　푸르고 푸른 하늘 해가 질 무렵
鳥聲亂溪水　　새 소리가 시냇물을 어지럽히네

27 배적(裵迪) : 716?~미상. 관중(關中, 지금의 陝西) 출신. 당현종(唐玄宗) 천보(天寶) 연간에 왕유(王維)와 교유하였으며, 촉(蜀) 땅에서는 두보(杜甫)와 교유하였다. 일찍이 진사시(進士試)에 응시하여 상서성랑(尙書省郎), 촉주자사(蜀州刺史)를 지냈다. 시의 풍격은 왕유(王維)와 비슷하며, 대개 산천(山泉)을 그려내었다.

28 의호 : 欹湖. 망천의 풍경 가운데 하나이다.

綠溪路轉深　　푸른 시내 따라 길은 깊숙해지니
幽興何時已　　그윽한 흥 어느 때나 그치려는지

춘강곡

春江曲　　곽원진(郭元振)[29]

江水春沈沈　　강물은 봄 되자 깊고 깊은데
上有雙竹林　　강가에는 한 쌍의 대숲이 있네
竹葉壞水色　　댓잎은 물빛을 망가뜨리고
郎亦壞人心　　낭군은 내 마음을 망가뜨리네

낙양가는 도중에 지어서 여사[30] 낭중에게 드리다

洛陽道中作獻呂四郎中　　저광희(儲光羲)[31]

洛水春氷開　　낙수가 봄 되어 얼음 풀리고
洛城春水綠　　낙양성 봄 되어 물이 푸르네
朝看大道上　　아침에 나와서 큰길을 보니
落花亂馬足　　떨어진 꽃 말발굽을 어지럽히네

---

29 곽원진(郭元振) : 곽진(郭震, 656~713). 자는 원진(元振). 위주(魏州) 귀향현(貴鄕縣) 출신. 673년 18세의 나이로 진사에 급제하였다. 토번, 돌궐을 격파하는 등 무공을 세웠으며 벼슬이 이부상서(吏部尙書)에 이르렀다. 당현종이 즉위한 초기 황제를 거슬러 신주(新州)로 유배되었다가 경감되어 713년 요주사마(饒州司馬)로 부임하는 도중 죽었다.

30 여사 : 呂四. 강소성(江蘇省)에 있는 지명이다.

31 저광희(儲光羲) : 707?~760?. 윤주(潤州) 연릉(延陵, 지금의 江蕭 丹陽縣) 출신. 중서시문장(中書試文章)과 사수위(汜水尉)를 지냈다. 종남산(終南山)에 은거하다가 태축(太祝)에 임명되어 저태축(儲太祝)으로 불리기도 한다. 문집 70권이 있었다고 하나, 전하지 않는다.

春風二月時　　봄바람이 불어오는 이월이 되니
道傍柳堪把　　길가에는 버들이 잡을 만하네
上枝覆官閣　　윗가지는 누각을 덮고 있으나
下枝拂車馬　　아래 가지 수레 말에 쓸리고 있네

강남곡

江南曲

綠江深見底　　푸른 강물 깊어도 밑이 보이고
高浪直翻空　　높은 물결 곧바로 허공 치솟네
慣是湖邊住　　호숫가에 사는 게 익숙해져서
舟輕不畏風　　가벼운 배 바람이 무섭지 않네

日暮長江裏　　날 저물면 장강의 강물 안에서
相邀歸渡頭　　서로 맞아 나루로 돌아간다네
落花如有意　　떨어진 꽃 생각이 있는 듯하니
來去逐船流　　왔다갔다 배를 따라 흘러간다네

건덕강[32]에서 묵다

宿建德江　　**맹호연(孟浩然)**[33]

移舟泊煙渚　　배를 옮겨 안개 낀 물가에 대니

32 건덕강 : 建德江. 신안강(新安江) 가운데 절강성(浙江省) 건덕(建德) 서부를 지나는 강물을 가리킨다.

33 맹호연(孟浩然) : 689~740. 이름이 호(浩). 호연(浩然)은 자이다. 호북성(湖北省) 양양(襄陽, 지금의 襄樊) 출신. 고향을 떠나 장안에서 과거에 응시하였으나, 끝내 낙방하

日暮客愁新　　날 저물자 나그네 시름 새롭네
野曠天低樹　　들이 훤해 나무보다 하늘이 낮고
江淸月近人　　강이 맑아 사람에게 달이 가깝네

진 땅으로 가는 주대(朱大)를 전송하다

送朱大入秦

遊人五陵去　　오릉[34]으로 가려고 떠나는 이여
寶劍直千金　　이 보검은 천금의 가치가 있소
分手脫相贈　　헤어질 때 벗어서 그대 주노니
平生一片心　　평소 지닌 한 조각 마음이라오

낙양 도중

洛陽道中

珠彈繁華子　　구슬 탄환 차고 있는 부잣집 자제
金羈遊俠人　　금 재갈 물린 말 탄 노니는 협객
酒酣白日暮　　술에 취해 어느새 날이 저물면
走馬入紅塵　　말을 달려 도성으로 들어간다네

였다. 이후 귀향하여 지금의 절강 일대인 오월(吳越)을 만유하며 많은 산수· 전원시들을 남겼다. 성당(盛唐)의 대표적인 시인 중 한 명이다.

34 오릉 : 五陵. 함양(咸陽) 북부에 있는 오릉원(五陵原)을 가리킨다. 한나라 황제의 능인 장릉(長陵 : 高帝), 안릉(安陵 : 惠帝), 양릉(陽陵 : 景帝), 무릉(茂陵 : 武帝), 평릉(平陵 : 昭帝)이 있다. 부귀한 이들이 모여 사는 곳이다.

장간행[35]

長干行

최호(崔顥)[36]

家臨九江水　　구강[37]의 물가에 집이 있어서
來去九江側　　구강 물가 곁에서 오고 간다오
同是長干人　　똑같이 장간 출신 사람인데도
生少不相識　　나이 어려 서로를 알지 못하오

강남행

江南行

下渚多風浪　　물가에 내려가니 풍랑이 많아
蓮船暫覺稀　　연 따는 배 어느새 드물어졌네
那能不相待　　어떻게 기다리지 않을 수 있나
獨自逆潮歸　　홀로 조류 거슬러 돌아간다네

---

35 장간행 : 長干行. 고악부(古樂府)의 잡곡가사(雜曲歌辭)의 곡 이름 가운데 하나로, 가사는 장강(長江) 근처에 사는 부녀자들의 생활을 노래한 것이다. 장간(長干)은 남경(南京) 남쪽의 장강(長江) 근처 지명이다.

36 최호(崔顥) : 704~754. 변주(汴州) 출신. 당현종(唐玄宗) 천보(天寶) 연간에 태복시승(太僕寺丞), 사훈원외랑(司勳員外郎)을 지냈다. 악부시에 능하였으며, 민간의 가사를 즐겨 채용하였다. 초기에는 부염(浮艶)한 시풍을 보였으나, 변새(邊塞)를 다니게 된 이후로 웅혼(雄渾)하게 바뀌었다.

37 구강 : 九江. 강소성(江蘇省) 북부 장강(長江) 연안에 있다.

원사

怨詞

최국보(崔國輔)[38]

妾有羅衣裳　　첩이 가진 비단으로 만든 의상은
秦王在時作　　진왕이 계실 때 만들었지요
爲舞春風多　　춤 출 때는 봄바람이 많이 불더니
秋來不堪着　　가을 오니 입을 수가 없게 됐어요

고의

古意

淨掃黃金堦　　정결히 쓸어놓은 황금 섬돌에
飛霜厚如雪　　서리 날려 눈처럼 쌓여있구나
下簾彈箜篌　　주렴을 내리고 공후를 타니
不忍見秋月　　가을 달은 차마 보지 못하겠구나

유수곡

流水曲

歸來日尚早　　돌아오니 시간이 아직 일러서
更欲向芳洲　　아름다운 물가 다시 가려 하였네
渡口水流急　　나룻목 물살이 너무 급하니

---

38 최국보(崔國輔) : 생몰년 미상. 오군(吳郡, 江蘇 蘇州市) 출신. 일설에는 산음(山陰, 지금의 江蘇 紹興市) 출신이라고도 한다. 예부원외랑(禮部員外郎), 집현원직학사(集賢院直學士) 등을 지냈다. 시를 잘 지었는데 그중에서도 오언절구에 능하였다. 문집이 있었지만 전하지 않는다.

回船不自留　　머물 수 없어서 배를 돌리네

소년행
少年行

遺却珊瑚鞭　　산호로 만든 채찍 잃어버리니
白馬驕不行　　백마가 교만하여 가지를 않네
章臺折楊柳　　장대[39]에서 버들가지 꺾어서 주니
春日路傍情　　봄날에 길가에서 피어나는 정

장신궁의 풀
長信草

長信宮中草　　장신궁[40] 안에서 자라는 풀은
年年愁處生　　해마다 근심 어린 곳에서 나네
時侵珠履跡　　때때로 구슬 신발 자취 침범해
不使玉階行　　옥계단에 나서지도 못하게 하네

위궁사
魏宮詞

朝日照紅妝　　아침 해가 붉은 단장 비추어 주니

39 장대 : 章臺. 한나라 때 장안에 있던 궁전 이름으로, 그 아래 화류가가 형성되어 있었다.
40 장신궁 : 長信宮. 한성제(漢成帝) 때 후궁 반첩여(班婕妤)가 총애를 잃고 허황후와 함께 물러나 머물던 궁이다.

擬上銅雀臺　　동작대[41] 향하여 오르려 하네
畫眉猶未了　　눈썹을 미처 다 못 그렸는데
魏帝使人催　　위제가 사람 시켜 재촉을 하네

호남곡

湖南曲

湖南送君去　　호남으로 떠나가는 그대 보내고
湖北送君歸　　호북으로 돌아가는 그대 보내네
湖裏鴛鴦鳥　　호수 안에 떠가는 원앙새들은
雙雙他自飛　　너나없이 쌍쌍이 날아간다네

연을 따다

采蓮

玉溆花爭發　　옥 같은 물가 꽃이 다투어 피고
金塘水亂流　　금 같은 못 물결이 어지럽구나
相逢畏相失　　만나니 잃을까 서로 두려워
並着木蘭舟　　목란 배를 나란히 붙여두었네

---

41 동작대 : 銅雀臺. 위(魏)나라를 건국한 조조(曹操)가 업도(鄴都)에 세웠던 높고 화려한 대이다. 조조가 죽으면서 유언하기를 "궁녀와 기녀들은 모두 동작대에 소속시켜 두고, 무덤 앞에 6자의 상과 휘장을 설치하고 아침저녁으로 제물을 올리게 하며, 매달 15일에는 휘장을 향해서 음악을 연주하고 춤을 추게 하라."라고 했다고 한다. 『文選 卷30 弔魏武帝文』

삼회사 창힐조자대에 쓰다

題三會寺蒼頡造字臺 잠삼(岑參)[42]

野寺荒臺晚 들판 절의 저물녘 황량한 누대
寒天古木悲 추운 하늘 오랜 나무 서글프구나
空階有鳥跡 텅 빈 계단 새 발자국 남아있는데
猶似造書時 글자를 만들 때 쓴 것만 같네

채련곡

采蓮曲 유방평(劉方平)[43]

落日清江裏 맑은 강 안에서 해가 지는데
荊歌艷楚腰 형 땅 노래 부르는 초나라 미인
採蓮從少慣 연 따는 일 어려서 익숙했으니
十五卽乘潮 열다섯에 조수를 바로 탔다네

장신궁

長信宮

夢裏君王近 꿈에서나 군왕께 가까이 할까

---

42 잠삼(岑參) : 715~770. 강릉(江陵, 지금의 湖北省 江陵縣) 출신. 몰락한 가문을 일으키기 위해 5년여간 안서(安西)와 북정(北庭) 등의 서부 변경 지역에서 종군하기도 했다. '변새시(邊塞詩)'라는 새로운 시의 영역을 확립한 인물로 고적(高適)과 더불어 '변새시파(邊塞詩派)'의 가장 대표적인 시인으로 명성을 얻었다. 문집에 『잠가주집(岑嘉州集)』 7권이 전한다.

43 유방평(劉方平) : 생몰년 미상. 하남(河南) 낙양(洛陽) 출신. 용모만큼이나 재주도 빼어났는데, 시와 그림에 뛰어났다. 특히, 채색화에 재주가 있어 '산수수석(山水樹石)'으로 일컬어졌다. 시문(詩文)에도 능하였다.

宮中河漢高　　궁중은 은하수처럼 드높네
秋風能再熱　　가을바람 다시금 더워진다면
團扇不辭勞　　둥근 부채 힘들어도 부쳐 드리리

가을 원한

秋怨

황보염(皇甫冉)[44]

長信多秋氣　　장신궁은 가을 기운 많이 들었고
昭陽借月華　　소양전은 달의 정화 빌리는구나
那堪聞鳳吹　　생황소리 어떻게 들어야 하나
聞道選良家　　좋은 집안 규수를 뽑는다 하네

왕사직을 전송하다

送王司直

西塞雲山遠　　구름낀 서새산[45]은 멀기만 하고
東風道路長　　동풍 부는 도로는 길기만 하다
人心勝潮水　　사람 마음 밀물 썰물보다 낫기에
相送過潯陽　　전송하러 심양을 찾아왔다오

44 황보염(皇甫冉) : 715~768. 자는 무정(茂政). 안정(安定) 출신. 동생인 황보증(皇甫曾)과 함께 명망이 있었으며, 세간에서는 장재(張載), 장협(張協)과 비교하였다. 저서에 시집 3권이 있는데, 『전당시(全唐詩)』에 2권으로 실려 있다.

45 서새산 : 西塞山. 호북성(湖北省) 황석시(黃石市) 동쪽에 있는 산. 산세가 가파르고 험준한데다가 강을 끼고 있어 중요한 요새였다.

섬중의 옛 거처로 돌아가는 벗을 전송하다

送友人還剡中舊居

海岸耕殘雪　　해안에서 녹은 눈 밭을 갈고서
溪沙釣夕陽　　개울 모래 석양을 낚시질 하네
家中何所有　　집안에 무엇을 가지고 있나
春草漸看長　　봄풀이 자라는 게 점점 보이네

공들과 함께 회포가 있다

同諸公有懷

舊國迷江樹　　옛 고향은 강가 나무 어둑했는데
他鄉近海門　　타향은 바다 어귀 가깝게 있네
移家南渡久　　집 옮겨 남쪽으로 건넌 지 오래
童稚解方言　　아이들도 이 지방 말 이해한다오

춘초궁회고

春草宮懷古　　유장경(劉長卿)[46]

君王不可見　　군왕을 다시는 뵐 수 없는데
芳草舊宮春　　꽃다운 풀 봄이 와 예전 궁 같네
猶帶羅裙色　　비단치마 색깔은 여전하여서

46 유장경(劉長卿) : 725?~789. 자는 문방(文房). 하간(河間) 출신. 일설에는 선성(宣城) 출신이라고도 한다. 감찰어사(監察禦史), 장주현위(長洲縣尉), 남파위(南巴尉), 전운사판관(轉運使判官) 등을 역임하였다. 시 가운데 특히 오언시(五言詩)에 뛰어나 스스로를 '오언장성(五言長城)'이라 칭하였다. 문집으로는 『유수주집(劉隨州集)』이 전한다.

青青向楚人　　푸르게 초나라 사람 향했네

민중으로 가는 장기, 최재화를 전송하다

送張起崔載華之閩中

朝無寒士達　　가난해도 출세한 이 조정에 없고
家在舊山貧　　고향 산에 있는 집은 빈궁하다오
相送天涯裏　　하늘 끝에 가는 그대 전송하노니
憐君更遠人　　더 멀리 가는 사람 불쌍하여라

눈을 만나 부용산에서 묵다

逢雪宿芙蓉

日暮蒼山遠　　날 저물고 푸른 산은 멀리 있으니
天寒白屋貧　　날씨 추워 초가집은 가난하구나
柴門聞犬吠　　사립문에 개 짖는 소리 들리고
風雪夜歸人　　눈보라 치는 밤에 돌아온 사람

초주에 부임하여 백전에 머무는 도중에 얕은 물 때문에 막혀서 장 남사에게 묻다

赴楚州次韻田途中阻淺問張南史

楚城今近遠　　초나라 성 이제 거리 얼마나 되나
積靄寒塘暮　　안개 쌓인 겨울 못에 날이 저무네
水淺舟且遲　　물 얕아 배는 또 더디어지니
淮潮至何處　　회수 물결 어디쯤 도달한 건지

양주(楊州)에 가는 벗을 전송하다

送友人往楊州

渡口發梅花　　나룻목에 매화가 피어나 있고
山中動泉脈　　산중에는 땅속 샘물 움직인다네
蕪城春草生　　무성[47]에는 봄풀이 돋아나는데
君作楊州客　　그대는 양주 가는 나그네 됐네

동려(桐廬)로 돌아가는 장 십팔을 전송하다

送張十八歸桐廬

歸人乘野艇　　거룻배 타고서 돌아가는 이
帶月過江村　　달빛 띠고 강마을 지나간다네
正落寒潮水　　차가운 조수가 마침 빠지니
相隨夜到門　　따라가면 밤에는 문에 닿겠네

방외상인을 전송하다

送方外上人

孤雲將野鶴　　학 데리고 떠가는 외로운 구름
豈向人間住　　어떻게 인간 세상 머물겠는가
莫買沃洲山　　옥주[48]에 있는 산은 사지 말게나

---

47 무성 : 蕪城. 강소성(江蘇省) 강도(江都)에 있던 광릉성(廣陵城)을 가리킨다.

48 옥주 : 沃州. 절강성(浙江省) 신창현(新昌) 동쪽에 있는 산이다. 진(晉)의 고승(高僧) 지둔(支遁)이 이곳에서 학을 놓아기르고 말을 길렀다고 한다. 산 위에 지둔령(支遁嶺), 방학봉(放鶴峰), 양마파(養馬坡)가 있다.

時人已知處　　속세 사람 그곳은 이미 안다네

강에서 달을 마주하다

江中對月

空洲夕煙歛　　빈 모래섬 저녁 안개 걷히고 나서
望月秋江裏　　가을 강물 안에서 달을 보노라
歷歷沙上人　　역력하게 보이는 모래 위 사람
月中孤渡水　　달 가운데 외로이 물을 건너네

거문고 연주를 듣다

聽彈琴

泠泠七弦上　　일곱 개 현 위가 맑고 시원해
靜聽松風寒　　서늘한 솔바람 고요히 듣네
古調雖自愛　　옛 곡조를 아무리 좋아하여도
今人多不彈　　지금 사람 연주는 많지 않다네

밤을 읊다

詠夜

위응물(韋應物)[49]

明從何處去　　밝음은 어디로 가는 것이며
暗從何處來　　어둠은 어디에서 오는 것인가

---

49 위응물(韋應物) : 737~804. 경조(京兆) 만년(萬年) 출신. 경조부공조(京兆府功曹), 비부원외랑(比部員外郎), 좌사낭중(左司郎中) 등을 지냈다. 시를 잘 지었으며, 전원

但覺年光老　　느끼는 건 세월 흘러 늙었다는 것
半是此中催　　반쯤은 이 안에서 허둥댔었네

소리를 읊다

詠聲

萬物自生聽　　만물은 저절로 소리 내지만
太空恒寂寥　　먼 하늘은 언제나 적막하다네
還從靜中起　　고요한 가운데 생겨났다가
卻向靜中消　　고요한 가운데 사라진다네

가을밤 구 이십 원외랑에게 부치다

秋夜寄丘二十員外

懷君屬秋夜　　그대가 생각나는 가을밤이라
散步詠涼天　　산보하며 서늘한 하늘을 읊네
空山松子落　　빈 산에 솔방울이 떨어질 때에
幽人應未眠　　그윽한 이 아마도 잠 못 이루리

산림(田園山林)의 정취를 시재(詩材)로 한 작품이 많다. 왕유(王維)와 맹호연(孟浩然), 유종원(柳宗元) 등과 더불어 당나라 자연파 시인의 대표적인 인물로 '왕맹위류(王孟韋柳)'로 병칭되었다.

꺼져가는 등을 마주하다

對殘燈

獨照碧窓久	푸른 창을 오랫동안 홀로 밝히니
欲隨寒燼滅	추위 따라 재가 되어 꺼져가누나
幽人將遽眠	그윽한 이 깜박 잠이 들려고 하여
解帶翻成結	띠 풀었다 바꾸어 다시 매었네

동포자 추재에서 홀로 묵다

同褒子秋齋獨宿

山月皎如燭	산에 뜬 달 촛불처럼 희게 빛나고
風霜時動竹	서릿바람 때때로 대를 흔드네
夜半鳥驚棲	한밤중에 둥지에서 새가 놀라고
窓間人獨宿	창 사이에 사람 혼자 묵고 있구나

영양에서 묵으며 찬율사에게 부치다

宿永陽寄璨律師

遙知郡齋夜	멀리서도 알겠으니, 군재의 밤에
凍雪封松竹	송죽은 언 눈에 덮여 있겠지
時有山僧來	때때로 산에 사는 승려 찾아와
懸燈獨自宿	등불 걸고 혼자서 묵고 있으리

이익(李益)[50]에게 주다

酬李益 노륜(盧綸)[51]

戚戚一西東　　슬프게도 서쪽 동쪽 떨어져 살다
十年今始同　　십년 만에 비로소 함께 하였네
可憐歌酒夜　　가련하다, 노래하고 술 마시는 밤
相對兩衰翁　　쇠약해진 노인네 둘 마주하였네

사공서(司空曙)[52]에게 이별하며 주다

贈別司空曙

有月曾同賞　　달 뜨면 함께 보며 감상하였고
無秋不共悲　　가을 오면 함께 만나 슬퍼하였지
如何與君別　　그대와 이별하면 이제 어쩌나
又是菊花時　　또다시 국화가 핀 계절 올 텐데

---

50 이익(李益) : 746~829. 자는 군우(君虞). 정주(鄭州) 사람이다. 중당(中唐) 시인으로, 이하(李賀)와 함께 이름이 났다. 절구에 뛰어났다. 노륜(盧綸)의 외사촌 형이다.

51 노륜(盧綸) : 748?~800. 자는 윤언(允言). 하중(河中) 포(蒲, 지금의 山西) 사람. 대력십재자(大曆十才子)의 한 사람이다. 여러 차례 과거에 응시하였으나, 번번이 떨어졌다가 혼감(渾瑊)에 의해 원수부판관(元帥府判官)이 되었다. 문집이 있었으나 산실되었으며, 명나라 사람이 모은 『노륜집(盧綸集)』이 전한다. 『전당시(全唐詩)』에 시가 5권으로 실려 있다.

52 사공서(司空曙) : 740~790. 자는 문명(文明) 또는 문초(文初). 광평(廣平) 출신. 일설에는 경조(京兆) 출신이라고도 한다. 낙양주부(洛陽主簿), 장림현승(長林縣丞), 우부낭주(虞部郎中) 등을 역임하였다. '대력십재자(大曆十才子)'의 한 사람이다. 저서로 『사공문명시집(司空文明詩集)』이 전한다.

새하곡

塞下曲

月黑鴈飛高　　달 어둡고 기러기는 높이 나는데
單于夜遁逃　　선우[53]가 밤중에 달아났다네
欲將輕騎逐　　날랜 기병 데리고 쫓으려는데
大雪滿弓刀　　큰 눈 내려 활과 칼에 가득하였네

한궁곡

漢宮曲

한굉(韓翃)[54]

繡幕珊瑚鉤　　수놓은 장막에 산호 갈고리
春關翡翠樓　　비취루에 봄이 와 빗장 걸었네
深情不肯道　　깊은 정은 말로 하고 싶지 않아서
嬌倚鈿箜篌　　어여쁘게 비녀로 공후를 타네

가을밤

秋夜

경위(耿湋)[55]

高秋夜分後　　깊은 가을 한밤중이 지나간 후에
遠客鴈來時　　먼 나그네 기러기가 올 때로구나

---

53 선우 : 單于. 한나라 때 흉노족이 자신들의 군주를 부르던 호칭. 전하여 한족이 이민족의 수장을 부르는 말로 쓰인다.

54 한굉(韓翃) : 생몰년 미상. 자는 군평(君平). 등주(鄧州) 남양(南陽, 河南) 출신. '대력십재자(大曆十才子)'의 한 사람으로 시를 잘 지었다. 관직은 중서사인(中書舍人)까지 지냈다. 문집은 있었으나 전하지 않고 후대에 편집된 『한군평집(韓君平集)』이 있다.

55 경위(耿湋) : 생몰년 미상. 자는 홍원(洪源). 하동(河東) 출신. 우습유(右拾遺, 일설에

寂寂重門掩　　적적하게 겹겹 문이 닫혀 있는 채
無人問所思　　생각을 물어봐 줄 사람 없구나

강행무제

江行無題　　전기(錢起)[56]

翳日多喬木　　해를 가린 높다란 나무가 많아
維舟取束薪　　배를 매고 땔나무를 하러 내렸네
靜聽江叟語　　가만히 강가 노인 얘기 들으니
俱是厭兵人　　모두가 전쟁이 싫다는 사람

牽路沿江狹　　배 끄는 길 강을 따라 더 좁아지고
沙崩岸不平　　무너진 모래 언덕 고르지 않네
盡知行處險　　가는 곳 험할 줄 다 알고 있으나
誰肯載時輕　　뉘 기꺼이 실을 행장 가볍게 하랴

斗轉月未落　　북두 돌고 아직 달이 지지 않은 때
舟行夜已深　　배 떠나서 밤이 이미 깊어졌구나
有村知不遠　　멀지 않게 마을이 있을 듯하니

는 좌습유(左拾遺), 대리사법(大理司法)을 지냈다. 시에 능하였으며, 풍격은 꿋꿋하고 시원하다 평해진다. 대력십재자(大曆十才子)의 한 사람으로 전기(錢起), 노륜(盧綸), 사공서(司空署)와 이름을 나란히 하였다. 시집은 있었으나 망실되었고, 명나라 때 모은 『경위집』이 전한다.

56 전기(錢起) : 710?~780?. 자는 중문(仲文). 절강성(浙江省) 오흥(吳興) 출신. 태청궁사(太淸宮使), 한림학사(翰林學士)를 지냈다. 시로써 낭사원(郎士元)과 이름을 나란히 하여 "앞서 심·송이 있고, 뒤로 전·낭이 있다.[前有沈宋 後有錢郎]"고 일컬어졌으며, 대력십재자(大曆十才子)의 필두로 칭송받았다.

風便數聲砧　　바람결에 다듬이 소리 들리네

대나무 사잇길
竹間路

暗歸草堂靜　　어두울 때 돌아오니 고요한 초당
半入花園去　　절반은 화원에 들어가 있네
有時載酒來　　때때로 술 가지고 찾아왔지만
不與淸風遇　　맑은 바람 맞아준 적은 없었네

석정
石井

片霞照仙井　　조각 노을 신선 우물 어리어 있고
泉底桃花紅　　샘 바닥에 복사꽃이 붉게 보이네
那知幽石下　　어찌 알랴 그윽한 저 바위 아래
不與武陵通　　무릉도원 통하는 길이 아닌 줄

동구관에서 묵다
宿洞口館

野竹通溪冷　　시내 통해 차가운 들녘 대나무
秋泉入戶鳴　　문으로 들어와 우는 가을 샘
亂來人不到　　난리 난 후 사람들이 오지 않아서
芳草上階生　　꽃다운 풀 섬돌 위에 생겨났구나

가을을 슬퍼하다

傷秋

歲去人頭白　　해 지나니 사람 머리 허옇게 되고
秋來樹葉黃　　가을 오니 나뭇잎은 누렇게 되네
搔頭向黃葉　　머리를 긁적이며 누런 잎 향해
與爾共悲傷　　너와 함께 이 아픔을 슬퍼하노라

금릉[57] 회고

金陵懷古

사공서(司空曙)[58]

輦路江楓暗　　연로[59]에는 강가의 단풍 어둡고
宮庭野草春　　궁정에는 들풀이 봄을 맞았네
傷心庾開府　　가슴 아픈 이유는 바로 유 개부[60]
老作北朝臣　　늙어서 북조의 신하가 됐네

57 금릉 : 金陵. 강소성(江蘇省) 남경(南京)의 옛 이름이다.

58 사공서(司空曙) : 740~790. 자는 문명(文明) 또는 문초(文初). 광평(廣平) 출신. 일설에는 경조(京兆) 출신이라고도 한다. 낙양주부(洛陽主簿), 장림현승(長林縣丞), 우부낭주(虞部郎中) 등을 역임하였다. '대력십재자(大曆十才子)'의 한 사람이다. 저서로 『사공문명시집(司空文明詩集)』이 전한다.

59 연로 : 輦路. 황제의 행차가 다니던 길을 가리킨다.

60 유 개부 : 유신(庾信, 513~581). 개부의동삼사(開府儀同三司)를 지내 유개부(庾開府)로 불린다. 남북조 시대 북주(北周) 남양(南陽) 신야(新野) 출신. 모국인 양나라가 망하고 난 뒤, 북주(北周)의 무제(武帝)가 그의 재주를 아껴 극진한 예우를 해 주었지만, 양나라를 그리워하는 마음이 사무쳐 그 비통한 심정을 「애강남부(哀江南賦)」로 표현하였다. 저서로는 『유자산문집(庾子山文集)』이 있다.

꽃을 구경하고 위상(衛象)과 함께 취하다

翫花與衛象同醉

衰鬢千莖雪　　흰머리 수천 가닥 눈 내렸는데
他鄉一樹花　　타향에는 나무 하나 꽃이 피었네
今朝與君醉　　오늘 아침 그대와 함께 취하여
忘却在長沙　　장사[61]에 있다는 걸 잊어버렸네

무성[62] 회고

蕪城懷古

風吹地上樹　　바람은 땅 위의 나무 스치고
草沒城邊路　　풀들은 성 주변 길을 덮었네
城裡月明時　　성안에 밝은 달이 떠오를 때면
精靈自來去　　정령이 스스로 오고가리라

새 달에 절하다

拜新月

開簾見新月　　주렴 열고 새로이 뜬 달을 보고
便卽下階拜　　섬돌에 곧 내려와 절을 하였네
細語人不聞　　달에게 하는 말을 남은 못 듣고
北風吹裙帶　　북풍이 치마끈에 불어오누나

---

61 장사 : 長沙. 호남성(湖南省)에 있는 지명이다.

62 무성 : 蕪城. 강소성(江蘇省) 강도(江都)에 있던 광릉성(廣陵城)을 가리킨다.

과거에 낙제한 사람을 전송하다

送人下第

獻策不得意　　대책을 올렸으나 뜻을 못얻고
驅車東出秦　　수레 몰아 동쪽 진 땅 나가게 됐네
暮年千里客　　늘그막 천 리 멀리 떠나는 손님
落日萬家春　　해 지는 수만 집에 봄이 들었네

명쟁

鳴箏

鳴箏金粟柱　　금속주에 올린 고쟁 연주하느라
素手玉房前　　흰 손이 옥 같은 방 앞에 있네
欲得周郎顧　　주랑[63]이 돌아보게 하고 싶어서
時時誤拂絃　　때때로 그릇되게 현을 탄다네

못가에서 묵다

宿潭上

夜潭有仙舸　　한밤중 못에는 신선 배 있어
與月當水中　　달과 함께 물 가운데 자리하였네
嘉賓愛明月　　귀한 손님 밝은 달을 사랑하지만
遊子驚秋風　　나그네는 추풍에 놀라 버렸네

63 주랑 : 周郎. 삼국 시대 오나라의 무장 주유(周瑜)를 가리킨다. 풍채가 좋은 미남인데다 음률에 정통하여, 길을 가다가도 잘못된 음률을 들으면 반드시 돌아보았으므로, 미인들이 일부러 곡조를 잘못 탔다 한다.

누각에 오르다

登樓

迥臨飛鳥上　　나는 새 위 멀찍이 올라 있으니
高出世人間　　세상 사람 사이로 높이 나왔네
天勢圍平野　　하늘 기세 평야를 감싸고 있고
河流入斷山　　강은 흘러 끊어진 산 들어간다네

고명부와 작별하다

留別顧明府

대숙륜(戴叔倫)[64]

江南雨初歇　　강남에 비가 처음 그치고 나자
山暗雲猶濕　　산 어둡고 구름 아직 젖어 있구나
未可動歸橈　　돌아갈 배 아직 노를 젓지 못하니
前程風浪急　　앞길에 세차게 풍랑이 이네

삼려묘[65]

三閭廟

沅湘流不盡　　원상[66]의 흐름은 끝이 없으니

---

64 대숙륜(戴叔倫) : 732~789. 자는 유공(幼公) 또는 차공(次公). 윤주(潤州) 금단(金壇) 출신. 문학으로 유명하였으며, 시를 잘 지었다. 호남관찰사(湖南觀察使)와 강서절도사(江西節度使)를 지냈다. 저서로 『술고(述稿)』 10권이 있었으나 산실되었으며, 후대에 편집된 『대숙륜집(戴叔倫集)』이 있다.

65 삼려묘 : 三閭廟. 굴원(屈原)을 기리는 사당. 굴원이 삼려대부(三閭大夫)였으므로, 삼려묘라 하였다.

66 원상 : 沅湘. 원수와 상수의 병칭으로, 소상강(瀟湘江) 일대를 가리킨다. 전국(戰國)

屈子怨何深　　굴원의 원한 어찌 그리 깊은가
日暮秋風起　　날 저물자 가을바람 불기 시작해
蕭蕭楓樹林　　쓸쓸하게 단풍나무 숲을 울리네

강남곡

江南曲

이익(李益)[67]

嫁得瞿塘賈　　구당의 상인에게 시집갔더니
朝朝誤妾期　　아침마다 제 기대를 저버리네요
早知潮有信　　조수의 믿음직함 알았더라면
嫁與弄潮兒　　뱃사람과 결혼을 했었을 텐데

거울을 보다

照鏡

衰境臨朝鏡　　늘그막에 아침 거울 다가가 앉아
將看却自疑　　보려다가 스스로 의심하였네
慚君明似月　　부끄럽다, 그대는 달처럼 밝아
照我白如絲　　실처럼 흰 내 머리 비추는구나

시대 초나라의 굴원이 이곳으로 쫓겨나 있으면서 유랑하였다.

67 이익(李益) : 748~829. 자는 군우(君虞). 농서(隴西) 고장(姑臧, 지금의 甘肅) 출신. 현령(縣令), 유주절도사(幽州節度使) 등을 역임하였다. 시가로 이하(李賀)와 이름을 나란히 하였다. 대력십재자(大曆十才子)의 한 사람으로 꼽기도 하지만, 성당(盛唐)의 시풍에서 크게 벗어나지 않으며, 율시에 뛰어났다.

봄을 아쉬워하다

惜春

畏老身全老　　늙음이 두려우나 온몸이 늙어
逢春解惜春　　봄 되면 봄 가는 걸 아쉬워하네
今年看花伴　　올해에 꽃구경을 함께 하는데
已少去年人　　작년보다 사람 이미 적어졌다네

도중즉사

道中卽事　　무원형(武元衡)[68]

南征復北還　　남으로 갔다 다시 북으로 오니
擾擾百年間　　백 년 인생 분주하게 돌아다니네
自笑紅塵裏　　스스로 우습구나, 홍진 속에서
生涯不暫閑　　잠시도 쉬지를 못하는 인생

옥대체[69]

玉臺體　　권덕여(權德輿)[70]

昨夜裙帶解　　어젯밤에 치마끈이 절로 풀렸고
今朝蟢子飛　　오늘 아침 거미가 날아들었네

68 무원형(武元衡) : 758~815. 자는 백창(伯蒼). 하남(河南) 구씨(緱氏, 지금의 河南 偃師縣) 출신. 문하시랑평장사(門下侍郎平章事), 검남서천절도사(劍南西川節度使) 등을 역임하였다. 저서로 『임회집(臨淮集)』 10권이 있었으나 흩어졌다.

69 옥대체 : 玉臺體. 남북조 시대 진(陳)의 서릉(徐陵)이 『옥대신영(玉臺新詠)』을 편찬하여 염정을 노래한 시를 선별해 엮었다. 후에 이러한 풍으로 지은 노래를 옥대체라 한다.

70 권덕여(權德輿) : 759~818. 자는 재지(載之). 천수(天水) 약양(略陽) 출신. 4살부터

鉛華不可棄　　분단장을 하지 않을 수가 없으니
莫是藁砧歸　　낭군이 돌아오지 않을까 몰라

강설

江雪　　유종원(柳宗元)[71]

千山鳥飛絶　　수천 산에 날아가는 새는 끊기고
萬徑人蹤滅　　수만 길에 다니는 사람 없다네
孤舟蓑笠翁　　외딴 배엔 도롱이에 삿갓 쓴 노인
獨釣寒江雪　　추운 강 눈 속 홀로 낚시를 하네

영릉[72]의 이른 봄

零陵早春

問春從此去　　묻노니, 여기에서 봄이 출발해
幾日到秦原　　어느 날에 진나라 들에 닿을까
憑寄還鄉夢　　고향에 돌아가는 꿈속에나마

시를 지을 줄 알았으며, 15살 때는 산문 수백 편을 지었을 정도로 어려서부터 문사로 이름을 알렸다. 시호는 문(文)이며, 당시에 권문공이라 일컬어졌다. 저서로 『권재지문집(權載之文集)』 50권이 전한다.

71 유종원(柳宗元) : 773~819. 자는 자후(子厚). 유하동(柳河東), 유유주(柳柳州)로도 불린다. 산서성(山西省) 하동(河東, 지금의 河津 부근) 출신. 당송팔대가(唐宋八大家)의 한 사람이다. 집현전정자(集賢殿正字), 감찰어사(監察御史) 등을 지냈다. 왕숙문(王叔文), 한유(韓愈), 유우석(劉禹錫) 등과 가깝게 지냈다. 고문(古文)의 대가로 일컬어졌으며, 우언(寓言) 형식을 취한 풍자문(諷刺文) 등 산문에도 능하였다.

72 영릉 : 零陵. 호남성(湖南省) 영주(永州)를 가리킨다. 수나라 때 영릉군(零陵郡)과 영양군(永陽郡)을 합쳐 영주총독부(永州總督府)가 설치되고, 부치(府治)는 영릉에 두었다. 강남에 속하여 따뜻한 지역이다.

慇懃入故園　　간절히 옛 동산에 가고 싶구나

장사역 앞 남루(南樓)에서 옛 생각을 하다

長沙驛前南樓感舊

海鶴一爲別　　해학[73]과 이별을 한 번 한 후로
存亡三十秋　　삶과 죽음 갈라진 지 삼십 년이네
今來數行淚　　이제 와 몇 줄기 눈물 흘리며
獨上驛南樓　　역 앞의 남루를 홀로 오르네

규방 아씨가 멀리 있는 사람에게 주다

閨人贈遠

왕애(王涯)[74]

遠戍功名薄　　멀리 떠난 수자리 공명 박하고
深閨年貌傷　　깊은 규방 해마다 용모 상하네
粧成對春樹　　단장하고 봄나무 마주 대하여
不語淚千行　　말없이 수천 줄기 눈물 흘리네

---

73 해학 : 海鶴. 바다새의 이름. 작가가 "덕공(德公)"을 가리킨다고 하였다.

74 왕애(王涯) : 764~835. 자는 광진(廣津). 태원(太原) 출신이다. 박학하고 문장에 뛰어났다. 792년 진사에 발탁되어 문종(文宗) 때 이부상서(吏部尙書)에 이르렀다. 문종 때 이훈(李訓)과 정주(鄭注)가 환관을 제거하기 위해 일을 계획하였다가 도리어 많은 관료들이 죽임을 당한 감로지변(甘露之變) 때 왕애도 잡혀 허리를 잘려 죽었다.

들밭

野田

장적(張籍)[75]

漢漠野田草　　막막하게 펼쳐진 들밭엔 풀들
草中牛羊道　　풀 가운데 소와 양이 오고가는 길
古墓無子孫　　옛 무덤은 찾아오는 자손이 없고
白楊不得老　　백양나무 여전히 늙지를 않네

매화나무 있는 시냇가

梅溪

自愛新梅好　　새로 핀 어여쁜 매화가 좋아
行尋一逕斜　　경사진 한 오솔길 찾아 나섰네
不教人掃石　　남들에게 바위 쓸지 못하게 하니
恐損落來花　　떨어진 꽃 줄어들까 걱정스러워

꽃을 아쉬워하다

惜花

山中春已晚　　산중에 봄철이 이미 늦어서
處處見花稀　　곳곳에 꽃들이 드물어졌네
明日來應盡　　내일이 오면 다 없어질 텐데
林間宿不歸　　돌아가지 않고서 숲에 묵으리

75 장적(張籍) : 766?~830?. 자는 문창(文昌). 오군(吳郡) 출신. 당대 명사들과 교유하였으며, 한유(韓愈)로부터 인정받기도 하였다. 악부시(樂府詩)로 이름이 났으며, 왕건(王建)과 더불어 '장왕(張王)'으로 병칭되었다. 저서로『장사업집(張司業集)』이 있다.

언덕의 꽃

岸花

可憐岸邊樹　　가련하다 언덕 주변 심어진 나무
紅蘂發靑條　　붉은 꽃술 피어나는 푸른 가지들
東風吹渡水　　동풍이 불어와 물을 건너면
衝着木蘭橈　　목란 배 젓는 노에 부딪는다오

서쪽 봉우리 스님에게 부치다

寄西峰僧

松暗水涓涓　　소나무 어둑한 데 졸졸 물 흘러
夜凉人未眠　　서늘한 밤 잠을 못 이루게 하네
西峰月猶在　　달이 떠서 여전한 서쪽 봉우리
遙憶草堂前　　멀리서 초당 앞을 생각하노라

경주[76]의 변새

涇州塞

行到涇州塞　　경주의 변새에 도착해 보니
惟聞羌戍鼙　　오랑캐 북소리만 들려오누나
道邊古雙堠　　길가에 오래된 봉화대 한 쌍
猶記向安西　　안서[77]를 향했던 일 기억한다네

---

76 경주 : 涇州. 감숙성(甘肅省) 평량(平涼) 일대의 지역이다.

77 안서 : 安西. 안서사진(安西四鎭)을 가리킨다. 당나라 때 서역에 설치하였던 군진이다.

농가

田家 　　　　　　　　　　　　　　　　　　　　　　왕건(王建)[78]

啾啾雀滿樹　　짹짹 참새 나무에 가득 앉았고
靄靄東坡雨　　부슬부슬 동쪽 언덕 비가 내리네
田家無夜食　　농가에서 저녁에 먹을 게 없어
水中摘禾黍　　물속에서 벼와 기장 베고 있다네

예전 행궁

故行宮

寥落故行宮　　쓸쓸하게 남겨진 예전 행궁에
宮花寂寞紅　　궁궐 꽃이 적막하게 붉게 피었네
白頭宮女在　　흰머리의 궁녀가 여전히 있어
閑坐說玄宗　　한가롭게 현종 시절 얘기를 하네

새 신부

新嫁娘

三日入廚下　　시집온 지 사흘 만에 부엌 들어가
洗手作羹湯　　손을 씻고 국과 탕을 만드는구나
未諳姑食性　　시어미 식성을 아직 몰라서
先遣小姑嘗　　시누에게 먼저 보내 맛보게 하네

78 왕건(王建) : 768~830?. 자는 중초(仲初). 위남위(渭南尉), 섬주사마(陝州司馬)를 지냈다. 악부시(樂府詩)에 능하였다. 문집으로 『왕사마집(王司馬集)』이 전한다.

시도환가[79]

視刀環歌

유우석(劉禹錫)[80]

常恨言語淺　　말이 항상 얕은 것 한스러우니
不如人意深　　사람 뜻이 깊은 것만 같지 못하네
今朝兩相視　　오늘 아침 두 사람 서로 보는데
脈脈萬重心　　묵묵히 통하는 수만 겹 심정

79 시도환가 : 視刀環歌. 칼 손잡이 고리 장식을 보았다는 뜻으로, 유우석이 창작한 새로운 악부 노래이다. 그리운 사람이 빨리 돌아오기를 바라는 내용을 담고 있다. 한 무제(漢武帝) 때에 이릉(李陵)이 패배하여 흉노(匈奴)에게 항복하였는데, 한 선제(漢宣帝)가 즉위하여 이릉의 친구 임입정(任立政) 등 세 사람을 보내니, 흉노의 선우(單于)가 술자리를 만들어 한나라 사신을 접대하였다. 임입정 등이 사적으로 이야기를 할 수 없자 "돌아올 환(還)" 자와 "고리 환(環)"의 음이 같은 것을 이용해 자주 칼자루의 고리[刀環]를 돌림으로써 은밀히 한나라로 돌아올 수 있다는 신호를 보냈다고 한다. 『漢書 卷54 李陵傳』

80 유우석(劉禹錫) : 772~842. 자는 몽득(夢得). 낙양(洛陽) 출신. 왕숙문(王叔文), 유종원(柳宗元) 등과 정치 개혁을 기도하였으나, 그의 실각으로 인해 좌천되었다. 만년에는 백거이(白居易)와 교유하면서 '유백(劉白)'으로도 불렸다. 시풍이 참신하고 민가의 특성이 농후하였는데, 특히 호방한 시의(詩意)로 인해 시호(詩豪)라고 일컬어지기도 하였다.

당절선산 권4

원(元) 양성(襄城) 양사홍(楊士弘) 백겸(伯謙)[1] 선(選)

까마귀를 읊다

詠烏

허경종(許敬宗)[2]

日裏颺朝彩　　해 속에선 아침에 광채 날리고
琴中伴夜啼　　거문고는 오야제[3]를 연주한다네
上林多少樹　　상림원에 얼마나 나무 많은데
不借一枝棲　　깃들만한 가지 하나 못 빌렸구나

그대가 떠나가 버리고 나서

自君之出矣

장구령(張九齡)[4]

自君之出矣　　그대가 떠나가 버리고 나서

---

1 양사홍(楊士弘) 백겸(伯謙) : 생몰년 미상. 원나라 인. 자는 백겸(伯謙). 하남성(河南省) 양성(襄城) 출신으로, 강서성(江西省) 임강(臨江)에 우거하였다. 문장과 시에 뛰어났다. 저서 『남지춘초집(覽池春草集)』이 있으나 전하지 않는다.

2 허경종(許敬宗) : 오기이다. 본래 이의부(李義府, 614~666)의 시이다. 이의부는 하남성(河南省) 요양(饒陽) 출신. 어릴 때부터 총명하였고 벼슬이 우승상(右丞相)에 이르렀다. 용모가 공손하고 다른 사람과 말할 때 기쁘게 미소를 띠나 웃음 속에 칼을 숨기고 있어 사람들이 "이묘(李貓)"라고 불렀다고 한다. 663년 독직(瀆職) 등의 죄로 심리를 받고 휴주(巂州)에 유배를 갔는데, 666년 대사면령에도 제외되어 원통해 하다가 죽었다.

3 오야제 : 烏夜啼. 옛날 거문고 곡조 가운데 하나이다.

4 장구령(張九齡) : 678~740. 자는 자수(子壽), 일명 박물(博物). 소주(韶州) 곡강현(曲

不復理殘機　　다시는 베틀에 앉지 않아요
思君如滿月　　그대 향한 그리움이 만월 같더니
夜夜減清輝　　밤마다 맑은 빛이 줄어 들어요

동작대[5]의 기녀

銅雀妓　　주방(朱放)[6]

恨唱歌聲咽　　한스러워 노랫소리 목이 메이고
愁飜舞袖遲　　근심하여 춤사위 소매 더디네
西陵日欲暮　　서릉에 태양이 저물려 하니
是妾斷腸時　　이내 마음 애간장이 끊어질 때네

강행

江行　　유담(柳談)[7]

繁陰乍隱洲　　짙은 그늘 모래섬을 잠깐 덮더니

江縣) 출신. 재상 장열(張說)의 도움으로 발탁되어 교서랑(校書郎)·우습유(右拾遺)·중서시랑(中書侍郎)을 역임하였고, 당현종 때 상서우승랑(尙書右丞相)에 이르렀다. 시호는 문헌(文獻), 문집20권이 있다. 『舊唐書 卷103 張九齡傳』

5 동작대 : 銅雀臺. 위(魏)나라를 건국한 조조(曹操)가 업도(鄴都)에 세웠던 높고 화려한 대이다. 조조가 죽으면서 유언하기를 "궁녀와 기녀들은 모두 동작대에 소속시켜 두고, 무덤 앞에 6자의 상과 휘장을 설치하고 아침저녁으로 제물을 올리게 하며, 매달 15일에는 휘장을 향해서 음악을 연주하고 춤을 추게 하라."라고 했다고 한다. 『文選 卷30 弔魏武帝文』

6 주방(朱放) : 생몰년 미상. 자는 장통(長通). 호북성(湖北省) 양양(襄陽) 출신. 처음에는 한수 가에 살았으나 기근 때문에 섬계(剡溪)로 이주하여 은거하였다. 강서절도사에게 참모로 초빙되었으나 벼슬생활이 맞지 않아 사직하였고, 786년 좌습유(左拾遺)에 임명된 적이 있으나 사양하였다.

7 유담(柳談) : ?~775. 자는 중용(中庸). 산서성(山西省) 영제(永濟) 출신. 유종원(柳宗

落葉初飛浦　　낙엽이 포구에 처음 날리네
蕭蕭楚客帆　　쓸쓸한 초나라 나그네 배가
暮入寒江雨　　해 저무는 겨울 강 빗속에 가네

위 소주[8]에게 답하다

答韋蘇州　　구단(丘丹)[9]

露滴梧葉鳴　　이슬방울 떨어지자 오동잎 울고
秋風桂花發　　가을바람 불어오자 계화가 피네
中有學仙人　　그 가운데 신선 술법 배운 이 있어
吹簫弄明月　　퉁소 불어 밝은 달을 희롱한다네

종군행

從軍行　　영호초(令狐楚)[10]

孤心眠夜雪　　눈 오는 밤 잠이 든 외로운 마음
滿眼是秋沙　　눈 안 가득 보이는 건 가을 모래톱

元)의 친척이다. 대력 연간에 진사가 되었고 벼슬에는 나아가지 않았다. 『전당시(全唐詩)』에 13수의 시가 남아있다.

8 위 소주 : 韋蘇州. 위응물(韋應物, 737~804)을 가리킨다. 경조(京兆) 만년(萬年) 출신. 경조부공조(京兆府功曹), 비부원외랑(比部員外郎), 좌사낭중(左司郎中) 등을 지냈다. 시를 잘 지었으며, 전원산림(田園山林)의 정취를 시재(詩材)로 한 작품이 많다. 왕유(王維)와 맹호연(孟浩然), 유종원(柳宗元) 등과 더불어 당나라 자연파 시인의 대표적인 인물로 '왕맹위류(王孟韋柳)'로 병칭되었다.

9 구단(丘丹) : 생몰년 미상. 당나라 때 시인. 소주(蘇州) 가흥(嘉興) 출신. 상서랑(尙書郞)을 역임하였다. 임평산(臨平山)에 은거하여, 위응물(韋應物), 포방(鮑防), 여위(呂渭)와 시를 주고받았다.

10 영호초(令狐楚) : 766~837. 자는 각사(慤士). 자호는 백운유자(白雲孺子). 선주(宣州)

萬里猶防塞　　만 리 먼 곳 여전한 변방의 요새
三年不見家　　삼년 동안 집에 가 보지 못했네

궁중악
宮中樂

月上宮花靜　　달이 뜨자 궁궐 꽃 고요해지고
煙含苑樹深　　안개 품은 동산 나무 그윽하구나
銀臺門已閉　　은대는 문이 이미 닫혀 있는데
仙漏夜沉沉　　물시계가 밤에도 떨어지누나

九重青瑣闥　　아홉 겹 푸른 장식 궁문 잠겼고
百尺碧雲樓　　백 척 높이 푸른 구름 누각 솟았네
明月秋風起　　달이 뜬 밤 가을바람 불기 시작해
珠簾上玉鉤　　주렴을 옥고리에 걸어 올리네

긴 그리움
長相思

幾度春眠覺　　몇 번이나 봄잠에서 깨어났던가
紗窓曉望迷　　비단 창에 새벽빛 희미하여라
朦朧殘夢裏　　몽롱하게 남아 있는 꿈속에서는
猶自在遼西　　여전히 요동 서쪽 있는 듯 해라

화원(華原, 지금의 陝西 耀縣) 출신. 직방원외랑(職方員外郎), 한림학사(翰林學士), 중서사인(中書舍人) 등을 역임하였다. 저서에 『칠렴집(漆匳集)』 130권이 있지만, 전하지 않는다. 선집으로 『원화어람시(元和御覽詩)』가 있다.

유춘곡

遊春曲 　　　　장중소(張仲素)[11]

煙柳飛輕絮　　안개 잠긴 버드나무 솜이 날리고
風楡落小錢　　바람 부는 느릅나무 동전 떨구네
濛濛百花裏　　자욱하게 피어있는 온갖 꽃 속에
羅綺競秋千　　비단옷 고운 이가 그네를 뛰네

궁중악

宮中樂

江果瑤池實　　붉은[12] 열매 구슬 못에 열린 것이고
金盤露井冰　　금 쟁반은 우물물을 얼린 것이네
甘泉將避暑　　감천으로 더위를 피하려는지
台殿曉光凝　　전각에는 새벽부터 물빛 엉겼네

춘강곡

春江曲

搖漾越江春　　일렁이는 월강에 봄이 왔으니
相將采白蘋　　흰 꽃 마름 따려고 서로 나섰네
歸時不覺夜　　돌아올 때 어느새 밤이 되어서

---

11 장중소(張仲素) : 769?~819. 자는 회지(繪之) 또는 궤지(績之). 숙주(宿州) 부리(符離) 출신. 무강군종사(武康軍從事), 사훈원외랑(司勳員外郎) 등을 역임하였다. 시를 잘 지었으며, 문집 1권과 『부추(賦樞)』 3권을 남겼다.

12 붉은 : 원문에는 "江"으로 되어 있으나 『전당시(全唐詩)』에 따라 "紅"을 따라 번역함.

出浦月隨人　　포구 나온 사람을 달이 따르네

춘규원

春閨怨

嫋嫋邊城柳　　변방 성 버들가지 하늘거리고
青青陌上桑　　거리에는 뽕나무가 푸르르구나
提籠忘採葉　　바구니 든 채 잎을 따길 잊으니
昨夜夢漁陽　　어양에 간 님 어제 꿈에 나왔네

회음행

淮陰行

유우석(劉禹錫)[13]

何物令儂羨　　무엇을 내가 제일 부러워할까
羨郎船尾燕　　낭군 배 고물에 있는 저 제비
銜泥趁檣竿　　진흙 물고 돛대를 따라갔으니
宿食長相見　　자고 먹고 길이 보며 지내겠구나

---

13 유우석(劉禹錫) : 772~842. 자는 몽득(夢得). 낙양(洛陽) 출신. 왕숙문(王叔文), 유종원(柳宗元) 등과 정치 개혁을 기도하였으나, 그의 실각으로 인해 좌천되었다. 만년에는 백거이(白居易)와 교유하면서 '유백(劉白)'으로도 불렸다. 시풍이 참신하고 민가의 특성이 농후하였는데, 특히 호방한 시의(詩意)로 인해 시호(詩豪)라고 일컬어지기도 하였다.

말에 관한 시

馬詩 이하(李賀)[14]

寶玦誰家子　　보배로운 패옥 찬 이 뉘 집 자젠가
長聞俠骨香　　협사 기골 향기롭다 들은 지 오래
堆金買駿骨　　거금 주고 천리마 뼈를 사서는[15]
將送楚襄王　　초나라 경양왕[16]께 보내려 하네

香襆赭羅新　　붉은 비단 새로 만든 말안장 덮개
盤龍蹙蹬鱗　　비늘 새긴 등자에 서려 있는 용
回看南陌上　　머리 돌려 남쪽 거리 보며 하는 말
誰道不逢春　　봄날을 못 만났다 누가 말하나

새 달

新月 노동(盧仝)[17]

仙宮雲箔捲　　신선 궁에 구름 주렴 걷어올리니

---

14 이하(李賀) : 790~816. 자는 장길(長吉). 당(唐) 종실(宗室)의 후예이다. 어려서부터 문장을 지을 줄 알아서 한유(韓愈)와 황보식(皇甫湜)으로부터 인정받기도 하였다. 작품이 대개 기궤(奇詭)하여 다른 이가 흉내를 낼 수 없었는데, 이처럼 기이한 시세계로 인해 시귀(詩鬼)라는 별칭이 붙기도 하였다.

15 천리마 뼈를 사서는 : 옛날 어느 왕이 천금을 주고 천리마를 구해 오도록 신하를 보냈으나 그 신하는 말이 이미 죽어 있어 말뼈를 오백 금에 사왔다. 왕이 화를 내자 죽은 말도 오백금에 샀으니 살아있는 천리마가 곧 올 거라고 장담하였는데 과연 1년도 안 되어 세 마리의 천리마를 구할 수 있었다고 한다. 『戰國策 燕策一』

16 경양왕 : 頃襄王. 전국시대 말기 초나라 왕으로 회왕(懷王)의 아들이다. 송옥(宋玉)이 그의 교만과 사치를 풍자하기 위하여, 「풍부(風賦)」를 지은 바 있다.

17 노동(盧仝) : 796~835. 자호는 옥천자(玉川子). 제원(濟源) 출신. 붕당의 횡포를 풍자한 장편시를 지어 한유(韓愈)의 송찬을 들었다. 저서로 『옥천자시집(玉川子詩集)』 2권

露出玉簾鉤　　옥주렴 갈고리가 드러났구나
淸光無所贈　　맑은 달빛 있어도 드릴 곳 없어
相憶鳳凰樓　　임금 계신 봉황루를 떠올리노라

옛 원망

古怨　　맹교(孟郊)

試妾與君淚　　저와 님이 흘린 눈물 시험 삼아서
兩處滴池水　　두 군데 연못에 떨어뜨리고
看取芙蓉花　　피어난 부용꽃을 가져다 보면
今年爲誰死　　올해는 누구 꽃이 죽게 될까요

규원

閨怨

妾恨比斑竹　　제 한을 반죽[18]에 비유해보면
下盤煩冤根　　아래에 괴로운 뿌리 서려서
有筍未出土　　땅 위에 나오지 않은 죽순도
中已含淚痕　　벌써부터 눈물 자국 머금었어요

과 외집(外集)이 전한다.

18 반죽 : 斑竹. 소상 반죽(瀟湘斑竹). 소상강(瀟湘江) 일대에서 나는 자줏빛 반점이 있는 대나무이다. 순(舜) 임금의 두 비(妃)인 아황(蛾皇)과 여영(女英)이 흘린 눈물이 대나무에 떨어져 생겼다고 한다.

장사음

壯士吟

가도(賈島)[19]

壯士不曾悲 장사는 비통해하지 않으니
去即無回期 떠나가면 돌아올 기약 없다오
如何易水上 어쩌겠소, 역수[20] 물가 모인 이들이
未歌先淚垂 노래하기 전에 먼저 눈물 흘린들

벽간역에서 새벽에 생각하다

碧澗驛曉思

온정균(溫庭筠)[21]

香燈伴殘夢 향등이 남은 꿈과 함께 해주니
楚國天一涯 초나라는 하늘 저쪽 끝에 있구나
月落子規歇 달 지자 자규새도 소리 그치고
滿庭山杏花 뜨락에는 산행화가 가득 피었네

---

19 가도(賈島) : 779~843. 자는 낭선(浪仙). 하북성(河北省) 범양(范陽) 출신. 집이 빈한하여 일찍이 승려가 되어 법호를 무본(無本)이라 하였다. 811년 낙양에서 당대의 명사 한유(韓愈)와 교유하면서 환속(還俗)하였다. 837년 사천(四川)성 장강현(長江縣)의 주부(主簿)가 되어 간신히 관직을 얻었고, 이어 안악현(安岳縣) 보주(普州)의 사창참군(司倉參軍)으로 전직되었다가 병으로 세상을 떠났다.

20 역수 : 易水. 하북성(河北省)에 있는 강이다. 전국시대 자객 형가(荊軻)가 연(燕)나라 태자(太子) 단(丹)의 원수를 갚기 위해 진왕(秦王)을 죽이려고 떠날 때, 역수 가에서 전송 나온 지기(知己)들과 작별하면서 노래를 불렀다. 『戰國策 燕策3』

21 온정균(溫庭筠) : 801~866. 자는 비경(飛卿). 본명은 기(岐). 어려서부터 시사(詩詞)가 뛰어났으며, 문재(文才)가 있어 과거시험과 관련된 일화로 인해 '온팔차(溫八叉)' 또는 '온팔음(溫八吟)'으로 불렸다. 문장이 화려하여 이상은(李商隱)과 더불어 '온리(溫李)'로 불렸다. 저서로 『온비경시집(溫飛卿詩集)』 7권과 『금전집(金筌集)』 등이 전한다.

목호사[22]

穆護砂 옛 노래(古曲)[23]

玉管朝朝弄　　옥피리 아침마다 가지고 노니
清歌日日新　　맑은 노래 날마다 새로워지네
折花當驛路　　역으로 가는 길에 꽃을 꺾어서
寄與隴頭人　　농두[24]의 사람에게 부쳐야겠네

금전악

金殿樂

入夜秋砧動　　가을밤 다듬잇돌 움직이는지
千聲起四隣　　사방 이웃 방망이 소리 울리네
不緣樓上月　　누각 위에 달이 떠 그런 게 아냐
應爲隴頭人　　농두에 있는 사람 그리운 게지

담장의 꽃

墻頭花

蟋蟀鳴洞房　　그윽한 방에 귀뚜라미 울어대고
梧桐落金井　　궁궐 우물에 오동잎이 떨어지네

---

22 목호사 : 穆護砂. 악부 곡명 중 하나이다.

23 옛 노래(古曲) : 『전당시(全唐詩)』에 장호(張祜, 785~849)의 시로 되어 있다. 장호의 자는 승길(承吉). 하북성(河北省) 청하(淸河) 출신. 대대로 현달한 집안 출신으로, 해내명사(海內名士)라 일컬어졌다. 『전당시(全唐詩)』에 349수의 시가 실려 있다.

24 농두 : 隴頭. 섬서성(陝西省)과 감숙성(甘肅省)의 경계에 있는 농산(隴山) 근처를 가리킨다. 예로부터 이민족과의 국경에 해당하여 관소가 설치되어 있었다.

爲君裁舞衣　　그대 위해 춤출 옷을 마름질하니
天寒剪刀冷　　날씨 추워 가위가 싸늘하구나

옛 곡조

古曲

시견오(施肩吾)[25]

可憐江北女　　가련하다, 강북에 사는 여인이
慣唱江南曲　　강남곡 노래를 잘도 부르네
搖蕩木蘭舟　　목란 배가 흔들려 움직이기에
雙鳧不成浴　　쌍쌍 오리 물에 들지 못하는구나

郎爲匕上香　　낭군은 수저 위의 향불과 같고
妾爲籠上灰　　이 몸은 향롱 위의 재와 같아서
歸時雖暖熱　　돌아올 때 따뜻하게 타올랐어도
去罷生塵埃　　가고 나면 먼지만 생겨난다네

충야행

衝夜行

夜行無月時　　달이 없는 야밤에 길을 떠나니
古路多荒榛　　옛 도로에 잡목이 우거져있네
山鬼遙把火　　산귀신이 멀리서 불을 들고서
自照不照人　　자기만 비추고 남 안 비추네

25 시견오(施肩吾) : 791~미상. 자는 희망(希望). 목주(睦州) 출신.

유녀사

幼女詞

幼女纔六歲　　여자아이 이제 겨우 여섯 살이니
未知巧與拙　　잘하는지 못하는지 구분 못하네
向夜在堂前　　황혼이 질 무렵 당 앞에 서서
學人拜新月　　새 달 보고 절하는 것은 배웠네

고사

古詞

이군옥(李群玉)[26]

一合相思淚　　그리워 흐르는 눈물 한 홉을
臨江灑素秋　　늦가을 강에 가서 흩뿌렸더라
碧波如會意　　푸른 물결 내 마음을 마치 아는 듯
却與向西流　　서쪽으로 향해서 흘러가더라

화로 앞에 앉다

火爐前坐

孤燈照不寐　　외딴 등불 비추어 잠 못 이루고
風雨滿西林　　비바람은 서쪽 숲에 가득하구나
多少關心事　　다소간 관심을 가지는 일은

---

26 이군옥(李群玉) : 생몰년 미상. 자는 문산(文山). 예주(澧州, 지금의 湖南) 출신. 어렸을 적부터 시명(詩名)이 자자하였으며, 음악, 서예에서도 뛰어난 모습을 보여 문학 및 풍류로 일세를 풍미하였다. 저서로 시집 3권과 후집 5권이 있었으나 없어졌으며, 후대에 엮어진 『이군옥집(李群玉集)』이 전한다.

書灰到夜深　　밤 깊도록 재 위에 글씨 쓰는 일

쌍으로 관을 불다

雙吹管　　육구몽(陸龜蒙)[27]

長短裁浮筠　　길게 짧게 옥빛의 대나무 잘라
參差作飛鳳　　들쭉날쭉 피리를 만들었다네
高樓明月夜　　높은 누각 밝은 달이 뜨는 밤이면
吹出江南弄　　강남롱[28] 곡조를 불어본다네

홀로 술을 따르다

獨酌　　두목(杜牧)[29]

窗外正風雪　　창밖은 눈보라 세차게 불어
擁爐開酒缸　　화로 끼고 술동이 뚜껑을 여네
何如釣船雨　　어떠한가, 비오는 날 낚싯배 타고

---

27 육구몽(陸龜蒙) : 미상~881. 자는 노망(魯望). 호는 천수자(天隨子), 보리선생(甫里先生), 강호산인(江湖散人). 장주(長洲) 출신. 어려서부터 육경(六經)에 능통하였으며, 그중에서도 『춘추(春秋)』에 조예가 깊었다. 피일휴(皮日休)와 교유하였으며, 서로 주고받은 화답시가 유명하다. 저서로 『당보리선생문집(唐甫里先生文集)』 20권, 『입택총서(笠澤叢書)』 4권 등이 전한다.

28 강남롱 : 江南弄. 악부(樂府) 청상곡(淸商曲)의 가사 이름 가운데 하나이다. 남녀의 애정을 노래하였다.

29 두목(杜牧) : 803~852. 자는 목지(牧之). 호는 번천(樊川). 경조(京兆) 만년(萬年) 출신. 홍문관교서랑(弘文館校書郎), 감찰어사(監察御史), 사훈원외랑(司勳員外郎) 등을 역임하였다. 시문 모두 뛰어났으며, 이상은(李商隱)과 함께 '이두(李杜)'로 불렸으며, 두보와 비견하여 '소두(小杜)'라 불리기도 하였다. 『번천문집(樊川文集)』 20권이 전한다.

篷底睡秋江　　가을 강 뜸집에서 잠든 것 비해

새하

塞下　　허혼(許渾)[30]

夜戰桑乾北　　상건[31]의 북쪽에서 밤에 싸우니
秦兵半不歸　　진나라 병사 반은 못 돌아갔네
朝來有鄉信　　아침 오자 고향에서 편지 왔는데
猶自寄寒衣　　오히려 겨울옷을 부쳤다 하네

산관[32]에서 눈을 맞다

散關遇雪　　이상은(李商隱)[33]

劍外從軍遠　　검문[34] 밖 종군하여 멀리 갔더니

30 허혼(許渾) : 791~854?. 자는 용회(用晦), 중회(仲晦). 윤주(潤州) 단양(丹陽) 출신. 도주현령(涂州縣令), 태평현령(太平縣令) 등을 지냈다. 지병으로 인해 정묘교(丁卯橋) 촌사(村舍)에 은거하였다. 문집 『정묘집(丁卯集)』이 있다.

31 상건 : 桑乾. 현재 북경 남쪽에 있는 영정하(永定河) 상류에 해당하는 하천. 매년 상심(桑椹), 즉 오디가 익을 때 물이 마르기 때문에 이런 이름이 붙었다고 한다.

32 산관 : 散關. 대산관(大散關)을 가리킨다. 섬서성(陝西省) 보학(寶鶴) 서남쪽 대산령(大散嶺) 위에 있다. 전쟁의 요충지이다.

33 이상은(李商隱) : 812~858. 자는 의산(義山). 호는 옥계생(玉谿生). 회주(懷州) 하내(河內) 출신. 동천절도사판관(東川節度使判官), 검교공부원외랑(檢校工部員外郎)을 지냈다. 영호초(令狐楚)에게 병려문(騈儷文)을 배웠으며, 온정균(溫庭筠), 단성식(段成式)과 함께 36체(體)로 불렸다. 작품은 대개 사회적 현실을 투영한 서사시, 위정자를 풍자한 영사시 등이 주를 이룬다. 저서로 『이의산시집(李義山詩集)』과 『번남문집(樊南文集)』이 있다.

34 검문 : 劍門. 사천성(泗川省) 검각(劍閣)에 있는 검문관(劍門關). 검문 밖은 사천 지역을 가리킨다.

無家與寄衣	옷 부쳐준 집안이 하나 없구나
散關三尺雪	산관에는 세 길 높이 눈이 쌓이고
回夢舊鴛機	꿈속에서 옛 베틀로 돌아간다네

일찍 일어나다

早起

風露淡清晨	바람 이슬 담박하고 맑은 새벽에
簾間獨起人	주렴 사이 혼자서 일어난 사람
鶯花啼又笑	꾀꼬리 울고 또 꽃이 웃으니
畢竟是誰春	도대체 누굴 위한 봄이란 게냐

부슬비

微雨

初隨林靄動	처음에 숲 안개 따라가다가
稍共夜涼分	쌀쌀함을 밤에 조금 나눠 주었네
囱過侵燈冷	추운 기운 창을 통해 등불에 닿고
庭虛近水聞	뜰 비어 물소리 가까이 듣네

절구

絶句

滯雨長安夜	비에 갇혀 장안에 머무는 밤에
殘燈獨客愁	희미한 등 손님 홀로 시름겹구나
故鄕雲水地	고향의 구름과 물이 있는 곳

歸夢不宜秋　　돌아간 꿈속에는 가을 아니리

정계(鄭洎)[35]를 생각하다

懷鄭洎　　맹지(孟遲)[36]

風蘭舞幽香　　풍란에는 그윽한 향이 춤추고
雨葉墮寒滴　　비 오는 잎 찬 빗방울 떨어지누나
美人來不來　　미인은 오는가 오지 않는가
前山看向夕　　앞산 보니 저녁이 다 되어 가네

양주사

凉州詞　　설봉(薛逢)[37]

樹發花如錦　　나무에는 비단 같은 꽃이 피었고
鶯啼柳若絲　　꾀꼬리 우는 버들 실 늘어진 듯
更遊歡宴地　　즐거웠던 잔치 자리 다시 만나니
愁見別離時　　이별할 때 슬플 것이 근심스럽네

---

35 정계(鄭洎) : 형양정씨(滎陽鄭氏)에서 나왔으며, 당나라 무종(武宗) 때 재상 정숙(鄭肅)의 아들이다. 의종(懿宗) 때 상서랑(尙書郎)을 역임하였다.

36 맹지(孟遲) : 생몰년 미상. 당나라 선종(宣宗) 때 시인. 795년 쯤 태어났을 것으로 추정된다. 두목(杜牧)과 친하게 지냈다. 845년 진사에 급제하였고 방진(方鎭)의 막부에서 일하였다.

37 설봉(薛逢) : 생몰년 미상. 자는 도신(陶臣). 포주(蒲州) 하동(河東) 출신. 비서성교서랑(秘書省校書郎), 직홍문관(直弘文館), 시어사(侍御史) 등을 역임하였다. 문장은 굳셌지만, 재주를 믿고 거만하여 격이 떨어진다는 평을 받았다. 저서로 시집(詩集) 10권과 별집(別集) 13권, 부집(賦集) 14권이 있었으나, 전하지 않는다.

높은 누각

高樓 　　우무릉(于武陵)[38]

遠天明月出　먼 하늘에 밝은 달이 솟아 나와서
照此誰家樓　비춘 이곳 뉘 사는 집 누각이려나
上有羅衣裳　위에는 비단 옷과 치마가 있어
凉風吹不休　쉬지 않고 서늘한 바람이 부네

금정원

金井怨 　　조업(曹鄴)[39]

西風吹急景　서풍 불어 세월을 재촉하는데
美人照金井　미인은 금 우물에 얼굴 비추네
不見面上花　수면에 핀 꽃을 보지는 않고
却恨井中影　우물 비친 모습만 한탄한다네

뜰에 자란 풀

庭草

庭草根自淺　뜰의 풀은 뿌리가 본래 얕으니

---

38 우무릉(于武陵) : 810~미상. 이름이 업(鄴). 무릉(武陵)은 자이다. 진사시에 낙방한 뒤 유랑생활을 하였다. 일설에는 도관원외랑(都官員外郎), 공부낭중(工部郎中)을 지냈다고도 한다. 시에 능하였으며 특히, 오율(五律)에 뛰어났다.

39 조업(曹鄴) : 816?~875?. 자는 업지(業之) 또는 업지(鄴之). 계림(桂林) 양삭(陽朔) 출신. 사부낭중(祠部郎中), 이부낭중(吏部郎中), 양주자사(洋州刺史) 등을 지냈다. 유가(劉駕)와 교유하였으며, 당시 둘을 함께 '조류(曹劉)'로 불렀다. 저서로 시집 3권이 있었으나 없어졌다. 후대에 편집된 『조사부집(曹祠部集)』이 전한다.

造化無遺功　　조물주는 남겨준 공이 없지요
低回一寸心　　머리 숙인 한 조각 풀의 마음은
不敢怨春風　　봄바람 원망은 하지 않아요

축대사

築臺詞

유가(劉駕)[40]

前杵與後杵　　앞 달구가 쿵하면 뒷 달구도 쿵
築城聲不住　　성 다지는 소리는 멈추지 않네
我願築更高　　바라노니 조금 더 높이 쌓아서
得見秦皇墓　　진황제 무덤을 볼 수 있으면

목동

牧童

牧童見客拜　　목동이 손님 보고 절을 하다가
山果懷中落　　산열매를 품속에서 떨어뜨렸네
盡日驅牛歸　　하루 종일 소를 몰다 돌아가는데
前溪風雨惡　　앞 개천 비바람이 심하게 부네

---

40 유가(劉駕) : 822~미상. 자는 사남(司南). 강남(江南) 출신. 관직은 국자박사(國子博士)까지 이르렀다. 고체시(古體詩)에 능하였으며, 조업(曹鄴)과 더불어 '조유(曹劉)'라 불렸다. 당시 사회와 백성들의 삶을 잘 반영한 작품들로 만당(晩唐) 현실주의 시인 중 한 사람으로 불린다.

장안 가는 길

長安道 섭이중(聶夷中)[41]

此地無駐馬　　이 땅에는 멈춰둔 말이 없으니
夜中猶走輪　　밤중에도 여전히 수레 달리네
所以路旁草　　그렇기에 길가에 자란 풀들이
少於衣上塵　　옷보다 먼지가 적게 묻었네

작은 뜰

小院 당언겸(唐彦謙)[42]

小院無人夜　　작은 뜰에 사람이 없는 밤인데
煙斜月轉明　　안개 비껴 달이 더 밝아졌다네
淸宵易惆悵　　맑은 밤엔 슬퍼지기 쉬운 법이니
不必有離情　　헤어지는 슬픔도 필요 없다오

---

41 섭이중(聶夷中) : 837~884. 하동(河東) 혹은 하남(河南) 출신. 자는 탄지(坦之). 만당 시기 시인이다. 빈한한 집안 출신으로, 871년 진사(進士)가 되었고 후에 화음현위(華陰縣尉)에 올랐다. 문집 2권이 있었지만 이미 없어지고, 『전당시(全唐詩)』에는 시가 1권으로 편성되어 있다.

42 당언겸(唐彦謙) : 미상~893?. 자는 무업(茂業). 병주(幷州) 진양(晉陽, 지금의 山西 太原市) 출신. 일찍이 녹문산(鹿門山)에 은거하며, 스스로를 '녹문선생(鹿門先生)'이라 불렀다. 칠언시(七言詩)에 능하였으며, 재주가 뒤떨어지지 않았다. 저서로 『녹문집(鹿門集)』이 전한다.

봄날 규방

春閨 최도융(崔道融)[43]

寒食月明雨 한식날 달이 밝고 비가 내리니
落花香滿泥 꽃 떨어져 진흙에 향기가 가득
佳人持錦字 고운 이가 비단 편지 들고 있으나
無雁寄遼西 요동 서쪽 부쳐줄 기러기 없네

欲剪宜春字 의춘[44] 글자 만들어서 오리려는데
春寒入剪刀 꽃샘추위 가위에 들어오누나
遼陽在何處 요양 땅은 어느 곳에 있단 말인가
莫望寄征袍 부쳐줄 옷일랑 바라지 마오

최국보(崔國輔)[45] 체를 흉내내다

效崔國輔體 한악(韓偓)[46]

澹月照中庭 담담한 달빛이 중정 비추고
海棠花自落 해당화는 저절로 꽃잎이 지네

---

43 최도융(崔道融) : 생몰년 미상. 자호는 동구산인(東甌散人). 형주(荊州, 지금의 湖北 江陵縣) 출신. 영가현령(永嘉縣令), 우보궐(右補闕) 등을 지냈다. 저서로 『신강집(申康集)』 3권과 『동부집(東浮集)』 9권이 있었으나, 전하지 않는다.

44 의춘 : 宜春. 봄을 반기는 뜻의 입춘첩(立春帖)을 가리킨다. 조그마한 종이로 글자를 오려서 창호(窓戶), 기물(器物), 채승(彩勝) 등에 붙여서 봄을 맞이하였다.

45 최국보(崔國輔) : 생몰년 미상. 오군(吳郡, 江蘇 蘇州市) 출신. 일설에는 산음(山陰, 지금의 江蘇 紹興市) 출신이라고도 한다. 예부원외랑(禮部員外郎), 집현원직학사(集賢院直學士) 등을 지냈다. 시를 잘 지었는데 그중에서도 오언절구에 능하였다. 문집이 있었지만 전하지 않는다.

46 한악(韓偓) : 840~923. 자는 치요(致堯), 치광(致光). 소자(小字)는 동랑(冬郎). 호는

獨立俯閑堦　　홀로 서서 굽어보는 한가한 섬돌
風動鞦韆索　　바람에 흔들리는 그네 그림자

雨後碧苔院　　비 갠 정원 푸르른 이끼가 끼고
霜來紅葉樓　　서리 내린 누각에 잎이 붉구나
閒階上斜日　　한가한 계단 위로 비끼는 햇살
鸚鵡伴人愁　　앵무새가 사람 짝해 근심한다네

羅幕生春寒　　비단 장막 꽃샘추위 생겨나기에
繡窓愁未眠　　수 놓은 창 시름겨워 잠 못 드노라
南湖夜來雨　　남호[47]에 밤이 오자 비가 내리니
應濕采蓮船　　연 따러 타고 갈 배 젖어 있겠지

형을 보내다

送兄　　남해의 여자[南海女子]

別路雲初起　　헤어지는 길에 처음 구름이 일고
離亭葉正飛　　이별 정자 나뭇잎이 날리는구나
所嗟人異雁　　탄식하네, 사람은 왜 기러기처럼
不作一行歸　　한 줄로 함께 가지 못하는 건가

옥산초인(玉山樵人). 경조(京兆) 만년(萬年) 출신. 중서사인(中書舍人), 병부시랑(兵部侍郎), 한림학사승지(翰林學士承旨) 등을 지냈다. 시에 능하였는데, 염정(艶情)의 색채가 진하다고 하여 향염체(香奩體)라 불렸다. 저서로 『한내한별집(韓內翰別集)』, 『향염집(香奩集)』 등이 전한다.

47 남호 : 南湖. 절강성(浙江省) 가흥(嘉興) 동남쪽에 있는 호수 이름이다.

나홍곡[48]

羅嗊曲 유채춘(劉采春)[49]

那年離別日 이별을 하던 날 어느 해던가
只道往桐廬 동려로 살러 간나[50] 말을 했시요
桐廬人不見 동려에는 그 사람 보이지 않고
今得廣州書 광주에서 온 편지 지금 받았소

시냇가 구름

溪上雲 장문희(張文姬)[51]

溶溶溪口雲 계곡 입구 뭉게뭉게 솟는 구름을
纔向溪中吐 간신히 계곡 향해 토해냈더니
不復歸溪中 계곡 안에 다시는 안 돌아가고
還作溪中雨 도리어 계곡 안에 비를 만드네

술 주인과 이별하다

別酒主人 산중의 나그네[山中客][52]

酒盡君莫沽 술 다하면 그대는 사오지 마오

---

48 나홍곡 : 羅嗊曲. 곡명으로, 망부가(望夫歌)이다.

49 유채춘(劉采春) : 생몰년 미상. 회전(淮甸) 출신. 주계숭(周季崇)의 처이다. 군희(軍戲), 창가(唱歌)에 능하였다. 원진(元稹)과 교유하였다.

50 살러 간다 : 원문에는 "往"으로 되어 있으나, 『전당시(全唐詩)』에는 "住"로 되어 있다.

51 장문희(張文姬) : 생애 미상. 당나라 때 여성 시인. 『전당시(全唐詩)』에 4수의 시가 실려 있다.

52 산중의 나그네 : 山中客. 『전당시(全唐詩)』에는 나무꾼[木客]이 지었다고 되어 있다.

壺乾我當發	병이 비면 나는 그냥 떠나갈 테니
城市多囂塵	도시는 시끄럽고 먼지 많으니
還山弄明月	산 돌아가 밝은 달과 놀아야 겠소

진나라 때 아방궁을 짓는 일에 참여하였는데 나무열매를 먹었으나 죽지 않았고 민가에 내려와 술을 마시고 이 시를 지었다고 한다.

당절선산 권5

명(明) 신녕(新寧) 고병(高棅) 정례(廷禮)[1] 선(選)

구일부

九日賦 허경종(許敬宗)[2]

心逐南雲逝　마음은 남쪽 구름 좇아 떠나고
身隨北鴈來　몸은 북쪽 기러기 따라서 왔네
故鄕籬下菊　고향집 울타리 아래 핀 국화
今日幾花開　오늘은 몇 송이가 피었으려나

미인을 읊다

賦美人 이의부(李義府)[3]

鏤月成歌扇　달을 새겨 노래 부채 이루어졌고
裁雲作舞衣　구름 잘라 춤추는 옷 만들었다네[3]

---

1 고병(高棅) 정례(廷禮) : 1350~1413. 자는 언회(彥恢). 후에 정례(廷禮)로 개명하였다. 호는 만사(漫士). 포의의 신분으로 황제에게 불려 한림원(翰林院) 대조(待詔)와 전적(典籍)을 역임하였다. 학문, 시, 서화에 뛰어나 삼절(三絶)로 불렸으며, 복건 출신의 뛰어난 사람들을 가리키는 민중십재자(閩中十才子) 가운데 하나로 꼽혔다. 『당시품휘(唐詩品彙)』와 『당시정성(唐詩正聲)』을 편찬하였다.

2 허경종(許敬宗) : 592~672. 자는 연족(延族). 항주(杭州) 신성(新城) 출신. 중서사인(中書舍人), 예부상서(禮部尙書) 등을 지냈다.

3 이의부(李義府) : 614~666. 하남성(河南省) 요양(饒陽) 출신. 어릴 때부터 총명하였고

自憐回雪影　　눈처럼 감도는 모습 어여뻐
好取洛川歸　　잘 가지고 낙천으로 돌아가고파

중서성 당직 중에 비를 읊다

中書寓直詠雨

양사도(楊師道)[4]

雲暗蒼龍闕　　구름에 창룡궐[5]이 어둡게 잠겨
沈沈殊未開　　침침하여 유난히도 걷히지 않네
窓臨鳳凰沼　　창가가 봉황 연못 닿아 있어서
颯颯雨聲來　　쏴아쏴아 빗소리가 들려온다네

강가 누정에서 달밤에 송별하다

江亭月夜送別

왕발(王勃)[6]

江送巴南水　　강의 물은 파남[7]의 물 흘려보내고

벼슬이 우승상(右丞相)에 이르렀다. 용모가 공손하고 다른 사람과 말할 때 기쁘게 미소를 띠나 웃음 속에 칼을 숨기고 있어 사람들이 "이묘(李貓)"라고 불렀다고 한다. 663년 독직(瀆職) 등의 죄로 심리를 받고 휴주(巂州)에 유배를 갔는데, 666년 대사면령에도 제외되어 원통해 하다가 죽었다.

4 양사도(楊師道) : ?~647. 자는 경유(景猷). 섬서성(陝西省) 화음(華陰) 출신. 수나라가 망한 후 당나라 고조(高祖)에 귀의하여 계양공주(桂陽公主)에게 장가들고, 상의동부마도위(上儀同駙馬都尉)에 배수되었다. 647년 병으로 죽었다.

5 창룡궐 : 蒼龍闕. 한나라 때 장안에 있던 황궁 미앙궁(未央宮)의 동쪽에 있던 궁궐이다.

6 왕발(王勃) : 650~676. 자는 자안(子安). 강주(絳州) 용문(龍門, 지금의 山西省 河津縣) 출신. '초당사걸(初唐四傑)'로 일컬어졌으며, '왕양노락(王楊盧駱)'으로 병칭되기도 하였다. 종래의 완미(婉媚)한 육조시(六朝詩)에서 벗어난 시로 성당시(盛唐詩)의 선구자로 불렸으며 특히, 오언절구(五言絶句)에 뛰어났다. 문집으로 『왕자안집(王子安集)』 16권이 전한다.

7 파남 : 巴南. 지명이다. 현재의 중경(重慶).

山橫塞北雲　　산의 구름 변새 북쪽 가로 지르네
津亭秋夜月　　가을 밤 달이 뜬 나루 정자에
誰見泣離群　　무리 떠나 우는 모습 누가 보려나

산중
山中

長江悲已滯　　장강은 슬픈지 멈칫거리고
萬里念將歸　　만릿길 돌아갈 생각하노라
況屬高風晩　　더욱이 높은 바람 부는 늦가을
山山黃葉飛　　산마다 누런 잎이 날리는 데랴

굽은 못의 연꽃
曲池荷

노조린(盧照隣)[8]

浮香繞曲岸　　언덕 구비 감돌며 떠있는 향기
圓影覆華池　　고운 연못 덮고 있는 둥근 그림자
常恐秋風早　　가을바람 일찍 불까 시름 늘 하니
飄零君不知　　바람 날려 떨어질 걸 그대 모르나

8 노조린(盧照隣) : 635?~689?. 자는 승지(昇之). 호는 유우자(幽憂子). 어릴 적부터 재질이 뛰어났으나, 이른 나이에 병에 걸려 투병생활을 오래하였다. '초당사걸(初唐四傑)'의 한 사람으로 꼽힌다. 저서로 『유우자집(幽憂子集)』 7권이 전한다.

교 시어[9]에게 주다

贈喬侍御 진자앙(陳子昂)[10]

漢庭榮巧宦 한 조정에 영화로운 교활한 신하
雲閣薄邊功 운각[11]에는 박대 받는 변방의 공신
可憐驄馬使 가련하다, 청총마를 타는 시어사[12]
白首爲誰雄 흰머리로 누구 위해 웅재 펼치나

옥에 갇힌 제비

獄中燕 심전기(沈佺期)[13]

拾蘂嫌叢棘 꽃술을 줍자니 가시가 싫고
銜泥惕死灰 진흙을 물자니 재가 겁나네
不如黃雀語 노란 참새 말을 대신 전해주어서

---

9 교 시어 : 喬侍御. 교지지(喬知之, ?~?)를 가리킨다. 섬서성(陝西省) 대려(大荔) 출신. 당고조(唐高祖) 이연(李淵)의 외손. 시문으로 이름이 알려졌다. 벼슬이 상서좌사낭중(尙書左司郎中)에 이르렀다. 후에 무승사(武承嗣)로 인해 누명을 쓰고 처형되었다.

10 진자앙(陳子昂) : 659~700. 자는 백옥(伯玉). 재주(梓州) 사홍(射洪) 출신. 젊어서는 임협(任俠)으로 활동하였다. 시풍이 강건중후(剛健重厚)하여 초당(初唐)에서 성당(盛唐)으로 넘어가는 시풍 전환에 큰 영향을 주었다. 저서로 『진백옥문집(陳伯玉文集)』 10권이 전한다.

11 운각 : 雲閣. 운대(雲臺)를 가리킨다. 공신과 명장의 초상을 그려서 걸어 공적을 표시해 놓은 누각이다.

12 청총마를 탄 시어사 : 驄馬使. 후한 때 환전(桓典)을 가리킨다. 강직한 시어사(侍御史)였던 환전(桓典)이 늘 청총마를 타고 다니자 사람들이 말하기를, "길을 가다가 멈춰서 청총마를 탄 시어사를 피하라." 하였다 한다. 『後漢書 卷37 桓典列傳』

13 심전기(沈佺期) : 656?~714?. 자는 운경(雲卿). 상주(相州) 내황(內黃) 출신. 중서사인(中書舍人), 태자첨사(太子詹事)를 지냈다. 시를 잘 지었으며, 칠언시(七言詩)에 능하여 칠언율시(七言律詩) 체제를 처음으로 완성하였다. 송지문과 '심송(沈宋)'이라 병칭되었다.

能雪冶長猜　　공야장이 의심 벗은 것만[14] 못하네

남쪽으로 가며 아우와 이별하다

南行別弟　　위승경(韋承慶)[15]

澹澹長江水　　넘실넘실 흘러가는 장강의 물결
悠悠遠客情　　막막한 먼 지방 나그네 마음
落花相與恨　　떨어지는 꽃잎도 한스러운지
到地一無聲　　소리도 하나 없이 땅에 지누나

강가 누각

江樓

獨酌芳春酒　　향기로운 봄술을 홀로 따르니
登樓已半醺　　누각 올라 이미 반쯤 취해버렸네
誰驚一行雁　　누가 한 줄 기러기 놀라게 했나
衝斷過江雲　　강 구름 뚫고서 지나가누나

---

14 공야장이 의심 벗은 것만 : 공야장(公冶長)은 공자 제자로, 스승의 사위가 된 인물이다. 새 소리를 알아듣는 재주가 있어서, 새소리를 듣고 시체가 있는 곳을 알려주었으나 도리어 살인범으로 몰려 옥에 갇혔는데 참새가 원통함을 지저귀어 주어서 의심이 풀렸다고 한다.

15 위승경(韋承慶) : 640~706. 자는 연휴(延休). 하남성(河南城) 원양(原陽) 출신. 기주(沂州), 예주(豫州), 괵주(虢州) 세 고을의 자사(刺史) 및 중서시랑(中書侍郎), 동평장사(同平章事)를 역임하였다. 신룡정변(神龍政變)의 일로 유배를 당했다. 위황후가 권력을 장악한 뒤 다시 복귀하였다. 예부상서(禮部尚書)에 추증되었다.

중추의 달

中秋月 이교(李嶠)[16]

盈缺靑冥外 하늘 너머 찼다가 이지러지고
東風萬古吹 동풍은 만고토록 불어오누나
何人種丹桂 누가 붉은 계수나무 심어놨길래
不長出輪枝 달 밖으로 가지가 자라지 않나

圓魄上寒空 둥근 달이 차가운 하늘에 뜨니
皆言四海同 사해가 같다고 다들 말하네
安知千里外 천 리 먼 밖의 일을 어떻게 알랴
不有雨兼風 비 내리고 바람 불지 않으리란 걸

꾀꼬리를 읊다

詠鶯 정음(鄭愔)[17]

欲囀聲猶澁 지저귀려니 소리가 껄끄럽고
將飛羽未調 날려고 하니 깃털 조절 안 되네
高風不借便 높은 바람 탈 기회를 얻지 못하니
何處得遷喬 어디에서 높은 곳에 옮겨갈 건가

16 이교(李嶠) : 645?~714?. 자는 거산(巨山). 조주(趙州) 찬황(贊皇) 출신. 봉각사인(鳳閣舍人), 감수국사(監修國史) 등을 지냈다. 시문(詩文)을 잘 지었으며, 소미도(蘇味道)와 함께 '소리(蘇李)'로 불렸다. 소미도(蘇味道), 최융(崔融), 두심언(杜審言)과 더불어 '문장사우(文章四友)'로 일컬어졌다. 저서로 『이교잡영(李嶠雜詠)』이 전한다.

17 정음(鄭愔) : ?~710. 자는 문정(文靖). 하북성(河北省) 창주(滄州) 출신. 진사에 합격한 후 측천무후 때 장이지 형제의 추천을 받아 전중시어사(殿中侍御史)로 벼슬을 시작하여 재상에 이르렀다. 반란을 모의하다가 실패하여 주살되었다.

전 앞 계수나무 잎에 쓰다

題殿前桂葉 노선(盧僎)[18]

桂樹生南海　계수나무가 남해에서 태어나
芳香隔楚山　꽃다운 향기 초산 너머 있구나
今朝天上見　오늘 아침 하늘 위를 바라다 보니
疑是月中攀　달 가운데 올라갔나 의심하였네

도중에 입으로 읊다

途中口號

抱玉三朝楚　박옥 안고 초에 세 번 조회하였고[19]
懷書十上秦　글을 품고 진에 열 번 올렸었다네[20]
年年洛陽陌　해마다 낙양의 거리거리에
花鳥弄歸人　꽃과 새가 희롱하는 돌아가는 이

18 노선(盧僎) : 생몰년 미상. 은 초당 시인으로 호북성 임장(臨漳) 사람이다. 중종(中宗 684~709) 때 사람으로, 처음에 문희위(聞喜尉)로 임명되었고, 집현원(集賢院) 학사(學士)로 옮겼다가 이부원외랑(吏部員外郎)에 이르렀다. 『국수집(國秀集)』에 14수가 전한다.

19 박옥 … 조회하였고 : 초(楚)나라 사람 변화(卞和)가 초산에서 박옥(璞玉)을 얻어 여왕(厲王)에게 바쳤더니 거짓이라 하여 그의 왼발을 베었고, 무왕(武王)에게 다시 바쳤으나 역시 거짓이라 하여 오른발을 베었다. 후에 문왕(文王)에게 바치자 쪼게 하니 보옥이 들어 있었다고 한다. 『韓非子』

20 글을 … 올렸었다네 : 유세객 소진은 진나라에 머물며 열 번이나 천하를 겸병할 방법에 대해 진왕에게 올렸으나 채택되지 못했다. 『通鑑節要 周紀』

동관(潼關)[21] 입구

潼關口

현종 황제(玄宗皇帝)[22]

河曲回千里　　강 구비 돌아서 천 리를 가니
關門限二京　　관문이 두 서울[23]의 경계가 되네
所嗟非恃德　　덕을 믿지 않는 것을 한탄하노니
設險到天平　　험관으로 천하평정 이루려 하네

원씨 별장에 짓다

題袁氏別業

하지장(賀知章)[24]

主人不相識　　주인과는 면식이 없었는데도
偶坐爲林泉　　경치 좋아 우연히 앉게 되었네
莫謾愁沽酒　　술 살 걱정 쓸데없이 하지 마시오
囊中自有錢　　술 살 돈은 주머니에 나도 있다오

---

21 동관(潼關) : 섬서성(陝西省) 위남(渭南)에 있다. 관중(關中)의 동대문에 해당하며, 진나라 이래 요충지였다. 755년 안사의 난 초기 이곳을 지키지 못하여 장안까지 함락되어 당현종이 성도(成都)로 피한 바 있다.

22 현종 황제 : 玄宗皇帝. 이융기(李隆基, 685~762). 당나라 6대 황제. 개원(開元) 연간의 치세를 이끌었던 황제이다.

23 두 서울 : 二京. 동경(東京)과 서경(西京). 이 시기에는 낙양(洛陽)과 장안(長安)을 가리킨다.

24 하지장(賀知章) : 659~744. 자는 계진(季眞), 유마(維摩). 자호는 사명광객(四明狂客), 비서외감(秘書外監). 월주(越州) 영흥(永興) 출신. 어렸을 적부터 문사(文詞)로 이름을 얻었으며, 서예에도 능하여 초서(草書)와 예서(隷書)를 잘 썼다. 태자빈객(太子賓客), 비서감(秘書監)을 지냈다.

상봉행

相逢行 이백(李白)[25]

相逢紅塵內 번화한 거리에서 서로 만나서
高揖黃金鞭 황금채찍 높이 들어 인사했다오
萬戶垂楊裏 수양 버들 늘어진 수만 집 중에
君家阿那邊 그대 집은 어디쯤 있으신가요

녹수곡[26]

綠水曲

綠水明秋月 맑은 물에 가을 달이 밝게 비추고
南湖采白蘋 남호[27]에서 흰마름풀 따고 있다네
荷花嬌欲語 연꽃은 아리따워 말 하는 듯 해
愁殺蕩舟人 배 젓는 이 애간장을 타게 만드네

---

25 이백(李白) : 701~762. 자는 태백(太白). 호는 청련거사(青蓮居士). 당현종(唐玄宗)의 부름을 받아 장안에 들어가 한림공봉(翰林供奉)이 되었다. 안록산의 난이 시작된 755년까지 산동성의 집을 거점으로 북쪽과 남쪽의 여러 지방을 두루 유람했다. 당숙종(唐肅宗) 때 이린(李璘)의 역모에 연루되어 유배되었다. 사면된 후 안휘성(安徽省) 당도(當塗)의 현령이었던 종숙 이양빙에게 의탁해 살며 빈객으로 있으면서 얼마 뒤 그곳에서 병들어 죽었다. 두보(杜甫)와 "이두(李杜)"로 병칭되는 중국의 최고 시인이자 시선(詩仙)으로 일컬어진다.

26 녹수곡 : 綠水曲. 고대 악곡 명칭. 다른 문헌에는 "淥水曲"으로 되어 있다.

27 남호 : 南湖. 호북성(湖北省)의 동정호(洞庭湖)를 가리킨다.

옥계원
玉階怨

玉階生白露　　옥계단에 가을 이슬 생겨나더니
夜久侵羅襪　　밤 깊자 비단 버선 파고드누나
却下水晶簾　　수정 같은 주렴을 내려두고서
玲瓏望秋月　　영롱한 가을 달을 바라보노라

처음 금문을 나서 왕시어를 찾아갔다가 만나지 못하고 벽 위의 앵무를 읊다
初出金門尋王侍御不遇詠壁上鸚鵡

落羽辭金殿　　깃 떨어져 금란전을 사직하고서
孤鳴吒繡衣　　홀로 울며 어사를 찾아왔구나
能言終見棄　　말 잘하나 끝내는 버림을 받고
還向隴西飛　　농서를 다시 향해 날아왔구나

스스로 풀다
自遣

對酒不覺暝　　술 마시다 어느덧 어두워지고
花落盈我衣　　꽃 떨어져 내 옷에 가득하구나
醉起步溪月　　취한 채 시냇가 달 속 걸으니
鳥還人亦稀　　새 깃들고 사람도 드물어졌네

여름날 산속

夏日山中

懶搖白羽扇　　흰 깃 부채 부치는 것도 귀찮아
裸袒青林中　　옷 벗고 푸른 숲 가운데 있네
脫巾挂石壁　　갓을 벗어 돌벽에 걸어두고서
露頂灑松風　　정수리 내놓고 솔바람 쐬네

시랑 숙부를 뫼시고 동정호에서 노닐고 취한 후 짓다

陪侍郎叔遊洞庭醉後作

刬却君山好　　군산[28]을 깎아내면 참 좋겠는 걸
平鋪湘水流　　상수 물결 평평히 흐를 테니까
巴陵無限酒　　파릉의 맛 좋은 술 한이 없으니
醉殺洞庭秋　　동정호 가을에 취해 보세나

비파협에 가는 육 판관을 전송하다

送陸判官往琵琶峽

水國秋風夜　　강 마을에 가을바람 불어오는 밤
殊非遠別時　　멀리 떠나 이별할 때 정말 아니네
長安如夢裡　　장안이 꿈속같이 느껴지는데
何日是歸期　　어느 날이 돌아올 기약이던가

---

28 군산 : 君山. 동정호(洞庭湖) 입구에 있는 산으로, 상산(湘山)이라고도 한다.

경조 위참군이 동양(東陽)으로 참작되어 유배가는 것을 보다

見京兆韋參軍量移東陽

潮水還歸海　　조수는 바다로 돌아가건만
流人却到吳　　사람은 오 땅으로 유배간다네
相逢問愁苦　　만나서 근심 고통 물어보는데
淚盡日南珠　　눈물이 일남의 진주[29] 다 됐네

청계[30]에서 한밤중에 피리 소리를 듣다

靑溪半夜聞笛

羌笛梅花引　　오랑캐 젓대로 매화인[31] 부니
吳溪隴水情　　오계[32]에서 농수의 마음[33] 느끼네
寒山秋浦月　　추운 산에 추포[34]의 달이 빛나고
腸斷玉關聲　　옥문관에 들리는 애끊는 소리

29 일남의 진주 : 일남(日南)은 현재 베트남 중부의 지명으로, 진주가 유명하다. 이곳의 인어가 눈물을 흘리면 진주가 된다고 한다.

30 청계 : 靑溪. 『전당시(全唐詩)』에는 "청계(淸溪)"로 되어 있다. 청계는 안휘성(安徽省) 귀지(貴池)에서 서쪽으로 흘러 장강에 이르는 강으로, 그 서쪽에 흐르는 추포하(秋浦河)와 함께 경승지로 유명하였다.

31 매화인 : 梅花引. 매화삼롱(梅花三弄)을 가리킨다. 진(晉)나라 때 환이(桓伊)가 작곡한, 서리와 눈에도 굴하지 않는 매화의 기상을 담은 적곡(笛曲)이다.

32 오계 : 吳溪. 청계를 가리킨다. 옛날 오 땅에 속해 있기 때문에 이른 말이다.

33 농수의 마음 : 집을 떠난 슬픔 심정. 섬서성(陝西省) 농현(隴縣)에 있는 농파(隴坂)는 산세가 험하고 언덕 위에 맑은 물이 흘러서 사면으로 흘러내리는데 집을 떠난 나그네가 이곳을 지나면 슬퍼서 『농두유수가(隴頭流水歌)』를 부른다고 한다.

34 추포 : 秋浦. 안휘성(安徽省) 지주(池州)에 있는 지명. 추포수(秋浦水)가 있어서 얻은 지명이다. 추포수는 장강(長江) 하류의 지류이다.

반첩여[35]

班婕妤 왕유(王維)[36]

怪來妝閣閉 이상하게 화장 방이 닫혀 있는 채
朝下不相迎 조정에서 맞이하러 오지를 않네
總向春園裏 모두가 봄 동산 안을 향하니
花間笑語聲 꽃 사이 들려오는 웃음소리들

식부인[37]

息夫人

莫以今時寵 지금 여기 총애를 입고 있다고
能忘舊日恩 옛날 은혜 잊을 수 있단 말인가
看花滿眼淚 꽃 보면 눈 가득 눈물이 차고
不共楚王言 초나라 왕과는 말을 안 하네

35 반첩여 : 班婕妤. 한(漢)나라 성제(成帝)의 후궁 반씨. 첩여는 반씨의 후궁 첩지이다. 시가에 능하였다. 조비연(趙飛燕)이 들어온 후 총애를 잃고 참소를 받고 허황후(許皇后)와 함께 쫓겨났다. 후에 혐의가 풀렸으나 장신궁(長信宮)에 머물면서 시를 지었다.

36 왕유(王維) : 699~759. 자는 마힐(摩詰). 호는 마힐거사(摩詰居士). 하동(河東) 포주(蒲州)에서 태어났다. 당현종(唐玄宗) 때 진사가 되고, 벼슬이 상서우승(尙書右丞)에 이르렀다. 이 때문에 왕우승(王右丞)이라 통칭되기도 한다. 시뿐만 아니라 그림, 음악으로도 유명하였다. 시선(詩仙) 이백(李白), 시성(詩聖) 두보(杜甫)와 함께 3대 시인으로 꼽히며, 시불(詩佛)로 일컬어진다. 문집이 전한다.

37 식부인 : 息夫人. 식후(息侯)의 아내인 식규(息嬀). 초자(楚子)가 식국을 멸망시킨 후 식규를 데리고 돌아왔다. 식규는 초나라로 온 뒤에 도오(堵敖)와 성왕(成王)을 낳았으나, 초자와 말을 하지 않았다. 초자가 그 이유를 묻자, "나는 한 여자로 두 남편을 섬겼으니 비록 죽지는 못할망정 또 무슨 말을 하겠습니까?"라고 대답하였다. 『春秋左氏傳 莊公 14年』

자목련 언덕

辛夷塢

木末芙蓉花　　가지 끝에 있는 꽃이 연꽃 같은데
山中發紅萼　　산 가운데 피어난 붉은 꽃망울
澗戶寂無人　　시내 계곡 적막하여 사람 없는데
紛紛開且落　　분분하게 피었다가 져버리누나

칠원

漆園

古人非傲吏　　옛사람은 오만한 관리[38] 아니라
自闕經世務　　세상 직무 스스로 피한 것이네
偶寄一微官　　작은 벼슬 하나에 몸을 맡기고
婆娑數株樹　　몇 그루 나무 심어 배회했다네

원사

怨辭

최국보(崔國輔)[39]

樓頭桃李疏　　누각 끝에 도리꽃이 드물어지고
池上芙蓉落　　못 위에는 연꽃이 지고 있구나

---

38 옛사람은 : 장자(莊子)를 가리킨다. 칠원(漆園)의 관리로 있을 때 초나라 위왕(威王)이 재상으로 초빙하였으나 거절하였다. 진(晉)나라 곽박(郭璞)이 「유선(遊仙)」에서 "칠원에는 오만한 관리가 있고, 노래자에게는 은일의 아내가 있네.[漆園有傲吏 萊氏有逸妻]"라고 하였다. 『文選 卷21』

39 최국보(崔國輔) : 생몰년 미상. 오군(吳郡, 江蘇 蘇州市) 출신. 일설에는 산음(山陰, 지금의 江蘇 紹興市) 출신이라고도 한다. 예부원외랑(禮部員外郎), 집현원직학사(集

織錦猶未成　　비단은 아직도 다 못 짰는데
蛩聲入羅幕　　비단 장막 귀뚜라미 소리 들리네

위수 서쪽에서 이륜과 이별하다

渭水西別李侖

隴右長亭堠　　농우[40]에는 긴 요새 봉화대 있고
山陰古塞秋　　산 북쪽 오랜 변새 가을이 드네
不知嗚咽水　　오열하는 저 강물 모르겠구나
何事向西流　　무슨 일로 서쪽으로 흘러가는지

양자진[41]에서 경구[42]를 바라보다

楊子津望京口

맹호연(孟浩然)[43]

北固臨京口　　북고산[44]은 경구성에 다가가 있고

賢院直學士) 등을 지냈다. 시를 잘 지었는데 그중에서도 오언절구에 능하였다. 문집이 있었지만 전하지 않는다.

40 隴右 : 농산(隴山) 서쪽 지역. 지금 감숙성(甘肅省) 육반산(六盤山) 서쪽 황하 일대를 가리킨다.

41 양자진 : 楊子津. 장강(長江) 북쪽 기슭에 있던 나루. 여기에서 남쪽으로 건너면 경구성이었다.

42 경구 : 京口. 옛날 성의 이름이다. 현재 강소성(江蘇省) 진강(鎭江)에 있었다. 오의 손권(孫權)이 수도를 이곳으로 옮겨 경성(京城)이라 불렀다가 건업(建業)으로 천도한 후 경구진(京口鎭)으로 개칭하였고 이후 경구성(京口城)이라 하였다.

43 맹호연(孟浩然) : 689~740. 이름이 호(浩). 호연(浩然)은 자이다. 호북성(湖北省) 양양(襄陽, 지금의 襄樊) 출신. 고향을 떠나 장안에서 과거에 응시하였으나, 끝내 낙방하였다. 이후 귀향하여 지금의 절강 일대인 오월(吳越)을 만유하며 많은 산수·전원시들을 남겼다. 성당(盛唐)의 대표적인 시인 중 한 명이다.

夷山近海濱　　이산은 바닷가에 가까이 있네
江風白浪起　　강바람이 흰 물결을 일으켜대면
愁殺渡頭人　　나루 머리 있는 사람 애가 탄다네

돌아가는 기러기

歸鴈　　두보(杜甫)[45]

春來萬里客　　봄이 와도 만 리 멀리 있는 나그네
亂定幾年歸　　난이 그쳐 어느 해야 돌아가려나
斷腸江城雁　　강가 성의 기러기에 애가 타노니
高高正北飛　　높이 날아 곧바로 북으로 가네

절구

絶句

江邊踏青罷　　강가에서 답청[46]이 끝나고 난 후
回首見旌旗　　머리 돌려 군대 깃발 바라다 보네
風起春城暮　　바람 일고 봄이 온 성 날이 저물고
高樓鼓角悲　　높은 누각 고각소리 구슬프구나

---

44 북고산 : 北固山. 강소성(江蘇省) 진강(鎭江)에 있는 산 이름이다.

45 두보(杜甫) : 712~770. 자는 자미(子美). 소릉(少陵)에 거주하여 두소릉(杜少陵), 공부원외랑(工部員外郞) 벼슬을 하여 두공부(杜工部), 두목(杜牧)과 구별하여 노두(老杜)라고도 한다. 성당(盛唐)의 대표적인 시인이자 중국 최고의 시인으로 꼽히는 인물로 시성(詩聖)이라 표현된다. 이백(李白)과 병칭하여 "이두(李杜)"라 불린다. 『두공부집(杜工部集)』 20권이 전한다.

46 답청 : 踏青. 삼월삼진날 교외에 나가 풀을 밟는 풍속.

병사를 계북[47]에 보내다

送兵到薊北 고적(高適)[48]

積雪與天迥　　쌓인 눈은 하늘과 닿을 듯 멀고
屯軍連塞愁　　이은 변새 주둔군은 근심스럽네
誰知此行邁　　뉘 알랴, 이번에 멀리 온 군행
不爲覓封侯　　봉작 받을 공 세우러 온 게 아닌 걸

처사의 채소밭에 쓰다

題處士菜園

耕地桑柘間　　뽕나무 사이에 밭을 일구니
地肥菜常熟　　땅 기름져 채소가 항상 자라네
爲問葵藿資　　물어보세, 아욱잎 콩잎의 맛이
何如廟堂肉　　묘당에서 먹는 고기 비해 어떤지

옛노래

古歌 심천운(沈千運)[49]

北邙不種田　　북망산 밭에는 씨 안 뿌리고

---

47 계북 : 薊北. 계주(薊州) 이북. 치소(治所)는 어양(漁陽)에 있었다. 어양은 현재 천진(天津) 계현(薊縣)이다.

48 고적(高適) : 707~765. 자는 달부(達夫), 중부(仲夫). 창주(滄州) 출신. 일설에는 산동성(山東省) 출신이라고도 한다. 간의대부(諫議大夫), 서천절도사(西川節度使), 형부시랑(刑部侍郎) 등을 지냈다. 이백(李白), 두보(杜甫)와 교유하였으며, 잠삼(岑參)과 함께 고잠(高岑)이라 일컬어진다.

49 심천운(沈千運) : 생몰년 미상. 오흥(吳興, 지금의 浙江) 출신. 여러 차례 과거에 급제

但種松與栢　　소나무 측백나무 심어두었지
松柏未生處　　소나무 측백나무 안 생긴 곳은
留待市朝客　　시장과 조정 손님 기다린단 뜻

영철상인을 보내다

送靈澈上人

蒼蒼竹林寺　　푸르고 푸르른 죽림사에서
杳杳鐘聲晩　　아련한 종소리 들리는 저녁
荷笠帶斜陽　　석양 빛 띠고 있는 삿갓을 쓰고
靑山獨歸遠　　청산을 멀리 홀로 돌아간다네

진계(秦系)[50] 징군[51]에게 주다

贈秦系徵君

初迷武陵路　　처음에는 무릉의 길 헤매다녔고
復出孟嘗門　　다시금 맹상군[52] 집 문을 나섰네
回首江南岸　　머리 돌려 강남 언덕 바라보니

하지 못하고 은거생활을 하였다. 고체시(古體詩)에 능하였으며, 당시 사대부들이 그의 작품이 지닌 고고한 기풍을 흠모하여 '심사산인(沈四山人)'이라 불렀다.

50 진계(秦系) : 724~?. 자는 공서(公緖). 자호는 동해조객(東海釣客). 절강성(浙江省) 회계(會稽) 출신. 난을 피해 섬계(剡溪)로 피하였고, 후에 남안(南安)의 구일산(九日山)에 은거하였다.

51 징군 : 徵君. 학사에 대한 존칭.

52 맹상군 : 孟嘗君. 전국 시대 제(齊)나라 사람이다. 성은 전(田), 이름은 문(文)이며 맹상군은 그의 호이다. 그는 제나라에서 정승을 하고 설(薛)에 봉해졌는데, 어진 선비들을 대우하여 식객(食客)이 수천 명이나 되었다. 『史記 卷75』, 『戰國策 齊策下』

青山與舊恩　　푸른 산과 옛 은혜가 떠오른다네

강행

江行　　전기(錢起)[53]

去指龍沙路　　떠나서 용사[54] 가는 길을 향하니
徒懸象闕心　　대궐에만 마음이 달려있도다
夜凉無遠夢　　싸늘한 밤 그리운 이 꿈도 못 꾸니
不爲偶聞砧　　다듬이 소리 들려서는 아니네

月下江流靜　　달 아래 고요히 흐르는 강물
村荒人語稀　　휑한 마을 말소리가 거의 없구나
鷺鷥雖有伴　　가마우지 옆에 짝이 있으면서도
仍共影雙飛　　그림자도 한 쌍 함께 날아간다네

岸草連荒色　　강언덕 풀 황폐하게 이어지는데
村聲樂稔年　　마을 소리 풍년을 즐거워하네
晚晴初獲稻　　늦게 개어 처음으로 벼를 베는데
閒却採蓮船　　한가로이 연 따는 배 물리친다네

景夕殘霞落　　석양에 남아 있는 노을이 지고

53 전기(錢起) : 710?~780?. 자는 중문(仲文). 절강성(浙江省) 오흥(吳興) 출신. 태청궁사(太淸宮使), 한림학사(翰林學士)를 지냈다. 시로써 낭사원(郎士元)과 이름을 나란히 하여 "앞서 심·송이 있고, 뒤로 전·낭이 있다.[前有沈宋 後有錢郎]"고 일컬어졌으며, 대력십재자(大曆十才子)의 필두로 칭송받았다.

54 용사 : 龍沙. 총령(葱嶺) 근처에 있는 백룡퇴(白龍堆). 일반적으로 변경 요새 밖의 사막을 가리킨다.

秋寒細雨晴　　추운 가을 내리던 가랑비 갰네
短纓何用濯　　짧은 갓끈 씻어서 무엇에 쓰랴
舟在月中行　　달 가운데 배 띄어 떠나간다네

낭야, 심표 두 스님을 생각하다

懷琅琊深標二釋子　　위응물(韋應物)[55]

白雲埋大壑　　흰 구름에 파묻힌 큰 골짜기에
陰崖滴夜泉　　밤 샘물 방울지는 그늘진 벼랑
應居西石室　　분명히 서쪽 석실 거처하겠지
月照山蒼然　　달빛 비친 산 모습이 아득하구나

서쪽 누각

西樓

高閣一長望　　높은 누각 한 번에 멀리 보이니
故園何日歸　　고향 동산 어느 날에 돌아가려나
煙塵擁函谷　　봉화 연기 전장 먼지 싸인 함곡관[56]
秋鴈過來稀　　가을철 기러기도 드물게 오네

55 위응물(韋應物) : 737~804. 경조(京兆) 만년(萬年) 출신. 경조부공조(京兆府功曹), 비부원외랑(比部員外郎), 좌사낭중(左司郎中) 등을 지냈다. 시를 잘 지었으며, 전원 산림(田園山林)의 정취를 시재(詩材)로 한 작품이 많다. 왕유(王維)와 맹호연(孟浩然), 유종원(柳宗元) 등과 더불어 당나라 자연파 시인의 대표적인 인물로 '왕맹위류(王孟韋柳)'로 병칭되었다.

56 함곡관 : 函谷關. 진(秦)나라가 설치한 관문(關門). "천하제일관(天下第一關)"으로 일컬어진다. 하남성(河南省) 영보현(靈寶縣) 서남쪽에 있던 것을 한 무제(漢武帝) 때 하남성 신안현(新安縣)의 동북으로 옮겼다.

기러기 소리 듣다

聞鴈

故園渺何處　　고향 동산 아득하게 어디쯤인가
歸思方悠哉　　돌아갈 생각만 이어지누나
淮南秋雨夜　　회남 땅 가을에 비가 오는 밤
高齋聞雁來　　높은 방에 기러기 소리 들리네

산속 관사

山館　　황보염(皇甫冉)[57]

山館長寂寂　　산 속 관사 오랫동안 적적하기에
閑雲朝夕來　　아침 저녁 한가로운 구름만 오네
空庭復何有　　빈 뜰에 무엇이 더 있을 수 있나
落日照靑苔　　지는 해가 푸른 이끼 비출 뿐이네

봄날 집에 돌아가다

春日歸家　　이가우(李嘉祐)[58]

自覺勞鄕夢　　고향 꿈에 지쳐 홀로 깨어나보니
無人見客心　　나그네 마음 볼 사람이 없네

---

57 황보염(皇甫冉) : 715~768. 자는 무정(茂政). 안정(安定) 출신. 동생인 황보증(皇甫曾)과 함께 명망이 있었으며, 세간에서는 장재(張載), 장협(張協)과 비교하였다. 저서에 시집 3권이 있는데, 『전당시(全唐詩)』에 2권으로 실려 있다.

58 이가우(李嘉祐) : 생몰년 미상. 자는 종일(從一). 조주(趙州, 지금의 河北) 출신. 전중시어사(殿中侍御史), 감찰어사(監察御史)를 지냈다. 엄유(嚴維), 유장경(劉長卿), 냉조양(冷朝陽) 등과 교유하였다. 시풍은 화려하였으며, 유미주의적인 면이 있었다.

空餘庭草色　　속절없이 뜰에는 풀이 자라서
日日伴愁襟　　날마다 시름을 함께 해주네

춘정

春情

장기(張起)[59]

畫閣餘寒在　　추위가 남아 있는 화려한 누각
新年舊燕歸　　옛 제비가 새해라 돌아왔구나
梅花猶帶雪　　매화에는 여전히 눈이 쌓여서
未得試春衣　　봄옷 한 번 입어보지 못하였다네

산중즉사

山中卽事

낭사원(郎士元)[60]

入谷多春興　　골짜기 들어가니 춘흥이 많아
乘舟棹碧潯　　배를 타고 푸른 물을 노저어 가네
山雲昨夜雨　　어젯밤 내린 비에 산구름 일고
溪水曉來深　　새벽 되자 개울물이 깊어졌구나

---

59 장기(張起) : 생몰년 미상. 당나라 대종(代宗) 대력(大曆) 때 인물로 추정된다.

60 낭사원(郎士元) : 생몰년 미상. 자는 군주(君胄). 정주(定州) 출신. 시에 능하여 사람들이 '앞에는 심송(沈宋), 즉 심전기(沈佺期)와 송지문(宋之問)이요, 뒤에는 전낭(錢郎), 즉 전기(錢起)와 낭사원(郎士元)이라' 하였다. 문집이 전한다.

한궁곡

漢宮曲

한굉(韓翃)[61]

駿馬繡障泥　　수놓은 말다래 준마에 다니
紅塵撲四蹄　　붉은 먼지 네 발굽이 박차는구나
歸時何太晩　　어찌 그리 돌아오는 길이 늦은지
日照杏花西　　살구꽃 서쪽으로 해가 비치네

장 복야 새하곡에 화답하다

和張僕射塞下曲

노륜(盧綸)[62]

鷲翎金僕姑　　수리의 깃으로 꾸민 금복고[63]
燕尾繡蝥弧　　제비 꼬리 모양으로 수놓은 무호[64]
獨立揚新令　　홀로 서서 새로운 군령 내리니
千營共一呼　　수천 군영 일제히 함성 지르네

野幕敞瓊筵　　야전 막사 펼쳐진 잔치 자리에

---

61 한굉(韓翃) : 생몰년 미상. 자는 군평(君平). 등주(鄧州) 남양(南陽, 河南) 출신. '대력십재자(大曆十才子)'의 한 사람으로 시를 잘 지었다. 관직은 중서사인(中書舍人)까지 지냈다. 문집은 있었으나 전하지 않고 후대에 편집된 『한군평집(韓君平集)』이 있다.

62 노륜(盧綸) : 748?~800. 자는 윤언(允言). 하중(河中) 포(蒲, 지금의 山西) 사람. 대력십재자(大曆十才子)의 한 사람이다. 여러 차례 과거에 응시하였으나, 번번이 떨어졌다가 혼감(渾瑊)에 의해 원수부판관(元帥府判官)이 되었다. 문집이 있었으나 산실되었으며, 명나라 사람이 모은 『노륜집(盧綸集)』이 전한다. 『전당시(全唐詩)』에 시가 5권으로 실려 있다.

63 금복고 : 金僕姑. 화살 이름. 『춘추좌씨전』 장공(莊公) 11년 조에 "승구의 전쟁 때 장공이 금복고로 남궁장만을 쏘아 맞혔다.[乘丘之役 公以金僕姑射南宮長萬]"라고 하였다.

64 무호 : 蝥弧. 춘추 시대 정백(鄭伯)의 깃발 이름. 후에 대장기로 차용되었다.

羌戎賀勞旋　　오랑캐가 개선을 경축한다네
醉和金甲舞　　취하여 갑옷 입고 춤에 맞추니
雷鼓動山川　　우레 같은 북소리가 산천 울리네

시내를 따라가다 유중용과 함께 비를 맞다

溪行逢雨與柳中庸　　　　이단(李端)[65]

日落衆山昏　　해지자 산들이 어두워지고
蕭蕭暮雨繁　　쓸쓸히 저녁 비가 굵어졌다네
那堪兩處宿　　어떻게 견디랴, 두 곳 묵으며
共聽一聲猿　　한 원숭이 소리를 함께 듣다니

추운 연못

寒塘　　　　사공서(司空曙)[66]

曉髮梳臨水　　새벽에 물가 앉아 머리를 빗고
寒塘坐見秋　　추운 연못 앉아서 가을을 보네
鄕心正無限　　고향 생각 정말로 한이 없는데
一雁度南樓　　외기러기 남루를 지나는구나

65 이단(李端) : 생몰년 미상. 자는 정기(正己). 조주(趙州) 출신. '대력십재자(大曆十才子)'의 한 사람으로 비서성교서랑(秘書省校書郞)을 지냈다. 형산(衡山)에 은거하며 스스로 '형악유인(衡岳幽人)'이라 불렀다. 저서로 『이단시집(李端詩集)』이 전한다.

66 사공서(司空曙) : 740~790. 자는 문명(文明) 또는 문초(文初). 광평(廣平) 출신. 일설에는 경조(京兆) 출신이라고도 한다. 낙양주부(洛陽主簿), 장림현승(長林縣丞), 우부낭주(虞部郎中) 등을 역임하였다. '대력십재자(大曆十才子)'의 한 사람이다. 저서로 『사공문명시집(司空文明詩集)』이 전한다.

다른 사람을 대신하여 꽃을 구하다

代人乞花 이익(李益)[67]

繡戶朝眠起 아침에 일어나 수놓은 창문
開簾滿地花 주렴 어니 꽃이 땅에 가득하네요
春風解人意 봄바람은 사람 마음 이해하는지
欲落妾西家 저희 서쪽 집으로 지려 하네요

꽃나무에 쓰다

題花樹

都無看花意 도무지 꽃을 볼 생각 없는데
偶到樹邊來 우연히 나무 가에 오게 되었네
可憐枝上色 가련하다, 가지 위에 올라있는 꽃
一一爲愁開 하나하나 핀 것은 시름 때문에

옛 만가

古挽歌 우곡(于鵠)[68]

陰風吹黃蒿 시든 풀에 음산한 바람이 불고
挽歌渡秋水 만가가 가을 물을 건너간다네
車馬却歸城 수레와 말 성으로 돌아갔지만

---

67 이익(李益) : 746~829. 자는 군우(君虞). 정주(鄭州) 사람이다. 중당(中唐) 시인으로, 이하(李賀)와 함께 이름이 났다. 절구에 뛰어났다. 노륜(盧綸)의 외사촌 형이다.

68 우곡(于鵠) : 생몰년 미상. 도부종사(都府從事)를 지냈다. 대부분을 은거하며 지냈으며, 대개 외로움과 병환으로 인한 슬픔이 작품이 주를 이룬다.

孤墳月明裏　　외딴 무덤 밝은 달빛 안에 있다네

술을 잡다

把酒

한유(韓愈)[69]

擾擾馳名者　　요란스레 명성 위해 달리는 자들
誰能一日閑　　그 누가 하루라도 한가할 손가
我來無伴侶　　나에게는 같이 할 짝이 없어서
把酒對南山　　술을 들고 앞산을 마주한다오

함께 노니는 이에게 주다

贈同遊

喚起窗全曙　　일어나라 부를 때 창 다 밝았고
催歸日未西　　돌아가라 재촉할 때 해 안 졌다네
無心花裏鳥　　무심하게 꽃 속에 있는 새들아[70]
更與盡情啼　　다시금 정을 다해 우짖어 다오

69 한유(韓愈) : 768~824. 자는 퇴지(退之). 창려선생(昌黎先生)으로 불리기도 한다. 하남(河南) 하양(河陽) 출신. 사문박사(四門博士), 국자박사(國子博士), 중서사인(中書舍人) 등을 역임하였다. '당송팔대가(唐宋八大家)' 중 한 사람으로 장성해서 『육경(六經)』을 다 외우고 백가(百家)의 학문을 익혔다. 시호가 문(文)이라, 한문공(韓文公)으로 불린다.

70 새들아 : 1구의 "환기(喚起)"와 2구의 "최귀(催歸)"는 새 이름이기도 하다. 이름의 뜻과 맞지 않은 때에 우는 새들이라 부른 것이다.

북루

北樓

郡樓乘曉上	고을의 누각을 새벽에 올라
盡日不能回	하루 종일 돌아오지 못하였어라
晩色將秋至	저녁 풍경 가을이 오려 하였고
長風送月來	긴 바람이 보내온 달이 떴었네

푸르디 푸르른 물속의 부들

青青水中蒲

青青水中蒲	푸르디 푸르른 물속의 부들
下有一雙魚	아래에는 한 쌍의 물고기 있네
君今上隴去	그대가 이제 떠나 농산[71]에 가면
我在與誰居	이 몸은 뉘와 함께 살아야 하나

青青水中蒲	푸르디 푸르른 물속의 부들
葉短不出水	잎이 짧아 물 밖으로 못 나온다네
婦人不下堂	부인은 당 아래에 못 내려가고
行子在萬里	떠난 이는 만 리 저 먼 곳에 있네

71 농산 : 隴山. 섬서성(陝西省)과 감숙성(甘肅省)의 경계에 있는 산. 예로부터 이민족과의 국경에 해당하여 관소가 설치되어 있었다.

황계에 들어가 원숭이 소리를 듣다

入黃溪聞猿 **유종원**(柳宗元)[72]

溪路千里曲　　골짜기 길 수천 리 굽이굽이에
哀猿何處鳴　　애달픈 원숭이는 어디서 우나
孤臣淚已盡　　외로운 신하 눈물 이미 다하여
虛作斷腸聲　　부질없이 애끊는 소리 내주나

다시 상강을 오르다

再上湘江

好在湘江水　　여전히 잘 있는 상강의 물을
今朝又上來　　오늘 아침 또다시 올라갔다네
不知從此去　　모르겠네, 이제부터 떠나게 되면
更遣幾年回　　몇 년이 지나야 다시 올는지

소주와 이별하다

別蘇州 **유우석**(劉禹錫)[73]

流水閶門外　　강물이 흐르는 창문[74] 밖에는

---

72 유종원(柳宗元) : 773~819. 자는 자후(子厚). 유하동(柳河東), 유유주(柳柳州)로도 불린다. 산서성(山西省) 하동(河東, 지금의 河津 부근) 출신. 당송팔대가(唐宋八大家)의 한 사람이다. 집현전정자(集賢殿正字), 감찰어사(監察御史) 등을 지냈다. 왕숙문(王叔文), 한유(韓愈), 유우석(劉禹錫) 등과 가깝게 지냈다. 고문(古文)의 대가로 일컬어졌으며, 우언(寓言) 형식을 취한 풍자문(諷刺文) 등 산문에도 능하였다.

73 유우석(劉禹錫) : 772~842. 자는 몽득(夢得). 낙양(洛陽) 출신. 왕숙문(王叔文), 유종원(柳宗元) 등과 정치 개혁을 기도하였으나, 그의 실각으로 인해 좌천되었다. 만년에

秋風吹柳條　　가을바람 불어오는 버들가지들
從來送客處　　이곳에서 손님을 보내고 나면
今日自魂銷　　이제부터 혼이 다 녹아나겠지

술을 마시며 모란을 보다

飮酒看牡丹

今日花前飮　　오늘은 꽃 앞에서 술을 마시니
甘心醉數杯　　달갑게 몇 잔 술에 취하였다네
但愁花有語　　걱정은 다만 꽃이 말을 할까 봐
不爲老人開　　노인 위해 핀 것은 아니었다고

옥대체[75]

玉臺體

권덕여(權德輿)[76]

萬里行人至　　만릿길 떠났던 이 돌아왔을 때
深閨夜未眠　　깊은 규방 잠 못 이룬 밤이었다네

는 백거이(白居易)와 교유하면서 '유백(劉白)'으로도 불렸다. 시풍이 참신하고 민가의 특성이 농후하였는데, 특히 호방한 시의(詩意)로 인해 시호(詩豪)라고 일컬어지기도 하였다.

74 창문 : 강소성(江蘇省) 소주(蘇州)의 성문 가운데 하나. 서쪽에 있는 문으로 이 밖이 매우 번성한 시장이었다고 한다.

75 옥대체 : 玉臺體. 남북조 시대 진(陳)의 서릉(徐陵)이 『옥대신영(玉臺新詠)』을 편찬하여 염정을 노래한 시를 선별해 엮었다. 후에 이러한 풍으로 지은 노래를 옥대체라 한다.

76 권덕여(權德輿) : 759~818. 자는 재지(載之). 천수(天水) 약양(略陽) 출신. 4살부터 시를 지을 줄 알았으며, 15살 때는 산문 수백 편을 지었을 정도로 어려서부터 문사로 이름을 알렸다. 시호는 문(文)이며, 당시에 권문공이라 일컬어졌다. 저서로 『권재지문집(權載之文集)』 50권이 전한다.

雙眉燈下掃　　두 눈썹 등불 아래 그리는 것은
不待鏡臺前　　경대까지 볼 틈이 없어서라네

규방 아씨가 멀리 있는 사람에게 주다

閨人贈遠　　왕애(王涯)[77]

鶯啼綠樹深　　녹음 짙은 나무에 꾀꼬리 울고
鷰語雕梁晚　　저녁에는 들보에서 제비 운다네
不省出門行　　문을 나서 살피러 가지 않아도
沙場知近遠　　모래벌판 얼마나 먼 지 안다네

유순을 전송하다

送柳淳　　맹교(孟郊)[78]

青山臨黃河　　푸른 산이 황하에 닿아 있는데
下有長安道　　그 아래는 장안으로 가는 길 있네
世上名利人　　세상에서 명리를 좇는 사람들
相逢不知老　　만나느라 늙는 줄도 알지 못하네

---

77 왕애(王涯) : 764~835. 자는 광진(廣津). 태원(太原) 출신이다. 박학하고 문장에 뛰어났다. 792년 진사에 발탁되어 문종(文宗) 때 이부상서(吏部尙書)에 이르렀다. 문종 때 이훈(李訓)과 정주(鄭注)가 환관을 제거하기 위해 일을 계획하였다가 도리어 많은 관료들이 죽임을 당한 감로지변(甘露之變) 때 왕애도 잡혀 허리를 잘려 죽었다.

78 맹교(孟郊) : 751~814. 자는 동야(東野). 호주(湖州) 무강(武康) 출신. 젊어서부터 숭산(嵩山)에 은거하였으며, 한유(韓愈)와 교유하였다. 늦은 나이에 진사시에 합격하여 율양위(溧陽尉), 동도유수(東都留守) 등을 지냈다. 시에 능하였으며, 가도(賈島)와 함께 '교도(郊島)'라 불렸다. 시호는 정요선생(貞曜先生)이다.

시냇가에 살다

溪居 배도(裴度)[79]

門徑俯清溪　　문 앞의 길 푸른 시내 내려다 보고
茅簷古木齊　　이엉 처마 오랜 나무 나란하다네
紅塵飛不到　　붉은 먼지 날아도 닿지 않으니
時有水禽啼　　때때로 물새가 울어준다네

검객

劍客 가도(賈島)[80]

十年磨一劍　　십 년동안 검 하나 갈아왔으나
霜刃未曾試　　서리 같은 칼날을 써 본 적 없네
今日把似君　　오늘 이 검 잡아서 그대 주노니
誰有不平事　　어느 누가 공평치 못한 일 하랴

---

79 배도(裴度) : 765~839. 자는 중립(中立). 산서성(山西省) 문희(聞喜) 출신. 회서절도사(淮西節度使)의 난을 평정한 일로 진국공(晉國公)에 봉해져, 세상에서 "배진공(裵晉公)"이라 불렀다. 만년 동도 유수 시절 백거이(白居易), 유우석(劉禹錫)과 친밀하게 지내면서 낙양 문사의 중심인물로 활동하였다. 시호는 문충(文忠)이다.『新唐書 卷173 裴度傳』

80 가도(賈島) : 779~843. 자는 낭선(浪仙). 하북성(河北省) 범양(范陽) 출신. 집이 빈한하여 일찍이 승려가 되어 법호를 무본(無本)이라 하였다. 811년 낙양에서 당대의 명사 한유(韓愈)와 교유하면서 환속(還俗)하였다. 837년 사천(四川)성 장강현(長江縣)의 주부(主簿)가 되어 간신히 관직을 얻었고, 이어 안악현(安岳縣) 보주(普州)의 사창참군(司倉參軍)으로 전직되었다가 병으로 세상을 떠났다.

그윽한 생각

幽思 장벽(張碧)[81]

金爐煙靄微　금화로에 연기가 희미해지고
銀釭殘影滅　은 항아리 그림자 사라지누나
出戶獨徘徊　문을 나와 혼자서 배회하노니
落花滿明月　지는 꽃에 밝은 달이 가득하구나

궁사

宮詞 장우(張祐)[82]

故國三千里　고국 땅 삼천 리 떨어진 채로
深宮二十年　깊은 궁에 이십 년 세월 보냈네
一聲何滿子　한 자락 하만자[83] 노래를 하고
雙淚落君前　임금 앞에 두 줄기 눈물 흘리네

81 장벽(張碧) : 생몰년 미상. 자는 대벽(大碧). 이백(李白)과 이하(李賀)의 시풍(詩風)에 영향을 크게 받았다. 특히, 칠언가행(七言歌行)의 경우, 이백의 영향을 많이 받았다. 저서로 『가행집(歌行集)』 2집이 있었으나, 전하지 않는다.

82 장호(張祜) : 785~849. 자는 승길(承吉). 하북성(河北省) 청하(淸河) 출신. 대대로 현달한 집안 출신으로, 해내명사(海內名士)라 일컬어졌다. 『전당시(全唐詩)』에 349수의 시가 실려 있다.

83 하만자 : 何滿子. 당나라 현종 때 유명한 가수의 이름에서 유래한 곡조의 이름이다. 하만자가 처형당할 때 이 노래를 바쳐 목숨을 구하려 하였으나 끝내 죽임을 당했다고 한다.

강촌에서 밤에 정박하다

江村夜泊

항사(項斯)[84]

日落江路黑　　해지자 강 길이 암흑이 되고
前村人語稀　　앞마을 사람 소리 드물어지네
幾家深樹裏　　깊은 나무 사이로 몇 집 있는지
一火夜漁歸　　횃불 하나 밤낚시에 돌아간다네

장춘궁

長春宮

우무릉(于武陵)[85]

莫問古宮名　　옛 궁궐 이름을 묻지 마시오
古宮空有城　　옛 궁은 빈 채로 성에 있다오
惟應東去水　　동쪽으로 흘러가는 물소리만이
不改舊時聲　　옛 시절 소리를 변치 않았소

---

84 항사(項斯) : 생몰년 미상. 자는 자천(子遷). 대주(臺州) 임해(臨海, 지금의 浙江) 출신. 시를 잘 지어 장적(張籍)에게 인정받기도 하였다. 그의 시가 장안(長安) 일대에 널리 퍼진 다음 해 과거에 응시하여 우등으로 뽑혔다. 명대에 편집된 『항사시집(項斯詩集)』이 전한다.

85 우무릉(于武陵) : 810~미상. 이름이 업(鄴). 무릉(武陵)은 자이다. 진사시에 낙방한 뒤 유랑생활을 하였다. 일설에는 도관원외랑(都官員外郞), 공부낭중(工部郎中)을 지냈다고도 한다. 시에 능하였으며 특히, 오율(五律)에 뛰어났다.

위 수재에게 부치다

寄韋秀才 이군옥(李群玉)[86]

荊臺蘭渚客　　형대[87]와 난저[88]에 있는 나그네
寥落共含情　　쓸쓸하게 서로 같은 정을 품었네
空館相思夜　　빈 관사에 서로를 그리는 밤에
孤燈照雨聲　　외로운 등 비추는 비 오는 소리

악부

樂府 사공도(司空圖)[89]

寶馬跋塵光　　보마가 먼지 밟아 일어난 광채
雙馳照路傍　　쌍으로 달려서 길가 비추네
喧傳報戚里　　성대하게 외척 마을 전해 알리니
明日幸長楊　　내일이면 장양궁[90]에 행차하시네

86 이군옥(李群玉) : 생몰년 미상. 자는 문산(文山). 예주(澧州, 지금의 湖南) 출신. 어렸을 적부터 시명(詩名)이 자자하였으며, 음악, 서예에서도 뛰어난 모습을 보여 문학 및 풍류로 일세를 풍미하였다. 저서로 시집 3권과 후집 5권이 있었으나 없어졌으며, 후대에 엮어진 『이군옥집(李群玉集)』이 전한다.

87 형대 : 호북성(湖北省) 잠강(潛江) 용만(龍灣) 부근에 있던 장화대(章華臺). 초영왕(楚靈王)이 세운 이궁(離宮)이다.

88 난저 : 蘭渚. 절강성(浙江省) 소흥(紹興) 남부에 있는 강 이름.

89 사공도(司空圖) : 837~908. 자는 표성(表聖). 자호는 지비자(知非子), 내욕거사(耐辱居士). 하중(河中) 우향(虞鄉) 출신. 예부원외랑(禮部員外郞), 중서사인(中書舍人) 등을 지냈다. 시에 능하였는데, 당나라 말에 그의 시가 으뜸으로 꼽힐 정도였다. 저서로 『사공표성문집(司空表聖文集)』 10권과 시집 5권이 전한다.

90 장양궁 : 長楊宮. 진나라의 옛 궁궐로, 장안의 서쪽에 있었다. 한나라 때는 수렵을 나갈 때 이궁(離宮)으로 많이 사용하였다.

동작대[91]의 기녀

銅雀妓

최도융(崔道融)[92]

歌咽新翻曲　　목메어 부르는 새로운 곡조
香消舊賜衣　　하사받은 옛 옷 향내 사라졌다네
陵園春雨暗　　능원에 봄비 내려 어두워지고
不見六龍歸　　돌아온 육룡[93]은 보이지 않네

장문궁[94]의 원한

長門怨

長門春欲盡　　장문궁에 온 봄은 끝나려 하고
明月照花枝　　밝은 달은 꽃 가지를 비추는구나
買得相如賦　　사마상여 지은 부를 살 수 있어도
君恩不可移　　님의 은혜 옮겨올 수는 없다네

91 동작대 : 銅雀臺. 위(魏)나라를 건국한 조조(曹操)가 업도(鄴都)에 세웠던 높고 화려한 대이다. 조조가 죽으면서 유언하기를 "궁녀와 기녀들은 모두 동작대에 소속시켜 두고, 무덤 앞에 6자의 상과 휘장을 설치하고 아침저녁으로 제물을 올리게 하며, 매달 15일에는 휘장을 향해서 음악을 연주하고 춤을 추게 하라."라고 했다고 한다. 『文選 卷30 弔魏武帝文』

92 최도융(崔道融) : 생몰년 미상. 자호는 동구산인(東甌散人). 형주(荊州, 지금의 湖北 江陵縣) 출신. 영가현령(永嘉縣令), 우보궐(右補闕) 등을 지냈다. 저서로 『신강집(申康集)』 3권과 『동부집(東浮集)』 9권이 있었으나, 전하지 않는다.

93 육룡 : 六龍. 군왕의 수레를 비유한다. 『주역(周易)』 건괘(乾卦) 구오(九五)의 단사에 "때로 여섯 용을 타고서 천도를 운행한다.[時乘六龍 以御天]"라고 하였다.

94 장문궁 : 長門宮. 한나라 때 궁의 하나. 한무제(漢武帝) 때 진황후(陳皇后)가 유폐되어 있던 궁으로, 사마상여(司馬相如)가 『장문부(長門賦)』를 지어 황제를 깨우쳐 황후가 총애를 회복하였다고 한다. 이후로 총애를 잃은 여인이 거처하는 적막하고 처량한 궁을 의미하는 말로 자주 쓰인다.

돌아온 제비

歸燕

海燕頻來去　　바다제비 여러 번 오고 가는데
西人獨滯留　　서쪽 사람 혼자서 머물러 있네
天邊又相送　　하늘 끝에 또다시 전송하노니
腸斷故園秋　　고향 땅 가을에 애달프구나

밤에 구강에 정박하다

夜泊九江

夜泊江門外　　구강 강문 밖에서 밤에 머무니
歡聲月裏樓　　달빛 속 누각에 즐거운 소리
明朝歸去路　　내일 아침 되돌아가는 길에도
猶隔洞庭秋　　가을 든 동정호는 멀리 있겠지

일에 느끼다

感事

무관(武瓘)[95]

花開蝶滿枝　　꽃이 피자 나비가 가지에 가득
花謝蝶還稀　　꽃이 지자 나비는 드물어졌네
唯有舊巢燕　　오직 옛 둥지에 있는 제비가
主人貧亦歸　　주인이 가난해도 돌아왔구나

95 무관(武瓘) : 생졸년 미상. 안휘성(安徽省) 귀지(貴池) 출신. 당 의종(唐懿宗) 때 진사시에 등과하였다. 익양현령(益陽縣令)을 역임하였다.

경운사 각에 오르다

登景雲寺閣 장원종(張元宗)[96]

胡馬飮河洛　　오랑캐 말 하수 낙수 물을 마시니
我家從此遷　　우리집이 이로부터 옮겨갔다네
今來獨垂淚　　이제 와 홀로 서 눈물 흘리니
三十六峰前　　서른여섯 봉우리 앞에 있다네

배편[97] 옛 노래

排遍 고곡(古曲)

坐對銀缸曉　　은 등잔 마주 앉아 새벽이 오니
停流玉筯痕　　옥 젓가락[98] 흘린 흔적 남아 있구나
君門常不見　　언제나 그대 문에 보이지 않아
無處謝前恩　　앞선 은혜 감사할 곳이 없구나

붉은 잎에 쓰다

題紅葉 한씨(韓氏)

流水何太急　　어찌 그리 흐르는 물은 급한지

---

96 장원종(張元宗) : 생애 미상.

97 배편 : 排遍. 당송 때 악무의 명사. 중서(中序) 제 일편을 가리킨다. 당송 때 대곡은 매 투(套)마다 십여 편에서 수십 편이 있는데 산서(散序), 중서(中序), 파(破) 세 단으로 나눈다.

98 옥 젓가락 : 玉筯. 미인의 눈물을 비유한 말이다. 삼국 시대 위(魏)나라 문제(文帝)의 왕후인 견후(甄后)의 얼굴이 희어, 두 줄기 눈물이 흐르면 마치 옥 젓가락 같았다고 한다.

深宮盡日閑	깊은 궁궐 하루 종일 한가하구나
殷勤謝紅葉	다정하게 붉은 잎에 감사하노니
好去到人間	사람 사는 곳까지 잘 흘러가렴

옥천계에 쓰다

題玉泉溪 귀신 작[鬼作]

紅葉醉秋色	붉은 잎은 가을빛에 취한 것이요
碧溪彈夜弦	푸른 시내 밤의 현을 타는 소리네
佳期不可再	아름다운 기약은 다시 못하니
風雨杳如年	비바람이 아득하여 일 년 같구나

달이 밝은 보름밤

明月三五夜 최씨(崔氏)

待月西廂下	서쪽 사랑 아래에서 달을 기다려
迎風戶半開	바람 맞아 문을 반쯤 열어놓았네
拂牆花影動	담장 스쳐 움직인 꽃그림자에
疑是玉人來	옥인이 온 건가 의심하였네

춘망사

春望詞 설도(薛濤)[99]

花開不同賞	꽃이 펴도 꽃구경 같이 못하고

99 설도(薛濤) : 770?~830?. 자는 홍도(洪度). 장안(長安) 출신. 여류 시인으로 패가하여

花落不同悲　　꽃이 져도 슬픔을 같이 못하네
欲問相思處　　그리운 이 계신 곳 묻고 싶어라
花開花落時　　꽃이 피고 꽃이 지는 때가 되면은

악기(樂妓)가 되었으나, 시를 잘 지어 이름을 떨쳤다. 원진(元稹)과의 연시(戀詩)가 유명하다.

당절선산 권6

명(明) 제남(齊南) 이반룡(李攀龍)[1] 우린(于鱗) 선(選)

촉에서의 중구일

蜀中九日 왕발(王勃)[2]

九月九日望鄉臺 9월 9일 중양절에 망향대에 오르니
他席他鄉送客杯 다른 자리 다른 고을 전별하는 술잔 드네
人情已厭南中苦 남쪽 생활 괴로움을 이미 실컷 맛봤는데
鴻雁那從北地來 기러기 떼 어찌하여 북쪽에서 오는 건지

상강을 건너다

渡湘江 두심언(杜審言)[3]

遲日園林悲昔遊 해 긴 봄날 원림에서 옛 놀이가 서글프니

---

1 이반룡(李攀龍) : 1514~1570. 산동(山東) 제남(齊南) 출신. 자는 우린(于鱗), 호는 창명(滄溟). 1554년 진사에 급제, 형부주사(刑部主事), 원외랑(員外郎), 낭중(郎中)을 거치고, 순덕지부(順德知府), 절강부사(浙江副使), 하남안찰사(河南按察使)를 역임하였다. 진한(秦漢)의 문학을 높이 평가하였으며, 명대 후칠자(後七子)의 우두머리로 꼽힌다. 저서로 『창명집(滄溟集)』이 있다.

2 왕발(王勃) : 650~676. 자는 자안(子安). 강주(絳州) 용문(龍門, 지금의 山西省 河津縣) 출신. '초당사걸(初唐四傑)'로 일컬어졌으며, '왕양노락(王楊盧駱)'으로 병칭되기도 하였다. 종래의 완미(婉媚)한 육조시(六朝詩)에서 벗어난 시로 성당시(盛唐詩)의 선구자로 불렸으며 특히, 오언절구(五言絶句)에 뛰어났다. 문집으로 『왕자안집(王子安集)』 16권이 전한다.

3 두심언(杜審言) : 648?~708?. 자는 필간(必簡). 한남(河南) 공현(鞏縣) 출신. 두보(杜

今春花鳥作邊愁 이번 봄엔 꽃과 새가 변방 시름 일으키네
獨憐京國人南竄 남쪽으로 유배 온 서울 사람 가련하니
不似湘江水北流 북쪽으로 흘러가는 상강 물과 같지 않네

소관 서기에게 주다

贈蘇綰書記

知君書記本翩翩 서기의 날랜 재주 본래 알고 있었는데
爲許從戎赴朔邊 어찌하여 군대 따라 북방으로 가는가
紅粉樓中應計日 고운 여인 누각에서 날짜를 따질 테니
燕支山下莫經年 연지산[4] 아래에서 해 넘기지 말게나

채련곡

采蓮曲

하지장(賀知章)[5]

稽山罷霧鬱嵯峨 회계산 안개 걷혀 울창하게 솟아있고
鏡水無風也自波 경호[6] 물은 바람 없이 저절로 물결 이네
莫言春度芳菲盡 봄 다해 고운 풀들 없어졌다 하지 마오

甫)의 할아버지로 오언시(五言詩)를 잘 지었으며, 서한(書翰)에 능하였다. 소미도(蘇味道), 이교(李嶠), 최융(崔融)과 더불어 '문장사우(文章四友)'라 일컬어진다. 젊었을 적부터 문명(文名)을 떨쳤으나, 시 43수만이 전할 뿐이다.

4 연지산 : 燕支山. 감숙성(甘肅省) 산단(山丹)과 영창(永昌)의 경계에 있는 산 이름.

5 하지장(賀知章) : 659~744. 자는 계진(季眞), 유마(維摩). 자호는 사명광객(四明狂客), 비서외감(秘書外監). 월주(越州) 영흥(永興) 출신. 어렸을 적부터 문사(文詞)로 이름을 얻었으며, 서예에도 능하여 초서(草書)와 예서(隸書)를 잘 썼다. 태자빈객(太子賓客), 비서감(秘書監)을 지냈다.

6 경호 : 鏡湖. 절강성(浙江省) 회계산(會稽山) 북쪽 언덕에 있는 호수.

別有中流采芰荷　물 가운데 마름 연꽃 따로 캐고 있다오

양주사

涼州詞　왕한(王翰)[7]

葡萄美酒夜光杯　맛 좋은 포도주가 담겨있는 야광 술잔
欲飮琵琶馬上催　마시려니 비파 소리 말 위에서 재촉하네
醉臥沙場君莫笑　취하여 모래밭에 누웠다고 웃지 마오
古來征戰幾人回　예로부터 전장에서 몇 명이나 돌아왔소

청평조사

清平調詞　이백(李白)[8]

雲想衣裳花想容　구름 같은 의상과 꽃 같은 얼굴 자태
春風拂檻露華濃　봄바람 난간 스쳐 이슬 꽃이 짙어지네
若非郡玉山頭見　군옥산[9] 정상에서 만날 것이 아니라면

---

7 왕한(王翰) : 687~726. 자는 자우(子羽). 산서성(山西省) 진양(晉陽) 출신. 왕창령(王昌齡)과 같은 시기 활동한 당나라 시인. 『전당시(全唐詩)』에 14수가 전한다.

8 이백(李白) : 701~762. 자는 태백(太白). 호는 청련거사(青蓮居士). 당현종(唐玄宗)의 부름을 받아 장안에 들어가 한림공봉(翰林供奉)이 되었다. 안록산의 난이 시작된 755년까지 산동성의 집을 거점으로 북쪽과 남쪽의 여러 지방을 두루 유람했다. 당숙종(唐肅宗) 때 이린(李璘)의 역모에 연루되어 유배되었다. 사면된 후 안휘성(安徽省) 당도(當塗)의 현령이었던 종숙 이양빙에게 의탁해 살며 빈객으로 있으면서 얼마 뒤 그곳에서 병들어 죽었다. 두보(杜甫)와 "이두(李杜)"로 병칭되는 중국의 최고 시인이자 시선(詩仙)으로 일컬어진다.

9 군옥산 : 群玉山. 西王母가 거처하는 산. 『목천자전(穆天子傳)』에 "계사년에는 群玉이라는 산에 도착하였다.[癸巳 至于群玉之山]"라고 하였는데 이 주석에 "곧 『山海經』에 이르기를 '군옥산은 서왕모가 거처하는 곳이다.'라고 했다.[卽山海云 群玉山 西王

會向瑤臺月下逢 요대[10] 향해 달빛 아래 만나게 되겠지

一枝濃艶露凝香 농염한 가지 하나 이슬에 향기 엉겨
雲雨巫山枉斷腸 무산의 비구름[11]에 부질없이 애만 타네
借問漢宮誰得似 묻노라, 한궁에서 비슷한 이 그 누구랴
可憐飛燕倚新粧 가련하다, 조비연[12]도 새 단장을 해야 하리

名花傾國兩相歡 명화[13]와 경국지색[14] 둘이 서로 기뻐하니
常得君王帶笑看 언제나 군왕께서 웃음 띠고 본다네
解釋春風無限恨 봄바람의 그지없는 한을 풀어 보려고
沈香亭北倚欄干 침향정 북쪽에서 난간에 기대었네

母所居者]"라고 하였다.

10 요대 : 瑤臺. 신선이 사는 곳이다. 굴원(屈原)의 「이소(離騷)」에는 "요대가 높이 솟아 있는 곳을 바라보니, 有娀의 아름다운 선녀가 보인다.[望瑤臺之偃蹇兮 見有娀之佚女]"라고 하였다.

11 무산의 비구름 : 남녀 간의 일을 가리킨다. 전국 시대 초 회왕(楚懷王)이 낮잠을 자는데, 꿈에 한 여인이 와서 말하기를 "저는 무산의 여자로서 고당(高唐)의 나그네가 되었는데, 임금님이 여기에 계신다는 소문을 듣고 왔으니, 원컨대 침석(枕席)을 같이해 주소서."라고 하므로, 과연 그와 같이 하룻밤을 잤더니, 그 이튿날 아침에 그 여인이 떠나면서 말하기를 "저는 무산의 양지쪽 높은 언덕에 사는데, 매일 아침이면 구름이 되고 저녁이면 비가 되어 내립니다.[旦爲朝雲 暮爲行雨]"라고 했다고 한다.

12 조비연 : 趙飛燕. 한(漢)나라 성제(成帝)의 비(妃)인 조 황후(趙皇后)이다. 그녀는 몸이 아주 가벼워 가무(歌舞)를 특히 잘하였다 한다.

13 명화 : 名花. 이름난 꽃. 여기에서는 모란을 가리킨다.

14 경국지색 : 傾國之色. 절세미인을 가리킨다. 한무제(漢武帝) 때 이연년(李延年)의 「가인가(佳人歌)」에 "북방에 가인이 있으니, 세상에서 가장 뛰어나 홀로 서 있네. 한 번 돌아보면 성이 기울고, 두 번 보면 나라가 기운다네. 어찌 경성과 경국을 모르리오마는, 가인은 다시 얻기 어렵다네.[北方有佳人 絶世而獨立 一顧傾人城 再顧傾人國 寧不知傾城與傾國 佳人再難得]"라는 구절이 나온다.

객중행

客中行

蘭陵美酒鬱金香 난릉의 맛 좋은 술 울금향이 향기로워
玉碗盛來琥珀光 옥 술잔에 따라 오니 호박빛이 빛나네
但使主人能醉客 주인이 손님을 취하게만 한다면
不知何處是他鄉 어느 곳이 타향인지 모르게 될텐데

아미산월가

峨眉山月歌

峨眉山月半輪秋 아미산 위에 달이 반쯤 뜬 가을에
影入平羌江水流 평강에 든 달빛이 강물에 흐르네
夜發清溪向三峽 밤에 청계 출발하여 삼협을 향하니
思君不見下渝州 그리워도 못 만난 채 유주로 내려가네

상황[15]이 서쪽으로 남경을 순행한 노래

上皇西秦南京歌

誰道君王行路難 군왕의 행로가 어렵다 뉘 말했나
六龍西幸萬人歡 임금 수레 서쪽 가니 만인이 기뻐하네
地轉錦江成渭水 금강에서 땅이 돌아 위수를 이루고

15 상황 : 上皇. 당 현종(唐玄宗)을 가리킨다. 756년 안록산의 난으로 인해 당 현종이 서쪽으로 피난하고 7월 태자가 영무(靈武)에서 즉위하였으니 바로 숙종(肅宗)이다. 757년 숙종이 장안으로 돌아와서 사자를 보내 현종을 맞이하여, 12월 현종이 장안으로 돌아왔다. 이 시는 그때의 상황을 읊은 것으로 남경(南京)은 성도(成都)이다.

天廻玉壘作長安　옥루산을 하늘 감싸 장안이 되었네

劍閣重關蜀北門　검각의 겹겹 관문 촉 땅의 북문이니
上皇歸馬若雲屯　상황의 귀성 말이 구름처럼 모였구나
少帝長安開紫極　젊은 황제 장안에서 자리에 올랐으니
雙懸日月照乾坤　쌍으로 걸린 일월 천지를 비추네

왕창령이 용표위로 좌천되었다는 말을 듣고 멀리 이것을 부치다

聞王昌齡左遷龍標尉遙有此寄

楊花落盡子規啼　버들 꽃 다 지고 자규새가 우는데
聞道龍標過五溪　듣자니 용표 가며 오계를 지난다고
我寄愁心與明月　시름겨운 내 마음과 밝은 달을 부치니
隨風直到夜郎西　바람 따라 곧바로 야랑 서쪽 닿았으면

황학루에서 광릉에 가는 맹호연(孟浩然)[16]을 전송하다

黃鶴樓送孟浩然之廣陵

故人西辭黃鶴樓　오랜 벗이 황학루 서쪽으로 떠나니
烟花三月下揚州　아름다운 봄 삼월에 양주로 내려가네
孤帆遠影碧空盡　외딴 배 먼 그림자 푸른 허공 다하고
惟見長江天際流　보이는 건 장강이 하늘 끝에 흘러갈 뿐

16 맹호연(孟浩然) : 689~740. 이름이 호(浩). 호연(浩然)은 자이다. 호북성(湖北省) 양양(襄陽, 지금의 襄樊) 출신. 고향을 떠나 장안에서 과거에 응시하였으나, 끝내 낙방하였다. 이후 귀향하여 지금의 절강 일대인 오월(吳越)을 만유하며 많은 산수·전원시들을 남겼다. 성당(盛唐)의 대표적인 시인 중 한 명이다.

족숙 형부시랑 엽 및 중서사인 가지(賈至)[17]를 배종하여 동정호에서 노닐다

陪族叔刑部侍郎曄及中書賈舍人至游洞庭

洞庭西望楚江分　동정호 서쪽 보니 초강이 나뉘어
水盡南天不見雲　강물 다한 남쪽 하늘 구름이 뵈지 않네
日落長沙秋色遠　해 저문 긴 모래밭 가을풍경 멀리 뻗어
不知何處弔湘君　어디에서 상군[18]을 위로할지 모르겠네

천문산을 바라보다

望天門山

天門中斷楚江開　천문산이 중간 끊겨 초강이 열리니
碧水東流至北廻　푸른 물 동쪽 흘러 북에 닿아 굽이치네
兩岸青山相對出　양쪽 언덕 청산이 마주하여 솟았으니
孤帆一片日邊來　외딴 돛배 한 조각이 해 주변서 오는구나

아침 일찍 백제성을 출발하다

早發白帝城

朝辭白帝彩雲間　아침 채색 구름 사이 백제성을 하직하고

17 가지(賈至) : 718~772. 자는 유린(有鄰), 유기(幼幾). 하남(河南) 낙양(洛陽) 출신. 기거사인(起居舍人), 지제고(知制誥) 등을 역임하였다. 시문에 능하였다. 문집 30권이 있으며, 시호는 문(文)이다.

18 상군 : 湘君. 상수(湘水)의 신이다. 순(舜)의 이비(二妃)인 아황(娥皇)과 여영(女英)은 순이 죽었다는 말을 듣고 슬피 울다가 마침내 물에 빠져 죽어 상수(湘水)의 신(神)이 되었다고 한다.

千里江陵一日還　천 리 먼 강릉을 하루 만에 돌아왔네
兩岸猿聲啼不住　양쪽 언덕 원숭이 끊임없이 우는데
輕舟已過萬重山　가벼운 배 만 겹 산을 이미 지나왔다네

가을에 형문으로 내려가다

秋下荊門

霜落荊門江樹空　서리 내린 형문의 강가 나무 비었으니
布帆無恙掛秋風　돛을 펴 무탈하게 가을바람 탔다네
此行不爲鱸魚鱠　이번 길은 농어회[19] 때문이 아니라
自愛名山入剡中　명산을 사랑하여 섬계로 들어가네

고소대에서 옛 자취를 살피다

蘇臺覽古

舊苑荒臺楊柳新　옛 동산 버려진 대 버들은 새롭고
菱歌淸唱不勝春　마름 캐는 맑은 노래 봄 이기지 못하네
只今惟有西江月　지금 오직 서강에 달이 있을 뿐이니
曾照吳王宮裏人　오왕 궁궐 있던 사람 예전에 비췄었지

---

19 농어회 : 鱸魚鱠. 진(晉)나라 때 문인 장한(張翰)이 낙양에서 벼슬하다가 가을바람이 일어나는 것을 보고 고향의 순채국과 농어회가 생각이 나 고향으로 돌아갔다고 한다. 『晉書 卷92 張翰傳』

월 땅에서 옛 자취를 살피다

越中覽古

越王勾踐破吳歸　월왕 구천 오나라를 격파하고 돌아오니
義士還家盡錦衣　의사들이 귀가하여 다 비단옷 입었었지
宮女如花滿春殿　꽃 같던 궁녀들이 가득했던 봄 전각에
只今惟有鷓鴣飛　지금은 자고새만 날고 있을 뿐이라네

사랑 중흠과 황학루 위에서 부는 젓대 소리를 듣다

與史郎中欽聽黃鶴樓上吹笛

一爲遷客去長沙　좌천된 객이 되어 장사로 떠나가니
西望長安不見家　서쪽 장안 바라봐도 집은 뵈지 않는구나
黃鶴樓中吹玉笛　황학루 안에서 옥 젓대를 부는 소리
江城五月落梅花　강가 성 오월에 매화가 지는구나[20]

봄밤 낙양성에서 젓대 소리를 듣다

春夜洛城聞笛

誰家玉笛暗飛聲　뉘 집인가 남몰래 옥 젓대 부는 소리
散入春風滿洛城　봄바람에 흩어 넣어 낙양성에 가득하네
此夜曲中聞折柳　오늘 밤 곡조에는 절양류[21]가 들리니
何人不起故園情　그 누가 고향 생각 떠올리지 않으랴

20 매화가 지는구나 : 落梅花. 악곡 명칭이다. 여기에서 중의적으로 사용하였다.

21 절양류 : 折楊柳. 고대의 악부 가운데 하나로, 버들가지를 꺾으면서 이별하는 아쉬운 정을 노래하였다.

춘궁곡

春宮曲

왕창령(王昌齡)[22]

昨夜風開露井桃 어젯밤 바람에 핀 우물가엔 복사꽃
未央前殿月輪高 미앙궁 앞에는 높게 뜬 둥근 달
平陽歌舞新承寵 평양공주 가무[23]가 새로이 은총 입어
簾外春寒賜錦袍 주렴 밖이 봄추위라 비단옷을 내렸다지

서궁[24]의 봄 원한

西宮春怨

西宮夜靜百花香 고요한 서궁의 밤 온갖 꽃의 향기가 나
欲捲珠簾春恨長 주렴을 걷으려니 봄의 한탄 길어지네
斜抱雲和深見月 운화[25]를 비껴 안고 깊이 달을 바라보니
朦朧樹色隱昭陽 몽롱한 나무 풍경 소양궁[26]이 숨어있네

---

22 왕창령(王昌齡) : 698~765?. 자는 소백(少伯). 하동(河東) 진양(晉陽) 출신. 일설에는 경조(京兆) 장안(長安) 출신이라고도 한다. 비서성교서랑(秘書省校書郎), 사수위(汜水尉), 강녕승(江寧丞) 등을 지냈다. 변새시(邊塞詩)에 조예가 깊었으며, 칠언절구(七言絶句)에 능해서 이백(李白)과 비견될 정도였다. 이로 인해 '칠절성수(七絶聖手)', '시천자(詩天子)' 등으로 일컬어진다.

23 평양공주 가무 : 한 무제(漢武帝)의 누나인 평양공주(平陽公主)의 집에서 벌인 가무를 가리킨다. 평양공주의 집에 위자부(衛子夫)라는 가녀(歌女)가 있었는데, 무제가 평양공주 집의 연회 석상에서 보고 총애하여 궁중으로 들여 황후로 삼았다.『漢書 卷97上 外戚傳上 孝武衛皇后傳』

24 서궁 : 西宮. 장신궁(長信宮)을 가리킨다. 한성제(漢成帝) 때 후궁 반첩여(班婕妤)가 총애를 잃고 허황후와 함께 물러나 머물던 궁이다.

25 운화 : 雲和. 본래 산 이름이나 이곳에서 나는 나무로 거문고나 비파를 만들기 때문에 거문고나 비파를 의미하게 되었다.

26 소양궁 : 昭陽宮. 한 성제(漢成帝)가 조비연(趙飛燕)을 총애하여 여동생 조합덕(趙合德)을 소의(昭儀)에 봉하고 소양전에 살게 하였다. 전하여 후비들의 거처를 의미하는

서궁의 가을 원한

西宮秋怨

芙蓉不及美人妝　단장한 미인에 부용꽃도 못 미치니
水殿風來珠翠香　물가 전각 바람 불자 구슬 비취[27] 향기롭네
却恨含情掩秋扇　머금은 정 한스러워 가을 부채 가리고
空懸明月待君王　공연히 뜬 밝은 달에 군왕을 기다리네

장신추사

長信秋詞

金井梧桐秋葉黃　우물가 오동잎이 누렇게 물든 가을
珠簾不捲夜來霜　주렴을 안 걷은 채 밤사이 서리 왔네
熏籠玉枕無顏色　훈롱도 옥침도 쓸모가 없었으니
臥聽南宮淸漏長　남궁의 긴 물시계 맑은 소리 누워 듣네

奉箒平明金殿開　청소할 제 날 밝아서 궁궐문이 열리니
且將團扇暫徘徊　둥근 부채 들고서 잠시 동안 배회하네
玉顏不及寒鴉色　옥 같은 내 얼굴보다 나은 저 갈까마귀
猶帶昭陽日影來　그래도 소양전 햇빛을 받는구나

眞成薄命久尋思　참으로 박명한가 오랫동안 생각하다
夢見君王覺後疑　꿈속에서 군왕 뵙고 깨어난 후 의심했네

말로 사용된다.

27 구슬 비취 : 珠翠. 여인의 머리 장식으로, 아름다운 여인을 비유한 말이다.

火照西宮知夜飮 서궁에 불 비췄으니 밤잔치일 테고
分明複道奉恩時 복도에서 은혜받던 그때가 분명하네

청루곡

青樓曲

白馬金鞭從武皇 백마 타고 금 채찍에 무황[28]을 따르니
旌旗十萬宿長楊 깃발 떨친 십만 군사 장양궁[29]에 묵었네
樓頭少婦鳴箏坐 누각 머리 어린 아낙 아쟁을 울리니
遙見飛塵入建章 멀리 뵈는 날린 먼지 건장궁[30]에 들어가네

馳道楊花滿御溝 달리는 길 버들꽃이 궁중 개울 가득하고
紅粧漫綰上青樓 붉은 단장 여인들이 청루로 올라가네
金章紫綬千余騎 금인장에 자수 인끈[31] 천여 기의 기마들
夫婿朝回初拜侯 낭군께서 아침에 봉작 처음 받는다네

28 무황 : 武皇. 한무제, 즉 무용이 뛰어난 군주를 비유한다. 여기에서는 당 현종을 가리킨다.

29 장양궁 : 長楊宮. 진나라의 옛 궁궐로, 장안의 서쪽에 있었다. 한나라 때는 수렵을 나갈 때 이궁(離宮)으로 많이 사용하였다.

30 건장궁 : 建章宮. 한(漢)나라 때 장안(長安)에 있던 궁전의 이름으로, 무제(武帝) 태초(太初) 연간에 건립하였고, 미앙궁(未央宮)의 서쪽에 있었다.

31 금인장에 자수 인끈 : 옛날 상국(相國), 승상(丞相), 태위(太尉), 태사공(太司空), 태부(太傅), 태사(太師), 태보(太保), 전후좌우 장군 및 육궁의 후비들이 가지고 있던 것으로, 높은 관작을 지닌 이를 가리킨다.

규원

閨怨

閨中少婦不知愁 규방의 젊은 아내 근심이 뭔지 몰라
春日凝粧上翠樓 봄날에 단장하고 푸른 다락 올랐어라
忽見陌頭楊柳色 거리 끝 버들 풍경 홀연히 보고 나니
悔教夫壻覓封侯 낭군더러 공 세우라 한 것이 후회되네

출새행

出塞行

白草原頭望京師 흰 풀 언덕 끝에서 서울을 바라보니
黃河水流無盡時 황하의 흐르는 물 그칠 때가 없구나
秋天曠野行人絶 가을 하늘 텅 빈 들판 다니는 이 없건만
馬首東來知是誰 말 머리 동쪽 향해 가는 이는 누구인가

종군행

從軍行

烽火城西百尺樓 봉화 올린 성 서쪽의 백 척 높이 누대에
黃昏獨坐海風秋 해풍 부는 가을 황혼 홀로 올라 앉았네
更吹羌笛關山月 오랑캐 피리가 관산월[32]을 다시 부니
無那金閨萬里愁 만 리 먼 규방의 근심을 어찌 하랴

---

32 관산월 : 關山月. 변방 산 위에 뜬 달. 한(漢)나라 악부(樂府)의 횡취곡(橫吹曲) 이름으로, 대부분 변방에서 수자리 사는 병사들의 슬픈 정을 읊은 것이다.

青海長雲暗雪山　청해호[33] 긴 구름이 설산을 덮고 있고
孤城遙望玉門關　외딴 성 멀리로 옥문관[34]이 보이누나
黃沙百戰穿金甲　황사의 수백 전투 쇠갑옷이 뚫어져도
不破樓蘭終不還　누란[35] 격파 못하면 돌아가지 않으리

秦時明月漢時關　진나라 때 밝은 달이 한나라 관 비추지만
萬里長征人未還　만 리 정벌 떠난 사람 돌아오지 않았네
但使龍城飛將在　용성[36]을 비장군[37]이 지키게 한다면
不教胡馬度陰山　오랑캐 말 음산을 넘어오지 못할 텐데

부용루에서 신점(辛漸)을 전송하다

芙蓉樓送辛漸

寒雨連江夜入吳　겨울비가 강 가득한 밤에 오 땅 들어와
平明送客楚山孤　해 뜰 무렵 손 보내니 초산이 외롭구나
洛陽親友如相問　낙양의 벗들이 혹시 물어 보거든
一片冰心在玉壺　한 조각 얼음 마음 옥병에 있다 하오

---

33 청해호 : 青海湖. 청해성(青海省) 동북부 대통산(大通山), 일월산(日月山), 청해남산(青海南山) 사이에 있는 중국 최대의 함수호이다.

34 옥문관 : 玉門關. 감숙성(甘肅省) 돈황(燉煌) 서북쪽 약 90km 떨어져 있는 곳에 있는 관문. 한무제가 서역 통로를 개통할 때 처음 설치하였다.

35 누란 : 樓欄. 중국 신강 위구르 자치구, 타크라마칸 사막의 동쪽 끝, 로프 노올(방황하는 호수로 불렸던 내륙호) 주변에 번영했던 고대 왕국이다.

36 용성 : 龍城. 흉노족이 신과 조상에게 제사를 지내던 신성한 장소이다.

37 비장군 : 飛將軍. 한(漢)나라 때 이광(李廣)을 가리킨다. 흉노와 70번 싸워 70번 이겼다고 한다. 그가 우북평 태수(右北平太守)로 임명되자 흉노가 '한나라의 비장군(飛將軍)'이라고 무서워하며 감히 소란스럽게 하지 못했다고 한다. 『史記 卷109 李將軍列傳』

위이(魏二)를 송별하다

送別魏二

醉別江樓橘柚香 취해 이별하는 강루 귤과 유자 향기 나고
江風引雨入船凉 강바람이 비를 불러 배가 시원해졌네
憶君遙在湘山月 그대를 생각하면 멀리 상산 달이 뜰 때
愁聽淸猿夢裡長 원숭이 소리 꿈에 시름겹게 길어지리

이 평사와 거듭 이별하다

重別李評事

莫道秋江離別難 추강에서 하는 이별 어렵다 말을 마오
舟船明日是長安 배 떠나면 내일은 바로 장안이겠지
吳姬緩舞留君醉 오 땅 여인 느릿한 춤 취한 그대 붙잡고
隨意靑楓白露寒 마음껏 푸른 단풍 흰 이슬이 차갑겠지

9월 9일 산동의 형제를 떠올리다

九月九日憶山東兄弟

왕유(王維)[38]

獨在異鄕爲異客 나 홀로 타향에서 나그네 신세 되어
每逢佳節倍思親 좋은 시절 만날 때면 부모 생각 곱절이네

---

38 왕유(王維) : 699~759. 자는 마힐(摩詰). 호는 마힐거사(摩詰居士). 하동(河東) 포주(蒲州)에서 태어났다. 당현종(唐玄宗) 때 진사가 되고, 벼슬이 상서우승(尙書右丞)에 이르렀다. 이 때문에 왕우승(王右丞)이라 통칭되기도 한다. 시뿐만 아니라 그림, 음악으로도 유명하였다. 시선(詩仙) 이백(李白), 시성(詩聖) 두보(杜甫)와 함께 3대 시인으로 꼽히며, 시불(詩佛)로 일컬어진다. 문집이 전한다.

遙知兄弟登高處　멀리서도 알겠구나, 형제들 높이 올라
遍挿茱萸少一人　산수유 꽃 꽂을 적에 한 사람이 적을 것을

원외랑 노상[39]과 처사 최흥종[40]의 임정을 방문하다

與盧員外象過崔處士興宗林亭

綠樹重陰蓋四隣　푸른 나무 깊은 그늘 사방 이웃 덮고 있고
青苔日厚自無塵　푸른 이끼 날로 더해 절로 먼지 없구나
科頭箕踞長松下　큰 소나무 아래에서 맨머리에 발 뻗고서
白眼看他世上人　저 세상 사람들을 백안으로 보는구나

안서에 부임하는 원이(元二)를 전송하다

送元二使安西

渭城朝雨浥輕塵　위성의 아침비에 가벼운 먼지 젖고
客舍青青柳色新　객사에는 푸르르게 버들빛이 새롭구나
勸君更盡一盃酒　한 잔 술 더 하라 그대에게 권하노니
西出陽關無故人　서쪽 양관[41] 나가면 옛 벗은 없을 테지

39 노상 : 盧象(713~741). 장구령(張九齡)에게 추천되어 좌보궐(左補闕) 사훈원외랑(司勳員外郎)이 되었다.

40 최흥종 : 崔興宗. 왕유(王維)의 처남이다.

41 양관 : 陽關. 감숙성(甘肅省) 돈황(燉煌) 서남부에 있는 변새로, 고대 서역으로 통하는 요지였다.

위 평사를 전송하다

送韋評事

欲逐將軍取右賢 장군을 좇아서 우현왕[42]을 잡고자
沙場走馬向居延 모래밭 말 달리며 거연[43]으로 향했네
遙知漢使蕭關外 멀리서 알겠노라, 소관[44] 밖 한의 사신
愁見孤城落日邊 근심스레 외딴 성의 해 지는 끝 바라보리

봄 생각

春思

가지(賈至)[45]

草色青青柳色黃 풀빛은 푸릇푸릇 버들 빛은 노랗고
桃花歷亂李花香 복사꽃 어지럽고 오얏꽃 향기롭네
東風不爲吹愁去 동풍은 시름 불어 없애주지 못하니
春日偏能惹恨長 봄날은 한스러움 유독 길게 일으키네

紅粉當壚弱柳垂 고운 여인 목로집에 여린 버들 드리우니
金花臘酒解酴醿 황금빛 납주[46]로 도미주[47]를 열었네
笙歌日暮能留客 생황 노래 날이 져도 손님을 붙잡으니
醉殺長安輕薄兒 장안의 경박아들 다 취하게 만드네

---

42 우현왕 : 右賢王. 좌현왕(左賢王)과 함께 흉노족의 선우 아래에 있는 최고위직이다.

43 거연 : 居延. 현재 내몽고(內蒙古) 자치구(自治區) 서쪽에 있는 염호(鹽湖) 이름.

44 소관 : 蕭關. 감숙성(甘肅省)의 동부, 고원현(固原縣) 남동쪽에 있는 옛 변새이다.

45 가지(賈至) : 718~772. 자는 유린(有隣), 유기(幼幾). 하남(河南) 낙양(洛陽) 출신. 기거사인(起居舍人), 지제고(知制誥) 등을 역임하였다. 시문에 능하였다. 문집 30권이 있으며, 시호는 문(文)이다.

46 납주 : 臘酒. 음력 섣달에 빚은 술이다.

47 도미주 : 酴醿酒. 여러 차례 걸러 빚은 술이다.

상주에 부임하는 이 시랑을 전송하다

送李侍郎赴常州

雪晴雲散北風寒 눈 개고 구름 걷혀 북풍은 차가운데
楚水吳山道路難 초나라 물 오나라 산 가는 길이 험난하네
今日送君須盡醉 오늘 그대 보내면서 다 취해야 하겠으니
明朝相憶路漫漫 내일 아침 그리워도 길은 멀고 아득하리

봉 대부[48]가 파선[49]을 깨뜨리고 개선한 노래

封大夫破播仙凱歌

잠삼(岑參)[50]

漢將承恩西破戎 한 장군[51]이 은혜 입어 서쪽 융을 깨뜨리고
捷書先奏未央宮 승전보를 미앙궁에 먼저 올려 아뢰었네
天子預開麟閣待 천자께서 기린각[52]을 미리 열고 기다리니
祇今誰數貳師功 지금에야 이사[53]의 공 그 누가 따지겠나

---

48 봉 대부 : 封大夫. 봉상청(封常淸, ?~756). 당 현종 때의 명장. 고선지(高仙芝) 장군의 참모로 활약하다가 후임으로 안서절도사가 되었다. 753년 대발률국(大勃律國)을 공격해 승리하였다.

49 파선 : 播仙. 당나라 때 차말국(且末國). 실크로드 서역의 남쪽 길에 있었다. 현재 신강(新疆) 지역.

50 잠삼(岑參) : 715~770. 강릉(江陵, 지금의 湖北省 江陵縣) 출신. 몰락한 가문을 일으키기 위해 5년여간 안서(安西)와 북정(北庭) 등의 서부 변경 지역에서 종군하기도 했다. '변새시(邊塞詩)'라는 새로운 시의 영역을 확립한 인물로 고적(高適)과 더불어 '변새시파(邊塞詩派)'의 가장 대표적인 시인으로 명성을 얻었다. 문집에 『잠가주집(岑嘉州集)』 7권이 전한다.

51 한 장군 : 한나라 장군. 당을 한나라에 비겨 봉상청을 비유한 것이다.

52 기린각 : 麒麟閣. 미앙궁 안에 있는 전각. 한 선제 때부터 곽광(霍光)을 비롯한 11인의 공신 초상을 걸어 현창하였다.

53 이사 : 貳師. 한나라 무장 이광리(李廣利). 한무제가 대완국(大宛國)의 이사성(貳師城)을 공격해 좋은 말을 취해 오도록 이광리를 장군으로 삼고 그를 이사장군(貳師將軍)

日落轅門鼓角鳴　해지자 군문에 고각 소리 울리고
千群面縛出蕃城　수천 무리 면박[54]하여 번성을 나가네
洗兵魚海雲迎陣　어해[55]에 칼 씻으니 군대 맞이하는 구름
秣馬龍堆月照營　백룡퇴에 말 먹이니 군영을 비추는 달

목숙봉에서 가족에게 부치다

苜蓿峰寄家人

苜蓿峰邊逢立春　목숙봉[56] 변방에서 입춘을 만나니
胡蘆河上淚沾巾　호로하[57] 강가에서 눈물로 수건 젖네
閨中只是空相憶　규방에서 공연히 그리워만 하리니
不見沙場愁殺人　사막의 시름겨운 이는 보지 못하리

옥문관에서 장안 주부에게 부치다

玉關寄長安主簿

東去長安萬里餘　동쪽으로 만 리 멀리 떨어진 장안에
故人何惜一行書　오랜 친구 어찌하여 한 줄 편지 아끼나
玉關西望堪腸斷　옥문관 서쪽 보면 창자가 끊어질 듯
況復明朝是歲除　더욱이 내일 아침 선달그믐인 것을

이라 하였다.『史記 大宛傳』

54 면박 : 面縛. 얼굴은 내놓고 손을 뒤로 결박한 자세로, 항복한 모습이다.

55 어해 : 魚海. 호수 이름. 현재 내몽고 아라산(阿拉善) 우기(右旗)의 경내에 있다.

56 목숙봉 : 苜蓿峰. 옥문관(玉門關) 밖에 있는 산이름이다. 옥문관은 감숙성(甘肅省) 돈황(燉煌) 서북쪽에 있다.

57 胡蘆河 : 미상. 감숙성(甘肅省)에 있는 강으로 추정된다.

서울 들어가는 사신을 만나다

逢入京使

故園東望路漫漫　동쪽 고향 동산 보니 길은 멀리 뻗어있어
雙袖龍鍾淚不乾　줄줄 흐른 눈물에 양 소매가 젖는구나
馬上相逢無紙筆　말 위에서 만났으나 종이 붓이 없어서
憑君傳語報平安　평안하다 알려달라 그대에게 부탁하네

괵주 후정에서 진강(晉絳)에 부임하는 이 판관을 전송하다

虢州後亭送李判官使赴晉絳

西原驛路挂城頭　서쪽 들판 역로가 성머리에 걸렸고
客散江亭雨未收　손 떠난 강가 정자 비 걷히지 않는구나
君去試看汾水上　그대 가면 분수[58] 강가 한 번 가서 보게나
白雲猶似漢時秋　흰구름은 여전히 한나라 때 가을인가

북정[59]으로 부임하며 농산을 넘다가 집을 생각하다

赴北庭度隴思家

西向輪臺萬里餘　서쪽으로 윤대[60] 향해 만 리 남짓 떠나니

---

58 분수 : 汾水. 산서성(山西省)에 있는 강 이름. 영무현(靈武縣)에서 발원하여 서남쪽으로 흘러 황하로 들어간다.

59 북정 : 北庭. 본래 한나라 때 흉노족 북선우(北單于)가 통치하는 곳으로, 이 시기는 북정도호부를 가리킨다.

60 윤대 : 輪臺. 당나라 때 군대 주둔지로 지금의 신강성(新疆省) 유오이(維吾爾) 자치구 부근이다.

也知鄉信日應疎 고향 편지 날마다 드물어지겠구나
隴山鸚鵡能言語 농산의 앵무새는 말을 할 수 있으니
爲報家人數寄書 가족에게 편지 자주 부치라고 알려다오

주천 태수와 있는 자리에서 취한 후 짓다

酒泉太守席上醉後作

酒泉太守能劍舞 주천의 태수가 검무를 잘 추니
高堂置酒夜擊鼓 높은 당에 술을 두고 밤에 북을 친다네
胡笳一曲斷人腸 호가[61] 한 곡조에 창자가 끊어지니
座上相看淚如雨 자리에서 서로 보며 눈물 비 오듯 하네

적서에 부임하는 유 판관을 전송하다

送劉判官赴磧西

火山五月行人少 화산[62]의 오월에 다니는 이 적은데
看君馬去疾如鳥 떠나는 그대 말은 새처럼 빠르구려
都使行營太白西 도호부사 군영은 태백성보다 서쪽
角聲一動胡天曉 뿔피리 한 번에 호 땅 하늘 동이 트리

61 호가 : 胡笳. 북방 민족들이 불던 관악기의 일종. 군중에서 북과 함께 군악으로 많이 사용하였다.

62 화산 : 火山. 중국 신장 위구르 지역에 있는 산맥인 화염산(火焰山). 붉은 사암으로 이루어져 붙여진 이름이다.

산방의 봄 풍경

山房春事

梁園日暮亂飛鴉　갈까마귀 어지러이 나는 양원 해가 지고
極目蕭條三兩家　시야 끝에 쓸쓸히 두세 집이 있구나
庭樹不知人去盡　정원 나무 사람 다 떠난 줄도 모르고
春來還發舊時花　봄이 오니 옛 시절 꽃 그대로 피었구나

화경에게 주다

贈花卿　두보(杜甫)[63]

錦城絲管日紛紛　금관성[64] 음악 소리 날마다 분분하여
半入江風半入雲　강풍에 반 들어가고 구름에 반 들어가네
此曲祗應天上有　이런 곡조 천상에만 있어야 할 텐데
人間能得幾回聞　인간 세상 몇 번이나 들을 수 있다니

새하곡

塞下曲　상건(常建)[65]

玉帛朝回望帝鄉　옥백으로 조공한 후 황제 서울 바라보며

---

63 두보(杜甫) : 712~770. 자는 자미(子美). 소릉(少陵)에 거주하여 두소릉(杜少陵), 공부원외랑(工部員外郎) 벼슬을 하여 두공부(杜工部), 두목(杜牧)과 구별하여 노두(老杜)라고도 한다. 성당(盛唐)의 대표적인 시인이자 중국 최고의 시인으로 꼽히는 인물로 시성(詩聖)이라 표현된다. 이백(李白)과 병칭하여 "이두(李杜)"라 불린다. 『두공부집(杜工部集)』 20권이 전한다.

64 금관성 : 錦官城. 중국 사천성(四川省) 성도(成都) 서남쪽에 있는 곳으로 옛날 이곳에 비단을 관장하는 관리를 두었던 데서 생긴 명칭이다. 성도의 별칭으로 쓰인다.

65 상건(常建) : 생몰년 미상. 장안(長安, 지금의 陜西 西安市) 출신. 벼슬길이 순탄치

烏孫歸去不稱王　오손국[66]은 돌아가서 왕 칭호를 버렸다네
天涯靜處無征戰　하늘 끝 고요한 곳 정벌 전쟁 그쳤으니
兵氣銷爲日月光　전쟁 기운 없어지고 해와 달빛 되었구나

北海陰風動地來　북해의 어둔 바람 땅 울리며 불어와
明君祠上望龍堆　왕소군[67] 사당에서 백룡퇴를 바라보네
髑髏盡是長城卒　해골들은 모두 다 장성 쌓던 병사인데
日暮沙場飛作灰　해지자 사막에 먼지 되어 날리네

제야에 짓다

除夜作

고적(高適)[68]

旅館寒燈獨不眠　여관의 찬 등불에 홀로 잠 못 이루니
客心何事轉悽然　나그네 맘 무슨 일로 처연하게 느껴지나
故鄕今夜思千里　고향 땅이 오늘 밤 천 리 멀리 그리우니
霜鬢明朝又一年　흰머리로 내일 아침 또 일 년 늙겠구나

못하여 평생 은일과 표박의 생활로 점철되었다. 오언시(五言詩)에 뛰어났으며, 풍격은 왕맹(王孟)시파와 비슷하다. 저서로 『상건집(常建集)』이 전한다.

66 오손국 : 烏孫國. 서역에 있던 나라의 이름이다.

67 왕소군 : 王昭君. 한 원제(漢元帝) 때 궁녀이다. 왕소군이 미모가 뛰어난데도 궁중 화가의 농간에 의해 황제의 총애를 입지 못하다가 흉노의 선우(單于)에게 시집가 그곳에서 죽었다. 『西京雜記 卷2』

68 고적(高適) : 707~765. 자는 달부(達夫), 중부(仲夫). 창주(滄州) 출신. 일설에는 산동성(山東省) 출신이라고도 한다. 간의대부(諫議大夫), 서천절도사(西川節度使), 형부시랑(刑部侍郎) 등을 지냈다. 이백(李白), 두보(杜甫)와 교유하였으며, 잠삼(岑參)과 함께 고잠(高岑)이라 일컬어진다.

변새에서 피리소리를 듣다

塞上聽吹笛

雪淨胡天牧馬還　눈 녹은 오랑캐 땅 말 먹이고 돌아와
月明羌笛戍樓聞　달 밝은 밤 피리 소리 수루에서 듣노라
借問梅花何處落　물어보자, 매화꽃 어디에 떨어졌나
風吹一夜滿關山　온 밤내 바람 불어 관산에 가득하네

동대와 이별하다

別董大

十里黃雲白日曛　십 리의 누런 구름 밝은 해는 저무는데
北風吹鴈雪紛紛　기러기 떼 모는 북풍 눈발이 어지럽네
莫愁前路無知己　앞길에 아는 이 없다고 근심 마오
天下誰人不識君　천하에 누군들 그대를 모르겠소

강남 가는 두 십사를 전송하다

送杜十四之江南

맹호연(孟浩然)[69]

荊吳相接水爲鄕　형 땅 오 땅 접하여 물에 싸인 고장이니
君去春江正水茫　그대 떠난 봄 강물에 물만이 아득하리
日暮孤舟何處泊　저물녘 외딴 배는 어디에서 정박하나

69 맹호연(孟浩然) : 689~740. 이름이 호(浩). 호연(浩然)은 자이다. 호북성(湖北省) 양양(襄陽, 지금의 襄樊) 출신. 고향을 떠나 장안에서 과거에 응시하였으나, 끝내 낙방하였다. 이후 귀향하여 지금의 절강 일대인 오월(吳越)을 만유하며 많은 산수·전원시들을 남겼다. 성당(盛唐)의 대표적인 시인 중 한 명이다.

天涯一望斷人腸 하늘 끝 바라보며 창자가 끊어지네

장안주인의 벽에 쓰다

題長安主人壁

장위(張謂)[70]

世人結交須黃金 세상의 사귐에는 황금이 필요하니
黃金不多交不深 황금 많지 않으면 사귐도 얕다네
縱今然諾暫相許 지금에야 잠깐 서로 허락한다 하여도
終是悠悠行路心 끝내 길에 지나치는 먼 사람 마음이네

하원으로 사신가는 이를 전송하다

送人使河源

故人行役向邊州 오랜 친구 사신으로 변방을 향하니
匹馬今朝不少留 한 필 말이 오늘 아침 잠시도 안 머무네
長路關山何日盡 관산까지 긴 여정 어느 날 다할 건가
滿堂絲竹爲君愁 온 당 가득 음악 소리 그대 근심 때문이네

양주사

凉州詞

왕지환(王之渙)[71]

黃河遠上白雲間 황하는 흰 구름 사이 멀리 오르고

70 장위(張謂) : 생몰년 미상. 자는 정언(正言). 하내(河內) 출신. 태자좌서자(太子左庶子), 예부시랑(禮部侍郎) 등을 지냈다. 현존하는 시는 대개 변새시(邊塞詩)로 이루어져 있다.

71 왕지환(王之渙) : 688~742. 자는 계릉(季凌). 진양(晉陽, 지금의 山西 太原市) 출신.

一片孤城萬仞山　한 조각 외딴 성은 만 길 산 위에 있네
羌笛何須怨楊柳　강족 피리 하필이면 버들을 원망하랴[72]
春風不度玉門關　봄바람이 옥문관을 넘어오지 못하는데

군성의 이른 봄

軍城早秋　엄무(嚴武)[73]

昨夜秋風入漢關　어젯밤 관소에 가을바람 들어오고
朔雲邊月滿西山　북방구름 변방 달이 서산에 가득하네
更催飛將追驕虜　다시 비장[74] 재촉하여 오랑캐 쫓게 하니
莫遣沙場匹馬還　사막에 말 한 필도 돌아가지 못하리

봄날 나선 길에 흥을 부치다

春行寄興　이화(李華)[75]

宜陽城下草萋萋　의양성 아래에 풀들이 무성하고

기주(冀州) 형수현주부(衡水縣主簿)를 지냈다. 시에 능하여 당시 악공들이 지은 노래로 많이 불리곤 하였다. 그러나 대부분 실전되어 『전당시(全唐詩)』에 「양주사(涼州詞)」와 「등관작루(登鸛雀樓)」 등 겨우 6수가 실려 있다.

72 버들을 원망하랴 : 버들을 꺾으며 이별을 아쉬워하는 내용의 「절양류곡(折楊柳曲)」을 연주하는 것을 가리킨다.

73 엄무(嚴武) : 726~765. 자는 계응(季鷹). 화주(華州) 화음(華陰, 지금의 陝西). 출신. 전중시어사(殿中侍御史), 경조소윤(京兆少尹), 검남절도사(劍南節度使) 등을 역임하였다. 두보(杜甫)와 교유하였으며, 『전당시(全唐詩)』에 시 6수가 남아 있다.

74 비장 : 飛將. 비장군(飛將軍)을 가리킨다. 한(漢)나라 때 이광(李廣)을 가리킨다. 흉노와 70번 싸워 70번 이겼다고 한다. 그가 우북평 태수(右北平太守)로 임명되자 흉노가 '한나라의 비장군(飛將軍)'이라고 무서워하며 감히 소란스럽게 하지 못했다고 한다. 『史記 卷109 李將軍列傳』

75 이화(李華) : 715?~767?. 자는 하숙(遐叔). 조주(趙州) 찬황(贊皇, 지금의 河北). 감찰

澗水東流復向西 시냇물은 동쪽 흘러 다시 서쪽 흐르네
芳樹無人花自落 고운 나무 사람 없이 꽃이 절로 떨어지고
春山一路鳥空啼 봄 산의 한 가닥 길 부질없이 새가 우네

성 동쪽 별장에서 잔치를 열다

宴城東莊

최민동(崔敏童)[76]

一年又過一年春 한 해가 지나가면 한 해 봄이 또 올 텐데
百歲曾無百歲人 백 년 인생 백 세까지 사는 이는 없구나
能向花中幾回醉 꽃 향해 몇 번이나 취할 수 있으랴
十千沽酒莫辭貧 만금 술 사는 데 가난하다 사양 마오

제일첩

第一疊

수조가(水調歌)[77]

平沙落日大荒西 모래밭에 해가 지는 아득히 먼 서쪽
隴山明星高復低 농산의 밝은 달이 높았다가 낮아지네
孤山幾處看烽火 외딴 산 몇 곳인가 봉화가 보이자
戰士連營候鼓鼙 전사의 영채들은 북소리를 기다리네

어사(監察御史), 시어사(侍御史) 등을 지냈다. 글을 잘 지었으며, 소영사(蕭穎士)와 교유하였다. 그러나 소영사에는 미치지 못한다는 평을 들었다. 대개 문장이 아름다웠으나, 그 기상은 부족하였다. 문집 30권이 있었으나, 전하지 않는다.

76 최민동(崔敏童) : 생몰년 미상. 박주(博州) 출신.

77 수조가 : 水調歌. 고대 악곡명. "수조(水調)"는 상조곡(商調曲)으로, 모두 11첩인데, 5첩이 남아있다고 한다. 작자는 미상이다.

제이첩

第二疊

양주가(凉州歌)[78]

朔風吹葉鴈門秋　북방 바람 잎에 부는 안문관[79]의 가을에
萬里煙塵昏戍樓　만 리 이은 연기 먼지 수루가 어둡구나
征馬長思青海上　전투 말은 청해호를 오랫동안 생각하고
胡笳夜聽隴山頭　호가 소리 농산에서 한밤중에 듣는구나

제일곡

第一曲

수고자[80]

雕弓白羽獵初回　멋진 궁과 흰 깃 화살 수렵 처음 하고 오니
薄夜牛羊復下來　어스름에 소와 양이 다시 내려 왔구나
夢水河邊秋草合　몽수하[81] 물가에 가을 풀이 무성하고
黑山峰外陣雲開　흑산봉 밖에는 전운이 풀렸구나

잡시

雜詩

재조시[82]

無定河邊暮笛聲　무정하[83] 강변 저녁 피리 소리 들리고

---

78 양주가 : 악부의 제목이다. 양주(涼州)는 지금의 감숙성(甘肅省) 무위(武威). 본래 당 현종 때 서량부(西涼府) 도독 곽지운(郭知運)이 채집하여 조정에 헌상한 양주 일대의 악곡이다.

79 안문관 : 鴈門關. 산서성(山西省) 북부 안문산(鴈門山)에 있는 관소.

80 수고자 : 水鼓子. 악부의 제목이다. 본래 당나라 때 개가운(蓋嘉運)이 채록하여 헌상한 것이라고 한다.

81 몽수하 : 夢水河. 강 이름. 감숙성(甘肅省) 사막에 있을 것으로 추정된다.

82 재조시 : 『재조집(才調集)』에 실려 있는 시이다. 『재조집』은 중국 오대(五代) 후촉(後

赫連臺畔旅人情 혁련대[84] 두둑에 나그네 슬픈 심정
函關歸路千餘里 함곡관[85] 돌아가는 천여 리 머나먼 길
一夕秋風白髮生 하룻저녁 가을바람 흰머리 나게 하네

처음 한강[86]을 지나다

初過漢江

襄陽好向峴亭看 양양[87]은 현정[88]에서 보는 것이 좋으니
人物蕭條値歲闌 인물은 한적한데 세모가 되었구나
爲報習家多置酒 알려주오, 습가에 술을 많이 차리라고
夜來風雪過江寒 밤사이 풍설에도 한강을 건넜다오

호가곡

胡笳曲

군산의 부로[君山父老]

月明星稀霜滿野 달 밝고 별 성긴데 들에 서리 가득하니
氈車夜宿陰山下 모전 덮은 수레 밤에 음산 아래 묵었네

蜀)의 위곡(韋縠)이 펴낸 당시 선집이다.

83 무정하 : 無定河. 섬서성(陝西省) 북부를 흐르는 강 이름.

84 혁련대 : 赫連臺. 오호십육국 가운데 하나인 대하국(大夏國)을 세운 혁련발발(赫連勃勃)이 건축한 높은 대 이름이다.

85 함곡관 : 函谷關. 진나라 때 하남성(河南城) 영보(靈寶)에 두었던 관소로, 한무제가 하남성 신안(新安)으로 옮겼다. 장안과 낙양을 연결하는 교통 요지.

86 한강 : 漢江. 한수(漢水). 섬서성(陝西省) 진령(秦嶺)에서 발원하여 남동쪽으로 흘러 호북성(湖北省) 무한(武漢)에서 장강으로 들어간다.

87 양양 : 襄陽. 호북성(湖北省) 북부, 한수(漢水)의 남안에 있다.

88 현정 : 峴亭. 양양의 남쪽 현산(峴山)에 있던 정자. 현산정(峴山亭)이라고도 한다.

漢家自失李將軍　한 조정이 이 장군[89]을 잃고 난 후로는
單于公然來牧馬　선우가 공공연히 말 먹이러 침입하네

봄

春　　노필(盧弼)[90]

春衣昨夜到楡關　봄옷이 어젯밤에 유관[91]에 도착하니
故國煙花想已殘　고향 땅 봄경치는 이미 사라졌겠구나
小婦不知歸不得　젊은 아낙 돌아오지 못할 것을 모르고
朝朝應上望夫山　아침마다 망부산[92]에 올라가고 있겠지

겨울

冬

朔風吹雪透刀瘢　삭풍에 부는 눈이 칼로 베는 듯 춥고
飮馬長城窟更寒　말에 물 먹이는 장성 굴은 더욱 춥네
夜半火來知有敵　한밤중 봉화로 적 있는 줄 알고서

---

89 이 장군 : 한(漢)나라 때 이광(李廣)을 가리킨다. 흉노와 70번 싸워 70번 이겼다고 한다. 그가 우북평 태수(右北平太守)로 임명되자 흉노가 '한나라의 비장군(飛將軍)'이라고 무서워하며 감히 소란스럽게 하지 못했다고 한다. 『史記 卷109 李將軍列傳』

90 노필(盧弼) : 노여필(盧汝弼, ?~921). 자는 자해(子諧). 범양(范陽) 출신. 노륜(盧綸)의 손자. 진사 급제 후 사부원외랑(祠部員外郎), 지제고(知制誥)를 역임하였다. 당 소종의 천도에 따라 낙양으로 옮겼다가 후에 하동절도사 이극용(李克用)에게 귀의하여 하동절도부사가 되었다.

91 유관 : 楡關. 산해관(山海關)의 다른 이름이다. 하북성(河北省) 진황도시(秦皇島市) 동북쪽에 위치해 있다.

92 망부산 : 望夫山. 망부석(望夫石)이 있다고 전하는 호북성(湖北省) 무창(武昌) 북쪽에 있는 산.

一時齊保賀蘭山　일시에 나란히 하란산[93]을 보호하네

길주로 좌천된 배 낭중을 거듭 전송하다

重送裴郎中貶吉州

유장경(劉長卿)[94]

猿啼客散暮江頭　원숭이 울고 손님 흩어진 저녁 강 끝
人自傷心水自流　사람은 상심하고 물은 절로 흐르네
同作逐臣君更遠　쫓겨난 같은 신세 임금 더욱 멀어지고
青山萬里一孤舟　푸른 산 만릿길에 한 조각 외로운 배

윤주의 군영으로 가는 이 판관을 전송하다

送李判官之潤州行營

萬里辭家事鼓鼙　만릿길 집을 떠나 전쟁을 일삼다가
金陵驛路楚雲西　금릉[95]의 역로에 서쪽 가는 초 땅 구름
江春不肯留歸客　강가 봄빛 돌아가는 객 잡으려 하지 않고
草色青青送馬蹄　풀빛만 푸릇푸릇 말발굽 전송하네

---

93 하란산 : 賀蘭山. 감숙성(甘肅省)에 있는 산. 영하회족(寧夏回族) 자치구의 서북부와 내몽고 자치구 접경에 있다.

94 유장경(劉長卿) : 약726~790. 자는 문방(文房). 선성(宣城) 출신. 733년 진사가 되었고, 감찰어사(監察御史)·전운사판관(轉運使判官) 등을 역임하였다. 참언으로 인해 목주(睦州) 사마로 좌천되어 수주자사(隨州刺史)로 마쳤다. 오언시에 능하였다. 『유장경집(劉長卿集)』 10권이 있다.

95 금릉 : 金陵. 일반적으로 남경을 가리키나 여기에서는 윤주(潤州)를 가리키는 말이다.

돌아온 기러기

歸雁 　　　　　　　　　　　　　　　　　　　　　　　　　　　전기(錢起)[96]

瀟湘何事等閑回　소상[97]에서 무슨 일로 등한하게 돌아왔니
水碧沙明兩岸苔　강 푸르고 모래 밝은 양 언덕 이끼에서
二十五絃彈夜月　이십오 줄 현으로 달밤에 연주하니
不勝淸怨却飛來　맑은 원한 못 이기고 그저 날아 왔다오

누각에 올라 왕경에게 부치다

登樓寄王卿 　　　　　　　　　　　　　　　　　　　　　　　　위응물(韋應物)[98]

踏閣攀林恨不同　숲의 누각 오르는데 함께 못함 한스러워
楚雲滄海思無窮　초 땅 구름 창해 사이 그리움이 끝이 없네
數家砧杵秋山下　몇 집인가 다듬이 소리 나는 가을 산 밑
一郡荊榛寒雨中　온 고을이 추운 빗속 덤불만 우거졌네

96 전기(錢起) : 710?~780?. 자는 중문(仲文). 절강성(浙江省) 오흥(吳興) 출신. 태청궁사(太淸宮使), 한림학사(翰林學士)를 지냈다. 시로써 낭사원(郎士元)과 이름을 나란히 하여 "앞서 심·송이 있고, 뒤로 전·낭이 있다.[前有沈宋 後有錢郎]"고 일컬어졌으며, 대력십재자(大曆十才子)의 필두로 칭송받았다.

97 소상 : 瀟湘. 상강(湘江)과 소수(瀟水)의 병칭.

98 위응물(韋應物) : 737~804. 경조(京兆) 만년(萬年) 출신. 경조부공조(京兆府功曹), 비부원외랑(比部員外郎), 좌사낭중(左司郎中) 등을 지냈다. 시를 잘 지었으며, 전원산림(田園山林)의 정취를 시재(詩材)로 한 작품이 많다. 왕유(王維)와 맹호연(孟浩然), 유종원(柳宗元) 등과 더불어 당나라 자연파 시인의 대표적인 인물로 '왕맹위류(王孟韋柳)'로 병칭되었다.

소주로 돌아가는 위 십륙을 전송하다

送魏十六還蘇州　　　　**황보염(皇甫冉)**[99]

秋夜沈沈此送君　가을 밤 침침한데 그대를 전송하니
陰蟲切切不堪聞　벌레 소리 절절하여 차마 듣지 못하겠네
歸舟明日毗陵道　돌아가는 배 타고 내일 비릉 가는 길에
回首姑蘇是白雲　고개 돌려 본 고소성 흰구름만 떠있겠지

한식

寒食　　　　**한굉(韓翃)**[100]

春城無處不飛花　봄 온 성에 꽃잎 날지 않는 곳이 없는데
寒食東風御柳斜　한식에 동풍 불어 버들가지 나부끼네
日暮漢宮傳蠟燭　해지자 한궁에서 밀랍 촛불 전하니
輕煙散入五侯家　가벼운 연기 퍼져 오후[101] 집에 들어가네

악주로 부임하는 객을 전송하다

送客知鄂州

江口千家帶楚雲　강 입구의 수천 집은 초나라 구름 띠고

---

99 황보염(皇甫冉) : 715~768. 자는 무정(茂政). 안정(安定) 출신. 동생인 황보증(皇甫曾)과 함께 명망이 있었으며, 세간에서는 장재(張載), 장협(張協)과 비교하였다. 저서에 시집 3권이 있는데, 『전당시(全唐詩)』에 2권으로 실려 있다.

100 한굉(韓翃) : 생몰년 미상. 자는 군평(君平). 등주(鄧州) 남양(南陽, 河南) 출신. '대력십재자(大曆十才子)'의 한 사람으로 시를 잘 지었다. 관직은 중서사인(中書舍人)까지 지냈다. 문집은 있었으나 전하지 않고 후대에 편집된 『한군평집(韓君平集)』이 있다.

101 오후 : 五侯. 후한 환제(後漢桓帝) 때 같은 날 후(侯)에 봉해진 당형(唐衡), 선초(單超), 서황(徐璜), 구원(具瑗), 좌관(左悺) 등 다섯 명의 환관을 가리킨다.

江花亂點雪紛紛　강꽃은 어지러이 눈처럼 날리네
春風落日誰相見　봄바람과 지는 해를 뉘라서 보겠는가
靑翰舟中有鄂君　청한주[102] 배 가운데 악군[103]이 타고 있네

유 시랑을 전송하다

送劉侍郎　이단(李端)[104]

幾人同入謝宣城　몇 사람이 사 선성[105]에 함께 들어갔던가
未及酬恩隔死生　은혜 보답하기 전에 생사가 갈렸구나
唯有夜猿知客恨　오직 밤의 원숭이는 나그네 한 아는지
嶧陽溪路第三聲　역양의 계곡 길에 세 번째 울음[106] 우네

풍교에서 밤에 정박하다

楓橋夜泊　장계(張繼)[107]

月落烏啼霜滿天　달 지고 까마귀 우는 하늘 서리 가득

102 청한주 : 靑翰舟. 나무 배의 일종. 새를 새기고 푸른 색으로 칠해서 부르는 명칭이다.

103 악군 : 鄂君. 옛날 월왕(越王)의 아우 악군 자석(鄂君子晳)을 가리킨다. 악군이 배를 타고 가는데 월나라 여인이 사모하여 노래하기를 "산에는 나무가 있고 나무엔 가지가 있는데, 나는 그대를 좋아하건만 그대는 알지 못하네[山有木兮木有枝 心悅君兮君不知.]"라고 하자, 악군이 수놓은 이불을 그에게 덮어 주었다고 한다. 『說苑 善說』

104 이단(李端) : 생몰년 미상. 자는 정기(正己). 조주(趙州) 출신. '대력십재자(大曆十才子)'의 한 사람으로 비서성교서랑(秘書省校書郎)을 지냈다. 형산(衡山)에 은거하며 스스로 '형악유인(衡岳幽人)'이라 불렀다. 저서로 『이단시집(李端詩集)』이 전한다.

105 사 선성 : 謝宣城. 시인 사조(謝朓, 464~499)를 가리킨다. 선성(宣城)의 태수를 지냈기 때문에 생긴 명칭이다.

106 세 번째 울음 : 원숭이 울음소리가 매우 슬퍼서 세 번째 우는 소리를 들으면 눈물을 흘리지 않을 수 없다고 한다.

107 장계(張繼) : 미상~779?. 자는 의손(懿孫). 양주(襄州) 출신. 시어(侍御), 검교사부원

江楓漁火對愁眠 강 단풍과 어화 보며 시름겹게 조노라니
姑蘇城外寒山寺 고소성 밖에 있는 한산사 절에서
夜半鍾聲到客船 한밤중 종소리가 객선까지 들려오네

호각 소리 듣고 돌아갈 것을 생각하다

聽角思歸

고황(顧況)[108]

故園黃葉滿靑苔 누런 잎과 푸른 이끼 가득한 고향 동산
夢後城頭曉角哀 꿈을 꾼 후 성벽 위에 새벽 호각 슬프구나
此夜斷腸人不見 오늘 밤 애끊게도 그리운 이 못 보고
起行殘月影徘徊 일어나 지는 달에 그림자가 배회하네

소응[109]에서 묵다

宿昭應

武帝祈靈太一壇 한무제가 기도했던 태일단 제단에
新豊樹色繞千官 신풍[110]의 나무 빛이 천 명 관원 감돌았네
那知今夜長生殿 어떻게 알았으랴, 오늘 밤 장생전이

외랑(檢校祠部員外郎) 등을 지냈다. 기행(紀行)을 소재로 한 시가 대다수인데, 청원자연(淸遠自然)해 조탁(彫琢)을 일삼지 않았다. 문집으로 『장사부시집(張祠部詩集)』이 전한다.

108 고황(顧況) : 생몰년 미상. 자는 포옹(逋翁). 자호는 비옹(悲翁), 화양산인(華陽山人). 소주(蘇州) 출신. 시가(詩歌)를 잘 지었으며, 산수화에도 능하였다. 권귀(權貴)들을 풍자하다가 폄적되자 가족 모두를 이끌고 은거하였다. 시는 대개 화려함은 배척하고 평이하고 통속적인 면을 중시하였다. 저서로 『화양집(華陽集)』이 전한다.

109 소응 : 昭應. 섬서성(陝西省) 서안(西安)에 있는 지명이다.

110 신풍 : 新豐. 소응(昭應)의 한나라 때 이름이다.

獨閉空山月影寒　빈 산에 홀로 닫혀 달그림자 추울 줄을

밤에 원강을 출발하며 이 영천, 유 시어에게 부치다

夜發袁江寄李潁川劉侍御　　대숙륜(戴叔倫)[111]

半夜回舟入楚鄉　한밤중 배를 돌려 초나라 땅 들어가니
月明山水共蒼蒼　달은 밝고 산과 물이 함께 멀고 아득하네
孤猿更叫秋風裏　외로운 원숭이가 추풍 속에 다시 우니
不是愁人亦斷腸　시름없는 사람도 창자가 끊어지네

양 시어에게 부치다

寄楊侍御　　포하(包何)[112]

一官何行得同時　관직 하나 어떻게 동시에 얻게 됐나
十載無媒獨見遺　십년이나 추천 없어 홀로 남겨졌었다네
今日莫論腰下組　허리의 인끈일랑 오늘 말을 하지 말고
請君看取鬢邊絲　귀밑에 있는 백발 그대는 보아주오

---

111 대숙륜(戴叔倫) : 732~789. 자는 유공(幼公) 또는 차공(次公). 윤주(潤州) 금단(金壇) 출신. 문학으로 유명하였으며, 시를 잘 지었다. 호남관찰사(湖南觀察使)와 강서절도사(江西節度使)를 지냈다. 저서로 『술고(述稿)』 10권이 있었으나 산실되었으며, 후대에 편집된 『대숙륜집(戴叔倫集)』이 있다.

112 포하(包何) : 생졸년 미상. 강소성(江蘇省) 연릉(延陵) 출신. 748년 진사에 급제하여 기거사인(起居舍人)으로 관직을 마쳤다. 아버지의 벗이었던 맹호연(孟浩然)에게 시를 배웠다.

변하곡

汴河曲 이익(李益)[113]

汴水東流無限春 변수[114]의 동쪽 흐름 봄 풍경은 끝없으나
隋家宮闕已成塵 수나라 궁궐들은 이미 먼지 되었다네
行人莫上長堤望 행인들은 긴 둑 올라 바라보지 마시오
風起楊花愁殺人 바람 불면 버들꽃이 시름겹게 한다오

새벽 호각 소리 듣다

聽曉角 이익(李益)

邊霜昨夜墮關楡 변방 관문 느릅나무 간밤 서리 내리고
吹角當城片月孤 성에서 호각 불 때 조각달이 외롭구나
無限塞鴻飛不渡 끝없는 변방에 기러기 못 건너건만
西風吹入小單于 서풍 불어 소선우[115] 곡조에 드는구나

밤에 수항성[116]에 올라 피리소리를 듣다

夜上受降城聞笛

回樂峰前沙如雪 회락봉[117] 앞 사막은 눈이 내려 펼쳐진 듯

---

113 이익(李益) : 748~829. 자는 군우(君虞). 농서(隴西) 고장(姑臧, 지금의 甘肅) 출신. 현령(縣令), 유주절도사(幽州節度使) 등을 역임하였다. 시가로 이하(李賀)와 이름을 나란히 하였다. 대력십재자(大曆十才子)의 한 사람으로 꼽기도 하지만, 성당(盛唐)의 시풍에서 크게 벗어나지 않으며, 율시에 뛰어났다.

114 변수 : 汴水. 수양제(隋煬帝)가 만든 운하로, 황하의 물을 회하(淮河)로 연결한 것이다.

115 소선우 : 小單于. 당나라 『대각곡(大角曲)』 중의 곡조. 군중에서 호각으로 연주하였다.

116 수항성 : 受降城. 한당 대에 현재 내몽고(內蒙古) 지역에 지었던 성의 이름. 흉노에게 항복을 받기 위한 성이어서 지어진 이름이다.

受降城外月如霜　수항성 밖 달빛은 서리 내려 빛나는 듯
不知何處吹蘆管　어디선가 갈대 피리 부는지 몰라도
一夜征人盡望鄕　온 밤내 원정 온 이 고향 쪽만 바라보네

종군하여 북쪽으로 정벌하러 가다

從軍北征

天山雪後海風寒　천산[118]에 눈 내린 후 바닷바람 차갑고
橫笛偏吹行路難　젓대 소리 행로난[119]을 유독 불어대는구나
磧裏征人三十萬　사막 안 원정 군사 삼십 만이 되는데
一時回首月中看　일시에 머리 돌려 달 가운데 바라보네

양류지[120] 사

楊柳枝詞

유우석(劉禹錫)[121]

煬帝行宮汴水濱　수양제 행궁이 변수 가에 있으니
數株楊柳不勝春　몇 그루 버들이 봄 이기지 못하네

---

117 회락봉 : 回樂峰. 현재 영하회족자치구(寧夏回族自治區) 내 영무(靈武)에 있는 산 이름이다.

118 천산 : 天山. 중앙아시아에 위치한 산맥 이름이다.

119 행로난 : 行路難. 악부 곡조 명이다.

120 양류지 : 楊柳枝. 양류(楊柳) 혹은 유지(柳枝)라고도 한다. 당나라 때 교방곡 이름. 본래는 수나라 때 곡으로 사패(詞牌)에 쓰였다.

121 유우석(劉禹錫) : 772~842. 자는 몽득(夢得). 낙양(洛陽) 출신. 왕숙문(王叔文), 유종원(柳宗元) 등과 정치 개혁을 기도하였으나, 그의 실각으로 인해 좌천되었다. 만년에는 백거이(白居易)와 교유하면서 '유백(劉白)'으로도 불렸다. 시풍이 참신하고 민가의 특성이 농후하였는데, 특히 호방한 시의(詩意)로 인해 시호(詩豪)라고 일컬어지기도 하였다.

晩來風起花如雪　저녁 무렵 바람 일자 눈처럼 꽃 날려서
飛入宮牆不見人　궁궐 담장 날아드나 사람은 뵈지 않네

城外春風吹酒旗　성 밖에는 봄바람이 주막 깃발 흔들고
行人揮袂日西時　행인 소매 떨칠 때가 해가 서산 지는 때네
長安陌上無窮樹　장안의 거리에 수없이 많은 나무
惟有垂楊綰別離　그 가운데 수양만이 이별 슬픔 얽혀 있네

도정[122]에서 묵으며 든 생각

宿都亭有懷

雷雨湘江起臥龍　폭풍우 이는 상강 누운 용을 일으키고
武陵樵客躡仙踪　무릉의 나무꾼은 신선 자취 밟고 가네
十年楚水楓林下　십 년을 초 땅 강가 단풍 숲에 있었으니
今夜初聞長樂鐘　오늘밤 장락궁[123] 종소리를 처음 듣네

가수 하감[124]에게 주다

與歌者何戡

二十餘年別帝京　이십여 년 황제의 수도를 떠났다가
重聞天樂不勝情　궁중 음악 다시 듣고 정을 주체 못하겠네
舊人唯有何戡在　옛사람 가운데 하감만이 살아있어
更與殷勤唱渭城　또다시 절절하게 위성곡[125]을 불러주네

---

122 도정 : 都亭. 도읍 안에 있는 숙박시설. 고대 군현의 치소에 도정을 두도록 되어 있었다.
123 장락궁 : 長樂宮. 한나라 때 장안에 있던 궁궐 이름이다.
124 하감 : 何戡. 당나라 원화(元和) 장경(長慶) 연간에 활약했던 유명한 가수 이름이다.

낭도사[126]사

浪陶沙詞

鸚鵡洲頭浪颭沙　앵무주 모래섬에 물결이 찰랑이고
青樓春望日將斜　청루의 봄 풍경은 해가 지려 하는구나
銜泥燕子爭歸舍　진흙 문 제비들이 다퉈 둥지 돌아오나
獨自狂夫不憶家　제 홀로 미친 남편 집 생각도 안 하네

낭주에서 서울 가서 장난삼아 군자들께 드리다

自朗州至京戲贈諸君子

紫陌紅塵拂面來　서울 거리 붉은 먼지 얼굴에 쓸려 와도
無人不道看花回　꽃구경 갔다 왔다 하지 않는 이가 없네
玄都觀裏桃千樹　현도관[127] 안에 있는 복사꽃 수천 그루
盡是劉郎去後栽　모두 다 나 유랑이 떠난 후 심었다지

양주사

凉州詞　장적(張籍)[128]

鳳林關裏水東流　봉림관[129] 안 강물은 동쪽으로 흘러가고

---

125 위성곡 : 渭城曲. 악부(樂府)의 곡 이름으로, 옛날에 이별하면서 부르던 노래이다. 양관곡(陽關曲)이라고도 한다.

126 낭도사 : 浪淘沙. 당나라 때 교방의 곡조 이름. 후에 사패(詞牌)에 쓰였다.

127 현도관 : 玄都觀. 섬서성(陝西省) 장안에 있던 도관의 이름이다.

128 장적(張籍) : 766?~830?. 자는 문창(文昌). 오군(吳郡) 출신. 당대 명사들과 교유하였으며, 한유(韓愈)로부터 인정받기도 하였다. 악부시(樂府詩)로 이름이 났으며, 왕건(王建)과 더불어 '장왕(張王)'으로 병칭되었다. 저서로 『장사업집(張司業集)』이 있다.

白草黃楡六十秋 백초와 황유[130]는 예순 해를 지냈어라
邊將皆承主恩澤 변방 장수 모두 다 은택을 입었으나
無人解道取凉州 양주를 취할 방법 아는 이가 없구나

십오일 밤 달 구경하다

十五夜翫月

왕건(王建)[131]

中庭地白樹棲鴉 땅 빛 하얀 중정에 나무 깃든 갈까마귀
冷露無聲濕桂花 찬 이슬은 소리 없이 계수나무 꽃 적시네
今夜月明人盡望 오늘 밤 달이 밝아 사람들 다 바라보니
不知秋思在誰家 가을 생각 어느 집에 있으려나 모르겠네

가릉역

嘉陵驛

무원형(武元衡)[132]

悠悠風旆遶山川 아득히 나부끼는 깃발 산천 감싸고
山驛空濛雨作煙 산 위 역은 어둑하니 비가 안개 만드네
路半嘉陵頭已白 길 반 쯤 온 가릉역에 머리 이미 허옇건만

129 봉림관 : 鳳林關. 지금의 감숙성(甘肅省) 임하(臨夏) 서북쪽에 있던 관으로, 당과 토번(吐蕃)의 경계가 되는 땅이었다.

130 백초와 황유 : 白草와 黃楡. 변새에 자라는 풀과 나무를 가리킨다. 백초는 서역의 목초로 다 자라면 하얗게 변하고, 황유는 북방 변경에 자라는 누런 누릅나무이다.

131 왕건(王建) : 768~830?. 자는 중초(仲初). 위남위(渭南尉), 섬주사마(陝州司馬)를 지냈다. 악부시(樂府詩)에 능하였다. 문집으로 『왕사마집(王司馬集)』이 전한다.

132 무원형(武元衡) : 758~815. 자는 백창(伯蒼). 하남(河南) 구씨(緱氏, 지금의 河南 偃師縣) 출신. 문하시랑평장사(門下侍郎平章事), 검남서천절도사(劍南西川節度使) 등을 역임하였다. 저서로 『임회집(臨淮集)』 10권이 있었으나 흩어졌다.

蜀門西更上青天　촉 땅 문은 서쪽으로 푸른 하늘 더 오르리

한원행

漢苑行

장중소(張仲素)[133]

回雁高飛太液池　돌아가는 기러기 높이 나는 태액지[134]
新花低發上林枝　새 꽃이 상림원[135] 가지에 낮게 폈네
年光到處皆堪賞　한 해 경치 곳곳마다 다 감상할 만하니
春色人間總不知　봄빛 온 인간 세상 도무지 모르겠네

가을 규방의 생각

秋閨思

碧窗斜月藹深輝　푸른 창에 비낀 달 깊은 빛이 가득하고
愁聽寒螿淚濕衣　쓰르라미 시름겨워 눈물로 옷 적시네
夢裏分明見關塞　꿈속에서 분명히 관새를 보았는데
不知何路向金微　금미산[136] 가는 길이 어디인지 모르겠네

秋天一夜靜無雲　가을 하늘 온 밤 내 고요하여 구름 없고
斷續鴻聲到曉聞　기러기 새벽까지 끊겼다 이어졌다

133 장중소(張仲素) : 769?~819. 자는 회지(繪之) 또는 궤지(繢之). 숙주(宿州) 부리(符離) 출신. 무강군종사(武康軍從事), 사훈원외랑(司勳員外郎) 등을 역임하였다. 시를 잘 지었으며, 문집 1권과 『부추(賦樞)』 3권을 남겼다.

134 태액지 : 太液池. 궁궐에 있는 연못 이름. 한나라 때 장안의 건장궁(建章宮) 북쪽, 미앙궁(未央宮) 서남쪽에 있었다.

135 상림원 : 上林苑. 궁중의 비원을 가리킨다.

136 금미산 : 金微山. 몽고 지역에 있는 산 이름으로, 지금의 알타이산맥이다.

欲寄征衣問消息　군복을 부치려 소식을 물어보니
居延城外又移軍　거연성 밖으로 또 군대가 옮겼다지

군중즉사

郡中卽事

양사악(羊士諤)[137]

紅衣落盡暗香殘　붉은 연꽃 다 지자 옅은 향기 남았고
葉上秋光白露寒　잎새 위의 가을빛에 흰 이슬 차갑구나
越女含情已無限　월 땅 여인 품은 정은 이미 한이 없으니
莫教長袖倚闌干　긴 소매로 난간에 기대게 하지 마오

백낙천이 강주사마로 좌천되었다는 말을 듣다

聞白樂天左降江州司馬

원진(元稹)[138]

殘燈無焰影幢幢　남은 등은 불꽃 없이 그림자만 어슴푸레
此夕聞君謫九江　그대 구강 유배간다 오늘 저녁 들었다네
垂死病中驚坐起　죽어가는 병중에도 깜짝 놀라 앉았으니
暗風吹雨入寒窓　어둔 바람 비를 몰아 추운 창에 들어오네

---

137 양사악(羊士諤) : 763?~819?. 자는 간경(諫卿). 하남(河南) 낙양(洛陽) 출신. 감찰어사(監察御史), 자주자사(資州刺史)를 지냈다. 시를 잘 지었는데, 전중(典重)하다는 평을 받았다.

138 원진(元稹) : 779~831. 자는 미지(微之). 하남(河南) 출신. 15살 나이에 급제하여 감찰어사(監察御史), 공부시랑(工部侍郎), 동평장사(同平章事) 등을 지냈다. 총 719수의 시가 전한다. 그중 풍유시가 가장 많다. 백거이(白居易)와 함께 '원백(元白)'으로 불렸으며, 시풍을 원화체(元和體)라 하였다. 저서로 『원씨장경집(元氏長慶集)』 60권이 전한다.

호위주

胡謂州 장호(張祜)[139]

亭亭孤月照行舟 정정한 외로운 달 가는 배를 비춰주고
寂寂長江萬里流 적적한 장강이 만 리 먼 길 흐르네
鄕國不知何處是 고향 땅은 어디인가 알 수가 없건만
雲山漫漫使人愁 구름산이 멀고 멀어 시름겹게 하는구나

우림령[140]

雨淋鈴

雨淋鈴夜却歸秦 우림령 울린 밤에 장안으로 돌아오니
猶是張徽一曲新 장휘[141]의 노래 한 곡 여전히 새롭구나
長說上皇垂淚敎 상황[142]께서 눈물 흘려 하신 말씀 전하지만
月明南內更無人 달 밝은 남내[143]에 다시 사람 없어라

---

139 장호(張祜) : 785~849. 자는 승길(承吉). 하북성(河北省) 청하(淸河) 출신. 대대로 현달한 집안 출신으로, 해내명사(海內名士)라 일컬어졌다. 『전당시(全唐詩)』에 349수의 시가 실려 있다.

140 우림령 : 雨淋鈴. 장마비 속에서 방울소리를 들었다는 뜻으로, 당나라 때 교방곡이다. 『명황잡록(明皇雜錄)』에 "황제가 서촉에 행행(行幸)하여 맨 처음 사곡(斜穀)에 들어갔는데 장마가 열흘 동안 계속되었다. 잔도(棧道) 중간에 방울소리가 들리니 황제가 마침 귀비를 상념 하던 터라 그 소리를 취하여 『우림령곡』을 만들어 한을 나타냈다.[帝幸蜀 初入斜穀 霖雨彌旬 棧道中聞鈴聲 帝方悼念貴妃 采其聲爲雨淋鈴曲 以寄恨]"라고 하였다.

141 장휘 : 張徽. 당현종(唐玄宗) 때 유명한 악사의 이름이다.

142 상황 : 上皇. 당현종을 가리킨다.

143 남내 : 南內. 남쪽의 안 쪽, 즉 장안성 내의 남쪽에 위치한 경흥궁(慶興宮)을 가리킨다. 당현종이 태자 시절 지내던 곳이다.

집령대

集靈臺

虢國夫人承主恩 괵국부인[144] 황제의 은혜를 입고서
平明騎馬入宮門 새벽에 말을 타고 궁문으로 들어갔네
却嫌脂粉汚顔色 지분이 얼굴을 더럽힐까 싫어서
淡掃蛾眉朝至尊 눈썹을 지우고서 지존을 뵈었다네

상건[145]을 건너다

渡桑乾

가도(賈島)[146]

客舍幷州已十霜 병주에서 머문 지 이미 십 년 지나니
歸心日夜憶咸陽 돌아갈 맘 밤낮으로 함양을 떠올리네
無端更渡桑乾水 상간의 물 다시 건널 단서가 없기에
却望幷州是故鄕 다시 병주 바라보니 여기가 고향이네

---

144 괵국부인 : 虢國夫人. 양귀비의 동생. 당현종이 양귀비의 형제들 세 사람까지 총애하게 되어 모두 국부인(國夫人)을 봉했는데, 그중에도 양귀비의 끝 동생인 괵국부인(虢國夫人)을 가장 총애하였다고 한다.

145 상건 : 桑乾. 현재 북경 남쪽에 있는 영정하(永定河) 상류에 해당하는 하천. 매년 상심(桑椹), 즉 오디가 익을 때 물이 마르기 때문에 이런 이름이 붙었다고 한다.

146 가도(賈島) : 779~843. 자는 낭선(浪仙). 하북성(河北省) 범양(范陽) 출신. 집이 빈한하여 일찍이 승려가 되어 법호를 무본(無本)이라 하였다. 811년 낙양에서 당대의 명사 한유(韓愈)와 교유하면서 환속(還俗)하였다. 837년 사천(四川)성 장강현(長江縣)의 주부(主簿)가 되어 간신히 관직을 얻었고, 이어 안악현(安岳縣) 보주(普州)의 사창참군(司倉參軍)으로 전직되었다가 병으로 세상을 떠났다.

한궁사

漢宮詞

이상은(李商隱)[147]

青雀西飛竟未回　푸른 참새 서쪽 가서 돌아오지 않으니
君王長在集靈臺　군왕은 오랫동안 집령대에 있었네
侍臣最有相如渴　시신 중에 사마상여 가장 목이 말랐으나
不賜金莖露一杯　금경로[148] 한 잔을 하사하지 않았네

밤비에 북쪽에 부치다

夜雨寄北

君問歸期未有期　그대가 물어도 돌아올 날 기약 없고
巴山夜雨漲秋池　파산에 밤비 오니 가을 못이 불어났네
何當共剪西窓燭　어떡하면 서창 등불 심지 함께 자르며
却話巴山夜雨時　파산 밤비 오던 때를 얘기하게 되려나

영호 낭중에게 부치다

寄令狐郎中

嵩雲秦樹久離居　숭산 구름 진 땅 나무 떨어져서 오래 살아

---

147 이상은(李商隱) : 812~858. 자는 의산(義山). 호는 옥계생(玉谿生). 회주(懷州) 하내(河內) 출신. 동천절도사판관(東川節度使判官), 검교공부원외랑(檢校工部員外郎)을 지냈다. 영호초(令狐楚)에게 병려문(駢儷文)을 배웠으며, 온정균(溫庭筠), 단성식(段成式)과 함께 36체(體)로 불렸다. 작품은 대개 사회적 현실을 투영한 서사시, 위정자를 풍자한 영사시 등이 주를 이룬다. 저서로 『이의산시집(李義山詩集)』과 『번남문집(樊南文集)』이 있다.

148 금경로 : 金莖露. 한 무제(漢武帝)가 불로장생을 위해 건장궁(建章宮)에 동주(銅柱)를 세워서 감로(甘露)를 받도록 만든 승로반(承露盤)의 이슬을 가리킨다.

雙鯉迢迢一紙箋 한 쌍 잉어[149] 멀리에서 한 장 편지 가져왔네
休問梁園舊賓客 묻지를 말아주오, 양원의 옛 손님은
茂陵秋雨病相如 무릉의 가을비에 병든 사마상여라오

가을 생각

秋思

허혼(許渾)[150]

琪樹西風枕簟秋 구슬 나무 서풍 불 제 대자리에 누운 가을
楚雲湘水憶同遊 초 땅 구름 상강 물 같이 놀던 때 그립네
高歌一曲掩明鏡 높은 노래 한 곡조에 밝은 거울 가리니
昨日少年今白頭 어제의 그 소년이 지금 백발 됐다오

강가 누각에서 감회를 쓰다

江樓書感

조하(趙嘏)[151]

獨上江樓思渺然 강가 누각 홀로 올라 생각은 아득하고
月光如水水連天 달빛은 물 같고 물은 하늘 닿아 있네

---

149 한 쌍 잉어 : 쌍리(雙鯉). 서신(書信)을 뜻한다. 고악부(古樂府)인 「음마장성굴행(飮馬長城窟行)」 시에, "손님이 먼 지방에서 와서, 나에게 잉어 두 마리를 주길래, 아이 불러 두 잉어를 삶게 했더니, 배 속에서 짤막한 서신이 나오네.[客從遠方來 遺我雙鯉魚 呼兒烹鯉魚 中有尺素書]"라고 한 데서 온 말이다. 『古文眞寶 前集 卷3 樂府上』

150 허혼(許渾) : 791~854?. 자는 용회(用晦), 중회(仲晦). 윤주(潤州) 단양(丹陽) 출신. 도주현령(涂州縣令), 태평현령(太平縣令) 등을 지냈다. 지병으로 인해 정묘교(丁卯橋) 촌사(村舍)에 은거하였다. 문집 『정묘집(丁卯集)』이 있다.

151 조하(趙嘏) : 생몰년 미상. 자는 승우(承祐). 산양(山陽) 출신. 위남위(渭南尉)를 지냈으며, 두목(杜牧)이 극찬하면서 이름을 붙인 시가 있었을 정도로 시를 잘 지었다. 대개 섬미(贍美)한 풍격을 지녔다. 저서로 『위남집(渭南集)』 3권이 전한다.

同來翫月人何處　달구경 함께 하던 그 사람 어디 있나
風景依稀似去年　풍경이 작년처럼 희미하게 느껴지네

절양류지사

折楊柳枝詞　　단성식(段成式)[152]

枝枝交影鎖長門　가지가지 얽혀서 장문궁을 잠갔으니
嫩色曾沾雨露恩　예전 어린 새 눈이 임금 은혜 받았었지
鳳輦不來春欲盡　임금 수레 오지 않고 봄은 다 가려하니
空留鶯語到黃昏　부질없이 꾀꼬리 소리 남은 황혼이네

궁원

宮怨　　사마례(司馬禮)[153]

柳色參差掩畵樓　버들 빛은 들쭉날쭉 그림 다락 가리고
曉鶯啼送滿宮愁　꾀꼬리 우는 새벽 궁에 시름 가득하네
年年花落無人見　해마다 지는 꽃잎 보아주는 사람 없어
空逐春泉出御溝　공연히 봄샘 좇아 궁궐 도랑 나가네

---

152 단성식(段成式) : 미상~863. 자는 가고(柯古). 제주(齊州) 임치(臨淄) 출신. 교서랑(校書郞), 상서랑(尙書郞), 길주자사(吉州刺史) 등을 역임하였다. 이상은(李商隱), 온정균(溫庭筠)과 더불어 사륙문(四六文)을 잘 지었으며, 장주공문(章奏公文)에도 능하여 당시 '삼십륙체(三十六體)'로 불렸다.

153 사마례(司馬禮) : 생몰년 미상. 당나라 선종(宣宗) 대중연간(大中年間, 847~859)에 활동했던 시인이다.

변방 장수에게 잔치를 베풀다

宴邊將 장교(張喬)[154]

一曲凉州今不淸 한 곡조 양주곡이 지금은 맑지 않고
邊風蕭颯動江城 변새 바람 쓸쓸하게 강가 성을 흔드네
坐中有老沙場客 좌중의 늙은이는 사막의 나그네니
橫笛休吹塞上聲 변새의 곡조를 젓대는 불지 마오

물러나 아침에 종남산을 바라보다

退朝望終南山 이증(李拯)[155]

紫宸朝罷綴鴛鸞 자신[156]에서 조회 끝나 원앙 난새 이어지니
丹鳳樓前駐馬看 단봉루[157] 앞에서 말 멈추고 보노라
惟有終南山色在 종남산 산색만이 그대로 있기에
晴明依舊滿長安 청명함이 변함없이 장안에 가득하네

154 장교(張喬) : 생몰년 미상. 안휘성(安徽省) 귀지(貴池) 출신. 당나라 의종(懿宗) 때 진사에 합격하여, 당시 "함통십철(咸通十哲)" 중 한 사람으로 꼽혔다. 황소의 난 때 구화산(九華山)에 은거하여 생애를 마쳤다.

155 이증(李拯) : ?~866. 자는 창시(昌時). 농서(隴西) 출신이다. 871년 진사에 합격하여 절도사 막부의 막료를 역임하였다. 황소의 난 때 평양(平陽)으로 피난하였다가 당 희종(唐僖宗) 때 입조, 상서랑(尙書郎)·고공낭중(考功郎中)·지제고(知制誥)를 역임하였다. 866년 주매(朱玫)의 반란과 연루되어 난군에게 피살되었다.

156 자신 : 紫宸. 당송(唐宋) 시대에 천자가 조정 백관과 외국 사신들을 접견하던 정전(正殿) 이름으로, 전하여 임금이 사는 궁궐을 가리킨다.

157 단봉루 : 丹鳳樓. 당나라 때 장안 대명궁(大明宮) 남문루의 명칭이다.

화청궁[158]

華淸宮

최로(崔魯)[159]

草遮回磴絶鳴鑾　풀 가린 비탈길에 황제 거둥 끊기고
雲樹深深碧殿寒　구름 나무 깊고 깊어 푸른 전각 춥구나
明月自來還自去　밝은 달이 절로 왔다 또 절로 돌아가나
更無人倚玉欄干　옥 난간에 기댔던 이 다시는 없구나

고별리

古別離

위장(韋莊)[160]

晴煙漠漠柳毿毿　맑은 이내 막막하고 버들은 하늘하늘
不那離情酒半酣　떠나는 정 어찌 못해 술에 반쯤 취했네
更把玉鞭雲外指　옥 채찍 다시 잡고 구름 밖을 가리키니
斷腸春色在江南　강남에 있는 봄빛 창자를 끊는구나

158 화청궁 : 華淸宮. 당나라 때 섬서성(陝西省) 여산(驪山)에 있었던 이궁(離宮)으로 온천이 유명하다.

159 최로(崔魯) : 최로(崔櫓)로 쓰기도 한다. 호북성(湖北省) 형주(荊州) 출신. 광명(廣明) 연간에 진사에 급제, 벼슬이 체주사마(棣州司馬)에 이르렀다. 『무기집(無譏集)』 4권이 있으나 전하지 않고, 『전당시(全唐詩)』에 16수의 시가 실려 있다.

160 위장(韋莊) : 836~910. 자는 단기(端己). 경조(京兆) 두릉(杜陵) 출신. 이부상서(吏部尙書), 동평장사(同平章事)를 지냈다. 사(詞)에 능하여 화간파(花間派) 사인에 속했다. 「진부음(秦婦吟)」을 지은 것으로 이름을 알려 세간에서 '진부음수재(秦婦吟秀才)'라 일컬어졌다. 저서로 『완화집(浣花集)』 10권과 『완화사집(浣花詞集)』 1권 등이 전한다.

궁사

宮詞

이건훈(李建勳)[161]

宮門長閉舞衣閒　궁문이 오래 닫혀 춤추는 옷 소용없고
略識君王鬢已斑　군왕께서 반백 된 걸 대략은 알겠구나
却羨落花春不關　부러워라, 지는 꽃잎 봄이 상관 안 하니
御溝流得到人間　궁궐 도랑 흘러가서 인간 세상 가는구나

161 이건훈(李建勳) : 생몰년 미상. 자는 치요(致堯). 농서(隴西) 출신. 학문을 즐겨하였으며 특히 시에 능하였다. 시문집이 전한다.

당절선산 곤(坤)

당절선산 권7

명(明) 강음(江陰) 서충(徐充) 자확(子擴) 선(選)

원사

怨辭 　　장굉(張汯)[1]

去年離別雁初歸　이별하던 작년 처음 기러기 돌아갔고
今夜裁縫螢已飛　바느질하는 이 밤 반딧불 벌써 나네
征客未來音信斷　원정 간 님 오지 않고 편지도 끊겼으니
不知何處寄寒衣　겨울옷 어디에 부칠지를 모르겠네

원정간 이를 생각하다

憶征人 　　왕유(王維)[2]

秋風明月獨離居　가을바람 밝은 달에 홀로 떠나 사노니
蕩子從戎十載餘　탕자가 입대한 지 십여 년이 지났네

1 장굉(張汯) : 생몰년 미상. 소주(蘇州) 출신. 700년 진사에 급제했다. 감찰어사(監察御史), 회계령(會稽令), 좌습유(左拾遺), 허주사호(許州司戶) 등을 역임했다. 『전당시(全唐詩)』에 시가 3수 남아있다.

2 왕유(王維) : 699~759. 자는 마힐(摩詰). 호는 마힐거사(摩詰居士). 포주(蒲州)에서 태어났다. 당현종(唐玄宗) 때 진사가 되고, 벼슬이 상서우승(尙書右丞)에 이르렀다. 이 때문에 왕우승(王右丞)이라 통칭되기도 한다. 시뿐만 아니라 그림, 음악으로도 유명하였다. 시선(詩仙) 이백(李白), 시성(詩聖) 두보(杜甫)와 함께 3대 시인으로 꼽히며, 시불(詩佛)로 일컬어진다. 문집이 전한다.

征人去日慇懃囑　원정 간 이 떠나던 날 간절히 부탁했지
歸雁來時數寄書　기러기 돌아올 때 자주 편지 부치라고

석계륜[3]

石季倫　　이청(李淸)[4]

金谷繁華石季倫　금곡원[5] 번화하고 화려했던 석계륜은
只能謀富不謀身　부유함만 꾀하고 몸 꾀하지 않았네
當時縱使綠珠去　당시 만약 녹주[6]를 떠나가게 했다면
猶有無窮歌舞人　춤과 노래하는 이는 무궁하게 있을 텐데

강남행

江南行　　장조(張潮)[7]

茨菰葉爛別西灣　자고 잎 시들 때 이별했던 서쪽 만에
蓮子花開猶未還　연꽃이 피었어도 돌아오지 않는구나

3 석계륜 : 石季倫. 진(晉)나라 때 부호(富豪)로 이름난 석숭(石崇). 계륜(季倫)은 그의 자이다. 석숭은 위위(衛尉)로 있으면서 남을 시켜 바다에서 무역을 해서 거부가 되어 왕개(王愷), 양수(羊琇)와 함께 호사를 다투었다.

4 이청(李淸) : 생몰년 미상. 753년 진사에 급제하였다. 진서와 행서를 잘 썼다.

5 금곡원 : 金谷園. 하양(河陽)에 있던 석숭(石崇)의 별장. 빈객을 불러 연회를 베풀고 시회를 열었는데, 만약 시편을 이루지 못하면 술 서 말을 벌로 마시게 하였다 한다. 『金谷園詩序』

6 녹주 : 綠珠. 진(晉)의 부호 석숭(石崇)의 애첩이다. 아름답고 피리를 잘 불어서, 당시 세력가 손수(孫秀)가 자기에게 달라고 청하니 석숭이 허락하지 않으므로 조서를 꾸며서 석숭을 잡아가자 녹주는 석숭과 노닐던 누대 아래로 투신하였다. 『晉書 石崇傳』

7 장조(張潮) : 생몰년 미상. 장조(張朝)라고도 한다. 윤주(潤州) 단양(丹陽) 출신. 활동하던 당시 「장간행(長干行)」으로 유명하였다.

妾夢不離江水上 첩은 꿈에 강가를 떠나지 않았는데
人傳郎在鳳凰山 우리 낭군 봉황산에 있다고들 하는구나

연초에 황보 시어가 찾아와 기뻐하다

歲初喜皇甫侍郎見訪 엄유(嚴維)[8]

湖上新正逢故人 호숫가 새해에 옛 친구를 만났으니
情深應不笑家貧 정이 깊어 가난한 집 비웃지 않으리
明朝別後門還掩 내일 아침 이별한 뒤 문 다시 닫고 나면
修竹千竿一老身 우거진 참대 숲에 늙은 한 몸 뿐이리

배급사 댁의 백모란

裴給事宅白牡丹 노륜(盧綸)[9]

長安豪貴惜春殘 장안의 부호들은 스러지는 봄 애석해
爭賞新開紫牡丹 새로 핀 자목련을 다투어 감상하네
別有玉盤承露冷 옥반을 따로 두어 이슬 받아 차가우나
無人起就月中看 일어나 달밤 나가 보는 사람 없구나

8 엄유(嚴維) : 생몰년 미상. 자는 정문(正文). 월주(越州) 산음(山陰) 출신. 젊어서는 벼슬에 뜻을 두지 않고 동려(桐廬)에서 은거생활을 하였다. 유장경(劉長卿)과 교유하였으며, 비서랑(秘書郎), 벽좌하남막부(辟佐河南幕府) 등을 역임하였다.

9 노륜(盧綸) : 748?~800. 자는 윤언(允言). 하중(河中) 포(蒲, 지금의 山西) 사람. 대력십재자(大曆十才子)의 한 사람이다. 여러 차례 과거에 응시하였으나, 번번이 떨어졌다가 혼감(渾瑊)에 의해 원수부판관(元帥府判官)이 되었다. 문집이 있었으나 산실되었으며, 명나라 사람이 모은 『노륜집(盧綸集)』이 전한다. 『전당시(全唐詩)』에 시가 5권으로 실려 있다.

양주곡

涼州曲 유담(柳談)[10]

關山萬里遠征人 관산까지 만릿길 멀리 원정 나간 이가
一望關山淚滿巾 관산 한 번 바라보니 수건에 눈물 가득
青海城頭空有月 청해성 머리에 부질없이 달만 있고
黃沙磧裏本無春 누런 사막 모래에는 원래 봄도 없다네

병중에 기녀를 내보내다

病中遣妓 사공서(司空曙)[11]

萬事傷心在月前 달빛 앞에 만사가 마음이 아프니
一身憔悴對花眠 이 한 몸 초췌한 채 꽃을 대해 잠들었네
黃金用盡教歌舞 황금을 다 써서 가무 가르쳤더니만
留與他人樂少年 다른 집 주어서 젊은이만 즐겁구나

빗속에 꽃을 보고 짓다

雨中看花詩 두양빈(竇梁賓)[12]

東風未放曉泥乾 동풍은 불지 않고 새벽 진흙 말랐으니

---

10 유담(柳談) : ?~775. 자는 중용(中庸). 산서성(山西省) 영제(永濟) 출신. 유종원(柳宗元)의 족인이다. 『전당시(全唐詩)』에 13수의 시가 실려 있다.

11 사공서(司空曙) : 740~790. 자는 문명(文明) 또는 문초(文初). 광평(廣平) 출신. 일설에는 경조(京兆) 출신이라고도 한다. 낙양주부(洛陽主簿), 장림현승(長林縣丞), 우부낭주(虞部郎中) 등을 역임하였다. '대력십재자(大曆十才子)'의 한 사람이다. 저서로 『사공문명시집(司空文明詩集)』이 전한다.

12 두양빈(竇梁賓) : 생몰년 미상. 이문(夷門) 출신. 『전당시(全唐詩)』에 2수의 시가 남아 있다.

紅紫花開不耐寒 붉은 꽃이 피어나도 추위를 못 견디네
待得天晴花已老 날씨 개기 기다리면 꽃은 이미 늙겠으니
不如攜手雨中看 손 잡고 빗속에서 보는 것만 못하네

산중

山中

고황(顧況)[13]

野人自愛山中宿 야인이 산중에 묵기를 좋아하니
況是葛洪丹井西 더구나 갈홍의 단정[14] 서쪽 있음에랴
庭前有個長松樹 뜰에 있는 오래된 한 그루 소나무에
夜半子規來上啼 한밤중 자규가 와 올라가 운다네

궁사

宮詞

玉樓天半起笙歌 하늘 높이 솟은 옥루 음악 소리 일어나고
風送宮嬪笑語和 궁녀들 웃음 소리 바람이 보내 오네
月殿影開聞夜漏 달빛 궁전 그림자에 물시계 소리 들려
水精簾捲近秋河 수정 발을 걷으니 가을 은하 가깝구나

---

13 고황(顧況) : 생몰년 미상. 자는 포옹(逋翁). 자호는 비옹(悲翁), 화양산인(華陽山人). 소주(蘇州) 출신. 시가(詩歌)를 잘 지었으며, 산수화에도 능하였다. 권귀(權貴)들을 풍자하다가 폄적되자 가족 모두를 이끌고 은거하였다. 시는 대개 화려함은 배척하고 평이하고 통속적인 면을 중시하였다. 저서로 『화양집(華陽集)』이 전한다.

14 갈홍의 단정 : 진(晉)나라의 갈홍(葛洪)은 자(字)가 치천(稚川)인데 나부산(羅浮山)에서 선약(仙藥)을 만들어 먹고는 신선이 되었다고 한다. 단정(丹井)은 갈홍이 단약을 굽던 곳이다.

온태를 전송하며

送溫台 주방(朱放)[15]

眇眇天涯君去時 아득한 하늘 끝에 그대가 떠나니
浮雲流水自相隨 뜬 구름과 흐르는 물 저절로 따라가리
人生一世長如客 한 세상 인생살이 긴 나그네 같다지만
何必今朝是別離 하필 오늘 아침이 바로 그 이별인가

봄날의 원망

春怨 유방평(劉方平)[16]

紗窓日落漸黃昏 비단 창에 해지자 황혼이 스미는데
金屋無人見淚痕 눈물 흔적 보는 이는 금빛 집에 없구나
寂寞空庭春欲晚 적막한 빈 뜰에 봄 저물려 하는데
梨花滿地不開門 배꽃 땅에 가득해도 문을 열지 않는구나

위단에 답하다

答韋丹 승려 영철[僧靈澈][17]

年老心閑無外事 나이 드니 다른 일이 없이 마음 한가로워

---

15 주방(朱放) : 생몰년 미상. 자는 장통(長通). 호북성(湖北省) 양양(襄陽) 출신. 처음에는 한수 가에 살았으나 기근 때문에 섬계(剡溪)로 이주하여 은거하였다. 강서절도사에게 참모로 초빙되었으나 벼슬생활이 맞지 않아 사직하였고, 786년 좌습유(左拾遺)에 임명된 적이 있으나 사양하였다.

16 유방평(劉方平) : 생몰년 미상. 하남(河南) 낙양(洛陽) 출신. 시문과 그림에 능하였는데, 특히 채색화에 뛰어나 '산수수석(山水樹石)'으로 불렸다. 과거에는 응시했으나 낙방하고 영양대곡(穎陽大谷)에 은거하였다.

17 영철(靈澈) : 746~816. 자는 원징(源澄). 속성(俗姓)은 탕(湯)씨. 시승(詩僧)으로 어려

麻衣草坐亦容身　삼베옷에 풀방석에 몸을 둘만 하구나
相逢盡道休官去　만나면 다 벼슬을 그만둔다 말하지만
林下何曾見一人　숲속에서 그 한 사람 만난 적이 있던가

취한 뒤에

醉後　　유상(劉商)[18]

秋月春風老此身　가을달과 봄바람에 이 몸은 늙었으니
一瓢長醉任家貧　한 그릇 술 길게 취해 집 형편은 가난했네
醒來還愛浮萍草　깨어나면 부평초가 외려 사랑스러우니
漂寄官河不屬人　관하에 떠돌면서 구속되지 않는다네

동쪽 이웃 미녀의 노래

東隣美女歌　　송제(宋濟)[19]

花暖江城斜日陰　꽃 화사한 강가 성에 해그림자 비끼고
鶯啼繡戶曉雲深　꾀꼴 우는 수놓은 문 새벽 구름 깊구나
春風不道珠簾隔　봄바람은 주렴에 막힌 것은 상관없이
傳得歌聲與客心　노랫소리 길손 마음 전하여 주는구나

서 출가하여 엄유(嚴維)에게 시를 배웠다. 저작으로 시집 10권이 있으나, 『수창집(酬唱集)』 10권은 산실되었다.

18 유상(劉商) : 약 727~805. 자는 자하(子夏). 서주(徐州) 팽성(彭城) 출신. 우부원외랑(虞部員外郎), 변주관찰판관(汴州觀察判官)을 역임했다. 후에 벼슬을 그만두고 시화에 전념하였다.

19 송제(宋濟) : 생몰년 미상. 『전당시(全唐詩)』에 시 2수가 실려 있다.

벗과 이별하다

別友人

장손좌보(長孫佐輔)[20]

愁多不忍醒時別　시름 많아 술 깼을 땐 이별 차마 못하고
想極還尋靜處行　그리움에 사무쳐 고요한 곳 찾아가네
誰遣同衾又分手　그 누가 같이 있다 헤어지게 만들었나
不如行路本無情　지나치며 본래부터 무정한 게 낫겠구나

산가를 찾다

尋山家

獨訪山家歇還涉　홀로 산 집 찾았다가 그냥 다시 건너는데
茅屋斜連隔松葉　비스듬히 이어져 솔잎 너머 초가 있네
主人聞語未開門　말소리 듣고도 주인은 문 열지 않고
繞籬野菜飛黃蝶　울타리 들나물에 노랑나비 나는구나

마을 농가의 복사꽃

村莊桃花

최호(崔護)[21]

去年今日此門中　지난해 오늘은 이 집 문 안에서
人面桃花相映紅　복사꽃이 사람 얼굴 서로 붉게 비추었지
人面不知何處去　사람 얼굴 어디 갔나 알 수가 없건만

---

20 장손좌보(長孫佐輔) : 생몰년 미상. 당나라 때 삭방(朔方) 사람. 은거하며 벼슬하지 않았다. 『전당시(全唐詩)』에 17수의 시가 전한다.

21 최호(崔護) : 생몰년 미상. 자는 은공(殷功). 박릉(博陵, 지금의 河北 定縣) 출신. 영남절도사(嶺南節度使)를 지냈으며, 『전당시(全唐詩)』에 시 6수가 실려 있다.

桃花依舊笑春風　복사꽃은 예전처럼 봄바람에 웃는구나

궁인의 무덤

宮人斜

옹유지(雍裕之)[22]

幾多紅粉委黃泥　얼마나 많은 궁녀 누런 진흙 묻혔을지
野鳥如歌又似啼　들새들은 노래하듯 또 우는 듯하는구나
應有春魂化爲燕　봄 같은 혼이 있어 제비라도 되었다면
年年飛入未央棲　해마다 날아들어 미앙궁에 깃들 텐데

소년행

少年行

영호초(令狐楚)[23]

少小邊州慣放狂　젊은 시절 변경에서 제멋대로 지내면서
驏騎蕃馬射黃羊　안장 없이 말 타고 야생 양도 쏘았지
如今年事無筋力　지금처럼 늙어서 근력이 없어지니
猶倚營門數雁行　군영 문에 기대어 기러기 줄 세고 있네

---

22 옹유지(雍裕之) : 생몰년 미상. 성도(城都) 출신. 진사에 급제하지 못하고 오랜 기간 유랑생활을 하였다. 시가『전당시(全唐詩)』에 1권으로 실려 있다. 악부시(樂府詩)에 능하였는데, 대개 영물(詠物)과 사경(寫景)의 작품으로 이루어져 있다.

23 영호초(令狐楚) : 766~837. 자는 각사(殼士). 자호는 백운유자(白雲孺子). 선주(宣州) 화원(華原, 지금의 陝西 耀縣) 출신. 시문에 뛰어났으며, 한림학사(翰林學士), 지제고(知制誥), 중서사인(中書舍人) 등을 역임하였다. 저서로『칠렴집(漆奩集)』130권이 있으나, 전하지 않는다.

생각을 쓰다

寫意 　　　　　　　　　　　　이익(李益)[24]

水紋珍簟思悠悠 수문 고운 대자리에 생각은 길고 기니
千里佳期一夕休 천 리 밖 좋은 기약 하룻밤에 끝났네
從此無心愛良夜 이제부터 좋은 밤에 무심하게 될 터이니
任他明月下西樓 저 밝은 달 제맘대로 서쪽 누로 지라지

답가사

踏歌詞 　　　　　　　　　　　　유우석(劉禹錫)[25]

春江月出大堤平 봄 강에 달이 뜨고 큰 제방과 평평할 제
堤上女郎連袂行 제방 위 아가씨들 연이어서 가는구나
唱盡新詞歡不見 새 노래를 다 불러도 기쁜 이는 안 보이고
紅霞映樹鷓鴣鳴 붉은 놀이 비친 나무 자고새가 울어대네

24 이익(李益) : 748~829. 자는 군우(君虞). 농서(隴西) 고장(姑臧, 지금의 甘肅) 출신. 현령(縣令), 유주절도사(幽州節度使) 등을 역임하였다. 시가로 이하(李賀)와 이름을 나란히 하였다. 대력십재자(大曆十才子)의 한 사람으로 꼽기도 하지만, 성당(盛唐)의 시풍에서 크게 벗어나지 않으며, 율시에 뛰어났다.

25 유우석(劉禹錫) : 772~842. 자는 몽득(夢得). 낙양(洛陽) 출신. 왕숙문(王叔文), 유종원(柳宗元) 등과 정치 개혁을 기도하였으나, 그의 실각으로 인해 좌천되었다. 만년에는 백거이(白居易)와 교유하면서 '유백(劉白)'으로도 불렸다. 시풍이 참신하고 민가의 특성이 농후하였는데, 특히 호방한 시의(詩意)로 인해 시호(詩豪)라고 일컬어지기도 하였다.

제상행

堤上行

江南江北望煙波　강 남쪽도 강 북쪽도 보이는 건 안개 물결
入夜行人相應歌　밤 되자 행인들이 서로 노래 부르네
桃葉傳情竹枝怨　도엽가[26]는 사랑 노래 죽지가[27]는 원망 노래
水流無限月明多　물은 흘러 끝이 없고 달빛은 많구나

죽지사

竹枝詞

日出三竿春霧消　해가 솟아 높이 뜨자 봄 안개는 사라지고
江頭蜀客駐蘭橈　강 머리에 촉 땅 길손 목란주를 멈추네
憑寄狂夫書一紙　저 못난 지아비에 편지 한 장 부쳐주오
家住成都萬里橋　우리집은 성도의 만리교에 있다오

양류지사

楊柳枝詞

輕盈嫋娜占年華　가벼이 하늘하늘 한창 봄빛 띠고서
舞榭妝樓處處遮　무대와 여인 집을 곳곳에서 가리네

---

26 도엽가 : 桃葉歌. 도엽(桃葉)은 본래 진(晉)나라 왕헌지(王獻之)의 애첩(愛妾) 이름으로, 그가 도엽을 매우 사랑하여 도엽가(桃葉歌)를 지어 불렀다.

27 죽지가 : 竹枝歌. 사천성(四川省) 동부 일대의 민요. 그 지방 풍물을 읊었는데 당(唐)의 시인 유우석(劉禹錫)이 건안(建安)에 갔을 때, 아이들이 「죽지(竹枝)」라는 노래를 부르는 것을 듣고 그 음조로 남녀의 정을 읊었다고 한다.

春盡絮飛留不得 봄 다해 날리는 솜 머물게 할 수 없어
隨風好去落誰家 바람 따라 떠다니다 뉘 집에 떨어질까

저녁에 선계에 머물다

晩次宣溪 한유(韓愈)[28]

韶州南去接宣溪 소주[29]의 남쪽으로 선계정에 접하니
雲水蒼茫日向西 구름과 물 아득한데 해는 서쪽 향하네
客淚數行元自落 나그네 눈물 몇 줄 먼저 절로 떨어지니
鷓鴣休傍耳邊啼 자고새야 귓가에서 우짖지 말아 주렴

이웃 여인이 원정 간 지아비 때문에 곡을 하다

隣婦哭征夫 장적(張籍)[30]

雙鬟初合便分離 머리 처음 풀자마자 이별하게 되었더니
萬里征夫不得隨 만 리 떠난 지아비를 따를 수가 없었네
今日軍回身獨歿 오늘 군대 돌아와도 남편 홀로 죽었으니
去時鞍馬別人騎 떠날 때 탄 안장마를 다른 이가 타고 왔네

---

28 한유(韓愈) : 768~824. 자는 퇴지(退之). 창려선생(昌黎先生)으로 불리기도 한다. 하남(河南) 하양(河陽) 출신. 사문박사(四門博士), 국자박사(國子博士), 중서사인(中書舍人) 등을 역임하였다. '당송팔대가(唐宋八大家)' 중 한 사람으로 장성해서 『육경(六經)』을 다 외우고 백가(百家)의 학문을 익혔다. 시호가 문(文)이라, 한문공(韓文公)으로 불린다.

29 소주 : 韶州. 현재의 광동성(廣東省) 소관(韶關)에 치소를 두었던 행정 구역 명이다.

30 장적(張籍) : 766?~830?. 자는 문창(文昌). 오군(吳郡) 출신. 당대 명사들과 교유하였으며, 한유(韓愈)로부터 인정받기도 하였다. 악부시(樂府詩)로 이름이 났으며, 왕건(王建)과 더불어 '장왕(張王)'으로 병칭되었다. 저서로 『장사업집(張司業集)』이 있다.

삼월 그믐날 유 평사에게 준 시

三月晦日贈劉評事

가도(賈島)[31]

三月正當三十日 삼월에도 바로 딱 삼십일이 되었으니
風光別我苦吟身 괴로이 읊는 이 몸 봄풍광이 작별하네
共君今夜不須眠 그대 함께 오늘 밤엔 잠을 자지 말아야지
未到曉鍾猶是春 새벽종이 울리기 전 아직까지 봄이라네

학림사에 쓰다

題鶴林寺

이섭(李涉)[32]

終日昏昏醉夢間 종일토록 혼미하게 꿈결에 취했다가
忽聞春盡强登山 봄 다한다 홀연 듣고 억지로 산 올랐네
因過竹院逢僧話 죽원을 지나다가 스님 얘기 들었기에
又得浮生半日閒 뜬 인생에 또 반나절 한가하게 보냈네

31 가도(賈島) : 779~843. 자는 낭선(浪仙). 범양(范陽, 지금의 河北省) 출신. 과거에 모두 낙방하였는데, 이에 낙담하여 무본(無本)이란 이름의 중으로 행세하기도 하고, 스스로 '갈석산인(碣石山人)'이라 부르기도 하였다. 시의 표현에 많은 고심을 하여 한유(韓愈)로부터 시재(詩才)를 인정받았으며, '推敲(추고·퇴고)'의 일화를 남겼다. 문집(文集)으로 『장강집(長江集)』 10권이 전한다.

32 이섭(李涉) : 생몰년 미상. 자호는 청계자(淸溪子). 낙양(洛陽) 출신. 젊어서는 동생인 이발(李渤)과 여산(廬山)에 은거하였다. 이후 진허절도부종사(陳許節度府從事), 태자통사사인(太子通事舍人), 태학박사(太學博士) 등을 역임하였다. 문집 2권이 있었으나 전하지 않는다.

늦봄에 학림사를 유람하다
春晩遊鶴林寺

野寺尋花春已遲　들녘 절에 꽃 찾으니 봄이 이미 늦어서
背巖惟有兩三枝　바위를 등지고 두세 가지 남아있네
明朝携酒猶堪醉　내일 아침 술 가지고 취할 만할 터이니
爲報春風且莫吹　우선 불지 말라고 봄바람에 알려야지

윤주에서 호각 소리를 듣다
潤州聞角

孤城吹角水茫茫　외딴 성의 호각 소리 강물은 망망하고
勾引胡笳怨思長　호가 소리 끌려서 원망 생각 길어지네
驚起暮天沙上鴈　저녁 하늘 모래 위의 기러기들 놀라서
海門斜去兩三行　해문에 두세 줄 비껴서 날아가네

양양을 방문해 우 사공[33]에게 올리다
過襄陽上于司空

方城漢水舊城池　방성은 옛 성이요 한수는 옛 해자니
陵谷依然世自移　산과 골짝 여전해도 세상 절로 바뀌었네
歇馬獨來尋故事　말 멈추고 홀로 와서 옛날 일을 찾으니
逢人惟說峴山碑　만난 이들 현산비[34]에 대해서만 말을 하네

---

33 우 사공 : 于司空. 우적(于頔, ?~818). 자는 윤원(允元). 하남성(河南省) 낙양(洛陽) 출신. 당나라 때 재상을 역임했다.

34 현산비 : 峴山碑. 진(晉)나라의 명장(名將) 양호(羊祜)가 일찍이 양양 태수(襄陽太守)

진성으로부터 돌아와 다시 무관에 쓰다

從秦城回再題武關

遠別秦城萬里遊　도성을 멀리 떠나 만 리 멀리 노닐다가
亂山高下入商州　뭇 산을 오르내려 상주로 들어서네
關門不鎖寒溪水　관문도 찬 시냇물 잠그지 못하여
一夜潺湲送客愁　나그네 한 밤 시름 졸졸 흘려 보내네

답가

踏歌　　그림 병풍 속 여인[畫屛婦人][35]

長安女兒踏春陽　장안의 여자 아이 봄볕을 밟으니
無處春陽不斷腸　애간장 끊지 않는 봄볕이 없다네
舞袖弓腰渾忘却　춤춘 소매 활 같이 휜 허리를 다 잊고서
蛾眉空帶九秋霜　눈썹에는 늦가을 서리를 띠고 있네

과주에서 주만언을 전송하다

瓜洲送朱萬言　　고비웅(顧非熊)[36]

渡頭風晩葉飛頻　나루 머리 바람 늦어 잎은 자주 날리니
君去還吳我入秦　그대 오 땅 돌아가고 나는 진 땅 들어가네

때 선정을 베풀어 백성들이 덕을 기리기 위하여 현산(峴山)에 세운 비(碑)를 가리킨다.

35 병풍 속 여인 : 어떤 선비가 취해서 대청에 누웠다가 깨어서 오래된 병풍 속 여인을 보니 침상 앞에서 이 노래를 불렀다고 한다.

36 고비웅(顧非熊) : ?~약 854. 소주(蘇州) 출신. 고황(顧況)의 아들. 벼슬이 우이 현위(盱眙縣尉)에 이르렀다. 이후 벼슬을 버리고 모산(茅山)에 은거하였다.

雙淚別家猶未斷　집 떠나서 흘린 눈물 미처 멎지 않았는데
不堪仍送故鄕人　고향 사람 또 보내니 감당하지 못하겠네

벗과 이별하다

送友人 설도(薛濤)[37]

水國蒹葭夜有霜　물가 마을 갈대에 밤사이 서리 내려
月寒山色共蒼蒼　달빛 추운 산 풍경과 푸르고 아득하네
誰言千里自今夕　뉘 말했나, 천 리 이별 오늘 밤부터라고
離夢杳如關塞長　이별 꿈은 변새만큼 아득히 길구나

행원의 꽃 아래에서 유 낭중[38]에게 주다

杏園花下贈劉郎中 백거이(白居易)[39]

怪君把酒偏惆悵　술 들고서 그대 유독 슬픈 것이 괴이하니
曾是貞元花下人　정원 연간 꽃 아래 있었던 사람이네
自別花來多少事　꽃과 이별한 후에 얼마나 일 많았는지
東風二十四回春　동풍에 스물 네 번 봄이 돌아왔다오

---

37 설도(薛濤) : 770?~830?. 자는 홍도(洪度). 장안(長安) 출신. 여류 시인으로 패가하여 악기(樂妓)가 되었으나, 시를 잘 지어 이름을 떨쳤다. 원진(元稹)과의 연시(戀詩)가 유명하다.

38 유 낭중 : 劉郎中. 시인 유우석(劉禹錫)을 가리킨다.

39 백거이(白居易) : 772~846. 자는 낙천(樂天). 호는 취음선생(醉吟先生) 또는 향산거사(香山居士). 화주(華州) 하규(下邽) 출신. 소주자사(蘇州刺史), 형조시랑(刑曹侍郎), 형부상서(刑部尚書) 등을 역임하였다. 시문으로 원진(元稹)과 이름을 나란히 하여 '원백(元白)'으로 불리기도 하였으며, 만년에는 유우석(劉禹錫)과 창수하여 '유백(劉白)'으로 불렸다. 시호는 문(文)이다.

채련곡

采蓮曲

菱葉縈波荷颭風 물결 도는 마름잎과 바람 살랑 연잎들
荷花深處小船通 연꽃 깊은 곳으로 작은 배가 지나가네
逢郎欲語低頭笑 낭군 만나 말하려다 고개 숙여 웃고는
碧玉搔頭落水中 머리의 벽옥 비녀 물속에 빠뜨렸네

이 십일과 함께 취하여 원구를 생각하다

同李十一醉憶元九

花時同醉破春愁 꽃필 때 같이 취해 봄날 시름 떨치고
醉折花枝當酒籌 꽃가지를 취해 꺾어 술잔을 헤아렸네
忽憶故人天際去 하늘 끝 떠난 친구 갑자기 떠올라서
計程今日到涼州 여정을 따져보니 오늘은 양주겠네

후궁의 노래

後宮詞

淚盡羅巾夢不成 비단 수건 눈물 적셔 꿈은 꾸지 못하니
夜深前殿按歌聲 밤 깊도록 앞 전각은 음악 맞춰 노래하네
紅顏未老恩先斷 고운 얼굴 안 늙어도 은총 먼저 끊어지니
斜倚熏籠坐到明 향로에 기대어 날 밝도록 앉아있네

봄에 화양관에 쓰다

春題華陽館

帝子吹簫逐鳳凰　황제의 딸[40] 피리 불어 봉황을 좇았으나
空留仙洞號華陽　선동에 머물면서 화양이라 호를 했네
落花何處堪惆悵　꽃 지니 쓸쓸함 감당할 곳 어디더냐
頭白宮人掃影堂　머리 허연 궁인이 영당을 청소하네

왕 시어의 연못 정자에 쓰다

題王侍御池亭

朱門深鎖春池滿　붉은 문은 굳게 잠겨 봄은 못에 가득한데
岸落薔薇水浸莎　언덕에는 장미 피고 물에 사초 잠겼네
畢竟林塘誰是主　숲과 못의 주인은 필경엔 누가 되랴
主人來少客來多　주인은 가끔 오고 객은 많이 온다네

궁원

宮怨

雨露由來一點恩　은혜가 나오는 곳 황제 한 분 뿐이라
爭能遍却及千門　수천 문에 어찌 고루 미칠 수가 있으랴
三千宮女胭脂面　삼천 명 궁녀의 연지 바른 얼굴에
幾個春來無淚痕　봄이 오면 몇 명이나 눈물 자국 없으랴

40 황제의 딸 : 화양공주(華陽公主). 당나라 대종(代宗)의 딸. 화양관(華陽館)은 화양공주의 저택으로, 공주가 병 때문에 도인의 생활을 하면서 지냈다고 한다.

왕소군
王昭君

漢使却回憑寄語 한의 사신 돌아가서 말이나 부쳐 주오
黃金異日贖蛾眉 황금으로 훗날에 미인 풀어 달라고
君王若問妾顔色 임금께서 제 얼굴 어떠냐고 묻거든
莫道不如宮裏時 궁에 있을 때보다 못하다 하지 마오

양류지사
楊柳枝詞

紅板江橋青酒旗 붉은 널판 강 다리에 주점 깃발 푸르고
館娃宮暖日斜時 해가 기울어질 때 관왜궁[41]은 따뜻하네
可憐雨歇東風定 가련하다, 비 다하고 동풍이 그치면
萬樹千條各自垂 수만 그루 수천 가지 각자 절로 늘어지리

또
又

승매(勝邁)[42]

淸江一曲柳千條 푸른 강 한 구비에 버들은 천 가지
二十年前舊板橋 이십 년 전 옛날의 그 판교로구나
曾與美人橋上別 미인과 다리 위에 서로 이별하고서
恨無消息到今朝 오늘 아침까지도 한스럽게 소식 없네

---

41 관왜궁 : 館娃宮. 전국 시대 오왕(吳王) 부차(夫差)가 서시(西施)를 위해 지은 궁이다.
42 승매(勝邁) : 본래 유우석(劉禹錫)의 작품으로 알려져 있다.

퇴궁인

退宮人 장호(張祜)[43]

開元皇帝掌中憐 개원 황제 손바닥에 어여쁨을 받다가
流落人間二十年 인간 세상 떠돈 지 이십 년이 되었네
長說承天門上宴 승천문[44] 잔치 자리 오래도록 말하니
百官樓下拾金錢 백관들이 문루 아래 금전을 주웠다네

성 동쪽 이른 봄

城東早春 양거원(楊巨源)[45]

詩家清景在新春 시인의 맑은 경치 새봄에 달렸으니
綠柳纔黃半未勻 푸른 버들 노래져서 반쯤은 색 다르네
若待上林花似錦 상림의 꽃들이 비단 같길 기다린 듯
出門俱是看花人 문 나서니 모두가 꽃구경하는 사람

43 장호(張祜) : 785~849. 자는 승길(承吉). 하북성(河北省) 청하(清河) 출신. 대대로 현달한 집안 출신으로, 해내명사(海內名士)라 일컬어졌다. 『전당시(全唐詩)』에 349수의 시가 실려 있다.

44 승천문 : 承天門. 장안 궁궐 문 이름. 당현종이 잔치를 열어 자리가 무르익으면 승천문 문루 아래로 금전을 뿌렸다고 한다.

45 양거원(楊巨源) : 770?~미상. 자는 경산(景山). 하중(河中) 출신. 비서랑(秘書郞), 태상박사(太常博士), 우부원외랑(虞部員外郎) 등을 역임하였다. 백거이(白居易), 원진(元稹) 등과 교유하였으며, 시를 잘 지었다. 특히 음률(音律)을 중시한 작품이 대다수이다.

비파에 담은 원망

瑤瑟怨 **온정균**(温庭筠)46

氷簟銀牀夢不成 찬 대자리 은 침상에 꿈을 꾸지 못하고
碧天如水夜雲輕 강 같은 푸른 하늘 밤 구름은 가볍네
鴈聲遠過瀟湘去 기러기 소리 멀리 소상강을 지나니
十二樓中月自明 열두 누각[47] 가운데 달만 절로 밝구나

옛날 원 학사 거처를 지나다

過故袁學士居

劍逐驚波玉委塵 검은 놀란 파도 쫓고 옥은 흙에 묻히니
謝安門下更何人 사안[48]의 문하에 또 누가 있으랴
西州城外花千樹 서주성[49] 밖 꽃나무 수천 그루 피었으니
盡是羊曇醉後春 모두 다 양담[50]이 취한 후의 봄이라네

---

46 온정균(溫庭筠) : 801?~866?. 자는 비경(飛卿). 본명은 기(岐). 태원(太原) 기현(祁縣) 출신. 문장이 화려하여 이상은(李商隱)과 병칭되어 '온리(溫李)'라 일컬어졌다. 당나라 해체기를 대표하는 시인 중 하나로 당시 유행했던 사(詞)를 서정시의 위치로 끌어올리는 데에 여러 공적을 남겼다.

47 열두 누각 : 十二樓. 신선이 거처하는 곳을 가리킨다. "곤륜산의 현포 5성 12루는 신선이 항상 거처하는 곳이다.[崑崙玄圃五城十二樓 仙人之所常居]"라고 하였다. 『漢書 郊祀志』

48 사안 : 謝安. 동진(東晉) 중기의 재상(宰相). 회계(會稽)의 동산(東山)에 20여 년 은거하면서 산수를 즐기며 조정에서 불러도 나아가지 않다가 40세에 환온(桓溫)이 그를 초청하여 사마(司馬)로 삼았다. 일심으로 진나라를 보필하여 위엄과 은혜가 외부로 드러났다.

49 서주성 : 西州城. 양주성(揚州城)을 가리킨다. 양주자사(揚州刺史)의 치소가 있던 곳이다.

50 양담 : 羊曇. 진(晉)나라의 명재상 사안(謝安)이 생질 양담(羊曇)을 사랑하였는데, 사안이 죽자 양담이 다시는 사안이 살던 서주(西州)로 가지 않았다. 그런데 어느 날 만취

쟁자에게 주다

贈箏者

天寶年中事玉皇　천보년[51] 연간에는 옥황을 섬겼으니
曾將新曲教甯王　새로운 곡 일찍이 영왕[52]을 가르쳤지
鈿蟬金雁今零落　전선과 금안[53]이 지금은 영락하니
一曲伊州淚萬行　이주[54] 노래 한 곡조에 눈물 수천 줄기 나네

산행

山行　두목(杜牧)[55]

遠上寒山石逕斜　먼 겨울 산 비스듬한 돌길을 오르니
白雲深處有人家　흰 구름 깊은 곳에 인가가 있구나
停車坐愛楓林晚　수레를 멈추고 늦단풍 숲 앉았으니
霜葉紅於二月花　서리 잎이 이월의 꽃보다 더 붉구나

하여 자신도 모르게 서주의 문에 이르자 "살아서는 으리으리한 집에 살더니 죽어서는 산언덕에 묻혔구나.[生存華屋處 零落歸山丘]"라는 조자건(曹子建)의 시를 읊고 통곡하며 떠났다고 한다. 『晉書 謝安列傳』

51 천보년 : 天寶年. 당 현종(唐玄宗)의 연호로, 742년부터 755년 사이이다.

52 영왕 : 甯王. 당 현종(唐玄宗)의 형. 처음에 황태자(皇太子)가 되었다가 뒤에 영(寧) 땅의 왕(王)으로 봉해졌다.

53 전선과 금안 : 전선(鈿蟬)은 매미 모양으로 쟁(箏)을 꾸민 장식이고 금안(金雁)은 쟁의 기러기발이다.

54 이주 : 伊州. 당나라 악부 곡조명 가운데 하나. 상조(商調)의 대곡이다.

55 두목(杜牧) : 803~852. 자는 목지(牧之). 호는 번천(樊川). 경조(京兆) 만년(萬年) 출신. 홍문관교서랑(弘文館校書郎), 감찰어사(監察御史), 사훈원외랑(司勳員外郎) 등을 역임하였다. 시문 모두 뛰어났으며, 이상은(李商隱)과 함께 '이두(李杜)'로 불렸으며, 두보와 비견하여 '소두(小杜)'라 불리기도 하였다. 『번천문집(樊川文集)』 20권이 전한다.

헤어지며 주다

贈別

多情却似總無情 다정함이 도리어 무정한 것 같으니
惟覺尊前笑不成 술잔을 앞에 두고 웃을 수가 없구나
蠟燭有心還惜別 촛불은 마음 있어 이별이 슬픈 듯
替人垂淚到天明 나 대신 눈물 흘려 날 밝을 때 됐다네

꽃을 아까워하다

惜花 엄운(嚴惲)[56]

春光冉冉歸何處 봄 풍광은 느릿느릿 어디로 돌아가나
更向花前把一杯 다시 한 번 꽃 앞에서 술 한 잔을 든다네
盡日問花花不語 하루 종일 물어봐도 꽃은 말이 없구나
爲誰零落爲誰開 누굴 위해 떨어졌다 누굴 위해 피는지

유산령

維山嶺 허혼(許渾)[57]

王子求仙月滿臺 왕자가 신선 찾는 달빛 가득 누대에
玉簫淸轉鶴徘徊 옥퉁소 맑아지고 학이 배회하는구나

---

56 엄운(嚴惲) : 생몰년 미상. 자는 자중(子重). 오흥(吳興) 출신. 대략 당 무종(唐武宗) 회창(會昌) 연간 생존한 것으로 보인다. 두목(杜牧)과 친하였다. 『전당시(全唐詩)』에 시 1수가 전한다.

57 허혼(許渾) : 791~854?. 자는 용회(用晦), 중회(仲晦). 윤주(潤州) 단양(丹陽) 출신. 도주현령(涂州縣令), 태평현령(太平縣令) 등을 지냈다. 지병으로 인해 정묘교(丁卯橋) 촌사(村舍)에 은거하였다. 문집 『정묘집(丁卯集)』이 있다.

曲終飛去不知處　곡 마치자 날아서 가는 곳 모르겠고
山下碧桃春自開　산 밑의 벽도화는 봄에 절로 핀다네

어떤 손님이 거처를 정하지 못하고 잠시 견수 농산을 떠돌다

客有卜居不遂薄遊汧隴

海燕西飛白日斜　바다제비 서쪽 날고 밝은 해는 기우는데
天門遙望五侯家　대궐문에서 멀리 오후[58]의 집 바라보네
樓臺深鎖無人到　누대는 깊이 잠겨 찾아오는 이는 없고
落盡東風第一花　동풍에 제일 먼저 피었던 꽃 다 졌네

사정[59]에서 객을 보내며

謝亭送別

勞歌一曲解行舟　이별 노래 한 곡조에 떠나는 배 띄우니
紅葉青山水急流　붉은 잎 푸른 산에 물이 급히 흐르네
日暮酒醒人已遠　해가 지고 술이 깨니 사람 이미 멀어졌고
滿天風雨下西樓　하늘 가득 비바람이 서쪽 누각 내리네

58 오후 : 五侯. 후한 환제(後漢桓帝) 때 같은 날 후(侯)에 봉해진 당형(唐衡), 선초(單超), 서황(徐璜), 구원(具瑗), 좌관(左悺) 등 다섯 명의 환관을 가리킨다.

59 사정 : 謝亭. 사공정(謝公亭)이라고도 한다. 선성(宣城) 북쪽에 있는 정자로, 사조(謝朓)가 선성 태수였을 때 지은 것이다.

노래하는 사람에게 주다

贈歌者

金谷歌傳第一流　금곡의 노래[60]가 제일류라 전하니
鷓鴣淸怨碧煙愁　자고새 맑은 원망 푸른 연기 시름 겹네
夜來省得曾聞處　밤 되자 듣던 곳을 살펴볼 수 있으니
萬里月明湘水流　만 리 멀리 달 밝고 상강이 흐르네

증 주부와 거듭 이별하다

重別曾主薄

淚沿紅粉濕羅巾　연지분 탄 눈물이 비단 수건 적시니
重系蘭舟勸酒頻　목란주 거듭 매고 술 자주 권하네
留卻一枝河畔柳　한 가지 물가 버들 도리어 남기니
明朝猶有遠行人　내일 아침 멀리 떠날 사람 때문이라오

절양류

折楊柳　단성식(段成式)[61]

嫩葉初齊不耐寒　여린 잎 처음 나와 추위를 못 견디다

---

60 금곡의 노래 : 떠들썩하게 부르는 노래. 금곡(金谷)은 진(晉)나라의 부호 석숭(石崇)이 만든 정원 이름이다. 석숭이 금곡에서 잔치를 베풀고 사람들과 술을 마시면서 시를 읊게 하였는데, 시를 읊지 못할 경우 벌주 세 잔을 마시게 하였다고 한다.

61 단성식(段成式) : 미상~863. 자는 가고(柯古). 제주(齊州) 임치(臨淄) 출신. 교서랑(校書郎), 상서랑(尙書郎), 길주자사(吉州刺史) 등을 역임하였다. 이상은(李商隱), 온정균(溫庭筠)과 더불어 사륙문(四六文)을 잘 지었으며, 장주공문(章奏公文)에도 능하여 당시 '삼십륙체(三十六體)'로 불렸다.

風和時拂玉欄干 바람이 따뜻할 때 옥난간을 스치네
君王去日曾攀折 군왕께서 떠나신 날 더위잡아 꺾으니
泣雨傷春翠黛殘 비 내리고 봄이 슬퍼 검은 눈썹 스러지네

절양류궁사

折楊柳宮詞

水殿年年占早芳 물가 전각 해마다 이른 향기 차지하고
柔條偏惹御爐香 여린 가지 궁궐 향로 향기 유독 일으키네
而今萬乘多巡狩 지금은 천자께서 순수[62]가 많을 땐데
輦路無陰綠草長 거둥 길에 그늘 없이 푸른 풀만 길구나

천태산 건자봉 절 벽에 쓰다

題天台巾子峰寺壁

임번(任翻)[63]

絶頂新秋生夜凉 새 가을의 절정이라 서늘함이 밤에 생겨
鶴翻松露滴衣裳 학이 날자 솔잎 이슬 의상에 방울지네
前峰月照半江水 앞 봉우리 달빛은 강물 반쯤 비추고
僧在翠微開竹房 푸른 산에 있는 노승 대나무 방 여는구나

62 순수 : 巡狩. 천자가 나라 안을 두루 돌아다니며 살피는 일을 가리킨다.

63 임번(任翻) : ?~?. 회창(會昌, 814~846) 연간에 활동하였다. 임번(任蕃) 혹은 임번(任藩)이라고도 쓴다. 강남(江南) 출신. 걸어서 서울에 와 진사 시험을 보았으나 떨어져 돌아갔다. 강호를 방랑하며 시를 짓고 금을 탔다. 『전당시(全唐詩)』에 시 18수가 전한다.

남쪽 이웃 화원을 들리다

過南隣花園

莫怪頻過有酒家　자주 술집 가는 것을 이상하게 생각 마오
多情長是惜年華　다정함은 좋은 시절 늘 아쉬워한다오
春風堪賞還堪恨　봄바람은 감상도 한탄도 할 만하니
纔見開花又落花　겨우 핀 꽃 보았는데 또 꽃이 진다오

손명부의 고향을 생각한 시에 화운하다

和孫明府懷舊山

옹도(雍陶)[64]

五柳先生本在山　오류선생[65] 본래는 산에 살고 있었는데
偶然爲客落人間　우연히 나그네로 인간 세상 떨어졌네
秋來見月多歸思　가을 되어 달을 보니 고향 돌아가고파
自起開籠放白鷴　일어나 새장 열고 흰 꿩을 놓아줬네

가릉관에 묵다

宿嘉陵館

離思茫茫正値秋　이별의 정 아득한데 마침 가을 맞이하여

---

64 옹도(雍陶) : 805~미상. 자는 국균(國鈞). 성도(城都) 출신. 시어사(侍御史), 국자모시박사(國子毛詩博士), 간주자사(簡州刺史) 등을 역임하였다. 이후 관직을 내려놓고 귀은(歸隱)하였다. 장적(張籍)과 왕건(王建), 가도(賈島), 요합(姚合) 등과 교유하였으며 시를 잘 지었다. 유람 생활 속 정서를 담은 작품이 다수이다. 저서로 『당지집(唐志集)』 5권이 전한다.

65 오류선생 : 五柳先生. 진(晉)나라의 시인 도잠(陶潛)의 자호(自號)이다. 집 앞에 다섯 그루의 버드나무를 심고서 지은 호이다.

每因風景却生愁　매번 풍경 때문에 근심이 생겨나네
今宵難作刀州夢　오늘 밤은 도주몽[66]을 꾸기가 어려우니
月色江聲共一樓　달빛과 강물 소리 한 누각에 함께 하네

강가 누각에서 감회를 쓰다

江樓書感

조하(趙嘏)[67]

獨上江樓思悄然　강가 누각 홀로 올라 생각은 울적하니
月光如水水連天　달빛은 강물 같고 물은 하늘 닿아있네
同來翫月人何處　달구경 함께 하던 그 사람 어디 있나
風景依稀似去年　풍경이 작년처럼 희미하게 느껴지네

분양의 옛 집을 지나다

經汾陽舊宅

門前不改舊山河　문 앞은 변함없이 예전 산하 그대로니
破虜曾經馬伏波　오랑캐 격파한 마복파[68]와 같았었지

---

66 도주몽 : 刀州夢. 벼슬할 조짐을 보여주는 꿈을 가리킨다. 진(晉)나라 왕준(王濬)이 대들보 위에 칼 세 자루[三刀]가 걸리고 얼마 뒤에 다시 칼 하나가 더 걸리는 꿈을 꾸고 나서 매우 불쾌하게 여기자, 주부(主簿) 이의(李毅)가 축하하며 말하기를, "칼 세 자루는 주(州)를 뜻하고 거기에 칼 하나가 덧붙여졌으니, 익주 자사(益州刺史)로 승진해서 나갈 것이 분명하다."라고 하였는데, 과연 그 뒤에 그 말대로 되었다고 한다. 『晉書 卷42 王濬列傳』

67 조하(趙嘏) : 생몰년 미상. 자는 승우(承祐). 산양(山陽) 출신. 위남위(渭南尉)를 지냈으며, 두목(杜牧)이 극찬하면서 이름을 붙인 시가 있었을 정도로 시를 잘 지었다. 대개 섬미(贍美)한 풍격을 지녔다. 저서로 『위남집(渭南集)』 3권이 전한다.

68 마복파 : 馬伏波. 후한(後漢)의 마원(馬援)을 말한다. 자는 문연(文淵)이고 복파장군(伏波將軍)이었으므로 '마 복파'라고 한다. 『後漢書 卷24 馬援傳』

今日獨經歌舞地 노래하고 춤추던 곳 오늘 홀로 지나가니
古槐疏冷夕陽多 옛 홰나무 성기고 차 석양빛이 많구나

동작대

銅雀臺 설능(薛能)[69]

魏帝當時銅雀臺 위나라 황제 있던 당시의 동작대[70]에
黃花深映棘叢開 노란 꽃이 덤불에 깊이 비쳐 피었네
人生富貴須廻首 인생의 부귀영화 돌아봐야 하느니
此地豈無歌舞來 노래하고 춤춘 일이 이곳 어찌 없었겠나

장신궁

長信宮 맹지(孟遲)[71]

君恩已盡欲何歸 님의 은혜 다했으니 어디로 돌아갈까
猶有殘香在舞衣 아직도 남은 향기 춤 옷에 배어 있네
自恨身輕不如燕 제비처럼 가볍지 않은 이 몸 애석하니

69 설능(薛能) : 817?~880. 자는 대졸(大拙). 분주(汾州) 출신. 태원(太原), 섬괵(陝虢), 하양(河陽)의 종사(從事)와 형부원외랑(刑部員外郎) 등을 역임하였다. 시를 잘 지었으며, 날마다 부(賦) 한 편씩을 지을 정도였다. 저서로 문집 10권과 『번성집(繁城集)』 1권, 『강산집(江山集)』이 전한다.

70 동작대 : 銅雀臺. 위(魏)나라를 건국한 조조(曹操)가 업도(鄴都)에 세웠던 높고 화려한 대이다. 조조가 죽으면서 유언하기를 "궁녀와 기녀들은 모두 동작대에 소속시켜 두고, 무덤 앞에 6자의 상과 휘장을 설치하고 아침저녁으로 제물을 올리게 하며, 매달 15일에는 휘장을 향해서 음악을 연주하고 춤을 추게 하라."라고 했다고 한다. 『文選 卷30 弔魏武帝文』

71 맹지(孟遲) : 약 859년 전후 생존. 자는 지지(遲之). 평창(平昌) 출신. 고비웅(顧非熊)과 가깝게 지낸 사이로, 845년 함께 진사에 급제하였다.

春來還繞御簾飛　봄이 오면 궁궐 주렴 감돌며 날 텐데

규정

閨情

山上有山歸不得　산 위에 산이 있어 돌아가지 못하고
湘江暮雨鷓鴣飛　상강의 저녁 비에 자고새 날아가네
蘼蕪亦是王孫草　궁궁이도 역시나 왕손의 풀[72]이니
莫送春香入客衣　봄 향기를 길손 옷에 스미게 하지 마오

늦봄 살수에서

暮春滻水

綠暗紅稀出鳳城　녹음 짙고 꽃 드물 때 봉황성을 나서니
暮雲宮闕古今情　저녁 구름 뜬 옛 궁궐 예나 제나 같은 마음
行人莫聽宮前水　행인이여, 궁 앞의 물소리는 듣지 마오
流盡年光是此聲　다 흘러간 세월이 바로 이 소리라오

유지사

柳枝詞

한종(韓琮)[73]

枝鬪纖腰葉鬪眉　가지는 가는 허리 잎은 눈썹 같은데

72 왕손의 풀 : 궁궁이[蘼蕪]의 별칭. 멀리 떠난 사람에 대한 그리움을 표현할 때 쓰는 말로, 회남왕(淮南王) 유안(劉安)이 지은 초사(楚辭)인 「초은사(招隱士)」에 "왕손께선 노니느라 돌아가지 않는데, 봄풀은 자라나서 우거졌도다.[王孫遊兮不歸 春草生兮萋萋]"라고 한 데서 유래하였다.

春來無處不成絲 봄이 오니 실처럼 되지 않은 곳 없네
灞陵原上多離別 파릉의 언덕에는 이별이 많아서
少有長條拂地垂 땅까지 쓸리는 긴 가지가 적다네

황릉묘

黃陵廟 이군옥(李群玉)[74]

黃陵廟前莎草春 황릉묘 앞에 있는 사초에 봄이 오니
黃陵女兒茜裙新 황릉의 여자아이 붉은 치마 새롭네
輕舟短棹唱歌去 가벼운 배 짧은 노로 노래하며 지나니
水遠山長愁殺人 물은 멀고 산은 길어 시름겹게 만드네

겨울날 마을을 가다

冬日村行

野水青山雪後時 들녘 물과 푸른 산은 눈이 내린 후라서
獨行村路更相思 홀로 걷는 마을 길에 생각 더욱 나는구나
無因一向溪橋醉 시내 다리 한 번 향해 취할 일이 없으니
處處寒梅映酒旗 곳곳의 겨울 매화 술 깃발에 어리네

---

73 한종(韓琮) : 생몰년 미상. 824년 진사에 급제하여, 진허절도사판관(陳許節度判官)·중서사인(中書舍人)·호남관찰사(湖南觀察使)를 역임했다.

74 이군옥(李群玉) : 생몰년 미상. 자는 문산(文山). 예주(澧州, 지금의 湖南) 출신. 어렸을 적부터 시명(詩名)이 자자하였으며, 음악, 서예에서도 뛰어난 모습을 보여 문학 및 풍류로 일세를 풍미하였다. 저서로 시집 3권과 후집 5권이 있었으나 없어졌으며, 후대에 엮어진 『이군옥집(李群玉集)』이 전한다.

궁원

宮怨 사마찰(司馬扎)[75]

柳色參差掩畫樓 버들 빛 들쭉날쭉 고운 누각 가리고
曉鶯啼送滿宮愁 꾀꼬리 새벽 울 제 궁에 시름 가득하네
年年花落無人見 해마다 꽃이 져도 보는 이가 없으니
空逐春泉出御溝 부질없이 봄샘 따라 궁궐 도랑 나가네

나그네 회포

旅懷 두순학(杜荀鶴)[76]

月華星彩坐來收 달빛 광채 별빛 광채 앉으니 걷히고
嶽色江聲暗結愁 산악 풍경 강물 소리 몰래 시름 맺는구나
半夜燈前十年事 한밤중 등 앞에는 십 년 동안 겪은 일들
一時和雨到心頭 일시에 비와 함께 내 마음에 닿는구나

자규

子規

楚天空闊月成輪 초 땅 하늘 공활하고 달은 바퀴 둥글고

75 사마찰(司馬扎) : 생몰년 미상. 만당의 시인으로, 선종(宣宗) 때 대중연간(大中年間, 847~859)에 활약하였다.

76 두순학(杜荀鶴) : 846~904. 자는 언지(彦之). 호는 구화산인(九華山人). 지주(池州) 석태(石埭, 지금의 安徽省 石台縣) 출신. 일설에는 두목(杜牧)의 서자(庶子)라고 한다. 어려서부터 재주로 이름을 날렸으나, 출신이 미천하여 과거에 급제하지 못하였다. 이후 늦은 나이에 천거되어 한림학사(翰林學士), 주객원외랑(主客員外郞), 지제고(知制誥) 등을 지냈다. 율절(律絶)에 능하였고 시풍은 천이(淺易)하다는 평을 받았다. 저서로 『당풍집(唐風集)』 3권이 전한다.

蜀魄聲聲似訴人　촉백[77]은 소리마다 하소연을 하는 듯
啼得血流無用處　피 토하며 울어본들 쓰일 곳이 없으니
不如緘口過殘春　입 다문 채 남은 봄을 보내는 게 나으리

부결에게 주다

與夫決　　신씨(愼氏)

當時心事已相關　당시의 심사는 이미 서로 얽혔으나
雨散雲飛一餉間　비 흩듯 구름 날 듯 짧은 사이 이별이네
便是孤帆從此去　외로운 돛 이로부터 떠나가 버리면
不堪重上望夫山　망부산 또 오를 것은 감당하지 못하리

상앗대로 기녀의 옷에 물을 뿌리다

篙水濺妓衣　　배건여(裴虔餘)[78]

滿額鵞黃金縷衣　이마 가득 엷은 노랑 황금실 옷을 입고
翠翹浮動玉釵垂　물총 깃 흔들리며 옥비녀가 늘어졌네
從教水濺羅裙濕　물을 뿌려 비단치마 적시게 하였으니
知是巫山行雨歸　무산에서 비 내리고[79] 돌아온 줄 알겠구나

---

77 촉백 : 蜀魄. 두견새. 촉주(蜀主) 두우(杜宇)가 제 신하에게 전위(傳位)하고 물러나 죽어 두견새가 되어, 나라 잃은 원한으로 피 흘리며 운다고 하였다. 그러므로 두견새를 촉나라 넋[蜀魄]이라 한다.

78 배건여(裴虔餘) : 생몰년 미상. 당 의종(唐懿宗) 함통(咸通) 연간에 북문 이상위(北門李相蔚)의 준남(淮南) 막부를 보좌하였다. 벼슬은 태상소경(太常少卿)에 이르렀다. 시 두 수를 남겼다.

79 무산에서 비 내리고 : 무산 신녀에 비유한 것이다. 춘추 시대 초나라 회왕(懷王)이 고당에 노닐다가 꿈속에 신녀(神女)를 만나 동침을 하였는데, 신녀가 떠나면서 "첩은

그대가 오지 않다

君不來 방간(方干)[80]

遠路東西欲問誰 머나먼 길 동쪽 서쪽 누구에게 물어보랴
寒來無處寄寒衣 추위 와도 겨울옷을 부칠 곳이 없어라
去時初種庭前樹 갈 때 처음 심었던 뜰 앞의 나무는
樹已勝巢人未歸 새 둥지도 틀었건만 사람은 오지 않네

산정에서의 여름날

山亭夏日 고변(高騈)[81]

綠樹陰濃夏日長 푸른 나무 그늘 짙고 여름이라 날은 긴데
樓臺倒影入池塘 거꾸로 비친 누대 연못 속에 들어있네
水精簾動微風起 수정발 움직이니 미풍이 일어나고
滿架薔薇一院香 시렁 가득 장미에 온 집안이 향기롭네

무산(巫山) 남쪽 높은 봉우리에 사는데, 아침에는 구름이 되고 저녁에는 비가 되어 매일 아침저녁 양대(陽臺) 아래에 있습니다."라고 하였다고 한다. 『文選 卷10 高唐賦』

80 방우(方于) : 836~888. 자는 웅비(雄飛). 호는 현영(玄英). 문인들이 현영선생(玄英先生)이라 불렀다. 절강성(浙江省) 청계(青溪) 출신. 당 헌종(唐憲宗) 때 진사에 급제하였고 의종(懿宗) 때 회계산 경호에 은거하였다.

81 고변(高騈) : 미상~887. 자는 천리(千里). 유주(幽州) 출신. 대대로 금군장령(禁軍將領)을 지냈으며, 제도행영도통(諸道行營都統)과 염철전운사(鹽鐵轉運使) 등을 역임하였다. 황소(黃巢)의 난을 진압하였는데, 이때 최치원(崔致遠)이 그를 위해 쓴 격문이 유명하다. 저서에 문집이 있다.

봄

春 고섬(高蟾)[82]

明月斷魂淸藹藹 밝은 달에 끊어진 혼 맑고도 흐릿한데
平蕪歸思綠迢迢 거친 들에 고향 생각 아스라이 푸르구나
人生莫遣頭如雪 살면서 머리를 눈처럼 희게 마오
縱得春風亦不消 봄바람 얻더라도 녹게 하지 못한다오

꽃을 보다

看花 나업(羅鄴)[83]

花開只恐看來遲 꽃 피면 더디 볼까 걱정만 하였다가
及到愁如未看時 막상 보면 못 볼 때나 근심은 마찬가지
家在楚鄕身在蜀 집은 초 땅 고장인데 몸은 촉 땅 와있으니
一年春色負歸期 한 해의 봄 풍광에 돌아갈 날 저버렸네

봄을 감상하다

賞春

芳草和煙暖更靑 방초 이내 어우러져 따스하고 또 푸르니
閑門要路一時生 한직이나 요직이나 한세상 같이 사네
年年點撿人間事 해마다 인간세상 일들을 점검하면

---

82 고섬(高蟾) : 생졸년 미상. 발해계. 876년 진사에 급제하여, 어사중승(御史中丞)에 이르렀다. 시인 정곡(鄭谷)과 친하였다.

83 나업(羅鄴) : 825~?. 절강성(浙江省) 여항(餘杭) 출신. "시호(詩虎)"라는 별칭이 있다. 대략 당나라 희종(僖宗) 때 활약하였다.

惟有東風不世情 동풍만이 세속의 인심과 다르다네

화청궁

華清宮

최로(崔魯)[84]

草遮回磴絶明鑾 풀 가린 비탈길에 황제 거둥 끊기고
雲樹深深碧殿寒 구름 나무 깊고 깊어 푸른 전각 춥구나
明月自來還自去 밝은 달이 절로 왔다 또 절로 돌아가나
更無人倚玉闌干 옥 난간에 기댔던 이 다시는 없구나

회수가에서 벗과 이별하다

淮上別友人

楊子江頭楊柳春 양자강 강머리에 수양버들 봄이 드니
楊花愁殺渡江人 버들꽃이 건너는 이 시름겹게 하는구나
一聲殘笛離亭晩 저문 이별 정자에 한 가락 피리 소리
君向瀟湘我向秦 그대는 소상강 나는 진 땅 향해 가네

석상에서 노래하는 이에게 주다

席上貽歌者

花月樓臺近九衢 꽃 피고 달 뜬 누대 큰길과 가깝고

84 최로(崔魯) : 최로(崔櫓)로 쓰기도 한다. 호북성(湖北省) 형주(荊州) 출신. 광명(廣明) 연간에 진사에 급제, 벼슬이 체주사마(棣州司馬)에 이르렀다. 『무기집(無譏集)』 4권이 있으나 전하지 않고, 『전당시(全唐詩)』에 16수의 시가 실려 있다.

淸歌一曲倒金壺 맑은 노래 한 곡조에 금 술병 기울이네
座中亦有江南客 좌중에는 강남에서 온 손님도 있으니
莫向春風唱鷓鴣 춘풍 향해 자고사[85] 노래는 하지 마오

무창에서 바람에 막히다

武昌阻風 방택(方澤)[86]

江上春風留客舟 강 위의 봄바람이 길손 배를 만류하니
無窮歸思滿東流 끝없는 고향 생각 동쪽 물결 가득하네
與君盡日閑臨水 그대와 하루 종일 한가히 물가에서
貪看飛花忘却愁 날리는 꽃 실컷 보며 시름을 잊는다네

가을색

秋色 오융(吳融)[87]

染不成乾畫未銷 물들여도 안 마르고 그림은 닳지 않고
霏霏拂拂又迢迢 부슬부슬 살랑살랑 또 멀고도 아득하네
曾從建業城邊路 건업성[88] 주변 길로 간 적이 있었으니

85 자고사 : 鷓鴣詞. 당(唐)나라 때의 교방곡(敎坊曲) 이름이다. 산자고의 소리를 본떠서 지었기 때문에 이렇게 이름한 것이다. 당나라의 이익(李益)과 이섭(李涉)이 지은 것이 그 시작이다.

86 방택(方澤) : 생몰년 미상. 보전(莆田) 출신. 자는 공열(公悅)이다.

87 오융(吳融) : 850~903. 자는 자화(子華). 월주(越州) 산음(山陰) 출신. 예부낭중(禮部郎中), 중서사인(中書舍人), 한림학사(翰林學士) 등을 지냈다. 한악(韓偓)과 교유하며 주고받은 시가 다수 있다. 저서로 『당영시가(唐英詩歌)』 3권이 전한다.

88 건업성 : 建業城. 삼국 시대 오나라의 도성이 된 이래 남방의 경제, 문화, 정치의 중심지였다. 현재의 남경(南京)이다.

蔓草寒煙鎖六朝　덩굴진 풀 찬 안개가 육조를 가두었지

화청궁

華淸宮

四郊飛雪暗雲端　사방 교외 날리는 눈 구름 끝은 어둑한데
惟此宮中落便乾　오로지 이 궁 안에 떨어지자 사라지네
綠樹碧簷相掩映　푸른 나무 푸른 처마 서로 가려 비추니
無人知道外邊寒　바깥이 추운 줄 아는 이가 없구나

장문원

長門怨

최도융(崔道融)[89]

長門花泣一枝春　가지 하나 온 봄에 장문궁[90]의 꽃이 우니
爭奈君恩別處新　임금 은혜 다른 곳에 새로운 걸 어쩌랴
錯把黃金買詞賦　황금으로 사부를 잘못 사고 말았으니
相如自是薄情人　상여는 본래부터 박정한 사람인 걸

---

89 최도융(崔道融) : 생몰년 미상. 자호는 동구산인(東甌散人). 형주(荊州, 지금의 湖北 江陵縣) 출신. 영가현령(永嘉縣令), 우보궐(右補闕) 등을 지냈다. 저서로 『신강집(申康集)』 3권과 『동부집(東浮集)』 9권이 있었으나, 전하지 않는다.

90 장문궁 : 長門宮. 한나라 때 궁의 하나. 한무제(漢武帝) 때 진황후(陳皇后)가 유폐되어 있던 궁으로, 사마상여(司馬相如)가 『장문부(長門賦)』를 지어 황제를 깨우쳐 황후가 총애를 회복하였다고 한다. 이후로 총애를 잃은 여인이 거처하는 적막하고 처량한 궁을 의미하는 말로 자주 쓰인다.

수령궁[91]

繡嶺宮 감당 노인[甘棠叟]

春草萋萋春水綠 봄풀은 무성하고 봄물은 푸르고
野棠開盡飄香玉 들 감당 다 피어서 향옥을 날리네
繡嶺宮前白髮人 수령궁 앞에 있는 흰머리의 사람이
猶唱開元太平曲 여전히 개원 연간 태평곡을 부르네

사일

社日 왕가(王駕)[92]

鵝湖山下稻粱肥 아호산 아래는 벼와 기장 살지고
豚柵鷄棲對掩扉 돼지우리 닭 횃대가 문 마주해 닫혀 있네
桑柘影斜春社散 뽕나무에 해 비끼자 봄날 모임 흩어지니
家家扶得醉人歸 집집마다 취한 사람 부축해 돌아가네

갠 풍경

晴景

雨前初見花間葉 비 오기 전 꽃 사이 잎 비로소 보았더니
雨後兼無葉底花 비 온 뒤엔 잎과 꽃이 하나도 없구나
蛺蝶飛來過墻去 나비들은 날아서 담장을 넘어가니

91 수령궁 : 繡嶺宮. 당나라 고종(高宗) 때 지은 행궁 가운데 하나이다.

92 왕가(王駕) : 851~?. 일설에 자는 대용(大用)이라고 한다. 산서성(山西省) 영제(永濟) 출신. 890년 진사에 급제하여, 예부원외랑(禮部員外郎)에 이르렀다. 후에 관직을 버리고 은거하였다. 『전당시(全唐詩)』에 시 6수가 실려 있다.

却疑春色在隣家　봄빛이 이웃에만 있는가 싶구나

유신[93] 집을 읽다

題庾信集　최도(崔塗)[94]

四朝十帝盡風流　네 왕조와 열 명 황제 풍류를 다했으니
建業長安兩醉遊　건업성과 장안성 둘 다 취해 노닐었네
惟有一篇楊柳曲　오로지 한 편의 양류곡이 남아서
江南江北爲君愁　강남과 강북에서 님 때문에 근심하네

남북사유감

南北史有感　사공도(司空圖)[95]

佳人自折一枝紅　아름다운 이 스스로 가지 하나 꽃 꺾고서
把唱新詞曲未終　새 가사 노래하다 곡을 미처 못 끝냈네
惟向眼前憐易落　눈앞에서 쉽게 지는 꽃이 가련할 뿐이라
不如抛擲任春風　던져버려 봄바람에 맡긴 것만 못하네

93 유신 : 유신(庾信, 513~581). 남북조(南北朝) 때의 학자로 자는 자산(子山)이다. 『춘추좌씨전(春秋左氏傳)』에 정통하였으며, 학문이 매우 해박하고 문장 또한 매우 아름다웠다. 그의 변려문(騈儷文)은 육조(六朝)의 집대성(集大成)이라고 불린다. 작품 가운데 『양류가(楊柳歌)』가 있다. 저서로는 『유자산집(庾子山集)』이 있다.

94 최도(崔塗) : 생몰년 미상. 자는 예산(禮山). 강남(江南) 출신. 관직 생활에 관한 내용은 상세하지 않다. 장년에는 유랑생활을 하였으며, 시로 명망이 있었다. 특히, 근체시(近體詩)에 뛰어났다.

95 사공도(司空圖) : 837~908. 자는 표성(表聖). 자호는 지비자(知非子), 내욕거사(耐辱居士). 하중(河中) 우향(虞鄕) 출신. 예부원외랑(禮部員外郞), 중서사인(中書舍人) 등을 지냈다. 시에 능하였는데, 당나라 말에 그의 시가 으뜸으로 꼽힐 정도였다. 저서로 『사공표성문집(司空表聖文集)』 10권과 시집 5권이 전한다.

수사정
修史亭

烏紗巾上是青天　검은 비단 두건 위는 바로 푸른 하늘이니
檢束酬知四十年　검속하며 보답한 지 사십년이 되었네
誰料平生臂鷹手　그 누가 알았으랴, 매를 잡던 날랜 팔로
挑燈自送佛前錢　등 돋우며 불전 앞에 돈 보내고 있을 줄

강 위에서 이 수재와 이별하다
江上別李秀才

위장(韋莊)[96]

千山紅樹萬山雲　수천 산 붉은 나무 수만 산에 구름 끼니
把酒相看日又曛　술잔 들고 바라보다 해가 또 지는구나
一曲離歌兩行淚　이별 노래 한 곡조에 눈물은 두 줄기니
更知何地再逢君　어디에서 그대 또 만날 줄 다시 알랴

금릉도
金陵圖

江雨霏霏江草齊　강에 비는 부슬부슬 강풀은 고른데
六朝如夢鳥空啼　육조 시절 꿈만 같고 부질없이 새 우네
無情最是臺城柳　가장 무정한 것은 대와 성의 버들이니

96 위장(韋莊) : 836~910. 자는 단기(端己). 경조(京兆) 두릉(杜陵) 출신. 이부상서(吏部尚書), 동평장사(同平章事)를 지냈다. 사(詞)에 능하여 화간파(花間派) 사인에 속했다. 「진부음(秦婦吟)」을 지은 것으로 이름을 알려 세간에서 '진부음수재(秦婦吟秀才)'라 일컬어졌다. 저서로 『완화집(浣花集)』 10권과 『완화사집(浣花詞集)』 1권 등이 전한다.

依舊煙籠十里堤　예전처럼 안개 갇혀 십 리 방죽 있구나

황학루

黃鶴樓　　여동빈(呂洞賓)[97]

黃鶴樓前吹笛時　황학루 누각 앞에 피리를 불 적에
白蘋紅蓼滿江湄　흰 마름 붉은 여뀌 강기슭에 가득했네
衷情欲訴誰能會　말하고픈 속마음을 말한들 누가 알랴
惟有淸風明月知　오직 저 맑은 바람 밝은 달이 알겠지

듣고 읊다

聞吟　　군산의 노인[君山老人]

湘中老人讀黃老　상수 가의 노인이 황로[98] 책을 읽느라
手援紫藟坐碧草　자색 덩굴 손에 잡고 푸른 풀에 앉았네
春至不知湖水深　봄 왔는데 상수가 깊어진 줄 모르고
日暮忘却巴陵道　날 저물자 도리어 파릉 가는 길 잊었네

폐가

廢宅　　주분(周賁)

牢落畫堂空鎖塵　영락한 화려한 집 먼지 잠겨 빈 채 있고

---

97 여동빈(呂洞賓) : 798~미상. 이름은 암(嵒, 또는 岩). 동빈(洞賓)은 자이다. 호는 순양자(純陽子). 스스로 회도인(回道人)이라 칭하였다. 하중(河中) 출신. 종남산(終南山)에서 수도한 팔선(八仙) 가운데 한 사람이다.

98 황로 : 黃老. 황제(黃帝)에서 기원한 노자(老子)의 도가사상을 가리킨다.

荒凉庭樹暗消春　황량한 뜰 나무는 남몰래 봄 다 보냈네
豪家莫笑此中事　부호들은 이곳의 일 비웃지 마시오
曾見此中人笑人　이곳에서 남 비웃던 사람 본 적 있다오

봄처녀의 원망

春女怨　　주강(朱絳)[99]

獨坐紗窓刺繡遲　비단 창가 홀로 앉아 수놓기가 더뎌지니
紫荊樹上囀黃鸝　박태기나무 위에 꾀꼬리 지저귀네
欲知無限傷春意　끝도 없는 봄 애달픈 마음을 알려 하니
盡在停針不語時　바늘을 멈춘 채 말 없는 때 다 있다네

잡시

雜詩　　무명씨(無名氏)

不洗殘粧並繡牀　남은 화장 씻지 않고 수 논 침상 기대니
却嫌鸚鵡繡鴛鴦　앵무새에 원앙새 수놓기가 싫구나
回針刺到雙飛處　바늘 돌려 쌍쌍이 날아간 곳 닿으면
憶着征人淚數行　원정 떠난 님 생각에 눈물이 줄줄 나네

空賜羅衣不賜恩　은혜 없이 비단옷만 부질없이 하사하니
一熏香後一銷魂　한 번 향 사른 후엔 한 번 혼이 녹는구나
雖然舞袖何時舞　춤 소매 있더라도 언제 춤을 추었나
常對春風浥淚痕　봄바람 늘 마주하여 눈물 흔적 남겼네

99 주강(朱絳) : 생몰년 미상. 활동 사항 미상. 『전당시(全唐詩)』에 시 1수가 남아있다.

佳人十八正嬌癡 아름다운 열여덟 살 어여쁘고 천진하니
一曲當前舞柘枝 한 곡조 앞에 나와 자지무[100]를 추었네
只有五郞知雅態 오로지 오랑 있어 바른 자태 알아볼 뿐
更無人道柳如眉 눈썹 같은 버들잎을 말하는 이 다시 없네

절구

絕句

去年花下留連飮 지난해 꽃 아래서 여러 날 술 마실 때
暖日夭桃鶯亂啼 따뜻한 날 복사꽃에 꾀꼬리 막 울어댔네
今日江邊客易別 오늘은 강가에서 손님 쉬이 이별하니
淡煙衰草馬頻嘶 옅은 안개 시든 풀에 말이 자꾸 우는구나

100 자지무 : 柘枝舞. 당나라 때 서역에서 전래된 춤의 한 종류이다.

당절선산 권8

원(元) 양성(襄城) 양사홍(楊士弘) 백겸(伯謙)[1] 선(選)

고향에 돌아와서 우연히 쓰다

回鄕偶書

하계진(賀季眞)[2]

小少離鄕老大回　젊어서 고향 떠나 늙어서야 돌아오니
鄕音無改鬢毛衰　고향 말은 그대론데 귀밑털은 쇠하였네
兒童相見不相識　아이들은 보고서도 알아보지 못하고
笑問客從何處來　웃으면서 어디서 온 손님인가 물어보네

하수 가 단 십륙에게 부치다

寄河上段十六

왕유(王維)[3]

與君相見卽相親　그대를 보자마자 곧 서로가 친해지니

---

1 양사홍(楊士弘) 백겸(伯謙) : 생몰년 미상. 원나라 인. 자는 백겸(伯謙). 하남성(河南省) 양성(襄城) 출신으로, 강서성(江西省) 임강(臨江)에 우거하였다. 문장과 시에 뛰어났다. 저서 『남지춘초집(覽池春草集)』이 있으나 전하지 않는다.

2 하계진(賀季眞) : 하지장(賀知章, 659~744). 계진(季眞)은 그의 호이다. 절강성(浙江省) 영흥(永興) 출신. 695년 진사에 급제, 사문박사(四門博士)가 되었다. 725년 예부시랑(禮部侍郎)에 되었고 벼슬이 비서감(秘書監)에 이르렀다. 만년에 방종한 생활을 하여 사명광객(四明狂客), 비서외감(秘書外監) 등을 호로 하여 지냈다. 고향에 돌아가 도사생활을 하다 일생을 마쳤다. 초서, 예서 등에도 뛰어났으며, 19수의 시가 남아있다.

3 왕유(王維) : 699~759. 자는 마힐(摩詰). 호는 마힐거사(摩詰居士). 포주(蒲州)에서 태어났다. 당현종(唐玄宗) 때 진사가 되고, 벼슬이 상서우승(尙書右丞)에 이르렀다.

聞道君家住孟津　그대 집이 맹진에 있다고 들었지
爲見行舟試借問　지나는 배 보고서 한 번 물어보면은
客中時有洛陽人　손님 중에 때로는 낙양 사람 있다네

송별

送別

送君南浦淚如絲　남포에서 그대 보내 눈물 줄줄 흐르니
君向東周使我悲　그대 동주 향한다고 내 마음 슬프구나
爲報故人憔悴盡　옛 벗에게 알리니, 다 초췌해 버려서
如今不似洛陽時　지금은 낙양 때와 내 모습 같지 않네

한식날 강물 위에서 짓다

寒食汜上作

廣武城邊逢暮春　광무성 가에서 늦봄을 만나니
汶陽歸客淚沾巾　돌아가는 문양 길손 눈물 수건 적시네
落花寂寂啼山鳥　지는 꽃은 쓸쓸하고 산새는 울어대니
楊柳青青渡水人　버들은 푸르고 물 건너는 사람 있네

이 때문에 왕우승(王右丞)이라 통칭되기도 한다. 시뿐만 아니라 그림, 음악으로도 유명하였다. 시선(詩仙) 이백(李白), 시성(詩聖) 두보(杜甫)와 함께 3대 시인으로 꼽히며, 시불(詩佛)로 일컬어진다. 문집이 전한다.

반석에 장난삼아 적다

戱題磐石

可憐盤石隣泉水 가련하다, 너럭바위 샘물과 이웃하고
復有垂楊拂酒杯 게다가 수양버들 술잔을 스치네
若道春風不解意 봄바람이 마음을 이해하지 못한다면
何因吹送落花來 어찌하여 지는 꽃잎 불어서 보낼까나

명비사

明妃詞

저광희(儲光羲)[4]

日暮驚沙亂雪飛 해지자 놀란 모래 눈처럼 날리고
傍人相勸易羅衣 옆 사람이 비단옷 바꿔 입게 권하네
强來前殿看歌舞 억지로 전각 앞에 가무를 보게 하고
共待單于夜獵歸 밤사냥 돌아오는 선우 함께 기다리네

胡王知妾不勝悲 첩이 슬픔 못 이길 줄 오랑캐 왕이 알고
樂府皆傳漢國辭 악부 모두 한나라 가사로 전해주네
朝來馬上箜篌引 아침 되어 말 위에서 공후를 연주하니
稍似宮中閑夜時 궁중의 한가한 밤 조금쯤은 비슷하네

4 저광희(儲光羲) : 707?~760?. 윤주(潤州) 연릉(延陵, 지금의 江蘇 丹陽縣) 출신. 중서시문장(中書試文章)과 사수위(汜水尉)를 지냈다. 종남산(終南山)에 은거하다가 태축(太祝)에 임명되어 저태축(儲太祝)으로 불리기도 한다. 문집 70권이 있었다고 하나, 전하지 않는다.

금단령 무평일과 함께 조정에서 물러나다

同金壇令武平一退朝

朝來仙閣聽絃歌　아침이면 선각에서 현악 맞춘 노래 듣고
暝入花亭見綺羅　해지면 꽃핀 정자 비단옷을 보았네
池邊命酒憐風月　못가에 술 시키고 바람과 달 어여쁘니
浦口還船惜芰荷　돌아가는 포구의 배 마름 연잎 아끼네

花潭竹嶼傍幽蹊　꽃 핀 연못 대 섬 곁에 그윽한 좁은 길로
畵檝浮空入夜溪　화려한 배 허공에 떠 밤 시냇물 들어가네
芰荷覆水船難進　마름 연잎 물을 덮어 배 지나기 어려운데
歌舞留人月易低　춤과 노래 사람 잡고 달은 쉬이 낮아지네

청루원

青樓怨　　왕창령(王昌齡)[5]

香幃風動花入樓　바람 휘장 흔들어 꽃잎 누각 들어오고
高調鳴箏緩夜愁　높은 가락 쟁을 울려 밤 시름을 놓게 하네
腸斷關山不解說　애끓는 관산은 해설할 수 없으니
依依殘月下簾鉤　희미한 남은 달에 주렴을 내리네

5 왕창령(王昌齡) : 698~765?. 자는 소백(少伯). 하동(河東) 진양(晉陽) 출신. 일설에는 경조(京兆) 장안(長安) 출신이라고도 한다. 비서성교서랑(秘書省校書郞), 사수위(汜水尉), 강녕승(江寧丞) 등을 지냈다. 변새시(邊塞詩)에 조예가 깊었으며, 칠언절구(七言絶句)에 능해서 이백(李白)과 비견될 정도였다. 이로 인해 '칠절성수(七絶聖手)', '시천자(詩天子)' 등으로 일컬어진다.

채련곡

采蓮曲

荷葉羅裙一色裁　연잎과 비단 치마 같은 색 만든 듯
芙蓉向臉兩邊開　부용꽃 양쪽에서 얼굴 향해 피었네
亂入池中看不見　어지러이 연못에 들어가 안 뵈더니
聞歌始覺有人來　노랫소리 듣고서야 사람 온 줄 알았네

서울 가는 이포와 이별하다

別李浦之京

故園今在灞陵西　고향 동산 지금도 파릉 서쪽 있으니
江畔逢君醉不迷　강언덕에 그대 만나 취해도 또렷하네
小弟隣莊尙漁獵　어린 동생 이웃집에 항상 고기 잡았으니
一封書寄數行啼　편지 한 통 부치는데 몇 번이나 우는구나

유주로 가는 목 시어에게 부치다

寄穆侍御出幽州

一從恩譴渡瀟湘　한 번 견책 당하여 소상강을 건너니
塞北江南萬里長　북쪽 변새 강남과는 만 리나 멀다네
莫道薊門書信少　계문에서 서신이 적게 온다 말을 마오
雁飛猶得到衡陽　기러기 날면 외려 형양 땅도 온다오

이창조 집에서 밤에 술을 마시다

李倉曹宅夜飮

霜天留飮故情歡　서리 날씨 술 마시니 옛정이 즐겁고
銀燭金爐夜不寒　은 촛대 금 화로에 밤이 춥지 않구나
欲問吳江別來意　오강에서 헤어진 후 마음을 묻는다면
靑山明月夢中看　푸른 산과 밝은 달을 꿈속에서 보았다오

소 부마댁 화촉

蕭附馬宅花燭

靑鸞飛入合歡宮　푸른 난새 날아서 합환궁에 들어가니
紫鳳銜花出禁中　자색 봉황 꽃을 물고 대궐을 나오네
可憐今夜千家裏　가련하다, 오늘 밤 수천 집 집안에서
銀漢星回一道通　은하수 별 돌아서 길 하나가 통하리니

영주가

營州歌　　고적(高適)[6]

營州少年厭原野　영주의 소년들은 거친 들판 익숙하여
狐裘蒙茸獵城下　여우 가죽 둘러쓰고 성 아래서 사냥하네
虜酒千鍾不醉人　오랑캐 술 천 잔에도 취하는 사람 없고

6 고적(高適) : 707~765. 자는 달부(達夫), 중부(仲夫). 창주(滄州) 출신. 일설에는 산동성(山東省) 출신이라고도 한다. 간의대부(諫議大夫), 서천절도사(西川節度使), 형부시랑(刑部侍郎) 등을 지냈다. 이백(李白), 두보(杜甫)와 교유하였으며, 잠삼(岑參)과 함께 고잠(高岑)이라 일컬어진다.

胡兒十歲能騎馬 오랑캐 열 살 아이 말을 잘도 탄다네

파선국을 격파하고 대부에 봉해진 노래를 바치다

獻封大夫破播仙凱歌

잠삼(岑參)[7]

官軍西出過樓蘭 관군은 서쪽 나가 누란을 지나서
營幕傍臨月窟寒 병영 군막 옆이 되니 월지 소굴 오싹하네
蒲海曉霜凝馬尾 포해[8]의 새벽 서리 말꼬리가 엉기고
葱山夜雪撲旌竿 총산[9]의 밤 눈보라 깃대를 치는구나

鳴笳疊鼓擁回軍 호가와 북소리가 회군 병사 옹위하니
破國平蕃昔未聞 변방을 평정한 일 예전에는 못 들었네
丈夫鵲印搖邊月 장수의 인장은 변방 달빛 흔들고
大將龍旗掣海雲 대장 용 깃발은 바다 구름 제어하네

춘몽

春夢

洞房昨夜春風起 동방에서 어젯밤 봄바람이 일었으니
遙憶美人湘江水 멀리 있는 상강 미인 떠올리게 되었네

---

7 잠삼(岑參) : 715~770. 강릉(江陵, 지금의 湖北省 江陵縣) 출신. 몰락한 가문을 일으키기 위해 5년여간 안서(安西)와 북정(北庭) 등의 서부 변경 지역에서 종군하기도 했다. '변새시(邊塞詩)'라는 새로운 시의 영역을 확립한 인물로 고적(高適)과 더불어 '변새시파(邊塞詩派)'의 가장 대표적인 시인으로 명성을 얻었다. 문집에 『잠가주집(岑嘉州集)』 7권이 전한다.

8 포해 : 浦海. 포류해(蒲類海)의 준말로 신강성(新疆省)에 있는 호수 이름이다.

9 총산 : 葱山. 파미르 고원(高原)을 가리킨다.

枕上片時春夢中　베갯머리 잠깐 사이 봄날 꿈을 꾸었으니
行盡江南數千里　강남의 수천 리를 다 돌아다녔다오

장계에게 응수하다

酬張繼　　황보염(皇甫冉)[10]

悵望南徐登北固　남서[11] 땅 쓸쓸히 바라보며 북고[12] 올라
迢迢西塞望東關　멀고 먼 서쪽 변새 동관을 바라보네
落日臨川問音信　해가 지자 강가 가서 소식을 물어보니
寒潮猶帶夕陽還　찬 조수가 석양빛을 띠고서 돌아오네

창문즉사

閶門卽事　　장계(張繼)[13]

耕夫召募逐樓船　농부가 징집되어 누선을 좇게 되니
春草青青萬頃田　봄풀은 만 이랑 밭 푸르고 푸르구나
試上吳門窺郡郭　오문[14]에 한 번 올라 군곽을 엿보니
清明幾處有新煙　청명절 몇 곳에서 새 연기가 오르네

---

10 황보염(皇甫冉) : 715~768. 자는 무정(茂政). 안정(安定) 출신. 동생인 황보증(皇甫曾)과 함께 명망이 있었으며, 세간에서는 장재(張載), 장협(張協)과 비교하였다. 저서에 시집 3권이 있는데, 『전당시(全唐詩)』에 2권으로 실려 있다.

11 남서 : 南徐. 고대 고을 이름으로, 현재의 강소성(江蘇省) 진강(鎭江) 지역이다.

12 북고 : 北固. 북고산(北固山). 강소성 진강의 북쪽에 있는 산.

13 장계(張繼) : 미상~779?. 자는 의손(懿孫). 양주(襄州) 출신. 시어(侍御), 검교사부원외랑(檢校祠部員外郎) 등을 지냈다. 기행(紀行)을 소재로 한 시가 대다수인데, 청원자연(淸遠自然)해 조탁(彫琢)을 일삼지 않았다. 문집으로 『장사부시집(張祠部詩集)』이 전한다.

14 오문 : 吳門. 오나라 수도였던 소주(蘇州)의 성문. 창문(閶門)을 가리킨다.

소양곡

昭陽曲 유장경(劉長卿)[15]

昨夜承恩宿未央 어젯밤 승은 입어 미앙궁에 묵으니
羅衣猶帶御爐香 비단옷에 궁궐 화로 향 아직도 배어 있네
芙蓉帳小雲屛暗 부용꽃 휘장 작고 구름 병풍 어두운데
楊柳風多水殿涼 버들가지 바람 많아 물가 전각 시원하네

신식 도중 짓다

新息道中作

蕭條獨向汝南行 쓸쓸히 여남 향해 혼자서 가는데
客路多逢漢騎營 한나라 기병 병영 길에서 많이 보네
古木蒼蒼離亂後 고목은 푸른데 난리 후 다 떠나서
幾家同住一孤城 몇 가구나 외딴 성에 함께 살고 있을까

최구에게 주다

贈崔九

憐君一見一悲歌 가련한 그대 보면 슬픈 노래 한 곡조
歲歲無如老去何 해마다 같지 않고 늙어가니 어쩌나
白屋漸看秋草沒 초라한 집 보면 점점 가을 풀에 덮이니

15 유장경(劉長卿) : 725?~789. 자는 문방(文房). 하간(河間) 출신. 일설에는 선성(宣城) 출신이라고도 한다. 감찰어사(監察禦史), 장주현위(長洲縣尉), 남파위(南巴尉), 전운사판관(轉運使判官) 등을 역임하였다. 시 가운데 특히 오언시(五言詩)에 뛰어나 스스로를 '오언장성(五言長城)'이라 칭하였다. 문집으로는 『유수주집(劉隨州集)』이 전 한다.

靑雲莫道故人多　청운에 옛 친구 많다고 하지 마오

정 산인의 거처를 지나다

過鄭山人所居

寂寂孤鶯啼杏園　적적한 한 꾀꼬리 행원에서 우짖고
寥寥一犬吠桃源　쓸쓸한 한 마리 개 도원에서 짖고 있네
落花芳草無尋處　지는 꽃과 고운 풀을 찾을 곳이 없으니
萬壑千峰獨閉門　만 골짜기 천 봉우리 문 닫고 홀로 있네

주습유에게 이별하며 부치다

寄別朱拾遺

天書遠召滄浪客　천자 편지 멀리서 창랑객을 불렀으나
幾度臨岐病未能　몇 번이나 갈림길에 병 때문에 못 왔다네
江海茫茫春欲遍　강과 바다 망망해도 봄은 퍼져 나갈 듯
行人一騎發金陵　길 나선 이 말 한 필에 금릉을 출발했네

성 선사의 암자를 찾아가다

尋盛禪師蘭若

秋草黃花覆古阡　가을 풀과 국화가 옛길을 덮고 있고
隔林遙見起人煙　수풀 너머 오르는 인가 연기 멀리 뵈네
山僧獨在山中老　산속 스님 산속에서 홀로 늙어가는데
惟有寒松見少年　오직 겨울 소나무만 젊은 시절 보았으리

저주의 서간

滁州西澗 위응물(韋應物)[16]

獨憐幽草磵邊生 시냇가 그윽한 풀 너무나 어여쁘고
上有黃鸝深樹鳴 위에는 깊은 숲에 꾀꼬리가 운다네
春潮帶雨晩來急 봄 강물은 비를 띠어 저녁 되자 세차지고
野渡無人舟自橫 들 나루터 사람 없이 배만 가로 놓여있네

한식날 장안의 동생들에게 부치다

寒食寄京師諸弟

雨中禁火空齋冷 비 오는 날 불을 못 때 빈 서재 싸늘하고
江上流鶯獨坐聽 강가 우는 꾀꼬리를 홀로 앉아 듣노라
把酒看花憶諸弟 술잔 들고 꽃을 보며 아우들 생각하니
杜陵寒食草青青 한식날 두릉에는 풀들이 푸르겠지

중양절

九日

今朝把酒復惆悵 오늘 아침 술잔 잡고 다시 울적해져서
憶在杜陵田舍時 두릉의 농가에 있던 때를 생각하네
明年此日知何處 내년 오늘 어디에 있을지 모르나

16 위응물(韋應物) : 737~804. 경조(京兆) 만년(萬年) 출신. 경조부공조(京兆府功曹), 비부원외랑(比部員外郎), 좌사낭중(左司郎中) 등을 지냈다. 시를 잘 지었으며, 전원산림(田園山林)의 정취를 시재(詩材)로 한 작품이 많다. 왕유(王維)와 맹호연(孟浩然), 유종원(柳宗元) 등과 더불어 당나라 자연파 시인의 대표적인 인물로 '왕맹위류(王孟韋柳)'로 병칭되었다.

世難還家未有期　세상이 어지러워 집 돌아갈 기약 없네

휴가에 왕시어를 방문했으나 만나지 못하다

休暇日訪王侍御不遇

九日驅馳一日閑　아흐레 일하고 하루를 쉬는 날
尋君不遇又空還　그대를 찾았으나 또 헛되이 돌아왔네
怪來詩思淸人骨　뼛속까지 맑게 하는 시 생각이 궁금한데
門對寒流雪滿山　집 앞 시내 차갑고 산에 눈이 가득했네

보의사 상방 옛날 놀던 곳에 오르다

登寶意寺上方舊遊

翠嶺香臺出半天　푸른 고개 향대가 중천에 솟아 있고
萬家煙樹滿晴川　수만 집 안개 나무 맑은 개울 가득하네
諸僧近住不相識　가까이 살아도 승려들은 서로 몰라
坐聽微鐘記往年　희미한 종 앉아 듣고 옛날 일을 기억하네

봄날 양주 남곽으로 돌아가는 유 낭중의 이별시에 창수하다

酬柳郎中春日歸楊州南郭見別之作

廣陵三月花正開　광릉의 삼월에 꽃이 바로 피어서
花裏逢君醉一廻　꽃 속에 그대 만나 한바탕 취했다네
南北相過殊不遠　남북 서로 가기에 너무 멀지 않으니
暮潮從去早潮來　저녁 조수 갔다가 아침 조수 온다네

자규새가 울다

子規啼

高林滴露夏夜淸　높은 숲에 이슬 방울 여름 밤은 맑으니
南山子規啼一聲　남산의 자규새가 소리 한 번 울었네
鄰家孀婦抱兒泣　이웃집 청상과부 아이 안고 울고 있고
我獨展轉何時明　나는 홀로 뒤척이니 날은 언제 밝아오나

산점

山店

노륜(盧綸)[17]

登登山路何時盡　오르고 또 오르는 산길 언제 끝나려나
決決溪流到處聞　계곡물 콸콸 소리 곳곳에서 들리네
風動葉聲山犬吠　잎에 부는 바람 소리 들은 산 개 짖어대고
一家松火隔秋雲　어느 집 관솔불이 가을 구름 너머 있네

마을 남쪽에서 병든 노인을 만나다

村南逢病叟

雙膝過頤頂在肩　두 무릎은 뺨 지나고 정수리는 어깨 있고
四鄰知姓不知年　사방 이웃 성 알아도 나이는 모른다네
臥驅鳥雀惜禾黍　벼 기장이 아까워 누워서도 참새 쫓고

17 노륜(盧綸) : 748?~800. 자는 윤언(允言). 하중(河中) 포(蒲, 지금의 山西) 사람. 대력십재자(大曆十才子)의 한 사람이다. 여러 차례 과거에 응시하였으나, 번번이 떨어졌다가 혼감(渾瑊)에 의해 원수부판관(元帥府判官)이 되었다. 문집이 있었으나 산실되었으며, 명나라 사람이 모은 『노륜집(盧綸集)』이 전한다. 『전당시(全唐詩)』에 시가 5권으로 실려 있다.

猶恐諸孫無社錢　손자들이 마을 낼 돈 없을까 봐 걱정이네

강남곡

江南曲

한굉(韓翃)[18]

長樂花枝雨點銷　장락궁 꽃가지에 빗물 점점 마르고
江城日暮好相邀　강가 성에 해 저무니 서로 맞기 좋구나
春樓不閉葳蕤鎖　봄 누각은 안 닫힌 채 무성한 풀 덮여있고
綠水回通宛轉橋　푸른 물이 통해 돌아 다리를 감도네

이웃집의 생황 부는 소리를 듣다

聽隣家吹笙

낭사원(郎士元)[19]

鳳吹聲如隔彩霞　봉황곡이 채색 노을 너머에서 들리는 듯
不知墻外是誰家　담장 밖이 누구네 집인 줄도 모르겠네
重門深鎖無尋處　겹겹 문들 꼭 잠겨서 찾을 곳이 없지만
疑有碧桃千樹花　벽도화 수천 그루 있을 것만 같구나

18 한굉(韓翃) : 생몰년 미상. 자는 군평(君平). 등주(鄧州) 남양(南陽, 河南) 출신. '대력십재자(大曆十才子)'의 한 사람으로 시를 잘 지었다. 관직은 중서사인(中書舍人)까지 지냈다. 문집은 있었으나 전하지 않고 후대에 편집된 『한군평집(韓君平集)』이 있다.

19 낭사원(郎士元) : 727~780?. 자는 군주(君胄). 중산(中山) 출신. 전기(錢起)와 병칭되어 '전랑(錢郎)'이라 일컬어졌다. 대력십재자(大曆十才子)의 한 사람으로 저서에 『낭자사시집(郎刺史詩集)』 1권이 전한다.

백림사에서 남쪽을 바라보다

栢林寺南望

溪上遙聞精舍鍾　골짜기에 절 종소리 멀리서 들려오니
泊舟微徑度深松　배 멈추고 작은 길로 깊은 솔숲 지났네
青山霽後雲猶在　청산은 비 갠 후에 구름이 여전하고
畫出西南三四峯　서남쪽 서너 산이 그림처럼 솟았어라

협곡 어구에서 벗을 보내다

峽口送友人

사공서(司空曙)[20]

峽口花飛欲盡春　꽃 날리는 삼협 어구 봄이 끝나 가려는데
天涯去住淚沾巾　하늘 끝에 떠나가니 눈물 수건 적시네
來時萬里同爲客　올 땐 만 리 나그네 길 둘이 함께 했건만
今日翻成送故人　오늘은 바뀌어서 옛친구를 전송하네

암자에 쓰다

題蘭若

최동(崔峒)[21]

絶頂茅庵老此生　산꼭대기 초가 암자 이번 생을 늙어가니
寒雲孤木伴經行　찬 구름과 외딴 나무 짝을 해서 지나왔네

20 사공서(司空曙) : 740~790. 자는 문명(文明) 또는 문초(文初). 광평(廣平) 출신. 일설에는 경조(京兆) 출신이라고도 한다. 낙양주부(洛陽主簿), 장림현승(長林縣丞), 우부낭주(虞部郎中) 등을 역임하였다. '대력십재자(大曆十才子)'의 한 사람이다. 저서로 『사공문명시집(司空文明詩集)』이 전한다.

21 최동(崔峒) : 생졸년 미상. 하북성(河北省) 안평(安平) 사람. 이부낭중(吏部郎中)을 지냈다. 당나라 때 "대력십재자(大曆十才子)"의 한 사람으로 꼽힌다.

世人那得知幽逕　세속 사람 깊은 길을 어찌 알 수 있으랴만
遙向靑峰禮磬聲　푸른 산 풍경 소리 멀리 향해 예배하네

장신궁

長信宮　이단(李端)[22]

金壺漏盡禁門開　금 물시계 다하자 궁궐문이 열리고
飛燕昭陽侍寢廻　조비연이 소양전에 시침 들고 돌아오네
隨分獨眠秋殿裏　가을 전각 안에 홀로 분수 지켜 자는데
遙聞笑語自天來　멀리서 웃음소리 하늘에서 들려오네

고사

古詞　위상(衛象)[23]

鵲血調弓濕未乾　까치 피를 활에 발라 다 마르지 않았고
鷿鵜新淬劍光寒　벽제[24] 기름 새로 발라 검광이 서늘하네
遼東老將鬢成雪　요동의 늙은 장수 눈처럼 머리 세도
猶向旄頭夜夜看　오히려 밤마다 적의 깃발 엿본다네

---

22 이단(李端) : 743?~782? 자는 정기(正己). 조주(趙州) 출신. 비서성교서랑(秘書省校書郞), 항주사마(杭州司馬) 등을 지냈다. 이후 벼슬에 염증을 느껴 사직하고 형산(衡山)에 은거하며 스스로 '형악유인(衡岳幽人)'이라 불렀다. 대력십재자(大曆十才子)의 한 사람이며, 저서에 『이단시집(李端詩集)』이 전한다.

23 위상(衛象) : 생몰년 미상. 당나라 때 시인. 장림령(長林令)·검교시어사(檢校侍御史) 등을 역임했다. 『전당시(全唐詩)』에 시 2수가 전한다.

24 벽제 : 鷿鵜. 물새의 일종으로, 이 새의 기름으로 녹슨 칼을 닦으면 빛이 번쩍번쩍 난다고 한다.

상남 즉사

湘南卽事

대숙륜(戴叔倫)[25]

盧橘花開楓葉衰　노귤꽃은 피어나고 단풍잎은 시드니
出門何處望京師　문 나서면 어디에서 서울을 바라보나
沅湘日夜東流去　원수 상수 밤낮없이 동쪽으로 흘러가
不爲愁人住少時　시름겨운 이를 위해 잠시도 안 멈추네

달을 대하고 원명부에게 답하다

對月答袁明府

山下孤城月上遲　산 아래 외딴 성에 달이 더디 떠오르니
相留一醉本無期　함께 한 번 취하자는 기약 본래 없었네
明年此夕遊何處　내년 오늘 저녁에는 어디에서 노니려나
縱有淸光知對誰　맑은 달빛 있어도 뉘 대할 줄 알겠는가

여 소부를 보내다

送呂少府

共醉流芳獨歸去　함께 향기 취했다가 홀로 떠나 돌아가니
故園高士日相親　고향 동산 높은 선비 매일 서로 친하겠지
深山古路無楊柳　깊은 산 옛 길에는 버드나무 없어서

---

25 대숙륜(戴叔倫) : 732~789. 자는 유공(幼公) 또는 차공(次公). 윤주(潤州) 금단(金壇) 출신. 문학으로 유명하였으며, 시를 잘 지었다. 호남관찰사(湖南觀察使)와 강서절도사(江西節度使)를 지냈다. 저서로 『술고(述稿)』 10권이 있었으나 산실되었으며, 후대에 편집된 『대숙륜집(戴叔倫集)』이 있다.

折取桐花寄遠人　오동꽃을 꺾어서 먼 길 가는 이를 주네

여행 중 차운해서 호남의 장 낭중에게 부치다

旅次寄湖南張郎中　　융욱(戎昱)[26]

寒江近戶漫流聲　문 가까이 천천히 흐르는 찬 강 소리
竹影當窓亂月明　창가에는 밝은 달에 어지러운 대 그림자
歸夢不知湖水闊　고향 가는 꿈길에 호수 넓은 줄도 몰라
夜來還到洛陽城　밤사이에 돌아가서 낙양성에 닿았다오

집을 옮기며 호수가 정자에서 이별하다

移家別湖上亭

好是春風湖上亭　봄바람 부는 호수 정자 마침 좋으니
柳條藤蔓繫離情　버들가지 등 덩굴이 떠나는 맘 얽매네
黃鸝久住渾相識　꾀꼬리도 오래 지내 서로 다 알고 있어
欲別頻啼四五聲　헤어지려 하는데 너덧 번 자꾸 우네

섭 도사의 산방에 쓰다

題葉道士山房

水邊楊柳赤欄橋　물가에 버드나무 붉은 난간 다리 있고

26 융욱(戎昱) : 생몰년 미상. 형남(荊南, 지금의 湖北 江陵縣) 출신. 진주자사(辰州刺史), 건주자사(虔州刺史) 등을 지냈다. 문집으로 5권이 있었으나 전하지 않으며, 명대에 『융욱시집(戎昱詩集)』이 집성되어 전한다.

洞裏神仙碧玉簫 골짜기 속 신선이 푸른 옥 퉁소 부네
近得麻姑書信否 근래에 마고[27] 편지 받았는지 어떤지
潯陽江上不通潮 심양강가 조수가 통하지 않는구나

일찍 파눌사를 떠나다

早發破訥沙 이익(李益)[28]

破訥沙頭雁正飛 파눌 모래 언덕에 기러기 날아올라
鸊鵜泉上戰初歸 벽제천 위 싸우고 비로소 돌아가네
平明日出東南地 새벽에 해가 뜨자 동남쪽 땅 나아가니
滿磧寒光生鐵衣 모래 가득 서늘한 빛 철갑옷에 일어나네

나그네가 유주로 돌아감을 전송하다

送客還幽州

惆悵秦城送獨歸 서글피 진성에서 송별하고 돌아오니
薊門烟樹遠依依 계문에는 안개 낀 숲 멀리서 아련하네
秋來莫射南來鴈 가을 되어 남쪽 오는 기러기 쏘지 마오
縱遣乘春更北飛 봄이 오면 북쪽으로 다시금 날아가리

27 마고 : 麻姑. 옛날 전설에 나오는 선녀 이름으로, 마고산(麻姑山)에 살며 손톱과 발톱이 새의 발톱과 같이 생겼다고 한다.

28 이익(李益) : 748~829. 자는 군우(君虞). 농서(隴西) 고장(姑臧, 지금의 甘肅) 출신. 현령(縣令), 유주절도사(幽州節度使) 등을 역임하였다. 시가로 이하(李賀)와 이름을 나란히 하였다. 대력십재자(大曆十才子)의 한 사람으로 꼽기도 하지만, 성당(盛唐)의 시풍에서 크게 벗어나지 않으며, 율시에 뛰어났다.

궁원

宮怨

露濕晴花春殿香　이슬 젖은 맑은 꽃이 봄 전각에 향기롭고
月明歌吹在昭陽　달은 밝고 소양궁에 노랫소리 음악 소리
似將海水添宮漏　바닷물 가져다 궁 물시계 보태는지
共滴長門一夜長　같은 시간인데도 장문궁 밤은 기네

명혜스님 방에서 쓰다

題明惠上人房　진계(秦系)[29]

簷前朝暮雨添花　처마 앞엔 아침저녁 꽃에 비가 더하고
八十吳僧飯熟麻　팔십 세의 오 땅 승려 익은 깨를 먹는다네
入定幾時還出定　선정에 들어가니 어느 때나 나오려나
不知巢燕污袈裟　둥지 제비 가사를 더럽혀도 모르네

변주에서 호각 소리를 듣다

卞州聞角　무원형(武元衡)[30]

何處金笳月裏悲　어딘가의 호가 소리 달빛 속에 서글프니

29 진계(秦系) : 720?~810?. 자는 공서(公緖). 월주(越州) 회계(會稽) 출신. 천보(天寶) 말년에 난을 피해 섬계(剡溪)에 은거하면서 스스로 '동해조객(東海釣客)'이라 칭하였다. 이후 천주(泉州) 남안(南安)에 거주하게 되면서부터는 '남안거사(南安居士)'라 자칭하였다.

30 무원형(武元衡) : 758~815. 자는 백창(伯蒼). 하남(河南) 구씨(緱氏, 지금의 河南 偃師縣) 출신. 문하시랑평장사(門下侍郎平章事), 검남서천절도사(劍南西川節度使) 등을 역임하였다. 저서로 『임회집(臨淮集)』 10권이 있었으나 흩어졌다.

悠悠遠客夢先知　아득하게 멀리 온 객 꿈이 먼저 아는구나
單于城上關山月　선우의 성 위에서 부르던 관산월[31]을
今日中原總解吹　지금은 중원에도 다 불 줄 아는구나

연 사색 수재의 양류 시에 화운하다

和練師索秀才楊柳　　양거원(楊巨源)[32]

水邊楊柳綠烟絲　물가 버들 안개 싸인 푸른색 실 같으니
立馬煩君折一枝　말 세우고 그대 시켜 가지 하나 꺾었네
惟有東風最相惜　그중에 동풍이 가장 아꼈었는지
慇懃更向手中吹　다정하게 손 안 향해 다시 불어 준다네

유주 2월 용엽이 다 져서 우연히 쓰다

柳州二月榕葉盡落偶題　　유종원(柳宗元)[33]

宦情羈思共悽悽　벼슬살이 타향살이 양쪽 다 처량하니
春半如秋意轉迷　봄 중반이 가을 같아 생각 더욱 헛갈리네

31 관산월 : 關山月. 한나라 악부의 횡취곡(橫吹曲) 이름이다.

32 양거원(楊巨源) : 770?~미상. 자는 경산(景山). 하중(河中) 출신. 비서랑(秘書郎), 태상박사(太常博士), 우부원외랑(虞部員外郎) 등을 역임하였다. 백거이(白居易), 원진(元稹) 등과 교유하였으며, 시를 잘 지었다. 특히 음률(音律)을 중시한 작품이 대다수이다.

33 유종원(柳宗元) : 773~819. 자는 자후(子厚). 유하동(柳河東), 유유주(柳柳州)로도 불린다. 산서성(山西省) 하동(河東, 지금의 河津 부근) 출신. 당송팔대가(唐宋八大家)의 한 사람이다. 집현전정자(集賢殿正字), 감찰어사(監察御史) 등을 지냈다. 왕숙문(王叔文), 한유(韓愈), 유우석(劉禹錫) 등과 가깝게 지냈다. 고문(古文)의 대가로 일컬어졌으며, 우언(寓言) 형식을 취한 풍자문(諷刺文) 등 산문에도 능하였다.

山城過雨百花盡　산성에 비가 지나 온갖 꽃이 다 지고
榕葉滿庭鶯亂啼　용엽 가득 뜰에서는 꾀꼬리가 마구 우네

조 시어사가 상현을 지나며 부친 시에 답하다

酬曹侍御過象縣寄

破額山前碧玉流　파액산 앞으로는 벽옥류가 흐르니
騷人遙住木蘭舟　시인이 멀리서 목란주를 매는구나
春風無限瀟湘意　봄바람은 끝없이 소상강 정 품었으나
欲取蘋花不自由　마름꽃 따려 해도 마음대로 할 수 없네

동 어사가 서울로 가기에 친구에게 부치다

銅魚使赴都寄親友

行盡關山萬里餘　관산의 만여 리길 다 지나 갔더니
到時閭井是荒墟　도착할 때 마을 집들 폐허가 되어 있네
附庸唯有銅魚使　동 어사 밖에는 의지할 이 없었는데
此後無因寄遠書　이후로는 편지 멀리 부칠 길이 없겠구려

호초상인과 함께 산을 바라보다 장안의 친구에게 시를 부치다

與浩初上人同看山寄京華親故

海畔尖山似劍鋩　바닷가의 뾰족산들 마치 칼끝 같으니
秋來處處割愁腸　가을 되자 곳곳마다 시름겨운 마음들
若爲化得身千億　만약 내 몸 변하여 천억 개가 된다면
散上峰頭望故鄉　흩어져 정상 올라 고향을 바라보리

여름 낮에 우연히 짓다

夏晝偶作

南州溽暑醉如酒　남쪽 고장 무더위는 마치 술에 취한 듯
隱几熟眠開北牖　북쪽 창 열고서 책상 기대 깊게 자네
日午獨覺無餘聲　한낮 되어 홀로 깨니 다른 소리 없는데
山童隔竹敲茶臼　대숲 너머 산 동자가 차를 빻고 있구나

복익서동에서 사람을 전송하다

伏翼西洞送人

진우(陳羽)[34]

洞裏春晴花正開　마을 안에 갠 봄날 꽃이 만발하였으니
香花出洞幾時回　꽃향기 속 마을 나가 언제나 돌아올까
慇懃好去武陵客　무릉의 나그네를 다정하게 전송하니
莫引世人相逐來　세속 인간 좇아서 오게 하지 말아주오

상양궁

上陽宮

두상(竇庠)[35]

秋雲漠漠草離離　가을 구름 막막하고 풀들은 무성하니
太乙勾陳處處疑　태을[36] 구진[37] 곳곳에 있었던가 의아하네

---

34 진우(陳羽) : 753?~미상. 오군(吳郡) 오현(吳縣) 출신. 동궁위좌(東宮衛佐)를 지냈으며, 시를 잘 지었다. 전하는 작품은 대개 근체시(近體詩)이며, 칠언절구(七言絶句)에 능하였다.

35 두상(竇庠) : 약767~약828. 자는 주경(胄卿). 호부원외랑(戶部員外郎), 무주(婺州)·등주(登州) 자사 등을 역임하였다. 두숙향(竇叔向)의 아들 다섯 형제가 모두 시문으로 이름이 났는데, 두상도 그중 하나이다.

日暮毁垣春雨裏　해지자 무너진 담 봄비 속에 있으니
殘花猶發萬年枝　남은 꽃이 오히려 만년지[38]에 피었네

강남 유람의 감흥

南游感興　두공(竇鞏)[39]

傷心欲問前朝事　상심하여 전조의 일 물으려 하였으나
惟見江流去不回　보이는 건 흘러가서 돌아오지 않는 강물
日暮東風春草綠　저물녘 동풍 불고 봄풀은 푸르니
鷓鴣飛上越王臺　자고새가 월왕대 위로 날아오르네

궁중사

宮中詞　왕건(王建)[40]

魚藻宮中鎖翠娥　어조궁[41] 안 갇혀있는 푸른 눈썹 미인이
先皇行處不曾過　선황제가 다니던 곳 다시 가지 못했네
如今池底休鋪錦　지금처럼 못 바닥에 비단을 깔지 않아

36 태을 : 太乙. 북극성을 가리킨다. 제왕을 상징하는 별이다.

37 구진 : 勾陳. 자미원(紫微垣)에 딸린 별자리 이름. 천자의 군대를 주관한다고 한다.

38 만년지 : 萬年枝. 대궐에 심었던 만년청(萬年青)이란 나무로, 동청(冬青)이라고도 한다. 즉 사철이 푸른 나무이다.

39 두공(竇鞏) : 생몰년 미상. 자는 우봉(友封). 섬서성(陝西省) 부풍(扶風) 평릉(平陵) 출신. 진사에 급제하여 시어사(侍御史), 사훈원외랑(司勳員外郎), 형부낭중(刑部郎中)을 역임하였다. 병으로 악주(鄂州)에서 죽었다.

40 왕건(王建) : 768~830?. 자는 중초(仲初). 위남위(渭南尉), 섬주사마(陝州司馬)를 지냈다. 악부시(樂府詩)에 능하였다. 문집으로 『왕사마집(王司馬集)』이 전한다.

41 어조궁 : 魚藻宮. 한 고조(漢高祖) 유방(劉邦)이 사랑하던 후궁 척희(戚姬)를 위해 지은 궁 이름이다.

菱角鷄頭積漸多　마름과 가시연이 점점 많이 쌓인다네

金吾除夜進儺名　금오위가 제야에 나례를 거행하니
畫袴朱衣四隊行　고운 바지 붉은 웃옷 네 대열로 줄을 섰네
院院曉燈如白日　집집마다 등불 밝혀 대낮같이 환하고
沉香火裏坐吹笙　침향 불빛 속에 앉아 생황을 분다네

避暑昭陽不擲盧　소양궁에 피서하며 척로[42]를 하지 않고
井邊含水噴鴉雛　우물가 물 머금어 갈까마귀 새끼 뿜네
宮中盡日無呼喚　대궐에선 온종일 부르는 일이 없어
搨得滕王蛺蝶圖　등왕의 협접도[43] 탁본을 찍어냈네

樹頭樹尾覓殘紅　나무의 위아래로 남은 꽃을 찾아보니
一片西飛一片東　한 잎 서쪽 한 잎 동쪽 조각조각 나는구나
自是桃花貪結子　이제부터 복사꽃이 열매를 맺을 텐데
錯教人恨五更風　사람들이 새벽바람 잘못 원망하게 했네

金殿當頭紫閣重　금빛 궁전 앞에는 붉은 누각 겹쳐있고
仙人掌上玉芙蓉　선인의 손바닥에 옥부용이 있구나
太平天子朝元日　태평성대 천자께서 정월의 초하루에
五色雲車駕六龍　오색구름 수레에 여섯 용을 매었구나

42 척로 : 擲盧. 고대 놀이도구 중 하나로, 다섯 개의 주사위가 위는 검고 아래는 흰데, 던져서 모두 검은 색이 되면 "노(盧)"가 된다.

43 등왕의 협접도 : 등왕은 당나라 이원영(李元嬰, ?~684)의 봉호인데, 당 고조(唐高祖) 이연(李淵)의 22번째 아들이다. 당 태종(唐太宗) 이세민(李世民)의 아우로, 서화(書畫)·음률(音律)에 뛰어났고, 특히 나비를 잘 그렸는데 「등왕협접도(滕王蛺蝶圖)」가 전한다.

기수궁

綺繡宮

玉樓傾側粉墻空　옥루는 기울고 흰색 담은 비어있고
重疊青山繞故宮　푸른 산이 겹겹으로 옛 궁을 둘렀네
武帝不來紅袖盡　무제는 오지 않고 궁녀들은 없어지니
野花黃蝶領春風　들꽃과 노랑나비 봄바람을 거느리네

강릉 사신이 여주에 오다

江陵使至汝州

回看巴路在雲間　돌아본 파촉 길이 구름 사이 있으니
寒食離家麥熟還　한식날 집 떠나서 보리 익을 때에 왔네
日暮數峯青似染　해지자 몇 봉우리 물들인 듯 푸르니
商人說是汝州山　여주의 산이라고 상인들이 설명하네

화청궁[44]

華淸宮

酒幔高樓一百家　술집 깃발 높은 누각 일백 호의 집이 있고
宮前楊柳寺前花　궁궐 앞은 버드나무 절 앞에는 꽃이 있네
內園分得溫陽水　궁안 밭엔 온천수를 나누어 들여서
二月中旬已進瓜　이월의 중순인데 오이 벌써 진상하네

44 화청궁(華淸宮) : 여산(驪山) 기슭 온천지에 있던 행궁. 당현종과 양귀비가 자주 갔던 곳이다.

촉 땅 가는 객을 전송하다

送蜀客 장적(張籍)[45]

蜀客南行聽碧鷄 푸른 닭 소리 듣고 촉 땅 객은 남쪽 가니
木綿花發錦江西 금강의 서쪽에는 목화꽃이 피었으리
山頭日晚行人少 산꼭대기 날 저물어 행인이 적어지면
時見猩猩樹上啼 나무 위에 울고 있는 성성이를 때로 보리

가도[46]를 만나다

逢賈島

僧房逢着款冬花 승방에서 관동화가 핀 것을 만났기에
出寺行吟日已斜 절을 나서 읊조리다 해가 이미 기울었네
十二街中春雪徧 도성의 열두 거리 봄눈 두루 내리니
馬蹄今去入誰家 말을 타고 지금 가면 누구 집에 들어갈까

가도와 한가로이 유람하다

與賈島閑游

水北原南草色新 강 북쪽 들 남쪽 풀빛이 새롭고

45 장적(張籍) : 766?~830?. 자는 문창(文昌). 오군(吳郡) 출신. 당대 명사들과 교유하였으며, 한유(韓愈)로부터 인정받기도 하였다. 악부시(樂府詩)로 이름이 났으며, 왕건(王建)과 더불어 '장왕(張王)'으로 병칭되었다. 저서로 『장사업집(張司業集)』이 있다.

46 가도 : 賈島(779~843). 자는 낭선(浪仙). 하북성(河北省) 범양(范陽) 출신. 집이 빈한하여 일찍이 승려가 되어 법호를 무본(無本)이라 하였다. 811년 낙양에서 당대의 명사 한유(韓愈)와 교유하면서 환속(還俗)하였다. 837년 사천(四川)성 장강현(長江縣)의 주부(主簿)가 되어 간신히 관직을 얻었고, 이어 안악현(安岳縣) 보주(普州)의 사창참군(司倉參軍)으로 전직되었다가 병으로 세상을 떠났다.

雪消風暖不生塵　눈이 녹고 바람 따뜻 먼지조차 없구나
城中車馬應無數　성안에는 수레와 말 무수히 지날 텐데
能解閑行有幾人　한가롭게 노닐 줄 아는 이가 몇이랴

이발[47]에게 부치다

寄李渤

五度溪頭躑躅紅　오도계 머리에 철쭉꽃이 붉게 피고
嵩陽寺裏講時鐘　숭양사에 설법을 알리는 종 울리네
春山處處行應好　봄 산 곳곳 다니기에 당연히 좋을 테니
一月看花到幾峰　한 달 동안 꽃 보러 몇 봉우리 다니려나

가을 생각

秋思

洛陽城裏見秋風　낙양성 안에서 가을바람 만나니
欲作家書意萬重　집 편지 쓰려는데 온갖 생각 다 나네
復恐忽忽說不盡　서두르다 하고픈 말 다 못할까 또 걱정돼
行人臨發又開封　떠나는 이 출발할 때 또 봉함을 열었다네

---

47 이발 : 李渤(733~831). 자는 준지(浚之). 낙양(洛陽) 출신. 일찍 여산(廬山) 백록동(白鹿洞)에 은거하였다가 숭산(嵩山)으로 옮겼다. 813년 좌습유(左拾遺) 벼슬을 받은 후 낙양으로 옮겨 여러 벼슬을 거쳤다. 825년 최발(崔發)을 옹호한 일로 폄직되었는데 2년 후 병으로 사직했다. 831년 다시 태자빈객(太子賓客)이 되었으나 이 해 7월 죽었다. 『전당시(全唐詩)』에 시 5수가 실려 있다.

봄날에 느끼다

感春

遠客悠悠任病身　멀리 온 손 유유자적 병든 몸 상관없이
誰家池上又逢春　어느 집 연못 가에 봄을 또 맞았구나
明年各自東西去　내년이면 각자가 동쪽 서쪽 떠나리니
此地看花是別人　이곳에서 꽃구경은 다른 이가 하겠지

봄날의 이별 노래

春別曲

長江春水綠堪染　장강의 봄물은 물들일 듯 푸르고
荷葉出水大如錢　물 위에 나온 연잎 동전만큼 크구나
江頭橋樹君自種　강 끝 다리 나무는 그대 몸소 심었는데
那不長繫木蘭船　어찌하여 목란주는 오래 매지 못하는가

성도곡

成都曲

錦江近西春水綠　금강 근처 서쪽에는 봄 강물이 푸르고
新雨山頭荔枝熟　새로 비 온 산머리에 여지가 익었구나
萬里橋邊多酒家　만리교 주변에는 술집도 많은데
游人愛向誰家宿　노는 이들 뉘 집 향해 묵어가기 좋을까

한당곡

寒塘曲

寒塘沈沈柳葉疎 차가운 못 침침하고 버들잎은 성기니
水暗人語驚棲鳧 물 어둡고 사람 말에 깃든 오리 놀라네
舟中少年醉不起 배 안 소년 취하여 일어나지 못한 채
持燭照水射游魚 촛불 들고 물 비춰 물고기를 잡는다네

산새

山禽

山禽毛如白練帶 산새 털이 하얗게 누인 비단 띠 같으니
棲我庭前栗樹枝 내 집 뜰 앞 밤나무 가지에 깃들었네
獼猴半夜來取栗 한밤중에 원숭이가 밤을 따러 왔는지
一雙中林向月飛 숲에 있던 한 쌍이 달을 향해 날아가네

양주사

凉州詞

鳳林關裏水東流 봉림관[48] 안 강물은 동쪽으로 흘러가고
白葦黃楡六十秋 흰 갈대와 황유[49]는 예순 해를 지냈어라

48 봉림관 : 鳳林關. 지금의 감숙성(甘肅省) 임하(臨夏) 서북쪽에 있던 관으로, 당과 토번(吐蕃)의 경계가 되는 땅이었다.

49 흰 갈대와 황유 : 본래 白草와 黃楡. 변새에 자라는 풀과 나무를 가리킨다. 백초는 서역의 목초로 다 자라면 하얗게 변하고, 황유는 북방 변경에 자라는 누런 누릅나무이다.

邊將皆承主恩澤　변방 장수 모두 다 은택을 입었으나
無人解道取凉州　양주를 취할 방법 아는 이가 없구나

현도관에서 다시 노닐다

再遊玄都觀　　유우석(劉禹錫)[50]

百畝庭中半是苔　백묘의 뜰 안에 반은 이끼 덮였으니
桃花淨盡菜花開　복사꽃 다 사라지고 채소꽃이 피었네
種桃道士何處去　복숭아 심은 도사 어디로 떠나갔나
前度劉郎今又來　전에 왔던 유랑이 지금 또 왔다오

오의항[51]

烏衣巷

朱雀橋邊野草花　주작교[52] 주변에 들풀과 꽃이 피고
烏衣巷口夕陽斜　오의항 입구에는 석양이 비끼네
舊時王謝堂前燕　옛 시절 왕씨 사씨 집 앞에 있던 제비

---

50 유우석(劉禹錫) : 772~842. 자는 몽득(夢得). 낙양(洛陽) 출신. 왕숙문(王叔文), 유종원(柳宗元) 등과 정치 개혁을 기도하였으나, 그의 실각으로 인해 좌천되었다. 만년에는 백거이(白居易)와 교유하면서 '유백(劉白)'으로도 불렸다. 시풍이 참신하고 민가의 특성이 농후하였는데, 특히 호방한 시의(詩意)로 인해 시호(詩豪)라고 일컬어지기도 하였다.

51 오의항 : 烏衣巷. 남경에 있는 골목 이름. 오(吳)나라 때 병사들이 모두 검은색 옷을 입은 오의영(烏衣營)이란 병영이 있었던 데서 이름이 유래되었는데, 동진(東晉) 때 왕씨(王氏)와 사씨(謝氏) 일가가 이곳에 거주하면서 유명해져 이후로는 문인 세가의 일족들이 모여 사는 곳을 지칭하는 말로 쓰이게 되었다. 『世說新語 雅量』

52 주작교 : 朱雀橋. 진회하(秦淮河)에 걸쳐 있는 다리이다.

飛入尋常百姓家　날아서 심상하게 백성 집에 들어가네

석두성
石頭城

山圍故國周遭在　산이 고국 주변을 둘러싸고 있으니
潮打空城寂寞回　조수가 빈 성 치고 적막하게 돌아가네
淮水東邊舊時月　회수 동쪽 변두리에 옛 시절 그 달이
夜深還過女墻來　밤 깊자 되돌아와 성가퀴를 넘어오네

옛 궁인 목씨의 노래를 듣다
聽舊宮人穆氏歌

曾隨織女渡天河　일찍이 직녀 따라 은하수를 건널 적에
記得雲間第一歌　구름 사이 제일가는 노래를 기억하네
休唱貞元供奉曲　정원 연간 바쳐진 곡 부르지 말아주오
當時朝士已無多　당시 조정 벼슬아치 이미 많이 없어졌소

죽지사
竹枝詞

山桃紅花滿上頭　산에 붉은 복사꽃이 꼭대기에 가득하고
蜀江春水拍山流　촉강에는 봄물이 산을 치며 흐르네
花紅易衰如郎意　붉은 꽃은 사내들 마음처럼 쉬 시들고
水流無限似儂愁　흐르는 물 내 마음 시름처럼 끝이 없네

瞿塘嘈嘈十二灘 구당물은 급하게 열두 개울 철철 흘러
此中道路古來難 이 가운데 도로가 예로부터 험난했네
長恨人心不如水 한이 깊은 마음은 물과 같지 않아서
等閑平地起波瀾 평지라고 소홀하면 파란을 일으키네

山上層層桃李花 산 위에는 층층이 복사꽃과 오얏꽃
雲間烟火是人家 구름사이 연기 나니 인가가 있나 보다
銀釧金釵來負水 은 팔찌와 금 비녀 여인이 물을 긷고
長刀短笠去燒畬 긴 칼과 짧은 삿갓 사내가 화전 가네

楊柳青青江水平 버드나무 푸르고 강물은 평평하니
聞郎江上唱歌聲 낭군이 강 위에서 부르는 노래 듣네
東邊日出西邊雨 동쪽 가는 해가 뜨고 서쪽 가는 비가 내려
道是無情還有情 정이 없다 해야 할지 정이 있다 해야 할지

양류지사

楊柳枝詞

花萼樓前初種時 화악루 앞에다 처음으로 심었을 때
美人樓上鬪腰肢 누각 위의 여인이 가는 허리 다투었지
如今抛擲長街裏 지금은 긴 거리에 던져서 버려지니
露葉如啼欲恨誰 이슬 젖은 잎이 누굴 원망하듯 우는구나

아교[53]의 원한

阿嬌怨

望見葳蕤擧翠華　무성한 초목 속 취화[54]를 바라보고
試開金屋掃庭花　금옥 한 번 열어보고 뜰 안 꽃을 쓸어보네
須臾宮女傳來信　잠시 후 궁녀가 소식을 전해 오니
言幸平陽公主家　평양공주[55] 집으로 행차했다 말을 하네

제상행

堤上行

酒旗相望大堤頭　술집 깃발 보이는 큰 방죽 끝머리
堤下連檣堤上樓　방죽 아래 잇닿은 배 방죽 위는 누각이네
日暮行人爭渡急　해지자 행인들이 서둘러 다퉈 건너
槳聲幽軋滿中流　삐걱이는 삿대 소리 물 가운데 가득하네

---

53 아교 : 阿嬌. 진황후(秦皇后)의 이름이다. 한 무제(漢武帝)가 어릴 때에 장공주(長公主)가 안고서 묻기를, "넌 어떤 아내를 얻고 싶으냐." 하매 대답하되, "만일 아교(阿嬌) 같은 사람을 얻으면 금옥(金屋)을 지어서 살게 하겠다." 하였다. 진 황후가 되어 무제의 총애를 받아 10여 년간 권력을 휘두르며 살았으나 아들이 없어 총애를 잃고 장문궁(長門宮)에 따로 살면서 시름 속에 원망의 나날을 보냈다. 황금 100근을 보내 시름을 해소할 수 있는 부(賦)를 지어 달라고 하여 사마상여가 진 황후를 위해 「장문부(長門賦)」를 지어 한 무제에게 바쳤는데, 한 무제가 읽고서 가슴 아파하며 다시 진 황후를 친근히 하였다고 한다. 『樂府 解題』

54 취화 : 翠華. 임금이 거둥할 때 쓰는 의장 가운데 하나로, 푸른 깃으로 장식한 깃발 혹은 일산이다.

55 평양공주 : 平陽公主. 한무제(漢武帝)의 누나. 평양공주의 집에 위자부(衛子夫)라는 가녀(歌女)가 있었는데, 무제가 평양공주 집의 연회 석상에서 보고 총애하여 궁중으로 들여 황후로 삼았다. 『漢書 卷97上 外戚傳上 孝武衛皇后傳』

長堤繚繞水徘徊 긴 방죽 둘러서 강물이 감돌고
酒舍旗亭次第開 술집과 요릿집이 차례로 문을 여네
日晩上簾招賈客 저물녘 주렴 올려 장사치를 부르니
舸峨大艑落帆來 높은 배와 큰 선박이 돛 내리고 오는구나

낙양에서 오 땅에 가는 한 중승과 마주치다

洛中逢韓中丞之吳

昔年意氣結群英 지난해 영재들과 의기투합 하였으니
幾度朝回一字行 조회에서 한 줄로 몇 번이나 돌아왔나
海北江南零落盡 바다 북쪽 강 남쪽에 다 영락해 버렸건만
兩人相見洛陽城 두 사람이 낙양성에 서로 다시 만났구려

영호 상공의 모란과 이별한 시에 화운하다

和令狐相公別牡丹

平章宅裏一欄花 평장[56] 댁 안에 있는 한 난간에 심은 꽃이
臨到開時不在家 막 피려 할 때쯤에 댁에 있지 않겠구려
莫道兩京非遠別 두 서울이 먼 이별이 아니라고 하지 마오
春明門外卽天涯 춘명문[57]만 나가면 바로 하늘 끝이리니

56 평장 : 平章. "同中書門下平章事" 혹은 "同平章事"의 약칭이다. 곧 재상을 뜻한다.
57 춘명문 : 春明門. 당나라 때 장안성 외곽 동쪽면의 정 중앙에 있던 문의 이름이다.

당절선산 권9

원(元) 양성(襄城) 양사홍(楊士弘) 백겸(伯謙)[1] 선(選)

동곽으로 돌아가는 왕영을 합계에서 전송하다

合溪送王永歸東郭 유상(劉商)[2]

君去春山誰共遊　그대 가니 봄 산을 뉘와 함께 노닐까
鳥啼花落水空流　새 울고 꽃 지고 부질없이 물 흐르네
如今送別臨溪水　지금 이 냇가에서 그대를 보내지만
他日相思來水頭　뒷날 그대 그리우면 이 냇가로 오리라

초 땅에서 월 땅으로 옮기는 왕사군을 전송하다

送王使君自楚移越

露冕行春向若耶　노면[3]으로 약야[4] 향해 봄철 순시 나가는데

---

1 양사홍(楊士弘) 백겸(伯謙) : 생몰년 미상. 자는 백겸(伯謙). 양성(襄城, 지금의 河南省 襄城縣) 출신. 원나라 사람으로 당시(唐詩)를 좋아하였다. 『당음(唐音)』을 편찬하였는데, 배율(排律)이라는 명칭이 여기서 처음 사용되었다.

2 유상(劉商) : 약 727~805. 자는 자하(子夏). 서주(徐州) 팽성(彭城) 출신. 우부원외랑(虞部員外郞), 변주관찰판관(汴州觀察判官)을 역임했다. 후에 벼슬을 그만두고 시화에 전념하였다.

3 노면 : 露冕. 면류관을 드러낸다는 뜻. 후한 명제(後漢明帝) 때 형주 자사(荊州刺史) 곽하(郭賀)가 뛰어난 성적을 거두자 황제가 삼공(三公)의 의복과 면류(冕旒)를 하사하여, 수레를 타고 다닐 때마다 장막을 걷어 백성들이 그 면류관을 볼 수 있게 했다고 한다. 『後漢書 卷26 郭賀列傳』

野人懷惠欲移家　야인들이 고마워서 따라 이사하려 하네
東風二月淮陰道　동풍 부는 이월에 회음의 길에는
惟見棠梨一樹花　팥배나무 한 그루 꽃만 보일 뿐이네

변방의 노래

塞下曲

장중소(張仲素)[5]

三戍漁陽再渡遼　수자리는 어양 세 번 요하 두 번 건넜으니
騂弓在臂劍橫腰　붉은 활 팔에 끼고 칼은 허리 가로 찼네
匈奴似欲知名姓　흉노는 흡사 성명 알고 싶어 하는 듯
休傍陰山更射鵰　음산[6] 곁에 다시는 독수리 쏘게[7] 말라

陰磧茫茫塞草腓　추운 사막 망망한데 변새 풀은 시드니
桔槔烽上暮雲飛　봉화대 위에는 저녁 구름 날아가네
交河北望天連海　교하[8]에서 북쪽 보니 하늘 바다 이어지고
蘇武曾將漢節歸　한사 부절 지닌 소무[9] 돌아왔던 곳이네

---

4 약야 : 若耶溪. 소흥(紹興)의 약야산(若耶山)에서 나온 시내의 이름.

5 장중소(張仲素) : 769?~819. 자는 회지(繪之) 또는 궤지(繢之). 숙주(宿州) 부리(符離) 출신. 무강군종사(武康軍從事), 사훈원외랑(司勳員外郎) 등을 역임하였다. 시를 잘 지었으며, 문집 1권과 『부추(賦樞)』 3권을 남겼다.

6 음산 : 陰山. 내몽고 자치구를 동서로 가르는 산맥으로, 한나라와 흉노의 경계에 해당되었다.

7 독수리 쏘게 : 한나라 장군 이광(李廣)이 흉노를 정벌할 때 독수리를 쏘는 명사수와 만나 두 명은 죽이고 한 명을 생포하였다고 한다.

8 교하 : 交河. 신강성(新疆省)에 있는 강 이름.

9 소무 : 蘇武. 한무제(漢武帝)가 흉노와의 친선을 위하여 소무(蘇武)를 사신으로 보냈는데, 억류되어 돌아오지 못하였다. 19년간 흉노에게 굴복하지 않고 무제의 아들 소제(昭帝) 때 다시 돌아올 수 있었다.

천마사

天馬辭

天馬初從渥水來　천마가 처음에 악수[10]에서 나왔으니
郊歌曾唱得龍媒　교가[11]를 불러서 용매[12]를 얻었네
不知玉塞沙中路　모르겠네, 옥문관 모래에 있는 길에
苜蓿殘花幾處開　목숙[13]의 남은 꽃이 몇 군데나 피었나

躞蹀宛駒齒未齊　저벅저벅 완구[14]가 이가 아직 안 나서
摐金噴玉向風嘶　쇠를 치고 옥 뿜으며 바람 향해 울부짖네
來時欲盡金河道　올 때는 금하[15]의 길 다 달려 버릴 듯
獵獵輕風在碧蹄　푸른 발굽 가벼운 바람 획획 일었네

한원행

漢苑行

春風淡淡景悠悠　봄바람은 담담하고 경치는 그대로니

---

10 악수 : 渥水. 중국 감숙성(甘肅省) 안서현(安西縣) 지역에 있는 강 이름. 전설에 여기에서 신마(神馬)가 나왔다고 한다.

11 교가 : 郊歌. 천자가 교사(郊祀)를 지낼 때 부르는 노래 가운데 「천마지가(天馬之歌)」가 있다.

12 용매 : 龍媒. 준마를 가리킨다. 『한서(漢書)』 권22 「예악지(禮樂志)」에 "천마가 왔으니, 용이 오게 될 매개이다.[天馬徠龍之媒]"라고 하였다.

13 목숙 : 苜蓿. 말이 잘 먹는 콩과에 속한 식물이다. 한나라 장건(張騫)이 서역(西域)에 사신을 갔다가 그 씨앗을 가져다 목숙원(苜蓿園)을 만들고 우마(牛馬)의 사료로 사용하였다. 『史記 大宛傳』

14 완구 : 宛駒. 대완국에서 나는 천리마인 한혈마(汗血馬)를 가리킨다.

15 금하 : 金河. 내몽고 자치구 안에 있는 강으로, 교통의 요지이다. 대흑하(大黑河)라고도 한다.

鶯囀高枝燕入樓 높은 가지 꾀꼴 소리 누각에 드는 제비
千步回廊聞鳳吹 천 걸음 회랑에 생황 소리 들려오니
珠簾處處上銀鉤 주렴을 곳곳에서 은고리로 올리네

소 십삼이 흡주의 혼기에 갔고 나는 양주에서 나그네 생활을 하여 이른 봄 절구 1수를 써서 부치다

蕭十三赴歙州昏期僕客楊州早春書寄一絶

淮上客情殊冷落 회수 가 나그네의 심사 유독 쓸쓸한데
蠻方春早客何如 남방에 봄 이르니 나그네는 어떻겠나
相思莫道無來使 그리워도 찾아오는 심부름꾼 없다 마오
回雁峰前好寄書 회안봉[16] 앞에서는 편지 곧잘 부친다오

정 삼을 만나 산에서 노닐다

逢鄭三遊山

相逢之處花茸茸 우리 서로 만난 곳에 꽃들이 파릇파릇
石壁攢峰千萬重 석벽과 산봉우리 천겹 만겹 겹쳐있네
他日期君何處好 훗날 그대 기약할 곳 어디가 좋으려나
寒流石上一株松 차가운 물 바위 위에 한 그루 소나무

16 회안봉(回雁峰) : 호남성(湖南省) 형양(衡陽)에 있는 형산(衡山) 72봉의 첫 번째 봉우리.

일을 떠올리다

憶事 원진(元稹)[17]

夜深閑到戟門邊 밤 깊어 한가하게 극문[18] 주변 이르니
柳繞行廊又獨眠 버들 감싼 행랑에서 또 홀로 잠을 자네
明月滿庭池水綠 밝은 달은 뜰에 가득 연못 물은 푸르고
桐花垂在翠簾前 오동꽃은 푸른 주렴 앞으로 드리웠네

차가운 규방의 원망

寒閨怨 백거이(白居易)[19]

寒月沈沈洞房靜 차가운 달 침침하고 동방은 고요하니
眞珠簾外梧桐影 진주 주렴 밖에는 오동나무 그림자
秋霜欲下手先知 가을 서리 내릴 것을 손이 먼저 알게 되니
燈底裁縫翦刀冷 등잔 밑 재봉할 때 가위가 차가워라

17 원진(元稹) : 779~831. 자는 미지(微之). 하남(河南) 출신. 15살 나이에 급제하여 감찰어사(監察御史), 공부시랑(工部侍郞), 동평장사(同平章事) 등을 지냈다. 총 719수의 시가 전한다. 그중 풍유시가 가장 많다. 백거이(白居易)와 함께 '원백(元白)'으로 불렸으며, 시풍을 원화체(元和體)라 하였다. 저서로 『원씨장경집(元氏長慶集)』 60권이 전한다.

18 극문 : 戟門. 창을 세워놓은 문. 왕이 밖에 나갈 때 머물던 곳에 세우는 문이다.

19 백거이(白居易) : 772~846. 자는 낙천(樂天). 호는 취음선생(醉吟先生) 또는 향산거사(香山居士). 화주(華州) 하규(下邽) 출신. 소주자사(蘇州刺史), 형조시랑(刑曹侍郞), 형부상서(刑部尙書) 등을 역임하였다. 시문으로 원진(元稹)과 이름을 나란히 하여 '원백(元白)'으로 불리기도 하였으며, 만년에는 유우석(劉禹錫)과 창수하여 '유백(劉白)'으로 불렸다. 시호는 문(文)이다.

죽지사

竹枝詞

瞿塘峽口冷煙低　구당협 입구에 낮게 깔린 찬 안개
白帝城頭月向西　백제성 머리에 달은 서쪽 향하네
唱到竹枝聲咽處　죽지 노래 소리 메는 대목에 이르니
寒猿晴鳥一時啼　잔나비와 맑은 새가 일시에 우는구나

촌가 정자에 묵다

宿村家亭子　가도(賈島)[20]

床頭枕是溪中石　평상 머리 베개는 계곡의 돌 같아서
井底泉通竹下池　우물 밑 샘 대숲 아래 못으로 통하네
宿客未眠過夜半　묵는 길손 잠 못들고 한 밤중이 지나니
獨聞山雨到來時　산 비가 오는 소리 홀로 듣는 때라네

수레를 타고 서쪽으로 노닐고서 짓다

車駕西遊因而有作　온정균(溫庭筠)[21]

宣曲長楊瑞氣凝　선곡궁[22]과 장양궁[23]에 서기가 엉기고

---

20 가도(賈島) : 779~843. 자는 낭선(浪仙). 범양(范陽, 지금의 河北省) 출신. 과거에 모두 낙방하였는데, 이에 낙담하여 무본(無本)이란 이름의 중으로 행세하기도 하고, 스스로 '갈석산인(碣石山人)'이라 부르기도 하였다. 시의 표현에 많은 고심을 하여 한유(韓愈)로부터 시재(詩才)를 인정받았으며, '推敲(퇴고)'의 일화를 남겼다. 문집(文集)으로 『장강집(長江集)』 10권이 전한다.

21 온정균(溫庭筠) : 801~866. 자는 비경(飛卿). 본명은 기(岐). 어려서부터 시사(詩詞)가 뛰어났으며, 문재(文才)가 있어 과거시험과 관련된 일화로 인해 '온팔차(溫八叉)'

上林狐兎待秋鷹　상림원[24] 여우 토끼 가을 새매 기다리네
誰將詞賦陪雕輦　그 누가 사부 지어 황제 수레 배종할까
寂寞相如臥茂林　쓸쓸한 사마상여[25] 우거진 숲 누웠구나

개원사

開元寺

이섭(李涉)[26]

宿雨初收草木濃　간밤의 비 처음 그쳐 풀과 나무 짙푸르고
群鴉飛散下堂鐘　까마귀 떼 흩어져 종루에 내려 앉네
長廊無事僧歸院　긴 행랑 일이 없어 중은 절로 돌아가고
盡日門前獨看松　하루 종일 문 앞에서 소나무 홀로 보네

또는 '온팔음(溫八吟)'으로 불렸다. 문장이 화려하여 이상은(李商隱)과 더불어 '온리(溫李)'로 불렸다. 저서로『온비경시집(溫飛卿詩集)』7권과『금전집(金筌集)』등이 전한다.

22 선곡궁 : 宣曲宮. 한나라 때 상림원(上林苑) 안에 있던 이궁(離宮)이다.

23 장양궁 : 長楊宮. 진한(秦漢) 때 황제가 수렵을 하던 궁으로 몇 이랑에 걸쳐 수양버들이 있었으므로 장양궁이라 하였다.

24 상림원 : 上林苑. 어원(御苑)의 이름이다. 처음은 진(秦)나라 때 섬서성(陝西省) 장안현(長安縣)에 설치한 것을 한 무제(漢武帝)가 확장하였다.

25 사마상여 : 司馬相如. 한나라 때 문장가. 그가 지은「자허부(子虛賦)」를 보고 한무제(漢武帝)가 불러들여 다시 짓게 하니 상림원에서 천자가 사냥하는 광경을 묘사한「상림부(上林賦)」를 지어 한 무제가 보고 크게 기뻐하였다.『史記 卷117 司馬相如列傳』

26 이섭(李涉) : 생몰년 미상. 자호는 청계자(淸溪子). 낙양(洛陽) 출신. 젊어서는 동생인 이발(李渤)과 여산(廬山)에 은거하였다. 이후 진허절도부종사(陳許節度府從事), 태자통사사인(太子通事舍人), 태학박사(太學博士) 등을 역임하였다. 문집 2권이 있었으나 전하지 않는다.

죽지사
竹枝詞

十二峰頭月欲低　무산 열두 봉우리에 달은 지려 하는데
空濤灘上子規啼　여울 위에 자규새 소리만 들려오네
孤舟一夜東歸客　외로운 배 하룻밤 돌아가는 동쪽 길손
泣向東風憶建溪　동풍 향해 울면서 건계[27]를 추억하네

빈왕의 작은 피리
邠王小管　　장우(張祜)[28]

虢國潛行韓國隨　괵국부인 잠행하고 한국부인 따르고[29]
宜春深院鬪花枝　봄 한창인 궁원에서 꽃가지 다투리
金輿遠幸無人見　황금 가마 먼 행차를 보는 사람 없으니
偸把邠王小管吹　빈왕[30]의 작은 피리 훔쳐 쥐고 부는구나

---

27 건계: 建溪. 복건성(福建省) 포계현(浦溪縣)에 흐르는 강인데, 민강(閩江)의 근원이 된다.

28 장우(張祜) : 생몰년 미상. 자는 승길(承吉). 이름은 호(祜)라고도 한다. 청하(淸河, 지금의 河北) 출신. 일설에는 남양(南陽) 사람이라고도 한다. 원화(元和)와 장경(長慶) 연간에 시명(詩名)을 날린 인물로, 두목(杜牧)과 교유하였다. 『장승길문집(張承吉文集)』에 460여 수의 시가 전한다.

29 괵국부인 … 따르고 : 괵국부인(虢國夫人)은 양귀비의 셋째 언니이고 한국부인(韓國夫人)은 첫째 언니이다. 당현종이 이들을 처형이라 부르며 궁궐 출입을 마음대로 하면서 황제의 은총을 입었다.

30 빈왕 : 邠王. 당현종의 동생 이승녕(李承寧)을 가리킨다. 피리의 명수로, 양귀비가 치는 경(磬)에 반주를 하였는데 매우 절묘하였다고 한다.

남쪽 별장 봄이 저물다

南莊春晚 이군옥(李群玉)[31]

草暖沙長望去舟 따스한 풀 긴 모래펄 떠나는 배 바라보니
微茫煙浪向巴丘 아스라한 안개 물결 파구[32]를 향하네
沅湘寂寂春歸盡 원수 상수 쓸쓸하고 봄날은 다 지나가니
水綠蘋香人自愁 푸른 물의 물풀 향기 사람 절로 수심 젖네

양양회고

襄陽懷古 포용(鮑溶)[33]

襄陽太守沉碑意 양양 태수[34] 연못에다 비석을 넣은 뜻이
身後身前幾年事 죽은 뒤와 죽기 전 몇 년이나 전하겠나
襄江千歲未爲陵 양강은 천년 돼도 언덕이 되지 않아
水底魚龍應識字 물 밑의 어룡이 글자를 읽겠구나

31 이군옥(李群玉) : 생몰년 미상. 자는 문산(文山). 예주(澧州, 지금의 湖南) 출신. 어렸을 적부터 시명(詩名)이 자자하였으며, 음악, 서예에서도 뛰어난 모습을 보여 문학 및 풍류로 일세를 풍미하였다. 저서로 시집 3권과 후집 5권이 있었으나 없어졌으며, 후대에 엮어진 『이군옥집(李群玉集)』이 전한다.

32 파구 : 巴丘. 지금의 악양루(岳陽樓) 일대이다.

33 포용(鮑溶) : 생몰년 미상. 자는 덕원(德源). 초년에는 강남(江南)의 어느 산에 은거하다가 이후 전국을 유랑하였다. 이익(李益)과 교유하였으며, 고시(古詩), 악부(樂府)에 능통하였다. 『포용시집(鮑溶詩集)』 6권이 전한다.

34 양양 태수 : 진(晉)나라 두예(杜預)를 가리킨다. 진남대장군(鎭南大將軍)으로 양양을 진무할 때 공적을 자랑하기 위해 두 개의 비석을 만들어 하나는 만산(萬山) 아래에 있는 연못 속에 집어넣고 하나는 현산(峴山) 위에 세운 다음, “차후에 언덕이 골짜기가 되고 골짜기가 언덕이 되지 않을지 어찌 보장하겠는가.”라고 하였다. 『晉書 卷34 杜預列傳』

양련사에게 주다

贈楊煉師

道士夜誦蕊珠經　도사가 밤마다 예주경[35]을 낭송하니
白鶴下繞香煙聽　감도는 향 연기에 백학이 와 듣는구나
夜深經盡人上鶴　밤 깊어 독경 끝나 도사는 학을 타고
天風吹入秋冥冥　하늘 바람 불어오니 가을이 어둑하네

紫煙衣上繡春雲　자줏빛 연기 옷에 봄 구름을 수놓고
淸隱山書小篆文　그윽한 맑은 산에 소전 글자 쓰는구나
明月在天將鳳管　하늘에는 달이 밝아 봉황 피리 가지고
夜深吹向玉宸君　깊은 밤에 하늘 궁전 향해서 부는구나

업궁

鄴宮

육구몽(陸龜蒙)[36]

花飛蝶駭不愁人　날리는 꽃 놀란 나비 사람 근심 안 하니
水殿雲廊別置春　물가 전각 구름 회랑 봄을 따로 두었구나
曉日靚粧千騎女　동트자 단장한 천 명의 말 탄 여인
白櫻桃下紫綸巾　하얀 앵두나무 아래 자륜건[37]을 썼다네

---

35 예주경 : 蕊珠經. 도교 경전인 『황정경(黃庭經)』을 말한다. 예주는 신선들이 산다고 하는 꽃과 구슬로 장식한 궁전이다.

36 육구몽(陸龜蒙) : 미상~881. 자는 노망(魯望). 호는 천수자(天隨子), 보리선생(甫里先生), 강호산인(江湖散人). 장주(長洲) 출신. 어려서부터 『육경(六經)』에 능통하였으며, 그중에서도 『춘추(春秋)』에 조예가 깊었다. 피일휴(皮日休)와 교유하였으며, 서로 주고받은 화답시가 유명하다. 저서로 『당보리선생문집(唐甫里先生文集)』 20권, 『입택총서(笠澤叢書)』 4권 등이 전한다.

37 자륜건 : 紫綸巾. 여인들이 쓰던 자주색의 윤건. 후조(後趙) 때 군주인 석호(石虎)가

송처사를 전송하다

送宋處士 허혼(許渾)[38]

賣藥修琴歸去遲 약 팔고 금 고치다 더디게 돌아가니
山風吹盡桂花時 산바람이 불어서 계수나무 꽃 다 졌네
世間甲子須臾事 육십갑자 세월은 잠깐 사이 일이니
逢着仙人莫看棊 신선을 만나도 바둑은 구경 마오

진회 강가에 정박하다

泊秦淮 두목(杜牧)[39]

煙籠寒水月籠沙 안개는 찬 강 담고 달빛은 모래 담고
夜泊秦淮近酒家 밤에 댄 진회는 술집에 가깝다네
商女不知亡國恨 장사꾼 아낙은 망국의 한 모르고
隔江猶唱後庭花 강 건너에 아직도 후정화[40]를 부르네

천왕(天王)의 지위에 오른 후 업(鄴)으로 천도하였다. 그는 항상 말 탄 여인 천 명을 의장대로 삼았는데 모두 자륜건을 썼다고 한다.

38 허혼(許渾) : 791~854?. 자는 용회(用晦), 중회(仲晦). 윤주(潤州) 단양(丹陽) 출신. 도주현령(涂州縣令), 태평현령(太平縣令) 등을 지냈다. 지병으로 인해 정묘교(丁卯橋) 촌사(村舍)에 은거하였다. 문집 『정묘집(丁卯集)』이 있다.

39 두목(杜牧) : 803~852. 자는 목지(牧之). 호는 번천(樊川). 경조(京兆) 만년(萬年) 출신. 홍문관교서랑(弘文館校書郎), 감찰어사(監察御史), 사훈원외랑(司勳員外郎) 등을 역임하였다. 시문 모두 뛰어났으며, 이상은(李商隱)과 함께 '이두(李杜)'로 불렸으며, 두보와 비견하여 '소두(小杜)'라 불리기도 하였다. 『번천문집(樊川文集)』 20권이 전한다.

40 후정화 : 後庭花. 옥수후정화(玉樹後庭花)를 말한다. 진(陳) 후주(後主)가 궁중 연회에서 부르던 악사로서 곡조가 애절하여 나라를 멸망시킨 음악이라 한다.

낙유원에 오르다

登樂遊原

長空澹澹孤鳥沒　하늘은 담담한데 한 마리 새 사라지고
萬古銷沈向此中　만고의 유적들은 이곳에서 사라졌네
看取漢家何似業　한나라 때 공업이 어떠한가 보는데
五陵無樹起秋風　오릉[41]에 나무 없이 가을바람 일어나네

한강

漢江

溶溶漾漾白鷗飛　출렁출렁 넘실넘실 흰 갈매기 나는 강
淥淨春深好染衣　맑은 물은 봄이 깊어 옷 염색에 좋겠구나
南去北來人自老　남북으로 오가느라 사람 절로 늙으니
夕陽長送釣船歸　석양에 돌아가는 낚싯배를 전송하네

적벽

赤壁

折戟沈沙鐵未銷　부러진 창 모래 묻혀 쇠는 녹지 않았기에
自將磨洗認前朝　혼자 갈고 씻어서 전조 유물 알게 됐네
東風不與周郎便　동풍이 주랑[42]과 함께 하지 않았다면

41 오릉 : 五陵. 함양(咸陽) 북부에 있는 오릉원(五陵原)을 가리킨다. 한나라 황제의 능인 장릉(長陵 : 高帝), 안릉(安陵 : 惠帝), 양릉(陽陵 : 景帝), 무릉(茂陵 : 武帝), 평릉(平陵 : 昭帝)이 있다. 부귀한 이들이 모여 사는 곳이다.

42 주랑 : 周郎. 오(吳)나라 주유(周瑜)를 가리킨다. 적벽대전에서 조조의 배를 불태워 승리하였다.

銅雀春深鎖二喬　봄 깊은 동작대에 이교[43]가 갇혔으리

가을 저녁

秋夕

銀燭秋光冷畵屛　은 촛대의 가을빛에 그림 병풍 차가운데
輕羅小扇撲流螢　가벼운 비단부채 반딧불이 쫓는다네
天階夜色凉如水　장안 거리 밤 풍경은 물처럼 서늘하니
臥看牽牛織女星　견우성 직녀성을 누워서 바라보네

궁녀의 원망

宮怨

監宮引出暫開門　환관이 끌고 나와 잠시 문이 열렸으나
隨例雖朝不是恩　예에 따라 조회할 뿐 승은은 아니었네
銀鑰却收金鎖合　은 자물쇠 물리고 쇠사슬로 잠그니
月明花落又黃昏　달 밝고 꽃 지는데 또 황혼이 내리네

양주 판관 한작에게 부치다

寄楊州韓綽判官

靑山隱隱水迢迢　푸른 산은 은은하고 강물은 아득하고
秋盡江南草木凋　가을이 다하여도 강남 풀은 안 시드네

43 이교 : 二喬. 재색을 겸비한 것으로 유명했던 대교(大喬), 소교(小喬) 자매를 가리킨다. 대교는 오나라 손책(孫策)의 부인이고, 소교는 주유의 부인이다.

二十四橋明月夜 스물네 개 다리에 달이 밝은 밤인데
玉人何處敎吹簫 옥 같은 이 어디에서 퉁소를 불게 하나

은자를 전송하다

送隱者

無媒徑路草蕭蕭 인적 없는 오솔길에 풀만이 쓸쓸하니
自古雲林遠市朝 예부터 구름 숲은 저자 조정 멀었다네
公道世間惟白髮 공평한 도 세상에서 오직 백발뿐이라서
貴人頭上不曾饒 귀한 사람 머리에도 너그럽지 않았다네

오흥에 부임하면서 낙유원에 오르다

將赴吳興登樂游原

淸時有味是無能 태평 시절 재미는 무능한 사람의 것
閑愛孤雲靜愛僧 한가한 외딴 구름 고요히 중 아끼네
欲把一麾江海去 깃대 하나 손에 쥐고 강 바다로 떠나가니
樂游原上望昭陵 낙유원 위에서 소릉[44]을 바라보네

강남의 봄

江南春

千里鶯啼綠映紅 꾀꼬리 천 리 우니 푸름 붉음 어리고

44 소릉 : 昭陵. 당 태종(唐太宗) 이세민(李世民)의 능. 섬서성(陜西省) 구노산(九嵕山)에 있다.

水村山郭酒旗風 강 마을 산 성곽에 술집 깃발 펄럭이네
南朝四百八十寺 남조 시대 창건한 사백팔십 사원에는
多少樓臺煙雨中 얼마나 많은 누대 안개비 속 있는지

오 땅에 있는 풍수재를 그리워하다

懷吳中馮秀才

長洲苑外草蕭蕭 장주원[45] 밖에는 풀들이 쓸쓸하고
却算遊程歲月遙 지나온 길 따져보니 세월이 아득하네
惟有別時今不忘 오직 이별 순간만은 지금도 잊지 못해
暮煙秋雨過楓橋 저녁 안개 가을비에 풍교를 지나네

퇴궁인

退宮人

閑吹玉殿昭華管 한가롭게 옥 전각에 소화관[46] 피리 불고
醉折梨園縹蒂花 취해서 이원[47]의 표체화도 꺾었네
十年一夢歸人世 십 년 동안 속세로 돌아갈 꿈 꾸었으나
絳縷猶封繫臂紗 붉은 실이 여전히 팔을 묶고 있구나

---

45 장주원 : 長洲苑. 소주(蘇州)에 있는 옛 정원의 이름이다. 무원(茂苑)이라고도 한다.

46 소화관 : 昭華管. 진(秦)나라 함양궁(咸陽宮) 안에 있던 진기한 피리. 이 피리를 불면 거마(車馬)와 산림이 차례로 어른거리다가 그치면 사라진다고 한다. 『西京雜記 卷3』

47 이원 : 梨園. 당나라 현종 때 악공(樂工)과 기생(妓生) 300명을 뽑아 음악과 노래를 가르치던 원(園)의 이름이다. 장안의 금원(禁苑) 안에 있었다. 『新唐書 卷22 禮樂志』

성루에 쓰다

題城樓

嗚軋江樓角一聲　삐걱대는 강가 성루 호각 소리 한 번 나니
微陽瀲瀲落寒汀　지는 햇빛 넘실넘실 겨울 물가 떨어지네
不用憑闌苦回首　난간 기대 괴로이 고개 돌려 바라본들
故鄕七十五長亭　고향 땅은 일흔다섯 장정[48] 지나 있다네

제안군에서 우연히 쓰다

齊安郡中偶題

兩竿落日溪橋上　계곡 다리 위에는 두어 장대 남은 해
半縷輕煙柳影中　버들가지 사이에는 반 가닥 옅은 연기
多少綠荷相倚恨　얼마간 푸른 연잎 서로 한을 품고서
一時回首背西風　일시에 머리 돌려 서풍을 등지네

화청궁을 지나다

過華淸宮

長安回望繡成堆　장안에서 돌아보면 비단 수 같은 산[49]
山頂千門次第開　산꼭대기 천 개의 문 차례로 열리네
一騎紅塵妃子笑　말 한 필에 이는 먼지 귀비가 웃으니
無人知是荔枝來　여지가 와서란 걸 아는 사람 없구나

---

48 장정 : 長亭. 행인들을 위해 10리마다 설치했던 역정이다.

49 비단 수 같은 산 : 여산(驪山)을 비유한 말이다. 함양(咸陽) 동쪽에 있는데 이 산의 기슭 온천지에 화청궁(華淸宮)이 있었다.

식부인[50] 묘
息夫人廟

細腰宮裏露桃新　세요궁[51] 안 이슬 맞은 복사꽃이 새로우니
脉脉無言度幾春　한마디 말없이 몇 번 봄이 지났구나
至竟息亡緣底事　식국이 망한 것은 끝내 무엇 때문인가
可憐金谷墜樓人　가엾어라 금곡 누각 몸을 던진 여인[52]이

옛 놀이를 생각하다
念昔遊

李白題詩水西寺　이백이 시를 써서 적어둔 수서사
古木回巖樓閣風　고목이 바위 감돈 누각에 바람 부네
半醒半醉遊三日　반쯤 깨고 반쯤 취해 사흘을 노니니
紅白花開煙雨中　붉고 흰 꽃들이 안개비 속 피었구나

---

50 식부인 : 息夫人. 식후(息侯)의 아내인 식규(息嬀). 초자(楚子)가 식국(息國)을 멸망시킨 후 식규를 데리고 돌아왔다. 식규는 초나라로 온 뒤에 도오(堵敖)와 성왕(成王)을 낳았으나, 초자와 말을 하지 않았다. 초자가 그 이유를 묻자 "나는 한 여자로 두 남편을 섬겼으니 비록 죽지는 못할망정 또 무슨 말을 하겠습니까?"라고 하였다. 『春秋左氏傳 莊公 14年』

51 세요궁 : 細腰宮. 장화대(章華臺) 또는 장화궁(章華宮)이라고도 한다. 초나라 이궁(離宮)으로, 초 영왕(楚靈王)이 이곳에 가는 허리의 미인을 모아놓았다고 한다.

52 금곡 누각 몸을 던진 여인 : 진(晉)의 부호 석숭(石崇)의 애첩 녹주(綠珠)를 가리킨다. 아름답고 피리를 잘 불어서, 당시 세력가 손수(孫秀)가 자기에게 달라고 청하니 석숭이 허락하지 않으므로 조서를 꾸며서 석숭을 잡아가자 녹주는 석숭과 노닐던 누대 아래로 투신하였다. 『晉書 石崇傳』

산행

山行

遠上寒山石逕斜 먼 겨울 산 비스듬한 돌길을 오르니
白雲深處有人家 흰 구름 깊은 곳에 인가가 있구나
停車坐愛楓林晩 수레를 멈추고 늦단풍 숲 앉았으니
霜葉紅於二月花 서리 잎이 이월의 꽃보다 더 붉구나

선주 개원사

宣州開元寺

松寺曾同一鶴棲 소나무 절 예전부터 한 마리 학 함께 살고
夜深臺殿月高低 밤이 깊은 누대 전각 달은 떴다 진다네
何人爲倚東樓柱 어느 누가 동쪽 누각 기둥에 기대려나
正是千山雪漲谿 수천 산 눈이 녹아 계곡물이 불어났네

용지

龍池

이상은(李商隱)[53]

龍池賜酒敞雲屛 용지에 술 내리고 구름 병풍 펼치고
羯鼓聲高衆樂停 갈고 소리 높아지니 모든 음악 멈추네
夜半燕歸宮漏永 궁 물시계 긴 밤중에 잔치 끝나 돌아와서

---

53 이상은(李商隱) : 812~858. 자는 의산(義山). 호는 옥계생(玉谿生). 하남(河南) 출신. 유미주의적 경향이 있으며, 정밀하고 화려한 시풍(詩風)으로 초기 송(宋)대의 서곤체시(西崑體詩)의 기본이 되었다. 많은 서정시를 발표하였으며, 저서로 『이의산시집(李義山詩集)』, 『번남문집(樊南文集)』 등이 전한다.

薛王沈醉壽王醒　설왕[54]은 취해 자고 수왕[55]은 잠 못 드네

요지

瑤池

瑤池阿母綺窓開　서왕모 살던 요지 비단 창문 열어놓고
黃竹歌聲動地哀　황죽가[56] 소리가 땅 울리니 슬프구나
八駿日行三萬里　여덟 준마 날마다 삼만 리를 달리니
穆王何事不重來　주나라 목왕은 왜 다시 오지 않나

함양

咸陽

咸陽宮闕鬱嵯峨　함양에는 궁궐이 삐죽빼죽 빽빽했고
六國樓臺艶綺羅　육국의 누대에 고운 여인 많았었네
自是當時天帝醉　당시에 천제께서 취하여 있은 이래
不關秦地有山河　진 땅에 있는 산하 관여하지 않았다네

---

54 설왕 : 薛王. 당 현종(唐玄宗)의 동생 이업(李業)의 아들이다.

55 수왕 : 壽王. 당 현종(唐玄宗)의 아들 이모(李瑁). 후에 자신의 비인 양옥환(楊玉環)을 현종에게 빼앗겼다.

56 황죽가 : 黃竹歌. 주목왕(周穆王)이 겨울에 황대(黃臺)에서 놀며 사냥하다가 날이 몹시 추우므로 「황죽가(黃竹歌)」를 지어서 백성을 불쌍히 여겼다고 한다.

오궁

吳宮

龍檻沈沈水殿淸 용무늬 배 침침하고 물가 전각 맑으니
禁門深掩斷人聲 궁궐 문 굳게 닫혀 사람 소리 끊겨 있네
吳王宴罷滿宮醉 오왕 잔치 끝나자 취한 이들 궁에 가득
日暮水漂花出城 해 저물자 물에 뜬 꽃 성 밖으로 나가네

가생

賈生

宣室求賢訪逐臣 선실[57]에서 현인 구해 쫓긴 신하 찾아가니
賈生才調更無倫 가생의 재주는 다시 짝할 이가 없네
可憐夜半虛前席 가련해라, 한밤중에 앞자리 비워 놓고
不問蒼生問鬼神 창생은 묻지 않고 귀신만 묻다니

사호[58]의 사당

四皓廟

本爲留侯慕赤松 본래는 유후[59]가 적송자를 사모하여
漢庭方識紫芝翁 한 조정이 바야흐로 자지옹[60]을 알게 됐지

57 선실 : 宣室. 한나라 때 미앙궁(未央宮) 안에 있던 궁전 이름. 제왕의 처소를 가리킨다.

58 사호 : 四皓. 진나라 말에 세상을 피하여 상산(商山)에 숨어 살던 네 노인 동원공(東園公), 기리계(綺里季), 녹리선생(甪里先生), 하황공(夏黃公)으로 수염과 눈썹이 모두 희어서 사호라 한다. 『漢書 卷40 張良傳』

59 유후(留侯) : 한(漢)의 개국공신인 장량(張良)을 말한다. 한고조(漢高祖)가 유후(留侯)에 봉하였다.

蕭何只解追韓信 소하는 한신 뒤를 좇을 줄[61] 알았을 뿐
豈得虛當第一功 제일 공훈 헛되이 어찌 차지하였으랴

유감

有感

非關宋玉有微詞 송옥[62]의 은미한 말 관련된 게 아니라
自是襄王夢覺遲 양왕이 꿈을 늦게 깬 것에서 시작됐네
一自高唐賦成後 고당부가 지어지게 된 이후로부터
楚天雲雨盡堪疑 초 땅 하늘 비구름은 다 의심 받는다네

항아

嫦娥

雲母屛風燭影深 촛불 빛이 운모 병풍 깊숙이 드리우고
長河漸落曉星沈 은하수 점점 지고 새벽 별도 숨었네
姮娥應悔偸靈藥 영약을 훔친 항아 후회하고 있으리
碧海靑天夜夜心 푸른 바다 푸른 하늘 밤마다 애타는 맘

---

60 자지옹 : 紫芝翁. 사호(四皓)를 가리킨다. 상산(商山)에 은거하면서 선약(仙藥)인 자지(紫芝)를 캐 먹고 자지가(紫芝歌)를 노래한 데서 연유하였다.

61 소하는 … 좇을 줄 : 소하(蕭何)가 한 고조(漢高祖)에게 한신(韓信)을 여러 차례 추천하였는데도 중용하지 않아 한신이 도망치자, 이 소식을 듣고 소하가 고조에게 미처 아뢸 겨를도 없이 한신을 좇아갔다. 이에 어떤 이가 한 고조에게 소하가 도망쳤다고 하자, 고조가 몹시 화를 내며 마치 두 손을 잃은 듯이 여겼다 한다. 『史記 卷92 淮陰侯列傳』

62 송옥 : 중국 초(楚)나라 문인. 굴원(屈原)의 제자로 알려져 있으며, 문사가 화려하고 아름답기로 유명하였다. 『고당부(高唐賦)』를 지어 초양왕(楚襄王)과 무산(巫山) 신녀(神女)와 만나 운우지정을 나눈 이야기를 노래하였다.

궁사

宮詞

君恩如水向東流　임금 은혜 물과 같아 동쪽으로 흐르니
得寵憂移失寵愁　받들면 잃을까 봐 잃어도 시름이네
莫向尊前奏花落　임금 앞에 꽃이 진다 아뢰지 말아주오
凉風只在殿西頭　서늘한 바람 다만 전각 서편 있다오

초궁을 지나다

過楚宮

巫峽迢迢舊楚宮　무협의 멀고 먼 옛 초나라 궁궐에
至今雲雨暗丹楓　지금까지 비구름에 단풍이 어둡다오
浮生盡戀人間樂　뜬 인생에 다 세속 즐거움에 연연하니
只有襄王憶夢中　다만 양왕 있어서 꿈속 일을 떠올리네

주일선사를 생각하다

憶住一師

無事經年別遠公　원공[63]과 이별하고 일없이 해 보내니
帝城鍾曉憶西峰　장안 새벽 종소리에 서쪽 봉을 떠올리네
爐煙銷盡寒燈晦　향로 연기 사라지고 찬 등불은 어두운데
童子開門雪滿松　동자가 문을 열면 소나무 눈 가득하리

---

63 원공 : 遠公. 본래는 동진(東晉) 때 동림사(東林寺) 고승 혜원(惠遠)을 가리킨다. 여기에서는 주일대사를 비유하였다.

밤비에 북쪽에 부치다

夜雨寄北

君問歸期未有期　그대 묻자 돌아올 기약을 못하니
巴山夜雨漲秋池　파산의 밤비에 가을 못이 불어났네
何當共剪西窓燈　언제 함께 서쪽 창가 촛불 심지 자르며
却話巴山夜雨時　파산의 이 밤비를 얘기하게 될까나

은자를 찾아왔으나 만나지 못하고

訪隱者不遇

城郭休過識者稀　성곽에 쉬어가니 아는 사람 드물고
哀猿啼處有柴扉　원숭이 슬피 운 곳 사립문이 보이네
滄江白石漁樵路　창강의 흰 돌은 어부와 나무꾼 길
日暮歸來雨滿衣　해 저물어 돌아올 때 비가 옷에 가득하네

서쪽 정자

西亭

此夜西亭月正圓　오늘밤 서쪽 정자 달이 정말 둥그니
踈簾相伴宿風煙　바람 안개 속에서 성긴 발과 짝해 자네
梧桐莫更翻淸露　오동나무 맑은 이슬 다시는 털지 마오
孤鶴從來不得眠　외로운 학 오고서 아직 잠을 못 든다오

달 뜨는 저녁

月夕

草下陰虫葉上霜 풀 밑에는 우는 벌레 나뭇잎엔 내린 서리
朱闌迢遞壓湖光 붉은 난간 아득하게 호수 물빛 압도하네
兎寒蟾冷桂花白 두꺼비와 토끼 춥고 계수나무 꽃 희니
此夜姮娥應斷腸 오늘 밤 항아는 애간장이 끊어지리

우연히 짓다

偶題

水亭閑眠微醉消 물가 정자 한가한 잠 약한 취기 사라지고
小榴海栢枝相交 작은 석류 바다 측백 서로 가지 교차하네
水紋簟上琥珀枕 물결무늬 대자리에 호박 베개 놓이고
傍有墮釵雙翠翹 비녀와 한 쌍 푸른 머리장식 옆에 있네

성도 고묘이 종사에게 부치다

寄成都高苗貳從事

家近紅蕖曲水濱 집 가까이 붉은 연꽃 굽은 물가 있으니
全家羅襪起秋塵 온 집안 비단 버선 가을 먼지 일어나네
莫將越客千絲網 월나라 손님에게 그물질하게 마오
網得西施別贈人 서시를 잡으면 다른 사람 줄 테니

왕 십삼 교서분사를 전송하다

送王十三校書分司

多少分曹掌秘文　몇 명이나 무리 나눠 비밀문서 맡았는가
洛陽花雪夢隨君　낙양의 꽃과 눈이 꿈에 그대 따르네
定知何遜緣聯句　하손[64]처럼 짓는 연구 잘 알고 있으니
每到城東憶范雲　성 동쪽 이를 때면 범운[65]을 생각하리

동쪽으로 돌아가다

東還

自有仙才自不知　신선 자질이 있어도 스스로 모른 채
十季長夢采華芝　십 년 동안 영지 캐는 긴 꿈을 꾸었구나
秋風動地黃雲暮　추풍이 땅 울리고 누런 구름 황혼에
歸去嵩陽尋舊師　숭양에 돌아가 옛 스승을 찾으려네

화사

華師

孤鶴不睡雲無心　외로운 학 잠 못 들고 구름은 무심하니

---

64 하손 : 何遜(472~519). 남조(南朝) 양(梁)나라 사람이다. 8세에 능히 시를 지었으며 벼슬은 상서수부랑(尙書水部郎)을 지냈다. 양주 지사(揚州知事)가 되었을 때, 관사(官舍)에 매화 한 그루가 있어 하손은 때로 그 매화를 두고 시를 읊었다. 널리 알려진 매화 시로는 「양주법조매화성개(揚州法曹梅花盛開)」가 있다. 저서로는 『하수부집(何水部集)』이 있다. 『梁書 卷693 何遜列傳』

65 범운 : 范雲. 남조(南朝) 양(梁)나라 사람으로 자가 언룡(彥龍)이다. 글을 잘 지어 붓을 잡으면 곧바로 문장을 이루었다. 하손(何遜)과 친하게 지냈으며 양나라의 현상(賢相)으로 칭해진다. 『南史 卷57 范雲傳』

衲衣筇杖來西林　장삼에 대지팡이 서쪽 숲에 왔구나
院門晝鎖回廊靜　절문 낮에 닫혀 있고 회랑은 고요하고
秋日當階柿葉陰　가을날 섬돌에는 감나무 잎 그늘 졌네

지난밤

昨夜

不辭鶗鴂妬年芳　꽃 시절 시샘하는 두견새를 불사하니
但惜流塵暗竹房　먼지 나는 어두운 죽방이 애석할 뿐
昨夜西池凉露滿　간밤에 서쪽 연못 서늘한 이슬 가득
桂花吹斷月中香　계수나무 바람 잦자 달빛 속에 향기 나네

초음

楚吟

山上離宮宮上樓　산 위에 이궁 있고 이궁 위에 누각 있고
樓前宮畔暮江流　누각 앞 궁 언덕에 해 저무는 강 흐르네
楚天長短黃昏雨　초 땅 하늘 어찌 됐든 황혼에 비 오는데
宋玉無愁亦自愁　송옥은 근심 없이 또 스스로 근심하네

자리에서 짓다

席上作

澹雲輕雨拂高唐　엷은 구름 가벼운 비 고당을 스치고
玉殿秋來夜正長　옥 전각에 가을 오니 밤이 정말 길구나
料得也應憐宋玉　헤아리니 송옥도 가련하게 여겨지니

一生惟事楚襄王　한평생을 초나라 양왕만 섬겼다네

꽃 아래에서 취하다

花下醉

尋芳不覺醉流霞　꽃을 찾다 어느새 유하주[66]에 취하여
倚樹沈眠日已斜　나무 기대 잠든 중에 해가 이미 기울었네
客散酒醒深夜後　손님은 흩어지고 술이 깨니 밤 깊은 후
更持紅燭賞殘花　다시 붉은 촛불 잡고 남은 꽃을 감상하네

노래하는 기녀에게 주다

贈歌妓

水精如意玉連環　수정으로 만든 여의[67] 옥으로 만든 고리
下蔡城危莫破顔　채성에 내려와서 위험하니 웃지 마오
紅綻櫻桃含白雪　붉게 터진 앵두가 백설을 머금으니
斷腸聲裏唱陽關　애끊는 소리에 양관곡을 노래하네

무궁화

槿花

風露凄凄秋景繁　바람 이슬 무성하고 가을 풍경 번화하니

---

66 유하주 : 流霞酒. 신선이 마시는 맛좋은 술이다.

67 여의 : 如意. 불교에 있어서 설법, 강독, 법회할 때 강사가 위용을 갖추기 위한 용구이다.

可憐榮落在朝昏 가련하다, 흥망성쇠 조석에 달렸구나
未央宮裏三千女 미앙궁 안에 있던 삼천 명의 궁녀는
但保紅顔莫保恩 홍안은 보존해도 은혜 보존 못하였네

역사를 읊다

詠史

北湖南埭水漫漫 북쪽 호수 남쪽 보에 강물은 넘실대고
一片降旂百尺竿 백 척의 장대에 한 폭 기를 내리네
三百年間同曉夢 삼백 년 사이에 새벽꿈을 함께 하니
鍾山何處有龍蟠 종산의 어느 곳에 용이 서려[68] 있는가

동아왕[69]

東阿王

國事分明屬灌均 국사가 분명하여 관균을 붙이니[70]
西陵魂斷斷來人 서릉에서 혼 끊기고 오는 이도 끊겼네
君王不得爲天子 군왕이 천자가 될 수는 없었으나

68 용이 서려 : 『제갈충무서(諸葛忠武書)』 권9에 "무후가 일찍이 사명을 띠고 오나라에 갔다가 말릉산을 보고 감탄하기를 종산은 용처럼 서리었고 석두는 범처럼 걸터앉았으니, 제왕의 집터이다.[侯嘗奉使至吳 覩秣陵山阜 歎曰 鍾山龍蟠 石頭虎踞 帝王之宅也]"라고 하였다.

69 동아왕 : 東阿王. 위 무제(魏武帝)의 셋째 아들이자 문제(文帝)의 아우인 조식(曹植)을 가리킨다. 조식은 글을 잘하여 무제에게는 사랑을 받았으나 문제에게는 시기를 당한 나머지 동아왕(東阿王)에 봉해진 적이 있었다.

70 관균을 붙이니 : 233년 조식이 낙양에서 임성왕(任城王) 조창(曹彰)과 백마왕 조표와 함께 모임에 참석하였는데 조창이 돌연 사망하여 형을 잃은 조식이 매우 괴로워했다. 이때 조정에서 감국사자(監國使者) 관균(灌均)을 보내 돌아가는 길을 감시하였다.

半爲當時賦洛神　당시에 낙신부[71]는 반쯤은 이루었네

궁사

宮詞

주경여(朱慶餘)[72]

寂寂花時閉院門　쓸쓸하게 꽃이 필 때 궁원 문을 닫아걸고
美人相並立瓊軒　미인들이 나란히 구슬 집에 서있다네
含情欲說宮中事　정을 품고 궁중 일을 말하려 하여도
鸚鵡前頭不敢言　앵무새 앞이라 감히 말을 못한다네

궁오서

宮烏栖

조하(趙嘏)[73]

宮烏栖處玉樓深　궁궐의 까마귀 깃든 옥루 깊숙하니
微月生簷夜夜心　희미한 달 처마에 떠 밤마다 애가 끓네
香輦不回花自落　황제 수레 오지 않고 꽃은 절로 떨어지니
春來空帶辟寒金　봄이 오자 공연히 벽한금[74]을 차고 있다

---

71 낙신부 : 洛神賦. 조식(曹植)이 낙천(洛川)의 수신(水神) 복비(宓妃)의 일을 읊은 작품이다.

72 주경여(朱慶餘) : 생몰년 미상. 이름은 가구(可久). 경여(慶餘)는 자이다. 월주(越州, 지금의 浙江 紹興縣) 출신. 일설에는 민중(閩中) 출신이라고도 한다. 비서성교서랑(秘書省校書郞)을 지냈으며, 시를 잘 지었다. 장적(張籍)의 인정을 받아 그와 가도(賈島), 요합(姚合) 등과 교유하였다. 저서로 『주경여시집(朱慶餘詩集)』이 전한다.

73 조하(趙嘏) : 생몰년 미상. 자는 승우(承祐). 산양(山陽) 출신. 위남위(渭南尉)를 지냈으며, 두목(杜牧)이 극찬하면서 이름을 붙인 시가 있었을 정도로 시를 잘 지었다. 대개 섬미(贍美)한 풍격을 지녔다. 저서로 『위남집(渭南集)』 3권이 전한다.

74 벽한금 : 辟寒金. 삼국 시대 위(魏)나라 명제(明帝) 때 곤명국(昆明國)에서 금을 내뿜는 새를 진헌하였는데, 그 새는 마치 곡식 낟알과 같은 금 조각을 토해 내었다. 그러자

완릉관의 동청수

宛陵館冬青樹

碧樹如煙覆晚波　푸른 나무 안개처럼 저녁 물결 덮으니
清秋欲盡客重過　맑은 가을 다하는데 나그네 또 들렀네
故園亦有如煙樹　옛 정원도 안개 같은 나무가 있지만
鴻鴈不來風雨多　기러기는 오지 않고 비바람만 많구나

영암사

靈巖寺

館娃宮畔千年寺　관왜궁 언덕에 천년 된 절이 있어
水闊雲多客到稀　물은 넓고 구름 많고 손님만 드물구나
聞說春來倍惆悵　봄 왔다는 말을 듣고 슬픔은 곱절인데
百花深處一僧歸　온갖 꽃 핀 깊은 곳에 한 스님이 돌아오네

공자행

公子行

옹도(雍陶)[75]

公子風流輕錦繡　공자 풍류 수놓은 비단보다 가벼워

궁인(宮人)들이 앞 다투어 그 새가 토한 금을 가지고 비녀와 패물을 장식하고는 그것을 벽한금이라고 불렀다. 『拾遺記』

75 옹도(雍陶) : 805~미상. 자는 국균(國鈞). 성도(城都) 출신. 시어사(侍御史), 국자모시박사(國子毛詩博士), 간주자사(簡州刺史) 등을 역임하였다. 이후 관직을 내려놓고 귀은(歸隱)하였다. 장적(張籍)과 왕건(王建), 가도(賈島), 요합(姚合) 등과 교유하였으며 시를 잘 지었다. 유람 생활 속 정서를 담은 작품이 다수이다. 저서로 『당지집(唐志集)』 5권이 전한다.

新裁白苧作春衣　하얀 모시 새로 잘라 봄옷을 만들었네
金鞭留當誰家酒　금 채찍을 어느 술집 머물러 두려는지
拂柳穿花信馬蹄　버들 닿고 꽃을 뚫고 말발굽에 맡기네

성 서쪽 친구의 별장을 방문하다

城西訪友人別野

灃水橋邊小路斜　풍수교 옆으로 비스듬한 작은 길
日高猶未到君家　해 높아도 그대 집에 아직 닿지 못했네
村園門巷多相似　마을 동산 골목길과 많이도 비슷하니
處處春風枳殼花　곳곳에 봄바람이 탱자꽃에 부는구나

천진교의 봄 조망

天津橋春望

津頭春水浸紅霞　나루터 봄물에 붉은 노을 잠기고
煙樹風絲拂岸斜　안개 나무 바람 실이 언덕 쓸며 비껴있네
翠輦不來金殿閉　푸른 가마 오지 않고 황금 전각 닫혔으니
宮鸎銜出上陽花　궁 안의 꾀꼬리가 상양궁 꽃 물고 나네

가난한 거처의 봄 원망

貧居春怨

貧居盡日冷風煙　가난한 거처에 바람 연기 종일 차니
獨向簷床看雨眠　처마 밑 평상 홀로 비를 보며 잠을 자네
寂莫春風花落盡　적막한 봄바람에 꽃은 다 떨어지고

滿庭楡莢似秋天　뜰에 가득 느릅나무 꼬투리는 가을 같네

궁사

宮詞 설봉(薛逢)[76]

自是三千第一名　본래 삼천 가운데 제일로 꼽혔으니
內家叢裏獨分明　내궁에 모인 중에 홀로 뚜렷하였네
芙蓉殿上中元日　부용전 위에서 백중날이 되면은
水拍銀盤弄化生　은반의 물을 쳐서 변하는 걸 본다네

노포당

老圃堂 설능(薛能)[77]

邵平瓜地接吾廬　소평의 오이밭이 우리 집에 접해있어
穀雨乾時偶自鋤　곡우절 가물 때면 스스로 김을 맸네
昨日春風欺不在　어제는 봄바람이 없는 듯이 속여서
就床吹落讀殘書　평상에 둔 읽던 책을 불어 떨어뜨렸네

---

76 설봉(薛逢) : 생몰년 미상. 자는 도신(陶臣). 포주(蒲州) 하동(河東) 출신. 비서성교서랑(秘書省校書郎), 직홍문관(直弘文館), 시어사(侍御史) 등을 역임하였다. 문장은 굳셌지만, 재주를 믿고 거만하여 격이 떨어진다는 평을 받았다. 저서로 시집(詩集) 10권과 별집(別集) 13권, 부집(賦集) 14권이 있었으나, 전하지 않는다.

77 설능(薛能) : 817?~880. 자는 대졸(大拙). 분주(汾州) 출신. 태원(太原), 섬괵(陝虢), 하양(河陽)의 종사(從事)와 형부원외랑(刑部員外郎) 등을 역임하였다. 시를 잘 지었으며, 날마다 부(賦) 한 편씩을 지을 정도였다. 저서로 문집 10권과 『번성집(繁城集)』 1권, 『강산집(江山集)』이 전한다.

한가한 거처의 여러 가지 흥

閑居雜興 진도(陳陶)[78]

一顧成周力有餘 성주[79] 한 번 돌아보고 남은 힘이 있어서
白雲閑釣五溪魚 흰 구름과 한가하게 오계에서 고기 낚네
中原莫道無麟鳳 중원에 기린 봉황 없다고 하지 마오
自是皇家結網疎 황가의 그물이 원래부터 성기다오

소유선

小遊仙 조당(曹唐)[80]

方士飛軒駐碧霞 방술사가 집 위 날아 벽하성[81]에 머무니
酒香風冷月初斜 술 향기에 바람 찬데 달이 처음 기우네
不知誰唱歸春曲 그 누가 귀춘곡을 부르는지 알 수 없고
落盡溪頭白玉花 시내 머리 백옥화가 다 떨어져 버렸네

78 진도(陳陶) : 생몰년 미상. 자는 숭백(嵩伯). 호는 삼교포의(三教布衣). 영남(嶺南) 출신. 홍주(洪州) 서산(西山)에 은거하였다. 시에 능하였으며, 석지(釋志)와 천문역상(天文曆象)에도 깊은 조예를 보였다. 저서로 『문록(文錄)』이 전한다.

79 성주 : 成周. 서주(西周) 때 도성으로, 낙양(洛陽)에 위치해 있었다.

80 조당(曹唐) : 생몰년 미상. 자는 요빈(堯賓). 계주(桂州) 출신. 도사에서 사부종사(使府從事)가 되었다. 작품으로 백 편이 넘는 유선사(遊仙詞)가 전한다.

81 벽하성 : 碧霞城. 푸른 노을로 만든 성. 신선이 사는 곳이다.

보허사

步虛詞 고변(高駢)[82]

青溪道士人不識 청계산 도사를 사람들은 모르니
上天下天鶴一隻 하늘 오르내리는 학 한 마리뿐이네
洞門深鎖碧窗寒 골짜기 문 깊이 잠겨 푸른 창은 추운데
滴露研朱點周易 이슬방울 주묵 갈아 주역에 권점 찍네

나그네길 저녁

旅夕 고섬(高蟾)[83]

風散古陂驚宿鴈 바람 흩는 옛 고개에 기러기가 자다 깨고
月臨荒戍起啼鴉 달이 뜬 휑한 변방 까마귀가 우는구나
不堪吟斷無人見 읊기를 못 멈추니 보이는 사람 없고
時復寒燈落一花 때로 다시 찬 등불에 꽃이 하나 떨어지네

과거에 떨어진 후 고 시랑에게 올리다

下第後上高侍郎

天上碧桃和露種 천상의 벽도는 이슬 적셔 씨 뿌리고
日邊紅杏倚雲栽 해 주변 붉은 살구 구름 기대 심는다네

82 고변(高駢) : 미상~887. 자는 천리(千里). 유주(幽州) 출신. 대대로 금군장령(禁軍將領)을 지냈으며, 제도행영도통(諸道行營都統)과 염철전운사(鹽鐵轉運使) 등을 역임하였다. 황소(黃巢)의 난을 진압하였는데, 이때 최치원(崔致遠)이 그를 위해 쓴 격문이 유명하다. 저서에 문집이 있다.

83 고섬(高蟾) : 생졸년 미상. 발해계. 876년 진사에 급제하여, 어사중승(御史中丞)에 이르렀다. 시인 정곡(鄭谷)과 친하였다.

芙蓉生在秋江上　부용꽃은 가을날 강가에서 생겨나니
不向春風怨未開　봄바람에 못 핀다고 원망하지 않는다오

곡강춘망

曲江春望

당언겸(唐彥謙)[84]

杏艶桃嬌奪晩霞　고운 행화 예쁜 도화 저녁노을보다 나아
樂遊無廟有年華　사당 없는 낙유원도 세월은 있었구나
漢朝冠盖皆陵墓　한의 조정 고관대작 다 무덤이 되었지만
十里宜春下苑花　십 리 되는 의춘하원[85] 정원에 꽃이 폈네

초회왕[86]

楚懷王

최도융(崔道融)[87]

宮花一朶掌中開　궁중의 꽃 한 떨기[88]가 손바닥 안에 피니

84 당언겸(唐彥謙) : 미상~893?. 자는 무업(茂業). 병주(幷州) 진양(晉陽, 지금의 山西太原市) 출신. 일찍이 녹문산(鹿門山)에 은거하며, 스스로를 '녹문선생(鹿門先生)'이라 불렀다. 칠언시(七言詩)에 능하였으며, 재주 뒤떨어지지 않았다. 저서로 『녹문집(鹿門集)』이 전한다.

85 의춘하원 : 宜春下苑. 진(秦)나라 때 의춘궁(宜春宮) 동편에 있던 원유(苑囿)의 이름으로 한나라 때는 '의춘하원(宜春下苑)'이라 불렀다.

86 초회왕 : 楚懷王. 초회왕이 제나라와 서로 위기에 구해주기로 약속하였다. 진나라에서 장의(張儀)를 파견하여 제나라와 절교하면 상오(商於) 땅 육백 리를 주겠다고 하자 회왕이 기뻐하며 제나라와의 맹약을 파기하였다. 그러나 장의가 육백 리가 아니라 육 리였다고 말을 바꾸어, 대노한 회왕은 군대를 일으켜 진을 쳤다가 대패하였다. 장의가 다시 초나라에 사신을 가자 회왕이 가두어놓고 죽이려 하였는데, 이때 매수된 애첩 정수(鄭袖)가 밤에 왕을 설득하여 장의를 풀어주게 하였다. 이 때문에 결국 초나라는 진나라에 망하게 되었다.

87 최도융(崔道融) : 생몰년 미상. 자호는 동구산인(東甌散人). 형주(荊州, 지금의 湖北

緩頰翻爲敵國媒 좋던 말은 뒤집혀 적국 위한 것이 됐네
六里靑山天下笑 육 리의 청산은 천하가 웃을 일
張儀容易去還來 장의는 쉽게도 갔다가 또 오는구나

화청궁

華淸宮 최로(崔魯)[89]

門橫金鎖悄無人 자물쇠로 문 잠긴 채 쓸쓸하게 인적 없고
落日秋聲渭水濱 해는 지고 가을 소리 들리는 위수 물가
紅葉下山寒寂寂 붉은 잎 아래 산은 싸늘하고 쓸쓸하니
濕雲如夢雨如塵 젖은 구름 꿈 같고 비는 먼지 같구나

고의

古意 왕가(王駕)[90]

夫戍蕭關妾在吳 당신은 소관[91] 있고 저는 오 땅 있으니

江陵縣) 출신. 영가현령(永嘉縣令), 우보궐(右補闕) 등을 지냈다. 저서로 『신강집(申康集)』 3권과 『동부집(東浮集)』 9권이 있었으나, 전하지 않는다.

88 궁중의 꽃 한 떨기 : 초회왕의 애첩 정수를 비유한 말이다.

89 최로(崔魯) : 최로(崔櫓)로 쓰기도 한다. 호북성(湖北省) 형주(荊州) 출신. 광명(廣明) 연간에 진사에 급제, 벼슬이 체주사마(棣州司馬)에 이르렀다. 『무기집(無譏集)』 4권이 있으나 전하지 않고, 『전당시(全唐詩)』에 16수의 시가 실려 있다.

90 왕가(王駕) : 851~?. 산서성(山西省) 영제(永濟) 출신. 자는 대용(大用). 호는 수소선생(守素先生). 890년 진사에 급제하여 예부원외랑(禮部員外郎)에 이르렀으나 그만두고 돌아가 은거하였다. 정곡(鄭谷), 사공도(司空圖)와 친하게 지냈으며 시풍 역시 비슷하였다. 『전당시(全唐詩)』에 시 6수가 전한다.

91 소관 : 蕭關. 영하고원(寧夏固原) 동남쪽에 있는 변새 이름. 관중(關中)의 4대 관문 중 하나이다.

西風吹妾妾憂夫　서풍이 제게 불면 저는 당신 근심해요
一行書信千行淚　한 줄의 서신에 눈물은 천 줄기
寒到君邊衣到無　당신에게 추위 올 때 옷은 도착할까요

이웃집 도인께 부치다

寄隣莊道侶　　한악(韓偓)[92]

聞說經旬不啓關　열흘이 지나도록 문 닫혔다 들었으니
藥牕誰伴醉開顔　약 달이는 창가에 뉘와 취해 활짝 웃나
夜來雪壓前谿竹　앞 개울 대나무 밤새 온 눈이 쌓여
剩見溪南幾尺山　계곡 앞 보이는 건 몇 자 되는 산이라네

양양 한수 가는 길에 군대를 본 후 느낌을 쓰다

襄漢旅道軍後有感

水自潺湲日自斜　물은 절로 흐르고 해는 절로 기울건만
盡無鷄犬有鳴鴉　개나 닭 하나 없고 까마귀만 우는구나
千村萬落如寒食　수천 수만 마을들이 한식이나 된 듯이
不見人煙空見花　연기는 뵈지 않고 부질없이 꽃 보이네

92 한악(韓偓) : 840~923. 자는 치요(致堯), 치광(致光). 소자(小字)는 동랑(冬郎). 호는 옥산초인(玉山樵人). 경조(京兆) 만년(萬年) 출신. 중서사인(中書舍人), 병부시랑(兵部侍郎), 한림학사승지(翰林學士承旨) 등을 지냈다. 시에 능하였는데, 염정(艶情)의 색채가 진하다고 하여 향염체(香奩體)라 불렸다. 저서로 『한내한별집(韓內翰別集)』, 『향염집(香奩集)』 등이 전한다.

들의 연못

野塘

侵曉乘凉偶獨來　새벽에 바람 쐬러 우연히 홀로 오니
不因魚躍見萍開　물고기도 안 뛰는데 마름이 열려있네
卷荷忽被微風觸　말려있던 연잎 홀연 미풍이 닿더니
瀉下淸香露一杯　향기로운 맑은 이슬 한 잔이 쏟아지네

사람에게 부치다

寄人

장필(張泌)[93]

別夢依依到謝家　이별한 후 그리워 그녀 집[94]을 꿈에 가니
小廊廻合曲欄斜　작은 회랑 돌아간 굽은 난간 비껴있네
多情只有空庭月　다정한 건 오직 빈 뜰 비추는 달빛이니
猶爲離人照落花　떠나간 이 위해 아직 지는 꽃을 비춰주네

酷憐風月爲多情　풍월 매우 아끼는 건 정이 많기 때문에
還到春時別恨生　봄 다시 돌아오니 이별의 한 생기네
倚樹尋思倍惆悵　나무 기대 생각하니 슬픔이 배가 되어
一場春夢不分明　한바탕 봄꿈인양 분명하지 않구나

93 장비(張泌) : 930~미상. 자는 자징(子澄). 이름은 필(佖)이라고도 쓴다. 회남(淮南) 출신. 일설에는 상주(常州) 출신이라고도 한다. 감찰어사(監察御史), 고공원외랑(考功員外郎), 중서사인(中書舍人) 등을 역임하였다.

94 그녀 집 : 謝家. 원문의 "謝家"는 사씨 집이 아니라 규방을 가리키는 범칭이다.

잎이 지다

搖落 위장(韋莊)[95]

搖落秋天酒易醒 잎 지는 가을날에 술은 쉽게 깨버리고
凄凄長似別離情 처량하게 이별 마음 많이 닮아 있구나
黃昏倚柱不歸去 황혼에 기둥 기대 돌아가지 못하니
腸斷綠荷風雨聲 푸른 연잎 비바람 소리에 애가 타네

가다가 한수에서 머물다

行次漢上 승려 무본[無本][96]

習家池沼草萋萋 습가지[97] 못물에 풀들은 무성하고
嵐樹光中信馬蹄 이내 낀 나무 풍광 말발굽에 맡기네
漢主廟前湘水碧 한나라 군주 사당 앞에 상강 푸르고
一聲風角夕陽低 한가락 풍각 소리 석양이 기운다

---

95 위장(韋莊) : 836~910. 자는 단기(端己). 경조(京兆) 두릉(杜陵) 출신. 이부상서(吏部尙書), 동평장사(同平章事)를 지냈다. 사(詞)에 능하여 화간파(花間派) 사인에 속했다. 「진부음(秦婦吟)」을 지은 것으로 이름을 알려 세간에서 '진부음수재(秦婦吟秀才)'라 일컬어졌다. 저서로 『완화집(浣花集)』 10권과 『완화사집(浣花詞集)』 1권 등이 전한다.

96 무본(無本) : 가도(賈島, 779~843). 자는 낭선(浪仙). 하북성(河北省) 범양(范陽) 출신. 집이 빈한하여 일찍이 승려가 되어 법호를 무본(無本)이라 하였다. 811년 낙양에서 당대의 명사 한유(韓愈)와 교유하면서 환속(還俗)하였다. 837년 사천(四川)성 장강현(長江縣)의 주부(主簿)가 되어 간신히 관직을 얻었고, 이어 안악현(安岳縣) 보주(普州)의 사창참군(司倉參軍)으로 전직되었다가 병으로 세상을 떠났다.

97 습가지 : 習家池. 옛날 중국 양양(襄陽)의 호족(豪族)인 습씨(習氏)들의 아름다운 원지(園池)인데, 산간(山簡)이 양양 태수(襄陽太守)로 있을 때 이곳의 빼어난 경치를 사랑하여 매번 와서 술을 마시고 갔으며 이곳을 고양지(高陽池)라고 명명하였다. 『晉書 卷43 山簡列傳』

죽랑묘에 쓰다

題竹郎廟 설도(薛濤)[98]

竹郎廟前多古木 죽랑[99]의 사당 앞에 고목이 많이 있고
夕陽沈沈山更綠 석양이 침침하니 산은 더 푸르네
何處江村有笛聲 어딘가 강촌에서 피리 소리 들리는데
笛聲盡是迎郎曲 피리 소리 다 죽랑을 맞이하는 노래네

호가곡

胡笳曲

月明星稀霜滿野 달 밝고 별 성긴데 들에 서리 가득하니
氈車夜宿陰山下 모전 덮은 수레 밤에 음산 아래 묵었네
漢家自失李將軍 한 조정이 이 장군[100]을 잃고 난 후로
單于公然來牧馬 선우가 공공연히 말 먹이러 침입하네

---

98 설도(薛濤) : 770?~830?. 자는 홍도(洪度). 장안(長安) 출신. 여류 시인으로 패가하여 악기(樂妓)가 되었으나, 시를 잘 지어 이름을 떨쳤다. 원진(元稹)과의 연시(戀詩)가 유명하다.

99 죽랑 : 竹郎. 죽왕(竹王)을 가리킨다. 한나라 때 야랑국(夜郎國)의 왕으로, 대나무 안에서 태어났다는 전설이 있다.

100 이 장군 : 한(漢)나라 때 이광(李廣)을 가리킨다. 흉노와 70번 싸워 70번 이겼다고 한다. 그가 우북평 태수(右北平太守)로 임명되자 흉노가 '한나라의 비장군(飛將軍)'이라고 무서워하며 감히 소란스럽게 하지 못했다고 한다. 『史記 卷109 李將軍列傳』

당절선산 권10

명(明) 신녕(新寧) 고병(高棅)[1] 정례(廷禮) 선(選)

절양류

折楊柳 교지지(喬知之)[2]

可憐濯濯春楊柳 가련하다, 씻은 듯한 봄철의 버들가지
攀折將來就纖手 잡히고 꺾여서는 섬섬옥수 들려있네
妾容與此同盛衰 첩의 용모 이것과 성쇠를 함께 하니
何必君恩獨能久 임금의 은혜만 하필 오래 가겠는가

동작대

銅雀臺 유정기(劉廷琦)[3]

銅雀宮觀委灰塵 동작대 궁궐이 재와 먼지 맡겨진 채
魏主園陵漳水濱 위 왕의 능과 동산 장수 가에 있구나

---

1 고병(高棅) : 1350~1413. 자는 언회(彦恢). 호는 만사(漫士). 복건성(福建省) 장악(長樂) 출신. 시서화 모두 뛰어나 삼절로 일컬어졌다. 복건성의 재사들인 민중십재자(閩中十才子)의 한 사람으로, 당시(唐詩)를 지금의 초(初)·성(盛)·중(中)·만(晩)의 4기로 분류한 인물이다. 저서로 『소대집(嘯臺集)』, 『수천청기집(水天淸氣集)』 등이 전한다.

2 교지지(喬知之) : 생졸년 미상. 섬서성(陝西省) 대려(大荔) 출신. 당고조(唐高祖) 이연(李淵)의 외손. 시문으로 이름이 알려졌다. 벼슬이 상서좌사낭중(尙書左司郎中)에 이르렀다. 후에 무승사(武承嗣)로 인해 누명을 쓰고 처형되었다.

3 유정기(劉廷琦) : 생몰년 미상. 안휘성(安徽省) 숙주(宿州) 부리(符離) 출신. 현종(玄宗) 때 만년위(萬年尉), 아주사호(雅州司戶)를 역임하였고 관직이 분주장사(汾州長

卽今西望猶堪思　지금 서쪽 바라봐도 생각할 수 있는데
況復當時歌舞人　더욱이 당시에 노래하고 춤춘 이랴

궁궐 정원에서 눈을 맞아 명에 따라 짓다

苑中遇雪應制　심전기(沈佺期)[4]

北闕彤雲掩曙霞　북궐의 짙은 구름 새벽 노을 덮더니
東風吹雪舞仙家　동풍이 불어온 눈 신선 집에 춤을 추네
瓊章定少千人和　좋은 문장 천 사람이 화운해도 적으니
銀樹長芳六出花　은 나무와 꽃다운 풀 눈꽃이 피었구나

궁궐 정원에서 눈을 만나 명을 받고 짓다

苑中遇雪應制　송지문(宋之問)[5]

紫禁仙輿詰旦來　궁중에서 황제 수레 새벽에 나오니
青旂遙倚望春臺　푸른 기가 멀리서 망춘대에 기대 있네
不知庭霰今朝落　오늘 아침 뜰에 내린 싸락눈을 모르고
疑是林花昨夜開　숲의 꽃이 어젯밤에 피었는가 의심했네

史)에 이르렀다. 『전당시(全唐詩)』에 4수의 시가 실려 있다.

4 심전기(沈佺期) : 656?~714?. 자는 운경(雲卿). 상주(相州) 내황(內黃) 출신. 협률랑(協律郎)을 거쳐 중서사인(中書舍人)과 태자첨사(太子詹事) 등을 역임하였다. 송지문(宋之問)과 함께 '심송(沈宋)'이라 병칭되었으며, 칠언시(七言詩)에 능해 그 체재를 완성하였다.

5 송지문(宋之問) : 656~712. 자는 연청(延淸). 산서성(山西省) 분주(汾州) 출신. 처세에 능하였으나 인품은 좋지 못했다고 하는데, 측천무후(則天武后)에게 아첨하기 위해 그녀의 요강까지도 받들었다고 한다. 그의 오언시(五言詩)는 유창하고 아름다운 시체(詩體)로 인해 심송체(沈宋體)라 하였다.

밤에 안락공주[6] 댁에서 잔치를 하다

夜宴安樂公主宅

소정(蘇頲)[7]

車如流水馬如龍　흐르는 물 같은 수레 용과 같은 말을 타니
仙史高臺十二重　신선 책에 높은 대가 열두 겹이라 했지
天上初移衡漢匹　천상이 처음 옮겨 북두 은하 짝을 하니
可憐歌舞夜相從　가련하다, 노래와 춤 밤새 서로 따르네

황제의 "옥진공주와 대가산 연못에서 노닐다"라는 작품에 명을 받들어 삼가 화운하다

奉和聖製同玉眞公主遊大哥山池應制

池如明鏡月華開　밝은 거울 같은 연못 달의 정화 열렸고
山學香爐雲氣來　향로 모양 같은 산에 구름 기운 온다네
神藻飛爲鶺鴒賦　신묘한 글솜씨 척령부를 날 듯 짓고
仙聲颺出鳳皇臺　신선 같은 소리 퍼져 봉황대에 나오네

---

6 안락공주 : 安樂公主(684~710). 당 중종(唐中宗)과 위황후(韋皇后)의 딸. 측천무후의 조카손자 무숭훈(武崇訓)에게 시집을 갔다. 권력을 쥐고 벼슬을 팔며 횡포를 부렸다. 후에 어머니와 중종을 독살하도록 하여, 이 일로 사형 당했다.

7 소정(蘇頲) : 670~727. 자는 정석(廷碩). 옹주(雍州) 무공현(武功縣) 출신이다. 당현종(唐玄宗) 때 재상으로, 허국공(許國公)에 봉해졌다. 문학에 뛰어나 장열(張說)과 함께 "연허대수필(燕許大手筆)"이라 병칭되었다. 시호는 문헌(文獻)이다. 문집 30편이 남아 있다.『新唐書 卷125 蘇頲傳』

횡강사

橫江詞

이백(李白)[8]

橫江館前津吏迎　횡강의 관사 앞에 맞이하는 나루 관리
向余東指海雲生　바다 구름 생기는 곳 나를 향해 가리키네
郎今欲渡緣何事　그대 지금 무슨 일로 건너려 하시는가
如此風波不可行　풍파가 이 같으니 건너갈 수 없다오

왕륜에게 주다

贈汪倫

李白乘舟將欲行　이백이 배에 올라 막 떠나려 하던 참에
忽聞岸上踏歌聲　갑자기 언덕 위에 답가[9]소리 들려오네
桃花潭水深千尺　도화담의 못물은 깊이가 천 척이나
不及汪倫送我情　왕륜이 날 보내는 마음에는 못 미치리

산중문답

山中問答

問余何事棲碧山　내게 묻길 무슨 일로 푸른 산에 사느냐고

---

8 이백(李白) : 701~762. 자는 태백(太白). 호는 청련거사(靑蓮居士). 당현종(唐玄宗)의 부름을 받아 장안에 들어가 한림공봉(翰林供奉)이 되었다. 안록산의 난이 시작된 755년까지 산동성의 집을 거점으로 북쪽과 남쪽의 여러 지방을 두루 유람했다. 당숙종(唐肅宗) 때 이린(李璘)의 역모에 연루되어 유배되었다. 사면된 후 안휘성(安徽省) 당도(當塗)의 현령이었던 종숙 이양빙에게 의탁해 살며 빈객으로 있으면서 얼마 뒤 그곳에서 병들어 죽었다. 두보(杜甫)와 "이두(李杜)"로 병칭되는 중국의 최고 시인이자 시선(詩仙)으로 일컬어진다.

9 답가 : 踏歌. 노래를 부르며 여럿이 함께 추는 춤의 일종. 당나라 때 성행하였다.

笑而不答心自閑　웃고 답을 안 하니 마음 절로 한가롭네
桃花流水杳然去　복사꽃은 물에 떠서 아득히 흘러가니
別有天地非人間　별다른 세계 있어 인간 세상 아니라네

동정호

洞庭湖

洞庭湖西秋月輝　동정호 서쪽에는 가을 달이 빛나고
瀟湘江北早鴻飛　소상강 북쪽에는 기러기 일찍 나네
醉客滿船歌白苧　배에 가득 취한 손님 백저가[10]를 부르니
不知霜露濕秋衣　가을옷에 서리 이슬 젖는 줄을 모르네

천문산을 바라보다

望天門山

天門中斷楚江開　천문산 중간 끊겨 초강이 열리니
碧水東流至北回　푸른 물은 동쪽 흘러 북쪽 닿아 돌아가네
兩岸青山相對出　양 언덕 푸른 산이 마주 보고 나와 있어
孤帆一片日邊來　외로운 배 한 조각 해 쪽에서 온다네

오왕과 미인이 술에 반쯤 취한 것을 입으로 읊다

口號吳王美人半醉

風動荷花水殿香　바람 연꽃 흔들어 물가 전각 향기롭고

10 백저가 : 白紵歌. 가곡으로, 오나라 무곡 가운데 하나이다.

姑蘇臺上宴吳王 고소대 위에서 오왕이 잔치 여네
西施醉舞嬌無力 취해 춤을 추는 서시 힘없이 아리따워
笑倚東窓白玉牀 동창 가 백옥 침상 기대어 웃는다네

종군행

從軍行 왕창령(王昌齡)[11]

琵琶起舞換新聲 비파에 춤 시작되어 새로운 곡 바꾸지만
總是關山離別情 결국 모두 관산의 슬픈 이별 곡조라네
撩亂邊愁聽不盡 요란한 변방 시름 다 듣지 못하는데
高高秋月照長城 드높은 가을달이 장성을 비추네

大漠風塵日色昏 넓은 사막 바람 먼지 햇빛은 어둑하고
紅旗半捲出轅門 붉은 깃발 반쯤 말려 군문을 나서네
前軍夜戰洮河北 앞 부대가 도하 북쪽 한밤에 싸우고서
已報生擒吐谷渾 토욕혼[12]을 생포했다 보고 이미 하였네

11 왕창령(王昌齡) : 698~765?. 자는 소백(少伯). 하동(河東) 진양(晉陽) 출신. 일설에는 경조(京兆) 장안(長安) 출신이라고도 한다. 비서성교서랑(秘書省校書郎), 사수위(汜水尉), 강녕승(江寧丞) 등을 지냈다. 변새시(邊塞詩)에 조예가 깊었으며, 칠언절구(七言絶句)에 능해서 이백(李白)과 비견될 정도였다. 이로 인해 '칠절성수(七絶聖手)', '시천자(詩天子)' 등으로 일컬어진다.

12 토욕혼 : 吐谷渾. 요동의 선비족(鮮卑族)이 세운 나라로, 음산(陰山) 일대를 차지하고 있다가 당(唐)나라 때 이정(李靖)에 의하여 멸망하였다.

감천가

甘泉歌

乘輿執玉已登壇 가마 타고 옥을 잡고 이미 제단 오르니
細草霑衣春殿寒 가는 풀이 옷을 적셔 봄 전각이 춥구나
昨夜雲生拜初月 어젯밤 구름 생겨 초승달에 절하니
萬年甘露水精盤 만 년의 감로수가 수정반에 있구나

양원

梁苑

梁園秋竹古時煙 양원 가을 대나무에 옛 시절 안개 끼고
城外風悲欲暮天 성 밖 바람 슬피 울고 해는 지려 하는구나
萬乘旌旗何處在 만승의 제왕 깃발 어느 곳에 있는지
平臺賓客有誰憐 평대의 손님들 중 뉘 가엾게 여기랴

사사로이 입에서 나오는 대로 읊어 배적에게 보여주다

私成口號誦示裵迪 왕유(王維)[13]

萬戶傷心生野煙 상심한 수만 집에 들 안개 피어나니
百官何日更朝天 백관이 어느 날에 다시 조회하게 될까

13 왕유(王維) : 699~759. 자는 마힐(摩詰). 호는 마힐거사(摩詰居士). 포주(蒲州)에서 태어났다. 당현종(唐玄宗) 때 진사가 되고, 벼슬이 상서우승(尙書右丞)에 이르렀다. 이 때문에 왕우승(王右丞)이라 통칭되기도 한다. 시뿐만 아니라 그림, 음악으로도 유명하였다. 시선(詩仙) 이백(李白), 시성(詩聖) 두보(杜甫)와 함께 3대 시인으로 꼽히며, 시불(詩佛)로 일컬어진다. 문집이 전한다.

秋槐葉落空宮裏　가을에 빈 궁에는 홰나무 잎 떨어지고
凝碧池頭奏管絃　응벽지 머리에는 관현을 연주하네

만흥

漫興 두보(杜甫)[14]

懶漫無堪不出村　게으름 못 이기고 마을을 안 나서니
呼兒日在掩柴門　해 있어도 아이 불러 사립문 닫게 하네
蒼苔濁酒林中靜　푸른 이끼 탁주에 숲속은 고요하고
碧水春風野外昏　푸른 물 봄바람에 들 밖은 어둡구나

새하곡

塞下曲 상건(常建)[15]

龍鬪雌雄勢已分　용이 자웅 겨루어 판세 이미 갈리니
山崩鬼哭恨將軍　산 무너져 귀신 울고 장군을 원망하네
黃河直北千餘里　황하가 북으로 곧장 천 여리인데
冤氣蒼茫成黑雲　원한 기운 아득하여 검은 구름 만드네

14 두보(杜甫) : 712~770. 자는 자미(子美). 호는 소릉(少陵). 하남성(河南城) 공현(鞏縣) 출신. 가장 영향력 있는 시인 중 한 명으로 '시성(詩聖)'으로도 불렸으며, 그의 시는 '시사(詩史)'라고 일컬어진다. 이백(李白)과 병칭하여 '이두(李杜)'라고 일컬으며, 처량하고 고단했던 삶의 역경이 시풍에 그대로 드러나 있다.

15 상건(常建) : 생몰년 미상. 장안(長安, 지금의 陝西 西安市) 출신. 벼슬길이 순탄치 못하여 평생 은일과 표박의 생활로 점철되었다. 오언시(五言詩)에 뛰어났으며, 풍격은 왕맹(王孟)시파와 비슷하다. 저서로 『상건집(常建集)』이 전한다.

새하

塞下

鐵馬胡裘出漢營 철마 타고 갖옷 입고 한군 군영 나서니
分麾百道救龍城 대장기 백 길 나눠 용성을 구원하네
左賢未遁旌竿折 좌현왕이 못 피하고 깃대가 부러지니
過在將軍不在兵 장군의 잘못이지 병사 잘못 아니네

중양절

九日 최국보(崔國輔)[16]

江邊楓落菊花黃 강변에 단풍 지고 국화꽃은 노랗고
少長登高一望鄕 노소 모두 높이 올라 고향을 바라보네
九日陶家雖載酒 중양절 술집에서 술을 실어 오더라도
三年楚客已沾裳 삼 년째 초 땅 손은 옷깃 눈물 적시네

중양절에 송별하다

九日送別 왕지환(王之渙)[17]

薊庭蕭瑟故人稀 계주 변방 스산하고 오랜 벗도 드무니
何處登高且送歸 어느 곳에 높이 올라 가는 이 또 전송하랴

---

16 최국보(崔國輔) : 생몰년 미상. 오군(吳郡, 江蘇 蘇州市) 출신. 일설에는 산음(山陰, 지금의 江蘇 紹興市) 출신이라고도 한다. 예부원외랑(禮部員外郞), 집현원직학사(集賢院直學士) 등을 지냈다. 시를 잘 지었는데 그중에서도 오언절구에 능하였다. 문집이 있었지만 전하지 않는다.

17 왕지환(王之渙) : 688~742. 자는 계릉(季凌). 진양(晉陽, 지금의 山西 太原市) 출신. 기주(冀州) 형수현주부(衡水縣主簿)를 지냈다. 시에 능하여 당시 악공들이 지은 노래

今日暫同芳菊酒 오늘 잠시 함께 좋은 국화주를 마시지만
明朝應作斷蓬飛 내일 아침 쑥 덤불 구르듯 떠돌겠지

채련사

採蓮詞 장조(張潮)[18]

朝出沙頭日正紅 해 막 붉은 아침에 모래톱에 나왔다가
晚來雲起半江中 저녁 되자 구름 일어 강의 반을 차지하네
賴逢隣女曾相識 알고 있던 이웃 여인 만나게 된 덕에
並著蓮舟不畏風 연꽃배 나란히 타 바람 안 무서웠네

애내곡

欸乃曲 원결(元結)[19]

千里楓林煙雨深 천 리의 단풍 숲에 안개비가 짙은데
無朝無暮有猿吟 아침저녁 할 것 없이 잔나비 울어대네
停橈靜聽曲中意 상앗대 멈추고 노래 뜻 들어보니
好是雲山韶濩音 운산의 소호[20] 소리 좋기도 하구나

로 많이 불리곤 하였다. 그러나 대부분 실전되어 『전당시(全唐詩)』에 「양주사(涼州詞)」와 「등관작루(登鸛雀樓)」 등 겨우 6수가 실려 있다.

18 장조(張潮) : 생몰년 미상. 강소성(江蘇省) 곡아(曲阿) 출신. 당 숙종(唐肅宗)과 대종(代宗) 때 활동한 것으로 추정된다. 『전당시(全唐詩)』에 시 5수가 실려 있다.

19 원결(元結) : 723~772. 자는 차산(次山). 스스로 낭사(浪士)라 칭하였다. 호는 의간자(猗玕子), 만랑(漫郎), 만수(漫叟), 오수(聱叟) 등이다. 하남(河南) 노산(魯山) 출신. 안록산(安祿山)의 난을 피하기 위해 강서성에 은거하였다가 우금오병조참군(右金吾兵曹參軍)이 되어 반란군 토벌에 나섰다. 저서로 『원차산집(元次山集)』이 전한다.

20 소호 : 韶濩. 순(舜) 임금의 음악 소(韶)와 탕(湯) 임금의 음악 호(濩)의 병칭. 아정(雅

칠리탄에서 엄유를 보내다

七里灘送嚴維 유장경(劉長卿)[21]

秋江渺渺水空波　가을 강 막막한데 공연히 강 물결치고
越客孤舟欲榜歌　월 땅 손님 외딴 배는 뱃노래를 부르려네
手折衰楊悲老大　시든 버들 손에 꺾은 서글픈 늙은이는
故人零落已無多　옛친구들 영락하여 이미 많이 없어졌네

최 대부를 배알하러 도주에 가는 유훤을 전송하다

送劉萱之道州謁崔大夫

沅水悠悠湘水春　원수는 아득하고 상수는 봄이 들고
臨岐一望一沾巾　갈림길 앞 한 번 보고 한 번 눈물 적시네
信陵門下三千客　신릉군[22] 문하에는 삼천 명의 식객 있어
君到長沙見幾人　그대 장사 도착하면 몇 명이나 보려나

이목이 부친 시에 화답하다

酬李穆見寄 유장경(劉長卿)

孤舟相訪至天涯　외딴 배로 찾아가 하늘 끝에 가는데

正)한 고악(古樂)을 가리킨다.

21 유장경(劉長卿) : 710~785?. 자는 문방(文房). 안휘성(安徽省) 선성(宣城) 출신. 일설에는 하북성(河北省) 하간(河間) 출신이라고도 한다. 감찰어사(監察御史), 목주사마(睦州司馬), 수주자사(隨州刺史) 등을 지냈다. 오언시(五言詩)에 능하여 '오언장성(五言長城)'이라고도 일컬어진다. 저서로 『유수주시집(劉隨州詩集)』, 『외집(外集)』 등이 전한다.

22 신릉군 : 信陵君. 위 소왕(魏昭王)의 아들 무기(無忌). 선비들을 좋아하여 항상 문하에 식객이 3000여 명이나 있었다고 한다.

萬轉雲山路更賒 수만 겹 구름산에 길은 더욱 멀구나
欲掃柴門迎遠客 사립문 쓸고서 멀리 온 손 맞으려니
靑苔黃葉滿貧家 푸른 이끼 누런 낙엽 가난한 집 가득하네

사명을 받들고 악저에 가다가 오강에 이르러 도중에 짓다
奉使鄂渚至烏江道中作

滄洲不復戀漁竿 창주[23]에서 낚싯대에 다시 미련 없으나
白髮那堪戴鐵冠 백발로 어떻게 철관[24] 쓰기 감당하랴
客路向南何處是 나그네 길 남쪽 향해 어디로 가는가
蘆花千里雪漫漫 갈대꽃 천 리에 흰 눈이 덮여있네

늦봄에 고향 산 초당으로 돌아가다
暮春歸故山草堂

전기(錢起)[25]

溪上殘春黃鳥稀 시냇가 쇠잔한 봄 꾀꼬리가 드물고
辛夷花盡杏花飛 흰 목련이 다 하고 살구꽃이 날리네
始憐幽竹山窗下 산 창 아래 그윽한 대 비로소 어여쁘니
不改淸陰待我歸 맑은 그늘 안 고치고 돌아올 날 기다렸네

23 창주 : 滄洲. 은사가 은거한 경치 좋은 곳을 가리킨다.
24 철관 : 鐵冠. 어사가 쓰는 관. 철(鐵)로 기둥을 세웠는데, 강직하고 꼿꼿하여 굽히지 않는 것을 상징한다.
25 전기(錢起) : 710?~780?. 자는 중문(仲文). 절강성(浙江省) 오흥(吳興) 출신. 태청궁사(太淸宮使), 한림학사(翰林學士)를 지냈다. 시로써 낭사원(郎士元)과 이름을 나란히 하여 "앞서 심·송이 있고, 뒤로 전·낭이 있다.[前有沈宋 後有錢郎]"고 일컬어졌으며, 대력십재자(大曆十才子)의 필두로 칭송받았다.

한궁곡

漢宮曲

한굉(韓翃)[26]

漢室長陵小市中　한 황실의 장릉[27]이 작은 저자 안에 있고
珠簾繡戶對春風　구슬 주렴 수 놓은 문 봄바람을 맞고 있네
君王昨日移仙仗　군왕이 어젯밤에 의장을 옮겼으니
玉輦將迎入漢中　옥 가마가 맞이하여 한나라로 들어가리

석파산에서 묵다

宿石巴山中

浮雲不共此山齊　뜬 구름은 이 산과 나란하지 않으니
山靄蒼蒼望轉迷　아지랑이 빽빽하여 바라보다 길 잃었네
曉月暫飛千樹裏　새벽달이 천 그루 나무 안에 잠깐 나니
秋河隔在數峰西　몇 봉우리 서쪽에 은하수가 있었구나

장천우에게 주다

贈張千牛

蓬萊闕下是天家　봉래궁 아래가 바로 천자 계신 곳
上路新回白鼻騧　상림원에 백비와[28]가 다시 돌아 왔다네

---

26 한굉(韓翃) : 생몰년 미상. 자는 군평(君平). 등주(鄧州) 남양(南陽, 河南) 출신. '대력십재자(大曆十才子)'의 한 사람으로 시를 잘 지었다. 관직은 중서사인(中書舍人)까지 지냈다. 문집은 있었으나 전하지 않고 후대에 편집된 『한군평집(韓君平集)』이 있다.

27 장릉 : 長陵. 한 고조(漢高祖)의 무덤. 섬서성(陝西省) 함양(咸陽)에 있다.

28 백비와 : 白鼻騧. 코와 주둥이가 흰 말인데, 고악부(古樂府)의 이름이기도 하다. 이백이 「백비와」라는 사를 지은 이후로 '님을 태운 말'이란 뜻으로 쓰이는 관용어가 되었다.

急管晝催平樂酒　빠른 피리 대낮에 평락관[29] 술 재촉하고
春衣夜宿杜陵花　봄옷 입고 밤에는 두릉화[30]에 묵는다오

옥진관 이비서원에 쓰다

題玉眞觀李觀李秘書院

白雲斜日影深松　백운 비낀 해 그림자 솔숲 깊이 드리우니
玉宇瑤壇知幾重　옥 지붕에 구슬 제단 몇 겹이나 되려나
把酒題詩人散後　술 들고 시를 짓다 사람들 흩어진 후
華陽洞裏有疏鐘　화양동 안에는 성긴 종이 울리네

오계로 폄직되어 가는 손을 전송하다

送客貶五溪

南過猿聲一逐臣　잔나비 소리 지나 남쪽 쫓겨 가는 신하
回看秋草淚沾巾　가을 풀 돌아보며 수건 눈물 적시네
寒天暮雪空山裏　찬 하늘에 저녁 눈 내리는 빈 산은
幾處蠻家是主人　몇 곳인가 오랑캐 집 바로 주인이라네

29 평락관 : 平樂館. 궁궐 정원인 상림원(上林苑)에 있는 전각 이름이다. 음악을 크게 연주하던 곳이다.

30 두릉화 : 杜陵花. 두릉(杜陵)은 만년현(萬年縣) 동쪽에 있는 지명으로, 두릉화는 기녀를 비유한다.

장백산으로 돌아가는 제산인을 전송하다

送齊山人歸長白山

舊事仙人白兎公 예전부터 선인인 백토공[31]을 섬겼으니
掉頭歸去又乘風 머리를 흔들며 또 바람 타고 돌아가네
柴門流水依然在 사립문에 흐르는 물 그대로 있을 테고
一路寒山萬木中 겨울 산 수만 나무 한 가닥 길 나 있으리

궁중악

宮中樂

노륜(盧綸)[32]

雲日呈祥禮物殊 해가 서광 비치니 예물이 특별하고
彤庭生獻五單于 황궁에 다섯 선우 산 채로 바치네
塞垣萬里無飛鳥 변새의 만리장성 나는 새도 없으니
可是邊城用郅都 변방 성에 질도[33]를 써서야 되겠는가

---

31 백토공 : 白兎公. 팽조(彭祖)의 제자라고 전해지는 선인(仙人).

32 노륜(盧綸) : 748?~800. 자는 윤언(允言). 하중(河中) 포(蒲, 지금의 山西) 사람. 대력십재자(大曆十才子)의 한 사람이다. 여러 차례 과거에 응시하였으나, 번번이 떨어졌다가 혼감(渾瑊)에 의해 원수부판관(元帥府判官)이 되었다. 문집이 있었으나 산실되었으며, 명나라 사람이 모은 『노륜집(盧綸集)』이 전한다. 『전당시(全唐詩)』에 시가 5권으로 실려 있다.

33 질도 : 郅都. 한 경제(漢景帝) 때 사람. 안문 태수(鴈門太守)로 부임을 하자, 흉노가 그의 풍도(風度)를 듣고는 변방에서 떠나갔으며, 그가 죽은 뒤에도 안문 가까이 오지 못했다고 한다. 『史記 卷122 酷吏列傳 郅都』

함께 과거에 낙방한 뒤 관문을 나가는 종제와 이별을 말하다

與從弟同下第後出關言別

出關愁暮一沾裳　관문 나선 저물녘 시름 눈물 적시니
滿野蓬生古戰場　옛 전장터 들 가득히 쑥이 자라 있구나
孤村樹色昏殘雨　외딴 마을 어두운 숲 풍경에 잦아든 비
遠寺鐘聲帶夕陽　먼 절의 종소리가 석양을 띠고 있네

이분과 이별하다

別李紛

頭白乘驢懸布裳　흰머리로 나귀 타고 베옷 늘어뜨리고
一回言別淚千行　한 번의 이별 말에 눈물 천 줄 흐르네
兒孫滿眼無歸處　눈 가득한 아들 손자 돌아갈 곳 없으니
惟到尊前是故鄉　오직 술잔 앞이 바로 고향이 된다네

춘원

春怨　　유방평(劉方平)[34]

朝日殘鶯伴妾啼　아침 해에 나를 짝해 남아 우는 꾀꼬리
開簾只見草萋萋　주렴 여니 보이는 건 무성하게 자란 풀
庭前時有東風入　뜰 앞에 때때로 동풍이 들어와
楊柳千條盡向西　버드나무 천 개 가지 다 서쪽을 향한다네

---

34 유방평(劉方平) : 생몰년 미상. 하남(河南) 낙양(洛陽) 출신. 용모만큼이나 재주도 빼어났는데, 시와 그림에 뛰어났다. 특히, 채색화에 재주가 있어 '산수수석(山水樹石)'으로 일컬어졌다. 시문(詩文)에도 능하였다.

단양에서 위 참군을 전송하다

丹陽送韋參軍 엄유(嚴維)[35]

丹陽郭裏送行舟 단양 성곽 안에서 떠나는 배 전송하니
一別心知兩地秋 한 번 이별하고 나면 양쪽 땅은 가을이리
日晩江南望江北 해 저문 강남에서 강북을 바라보면
寒鴉飛盡水悠悠 갈까마귀 다 날아간 겨울 강은 아득하리

국 사직을 송별하다

送麴司直 이가우(李嘉祐)[36]

曙雪蒼蒼兼曙雲 새벽 눈발 푸르고 새벽 구름 푸르니
朔風燕雁不堪聞 삭풍에 철새 소리 듣기가 어렵구나
貧交此別無他贈 가난한 사귐이라 이 이별에 줄 것 없어
唯有青山遠送君 오직 푸른 산만이 그대 멀리 전송하네

송별

送別

穆陵關上秋雲起 목릉관[37] 위에는 가을 구름 일어나고

35 엄유(嚴維) : 생몰년 미상. 자는 정문(正文). 월주(越州) 산음(山陰) 출신. 젊어서는 벼슬에 뜻을 두지 않고 동려(桐廬)에서 은거생활을 하였다. 유장경(劉長卿)과 교유하였으며, 비서랑(秘書郎), 벽좌하남막부(辟佐河南幕府) 등을 역임하였다.

36 이가우(李嘉祐) : 생몰년 미상. 자는 종일(從一). 조주(趙州, 지금의 河北) 출신. 전중시어사(殿中侍御史), 원주자사(袁州刺史) 등을 지냈다. 시풍은 화려했으며, 엄유(嚴維), 유장경(劉長卿), 냉조양(冷朝陽) 등의 인물들과 교유하였다. 문집 1권이 전한다.

37 목릉관 : 穆陵關. 산동성(山東省) 임구현(臨朐縣) 남쪽에 있는 험한 요새

安陸城邊遠行子 안륙성[38] 가에는 나그네 멀리 가네
薄暮寒蟬三兩聲 어스름 녘 가을 매미 두세 번 울음 울고
回望故鄉千萬里 돌아본 고향 땅은 수천 수만 리 머네

마 상서를 배알하러 태원에 가는 노철을 전송하다

送盧徹之太原謁馬尙書 사공서(司空曙)[39]

楡落鵰飛關塞秋 느릅나무 떨어지고 새매 나는 변새 가을
黃雲畫角見幷州 누런 구름 화각 소리 병주가 보이네
翩翩羽騎雙旌後 우림군 날랜 기병 한 쌍 깃발 뒤에 있고
上客親隨郭細侯 상객이 곽세후[40]를 몸소 따라 간다네

투주를 출발하고 위 판관에게 부치다

發渝州却寄韋判官

紅燭津亭夜見君 붉은 초 켠 나루 정자 밤에 그대 만나니
繁絃急管兩紛紛 떠들썩한 현악 관악 양쪽 다 분분하네

38 안륙성 : 安陸城. 호남성(湖南省)에 있는 땅으로, 고대 진나라와 초나라의 접경 지역이었다.

39 사공서(司空曙) : 740~790. 자는 문명(文明) 또는 문초(文初). 광평(廣平) 출신. 일설에는 경조(京兆) 출신이라고도 한다. 낙양주부(洛陽主簿), 장림현승(長林縣丞), 우부낭주(虞部郎中) 등을 역임하였다. '대력십재자(大曆十才子)'의 한 사람이다. 저서로 『사공문명시집(司空文明詩集)』이 전한다.

40 곽세후 : 후한(後漢)의 곽급(郭伋). 세후(細候)는 자(字)이다. 곽급이 왕망(王莽) 때에 병주목(幷州牧)으로 있었는데 광무제(光武帝) 때 재차 병주목으로 부임하자 옛날 은혜를 입었던 고을의 노약자들이 도로에 나와 영접하였고 또 경내를 순행할 때 아동 수백 명이 죽마(竹馬)에 올라타고서 환영하며 절을 했다고 한다. 『後漢書 卷31 郭伋傳』

平明分手空江上　동트고 헤어지면 강가는 비어 있고
唯有猿聲滿水雲　원숭이 소리만이 강 구름에 가득하리

옛 뜻

古意

경위(耿湋)[41]

雖言千騎上頭居　천 명 기병 우두머리 차지했다 하여도
一世生離恨有餘　한 평생 떠나있는 한은 남아 있다네
葉下綺窗銀燭冷　잎 아래 비단 창은 은 촛불이 냉랭하고
含啼自草錦中書　울음을 삼켜가며 비단 편지 홀로 쓰네

길가 무덤

路傍墓

石馬雙雙當古樹　석마가 쌍쌍이 고목에 자리하니
不知何代公侯墓　어느 시대 공후의 무덤인지 모르겠네
墓前靡靡春草深　무덤 앞은 영락하여 봄풀이 무성하니
唯有行人看碑路　지나는 이들만이 비석 길을 본다네

41 경위(耿湋) : 생몰년 미상. 자는 홍원(洪源). 하동(河東) 출신. 우습유(右拾遺, 일설에는 좌습유(左拾遺), 대리사법(大理司法)을 지냈다. 시에 능하였으며, 풍격은 꿋꿋하고 시원하다 평해진다. 대력십재자(大曆十才子)의 한 사람으로 전기(錢起), 노륜(盧綸), 사공서(司空署)와 이름을 나란히 하였다. 시집은 있었으나 망실되었고, 명나라 때 모은 『경위집』이 전한다.

호각소리를 듣고 돌아갈 생각을 하다

聽角思歸

故園黃葉滿靑苔　누런 잎에 푸른 이끼 가득한 고향 동산
夢後城頭曉角哀　꿈을 꾼 후 성벽 위에 새벽 호각 슬프구나
此夜斷腸人不見　오늘 밤 애끊게도 그리운 이 못 보고
起行殘月影徘徊　일어나 지는 달에 그림자가 배회하네

호수 가운데

湖中

靑草湖邊日色低　청초호 가에는 햇빛 낮게 깔리는데
黃茅瘴裏鷓鴣啼　누런 띠풀 열기 속에 자고새 우는구나
丈夫飄蕩今如此　떠도는 장부가 지금 이와 같으니
一曲長歌楚水西　한 곡조 긴 노래에 초 땅 호수 서쪽 왔네

강촌 난리 후

江村亂後

江村日暮尋遺老　강촌에 해가 지고 남은 노인 찾아가니
江水東流橫浩浩　강물은 동쪽 흘러 가로질러 넓고 넓네
竹裏閑窓不見人　대숲 안 한가한 창 사람은 뵈지 않고
門前舊路生靑草　문 앞의 옛길에는 푸른 풀이 생겼네

고향 동산을 떠올리다

憶故園

惆悵多山人復稀　서글퍼라, 많은 산에 인적은 또 드무니
杜鵑啼處淚沾衣　두견새 우는 곳에 눈물이 옷 적시네
故園此去千餘里　고향 동산 여기에서 천여 리 멀리 있어
春夢猶能夜夜歸　봄날 꿈속에서나마 밤마다 돌아가네

궁사

宮詞　장손고(長孫翱)[42]

一道甘泉接御溝　한 줄기 맛 좋은 샘 궁궐 도랑 접하여
上皇行處不曾秋　상황께서 가시는 곳 가을인 적 없었네
誰言水是無情物　누가 물은 무정한 물건이라 말했나
也到宮前咽不流　궁궐 앞에 닿으면 오열하여 못 흐르네

빗속에 가을을 원망하다

雨中怨秋　양빙(楊憑)[43]

辭家遠客愴秋風　집을 멀리 떠난 길손 가을바람 울적하니
千里寒雲與斷蓬　천릿길을 찬 구름에 짧은 쑥과 함께 했네
日暮隔山投古寺　해 지고 산 너머 옛 절에 투숙하니

---

42 장손고(長孫翱) : 생몰년 미상. 당 숙종(肅宗)과 대종(代宗) 때 활동한 것으로 추정된다. 시 1수가 남아 있다.

43 양빙(楊憑) : 생몰년 미상. 문사(文辭)에 능하고 사람들과 교유를 잘하였다. 세간에서는 '문장 괴수(文章魁手)'로 일컬어지기도 하였다.

鐘聲何處雨濛濛 어디선가 종소리에 부슬부슬 내리는 비

물가의 고목을 읊다

詠河邊枯 장손좌보(長孫佐輔)[44]

野火燒枝水洗根 들불 가지 태우고 강물 뿌리 씻어도
數圍枯朽半心存 몇 아름 썩었으나 중심 반은 남아있네
應是無機承雨露 아마도 비와 이슬 받을 만한 계기 없어
却將春色寄苔痕 봄빛을 이끼 낀 흔적에 부쳤으리

백사에서 두상 댁에 묵으면서 기녀를 보다

白沙宿竇常宅觀妓 유상(劉商)[45]

揚子澄江映晚霞 양자강 맑은 물에 저녁놀이 어리고
柳條垂岸一千家 버들가지 늘어진 언덕에 일천 집
主人留客江邊宿 주인이 손 만류해 강변에 묵으니
十月繁霜見杏花 시월의 많은 서리 살구꽃에 보았네

44 장손좌보(長孫佐輔) : 삭방(朔方) 사람. 과거에 여러 차례 낙방한 후 방랑하였다. 길주자사(吉州刺史)가 된 아우에게 의지하였고 끝내 벼슬은 하지 않았다. 『전당시(全唐詩)』에 시 17수가 실려 있다.

45 유상(劉商) : 약 727~805. 자는 자하(子夏). 서주(徐州) 팽성(彭城) 출신. 문장과 그림에 뛰어났다. 벼슬은 변주관찰판관(汴州觀察判官)에 이르렀다. 벼슬을 그만둔 이후에는 그림에 몰두하였다.

송별

送別

灞岸靑門有弊廬　파수 언덕 푸른 문에 해진 초가 있으니
昨來聞道半丘墟　반쯤은 폐허라고 어제 와서 들었네
陌頭空送長安使　거리에서 부질없이 장안 사신 전송하니
舊里無人可寄書　옛 마을엔 편지 부칠 사람 하나 없구나

양양에서 한식날 우문적에게 부치다

襄陽寒食寄宇文籍　　우곡(于鵠)[46]

煙水初銷見萬家　물안개 처음 걷혀 만 채 집이 보이고
東風吹柳萬條斜　버들에 동풍 불어 만 가지가 기울었네
大堤欲上誰相伴　큰 방죽에 뉘와 함께 짝을 하여 오르겠나
馬踏春泥半是花　말이 밟는 봄 진흙에 반은 꽃잎이어라

미인에게 쓰다

題美人

秦女窺人不解羞　진 땅 여인 남 엿봐도 부끄러움 모르니
攀花趁蝶出牆頭　꽃 따라 나비 좇아 담장 너머 나갔네
胸前空帶宜男草　가슴에는 공연히 의남초[47]를 두르고
嫁得蕭郎愛遠遊　멀리 놀기 좋아하는 소랑에게 시집갔네

46 우곡(于鵠) : 생몰년 미상. 도부종사(都府從事)를 지냈다. 대부분을 은거하며 지냈으며, 대개 외로움과 병환으로 인한 슬픔에 대한 작품이 주를 이룬다.

47 의남초 : 宜男草. 원추리. 이 꽃을 몸에 지니고 있으면 부부가 화목하고 아들을 낳는다는 속설이 있다.

해릉으로 부임하는 두로랑을 전송하다

送豆盧郎赴海陵 유상(劉商)

煙波極目已沾襟 안개 물결 눈에 가득 이미 옷깃 젖었고
路出東塘水更深 동쪽 못에 길 나가니 물은 더욱 깊어지네
看取海頭秋草色 바다 끝 바라보니 아름다운 가을 풍경
恰如江上別離心 강가에서 이별하는 마음과 흡사하네

상량에게 주다

贈商亮 대숙륜(戴叔倫)[48]

日日河邊見水流 날마다 강가에서 흐르는 물을 보며
傷春未已復悲秋 봄에 마음 아파하다 다시 가을 슬퍼하네
山中舊宅無人住 산속의 옛집에는 사람이 살지 않고
來往風塵共白頭 풍진 속 오가다가 함께 백두 되었구려

밤에 서쪽 성에 올라가 양주곡을 듣다

夜上西城聽涼州曲 이익(李益)[49]

鴻雁新從北地來 북쪽의 땅에서 새로 온 기러기가
聞聲一半却飛回 울음 반절 들었더니 다시 날아 돌아갔네

48 대숙륜(戴叔倫) : 732~789. 자는 유공(幼公) 또는 차공(次公). 윤주(潤州) 금단(金壇) 출신. 문학으로 유명하였으며, 시를 잘 지었다. 호남관찰사(湖南觀察使)와 강서절도사(江西節度使)를 지냈다. 저서로 『술고(述稿)』 10권이 있었으나 산실되었으며, 후대에 편집된 『대숙륜집(戴叔倫集)』이 있다.

49 이익(李益) : 748~829. 자는 군우(君虞). 농서(隴西) 고장(姑臧, 지금의 甘肅) 출신. 현령(縣令), 유주절도사(幽州節度使) 등을 역임하였다. 시가로 이하(李賀)와 이름을

金河戍客腸應斷　금하의 수자리 병사 창자 끊어지리
更在秋風百尺臺　가을바람 속에 다시 백척 대에 있으니

호타에 닿아서 번사의 이름들을 보다

臨滹沱見蕃使列名

漠南春色到滹沱　사막 남쪽 봄 풍경에 호타에 도착하니
碧柳青青塞馬多　푸른 버들 파랗고 변방 말이 많구나
萬里關山今不閉　만 리 먼 관산은 지금은 닫혔으니
漢家頻許郅支和　한 조정이 질지[50]와 강화 자주 허락하네

낙양에서 봄 끝에 두 녹사를 전송하다

洛陽春末送杜錄事　　유우석(劉禹錫)[51]

罇前花下長相見　술동이 앞 꽃 아래서 서로 오래 만나다가
明日忽爲千里人　내일이면 갑자기 천 리 먼 사람 되네
君過午橋回首望　그대 오교 지날 때 머리 돌려 바라보면

나란히 하였다. 대력십재자(大曆十才子)의 한 사람으로 꼽기도 하지만, 성당(盛唐)의 시풍에서 크게 벗어나지 않으며, 율시에 뛰어났다.

50 질지 : 郅支. 흉노의 질지선우(郅支單于)를 가리킨다. 이름은 호도오사(呼屠吾斯)이다. 흉노가 남북의 두 부(部)로 분열된 이후, 북흉노의 제1대 선우로서 대원(大宛)과 오손(烏孫)을 격파하여 서역(西域)에 명성을 떨치고 흉노의 부흥을 잠시 이루었으나 한나라 원정군에게 격파되었다.

51 유우석(劉禹錫) : 772~842. 자는 몽득(夢得). 낙양(洛陽) 출신. 왕숙문(王叔文), 유종원(柳宗元) 등과 정치 개혁을 기도하였으나, 그의 실각으로 인해 좌천되었다. 만년에는 백거이(白居易)와 교유하면서 '유백(劉白)'으로도 불렸다. 시풍이 참신하고 민가의 특성이 농후하였는데, 특히 호방한 시의(詩意)로 인해 시호(詩豪)라고 일컬어지기도 하였다.

洛陽猶自有殘春　낙양에는 여전히 남은 봄이 있을 게요

생공[52]의 강당

生公講堂

生公說法鬼神聽　생공의 설법을 귀신도 들었으니
身後空堂夜不扃　죽은 뒤 강당 비어 밤에도 닫지 않네
高座寂寥塵漠漠　높은 자리 쓸쓸한 채 먼지만 자욱한데
一方明月可中庭　한쪽에서 밝은 달이 겨우 중정 비추네

춘사

春詞

新妝粉面下珠樓　새로 곱게 화장하고 구슬 누각 내려가니
深鎖春光一院愁　봄빛에 굳게 잠긴 온 궁원이 시름 겹네
行到中庭數花朶　중정에 다가가니 몇 송이 꽃 피었는데
蜻蜓飛上玉搔頭　잠자리가 날아서 옥비녀에 앉는구나

양주사

涼州詞　　장적(張籍)[53]

邊城暮雨鴈飛低　변성의 저녁 비에 기러기는 낮게 날고
蘆笋初生漸欲齊　갈대 순이 처음 나 가지런히 자라네

---

52 생공(生公) : 동진의 고승 축도생(竺道生)을 가리킨다.

53 장적(張籍) : 766?~830?. 자는 문창(文昌). 오군(吳郡) 출신. 당대 명사들과 교유하였

無數鈴聲遙過磧　무수한 방울 소리 멀리 사막 지나니
應馱白練到安西　흰 비단을 싣고서 안서에 닿겠구나

만중

蠻中

銅柱南邊毒草春　구리기둥[54] 남쪽 변경 독초에 봄이 오니
行人幾日到金潾　길 떠난 이 며칠이면 금린에 도착할까
玉環穿耳誰家女　옥고리를 귀에 한 이 어느 집 여인인가
自抱琵琶迎海神　스스로 비파 안고 해신을 맞이하네

맹적을 곡하다

哭盟寂

曲江院裏題名處　곡강의 절[55] 안에 있는 이름을 적던 곳에
十九人中最少年　열아홉 명 가운데 그대 가장 연소했지
今日春光君不見　오늘의 봄 풍경을 그대는 못 보고
杏花零落寺門前　살구꽃만 절문 앞에 떨어지고 있구나

으며, 한유(韓愈)로부터 인정받기도 하였다. 악부시(樂府詩)로 이름이 났으며, 왕건(王建)과 더불어 '장왕(張王)'으로 병칭되었다. 저서로 『장사업집(張司業集)』이 있다.

54 구리기둥 : 『후한서(後漢書)』 권24 「마원열전(馬援列傳)」에 "마원이 교남(嶠南)을 모두 평정하고 교지(交趾)에 도착하여 구리기둥을 세워서 한나라와 남방 외국의 경계 표지로 삼았다."라고 하였다.

55 곡강의 절 : 곡강(曲江) 가에 있는 자은사(慈恩寺) 대안탑(大雁塔)을 가리킨다. 당나라 때 과거에 급제한 사람들이 대안탑에 올라 이름을 새기고 곡강에서 잔치를 베푸는 풍습이 있었다.

궁사

宮詞　　　　왕건(王建)[56]

蓬萊正殿壓雲鼇　봉래전 정전이 운오[57]를 압도하니
紅日初生碧海濤　붉은 해가 푸른 파도 속에서 처음 솟네
開着五門遙北望　다섯 문을 열어놓고 멀리 북쪽 바라보니
赭黃新帕御床高　붉고 누런 새 수건이 어상 함께 높이 있네

籠烟紫氣日曈曈　안개 싸인 붉은 기운 해가 밝게 떠오르고
宣政門開玉殿風　선정문 열리고 옥 전각에 바람 부네
五刻閣前卿相出　오각 지나 전각 앞에 경과 재상 나오니
下簾聲在半天中　허공에서 주렴을 내리는 소리 나네

千牛仗下放朝初　천우위[58] 의장 아래 조회 처음 참가할 때
玉案傍邊立起居　옥안 옆에 있으면서 기거를 기록했네
每日進來金鳳紙　날마다 금빛 봉황 종이를 올리니
殿頭無事不多書　전각 머리 일 없으면 문서도 많지 않네

秋殿清齋刻漏長　가을 전각 재계하니 물시계 길어지고
紫微宮女夜燒香　자미궁 궁녀가 밤중에 향 태우네
拜陵日到公卿發　능에 배알하는 날에 공경이 출발하니
鹵簿分頭出太常　거둥 행차 나뉘어서 태상시를 나서네

---

56 왕건(王建) : 768~830?. 자는 중초(仲初). 위남위(渭南尉), 섬주사마(陝州司馬)를 지냈다. 악부시(樂府詩)에 능하였다. 문집으로 『왕사마집(王司馬集)』이 전한다.

57 운오 : 雲鼇. 높은 성적으로 급제한 이들을 가리킨다. "오(鼇)"는 한림원의 별칭이다. "金鼇"로 되어 있는 본도 있는데, 이 경우 신선들의 산을 떠받치고 있는 금빛 자라로 해석하기도 한다.

58 천우위 : 千牛衛. 당나라 때 황제의 신변을 경호하던 호위대를 가리킨다.

궁사

宮詞

왕애(王涯)[59]

迎風殿裏罷雲和 영풍관[60] 안에서 비파 연주 그만두고
起聽新蟬步淺莎 새 매미 들으면서 잔디 위를 걷노라
爲愛九天和露滴 높은 하늘 이슬 섞인 물방울을 사랑하여
萬年枝上最聲多 만년지[61] 위에서 소리 가장 많이 나네

銀甁瀉水欲朝粧 은병에 물을 쏟아 아침 화장 하려는데
燭焰紅高粉壁光 촛불이 붉고 높아 흰 벽이 빛나네
共怪滿衣珠翠冷 옷 가득 진주 비취 이상하게 차갑더니
黃花瓦上有新霜 국화 기와 위에 새로 서리가 내렸구나

노 기거를 전송하다

送盧起居

무원형(武元衡)[62]

相如擁傳有光輝 사마상여 수레 타자 광휘가 비치니
何事闌干淚濕衣 무슨 일로 난간에서 눈물로 옷 적시나

59 왕애(王涯) : 764~835. 자는 광진(廣津). 태원(太原) 출신이다. 박학하고 문장에 뛰어났다. 792년 진사에 발탁되어 문종(文宗) 때 이부상서(吏部尙書)에 이르렀다. 문종 때 이훈(李訓)과 정주(鄭注)가 환관을 제거하기 위해 일을 계획하였다가 도리어 많은 관료들이 죽임을 당한 감로지변(甘露之變) 때 왕애도 잡혀 허리를 잘려 죽었다.

60 영풍관 : 迎風館. 진한(秦漢) 때 섬서성(陝西省) 감천궁(甘泉宮) 안에 있던 전각의 이름이다.

61 만년지 : 萬年枝. 궁궐에 심던 사철 푸른 나무.

62 무원형(武元衡) : 758~815. 자는 백창(伯蒼). 하남(河南) 구씨(緱氏, 지금의 河南 偃師縣) 출신. 문하시랑평장사(門下侍郞平章事), 검남서천절도사(劍南西川節度使) 등을 역임하였다. 저서로 『임회집(臨淮集)』 10권이 있었으나 흩어졌다.

舊府東山餘妓在　옛 관부의 동산[63]에 많은 기녀 있어서
重將歌舞送君歸　돌아가는 그대 거듭 가무로 전송하네

이 장군의 숲 정자에 쓰다

題李將軍林亭

落英飄蕊雪紛紛　지는 꽃 날리는 잎 눈발처럼 어지럽고
啼鳥如悲霍冠軍　우는 새는 곽 관군[64]을 슬퍼하는 듯하네
逝水不回弦管絶　흘러간 물 안 돌아와 음악소리 끊기고
玉樓迢遞鎖浮雲　옥 누각은 아득하게 뜬구름에 잠겼네

최 부마에게 주다

贈崔附馬　양거원(楊巨源)[65]

百尺梧桐畵閣齊　백 자 높이 오동나무 누각과 높이 같고
簫聲落處彩雲低　피리 소리 떨어진 곳 채색 구름 낮구나
平陽不惜黃金埒　평양공주 황금 담장[66] 아쉬워 하지 않아
細雨花驄踏作泥　가는 비에 화총[67]이 진흙을 밟는구나

---

63 동산 : 東山. 절강성(浙江省) 소흥(紹興)에 위치한 산 이름. 사안(謝安)이 은거한 산으로 유명하다.

64 곽 관군 : 霍冠軍. 관군은 한(漢)나라 곽거병(霍去病)의 봉호. 흉노(匈奴)를 공격하여 공을 여러 번 세웠다. 『史記 卷111 衛將軍驃騎列傳』

65 양거원(楊巨源) : 770?~미상. 자는 경산(景山). 하중(河中) 출신. 비서랑(秘書郎), 태상박사(太常博士), 우부원외랑(虞部員外郎) 등을 역임하였다. 백거이(白居易), 원진(元稹) 등과 교유하였으며, 시를 잘 지었다. 특히 음률(音律)을 중시한 작품이 대다수이다.

66 황금 담장 : 黃金埒. 황금 담장으로 둘러쳐진 조정을 비유한 말이다.

도가에 입문한 기녀를 보다

觀妓人入道

荀令歌鐘北里亭　순령[68]의 음악이 연주되는 북리[69] 정자
翠蛾紅粉敞雲屛　푸른 눈썹 붉은 단장 구름 병풍 높구나
舞衣施盡餘香在　춤옷에는 춤 추고도 남은 향이 있으니
今日花前學誦經　오늘은 꽃 앞에서 경전 공부 했나 보네

한원행

漢苑行　　장중소(張仲素)[70]

春風淡蕩景悠悠　봄바람은 담담하고 경치는 그대로니
鶯囀高枝燕入樓　높은 가지 꾀꼴 소리 누각에 드는 제비
千步迴廊聞鳳吹　천 걸음 회랑에 생황 소리 들려오니
珠簾處處上銀鉤　주렴을 곳곳에서 은고리로 올리네

새하곡

塞下曲

獵馬千行雁幾雙　사냥 말 천 필인데 기러기 몇 쌍인가
燕然山下碧油幢　연연산 아래에 푸른 군막 쳤다네

67 화총 : 花驄. 털빛이 고운 말을 가리킨다.
68 순령 : 荀令. 후한 때 순욱(荀彧). 상서령에 임명된 바 있어 순령이라 칭한다.
69 북리 : 北里. 당나라 때 장안 북쪽의 평강리(平康里). 기원이 많은 곳이었다.
70 장중소(張仲素) : 769?~819. 자는 회지(繪之) 또는 궤지(繢之). 숙주(宿州) 부리(符離) 출신. 무강군종사(武康軍從事), 사훈원외랑(司勳員外郎) 등을 역임하였다. 시를 잘 지었으며, 문집 1권과 『부추(賦樞)』 3권을 남겼다.

傳聲漢北單于破 사막 북쪽 선우를 깨뜨렸다 전해오니
火照旌旗夜受降 불이 비춘 깃발이 밤에 항복 받았네

뱃길에 밤에 정박하다

舟行夜泊 권덕여(權德輿)[71]

蕭蕭落葉送殘秋 쓸쓸히 지는 잎이 남은 가을 전송하고
寂寞寒波急暝流 적막한 찬 물결이 어둠 속에 급하네
今夜不知何處泊 오늘밤 어디에 정박할지 모르는데
斷猿晴月引孤舟 외딴 배를 잔나비와 맑은 달이 이끌었네

동쪽으로 떠나는 위 간능을 전송하다

送魏簡能東遊 이섭(李涉)[72]

燕市悲歌又送君 연 땅 저자 슬픈 노래 또 그대를 보내니
目隨征鴈過寒雲 추운 구름 지나는 기러기를 따라 보네
孤亭宿處時看劍 외딴 정자 묵는 곳에 때로 검을 살피니
莫使塵埃蔽斗文 먼지가 북두 무늬 덮게 하지 말아주오

71 권덕여(權德輿) : 759~818. 자는 재지(載之). 천수(天水) 약양(略陽) 출신. 4살부터 시를 지을 줄 알았으며, 15살 때는 산문 수백 편을 지었을 정도로 어려서부터 문사로 이름을 알렸다. 시호는 문(文)이며, 당시에 권문공이라 일컬어졌다. 저서로 『권재지문집(權載之文集)』 50권이 전한다.

72 이섭(李涉) : 생몰년 미상. 자호는 청계자(淸溪子). 낙양(洛陽) 출신. 젊어서는 동생인 이발(李渤)과 여산(廬山)에 은거하였다. 이후 진허절도부종사(陳許節度府從事), 태자통사사인(太子通事舍人), 태학박사(太學博士) 등을 역임하였다. 문집 2권이 있었으나 전하지 않는다.

獻賦論兵命未通　군사 논한 부 지어도 명이 안 통했으니
卻乘羸馬出關東　파리한 말 타고서 관동으로 나왔네
灞陵原上重回首　파릉의 언덕에서 거듭 머리 돌리니
十載長安似夢中　십 년 동안 떠난 장안 꿈속 같이 느껴지네

가을밤에 이릉수관에 쓰다

秋夜題夷陵水館

凝碧初高海氣秋　푸른 하늘 높아졌고 바다 기운 가을인데
桂輪斜落到江樓　계수나무 달 바퀴가 강 누각에 떨어지네
三更浦上巴歌歇　삼경의 나루터에 속된 노래 다 끝나니
山影沈沈水不流　산 그림자 침침하고 물은 흘러가지 않네

남쪽으로 떠나는 형제에게 부치다

寄南遊弟兄　두공(竇鞏)[73]

書來未報幾時還　언제 돌아오는지 온 편지에 없으나
知在三湘五嶺間　삼상오령[74] 사이에 있는 줄은 알겠네
獨立衡門秋水闊　사립문에 홀로 서니 가을 물이 광활하고
寒鴉飛去日銜山　겨울철 갈까마귀 해 품은 산 날아가네

73 두공(竇鞏) : 생몰년 미상. 자는 우봉(友封). 섬서성(陝西省) 부풍(扶風) 평릉(平陵) 출신. 진사에 급제하여 시어사(侍御史), 사훈원외랑(司勳員外郞), 형부낭중(刑部郞中)을 역임하였다. 병으로 악주(鄂州)에서 죽었다.

74 삼상오령 : 三湘五嶺. 삼상(三湘)은 호남성(湖南省)의 상향(湘鄕), 상담(湘潭), 상음(湘陰)이고, 오령(五嶺)은 교지(交趾)의 합포(合浦) 경계에 있는 대유(大庾), 시안(始安), 임하(臨賀), 계양(桂陽), 게양(揭陽) 등을 말한다.

이웃 노인 대신 짓다
代鄰叟

年來七十罷耕桑 칠순 되어 밭 갈고 누에 치는 일 관두고
就煖支羸强下床 따뜻하게 침상 아래 억지로 몸 내려왔네
滿眼兒孫身外事 눈 가득 아들 손자 내 몸 밖의 일이니
閑梳白髮對殘陽 한가하게 백발 빗고 남은 태양 대하네

도사의 은거한 곳을 찾았다가 만나지 못하다
尋道者隱處不遇

籬外涓涓澗水流 울타리 밖 졸졸졸 시냇물이 흐르고
槿花半照夕陽收 무궁화 꽃 반쯤 비춘 석양도 걷히네
欲題名字知相訪 이름 써서 방문한 것 알리고 싶으나
又恐芭蕉不耐秋 파초가 또 가을을 못 견딜까 걱정이네

궁녀 무덤
宮人斜

離宮路遶北原斜 이궁의 길 북쪽 언덕 무덤을 감돌고
生死恩深不到家 생사의 은혜 깊어 집에 못 갔네
雲雨今歸何處去 구름과 비 이제는 어디로 돌아가나
黃鸝飛上野棠花 꾀꼬리가 야당화 위로 날아가는구나

봉성원[75] 피리

奉成園笛 두모(竇牟)[76]

曾絶朱纓吐錦茵 붉은 갓끈 끊었고[77] 비단 자리 토했으니[78]
欲披荒草訪遺塵 거친 풀 헤치고 남은 자취 찾고 싶네
秋風忽灑西園淚 가을바람 홀연히 서원의 눈물[79] 씻으니
滿目山陽笛裏人 눈 가득히 산양 피리[80] 속에 사람 보이네

화청궁을 찾다

過華淸宮 이약(李約)[81]

君王遊樂萬機輕 군왕이 놀고 즐겨 수만 정사 가볍고
一曲霓裳四海兵 한 곡조의 예상[82]에 사해가 병란이네

---

75 봉성원 : 奉成園. 당나라 때 명장 마수(馬燧)의 정원으로, 장안 안읍방(安邑坊)에 있었다.

76 두모(竇牟) : 749~822. 자는 이주(貽周). 섬서성(陝西省) 부풍(扶風) 평릉(平陵) 출신. 786년 진사 급제 후 기가교서랑(起家校書郎), 동도유수순관(東都留守巡官), 우부낭중(虞部郎中), 낙양령(洛陽令), 도관낭중(都官郎中), 택주자사(澤州刺史), 국자사업(國子司業)을 역임하였다. 74세에 세상을 떠났다.

77 붉은 갓끈 끊었고 : 초 장왕(楚莊王)이 신하들과 주연(酒宴)을 베풀었을 때 촛불이 꺼지자 미인(美人)을 희롱한 자가 있었는데 그 미인이 그 신하의 갓끈을 끊고는 왕에게 알렸다. 이에 왕이 그가 민망하지 않도록 신하들 모두에게 갓끈을 끊도록 하여 허물을 감춰주었다. 후에 그가 목숨을 바쳐 왕을 구했다고 한다. 『설원(說苑)』

78 비단 자리 토했으니 : 한(漢)나라 정승 병길(丙吉)의 마부가 술에 크게 취하여 수레에 까는 비단 자리에 토하였다. 이 때문에 서조(西曹)의 주리(主吏)가 쫓아내려고 하니 병길이 비단 자리를 더럽힌 것에 불과하다며 마부의 잘못을 덮어주었다.

79 서원의 눈물 : 서원(西園)은 삼국 시대 위(魏)나라 조식(曹植)이 건안 문인들과 노닐던 정원인데 난리로 없어진 후 찾아간 조식이 지은 시에, 눈물을 흘린다는 구절이 있다.

80 산양 피리 : 산양(山陽)은 죽림칠현(竹林七賢)이 노닐던 곳이다. 혜강(嵇康)이 피살된 후 상수(向秀)가 이곳을 지나다가 피리소리를 듣고 『사구부(思舊賦)』를 지었다.

81 이약(李約) : 751?~810?. 자는 존박(存博). 자칭 소소(蕭蕭). 병부원외랑(兵部員外

玉輦昇天人已盡　황제 수레 승천하고 사람 이미 없으나
故宮猶有樹長生　옛 궁궐에 아직도 장생하는 나무 있네

도주의 군재에서 와병 중에 동관의 제현에게 부치다

道州郡齋臥疾寄東館諸賢　여온(呂溫)[83]

東池送客醉年華　동쪽 못 손 보내며 세월에 취했으니
聞道風流勝習家　풍류가 습가[84]보다 낫다고 들었네
獨臥郡齋寥落意　군재에 홀로 누워 생각이 쓸쓸한데
隔簾微雨濕梨花　주렴 너머 가랑비가 배꽃을 적시네

누대에 오르다

登樓　양사악(羊士諤)[85]

槐柳蕭疏繞郡城　느티 버들 쓸쓸히 군성을 감싸고

郞)을 지내다 사직하곤 은거하였다. 매화 그림을 잘 그렸으며, 해서(楷書)와 예서(隸書)에 능하였다. 우아하고 절조 있는 행실로 명망이 있었다. 저서로 『동표인보(東杓引譜)』 1권이 전한다.

82 예상 : 霓裳. 예상우의곡(霓裳羽衣曲)을 말한다. 당현종(唐玄宗)이 「예상우의곡(霓裳羽衣曲)」을 지어, 화청궁에 행차할 때마다 연주하였고 양귀비에게 예상우의무(霓裳羽衣舞)를 추게 하였다고 한다.

83 여온(呂溫) : 772~811. 자는 화숙(和叔) 또는 화광(化光). 하중(河中, 지금의 山西 永濟縣) 출신. 왕숙문(王叔文)과 교유하였으며, 좌습유(左拾遺), 호부원외랑(戶部員外郞), 형주자사(衡州刺史) 등을 지냈다. 『전당시(全唐詩)』에 시가 2권으로 묶여 있다.

84 습가 : 習家. 습가지(習家池)를 가리킨다. 『진서(晉書)』 산간전(山簡傳)에 "여러 습씨는 형양(荊襄) 지방의 호족(豪族)으로 아름다운 동산과 못을 가지고 있었는데, 산간(山簡)이 양양(襄陽)을 진수할 때 늘 그곳에 나가 노닐며 술을 마셔 취하곤 했다."라고 하였다.

85 양사악(羊士諤) : 763?~819?. 자는 간경(諫卿). 하남(河南) 낙양(洛陽) 출신. 감찰어

夜添山雨作江聲　밤에 산 비 더하자 강물 소리 일어나네
秋風南陌無車馬　가을바람 남쪽 거리 수레 말이 안 다니니
獨上高樓故國情　홀로 높은 누대 올라 고향 생각 하노라

좌중에서 장안을 생각한다 듣고 느끼다

坐中聞思帝鄉有感　영호초(令狐楚)[86]

年年不見帝鄉春　해마다 장안의 봄 보지를 못하니
白日尋思夜夢頻　대낮에는 거듭 생각 밤엔 자주 꿈을 꾸네
上酒忽聞吹此曲　술 올리다 홀연히 이 곡조가 들리니
坐中惆悵更何人　좌중에 울적한 이 누가 더 있으랴

오나라 성터에서 고적을 관람하다

吳城覽古　진우(陳羽)[87]

吳王舊國水煙空　오왕의 옛 나라가 물안개 속 비어있고
香逕無人蘭葉紅　향기로운 오솔길에 사람 없이 난초 붉네
春色似憐歌舞地　봄빛은 노래하고 춤추던 곳 가련한 듯

사(監察御史), 자주자사(資州刺史)를 지냈다. 시를 잘 지었는데, 전중(典重)하다는 평을 받았다.

86 영호초(令狐楚) : 766~837. 자는 각사(殼士). 자호는 백운유자(白雲孺子). 선주(宣州) 화원(華原, 지금의 陝西 耀縣) 출신. 직방원외랑(職方員外郎), 한림학사(翰林學士), 중서사인(中書舍人) 등을 역임하였다. 저서에 『칠렴집(漆匳集)』 130권이 있지만, 전하지 않는다. 선집으로 『원화어람시(元和御覽詩)』가 있다.

87 진우(陳羽) : 753?~미상. 오군(吳郡) 오현(吳縣) 출신. 동궁위좌(東宮衛佐)를 지냈으며, 시를 잘 지었다. 전하는 작품은 대개 근체시(近體詩)이며, 칠언절구(七言絶句)에 능하였다.

年年先發館娃宮　해마다 관왜궁[88]에 먼저 피어난다네

호초상인에게 받다

浩初上人見貽　유종원(柳宗元)[89]

珠樹玲瓏隔翠微　구슬 나무 영롱하여 푸른 산 너머 있고
病來方外事多違　병 들어 세속 밖 일 많이 어긋났네
仙山不屬分符客　신선 산은 지방관에 속하지 않으니
一任凌空錫杖飛　허공 날고 석장 나는 신선에게 일임하네

초나라 소왕의 사당에 쓰다

題楚昭王廟　한유(韓愈)[90]

丘墳滿目衣冠盡　눈에 가득 언덕 무덤 의관은 다 없어지고
城闕連雲草樹荒　구름 닿던 성과 궁궐 초목이 황폐하네
猶有國人懷舊德　옛 덕을 그리는 백성들이 아직 있어
一間茅屋祭昭王　한 칸의 초가에서 소왕 제사 지내네

88 관왜궁 : 館娃宮. 전국 시대 오왕(吳王) 부차(夫差)가 서시(西施)를 위해 지은 궁이다.

89 유종원(柳宗元) : 773~819. 자는 자후(子厚). 유하동(柳河東), 유유주(柳柳州)로도 불린다. 산서성(山西省) 하동(河東, 지금의 河津 부근) 출신. 당송팔대가(唐宋八大家)의 한 사람이다. 집현전정자(集賢殿正字), 감찰어사(監察御史) 등을 지냈다. 왕숙문(王叔文), 한유(韓愈), 유우석(劉禹錫) 등과 가깝게 지냈다. 고문(古文)의 대가로 일컬어졌으며, 우언(寓言) 형식을 취한 풍자문(諷刺文) 등 산문에도 능하였다.

90 한유(韓愈) : 768~824. 자는 퇴지(退之). 창려선생(昌黎先生)으로 불리기도 한다. 하남(河南) 하양(河陽) 출신. 사문박사(四門博士), 국자박사(國子博士), 중서사인(中書舍人) 등을 역임하였다. '당송팔대가(唐宋八大家)' 중 한 사람으로 장성해서 『육경(六經)』을 다 외우고 백가(百家)의 학문을 익혔다. 시호가 문(文)이라, 한문공(韓文公)으로 불린다.

수나라 궁궐

隋宮 포용(鮑溶)[91]

柳塘烟起日西斜 버들 못에 안개 일고 해는 서쪽 기우니
竹浦風回鴈弄沙 바람이 도는 죽포 모래 노는 기러기
煬帝春遊古城在 수양제가 봄 노닐던 옛 성이 남았으나
壞宮芳草滿人家 무너진 궁 꽃다운 풀 인가에 가득하네

병이 든 군인을 만나다

逢病軍人 노동(盧仝)[92]

行多有病住無糧 다니면 병이 많고 머물면 식량 없고
萬里還鄉未到鄉 만 리 고향 돌아가나 고향 닿지 못하네
蓬鬢哀吟古城下 옛 성 아래 흰머리로 애처롭게 읊으니
不堪秋氣入金瘡 창 맞은 상처가 가을 기운 못 견디네

무석에 도착해 부용호를 바라보다

却到無錫望芙蓉湖 이신(李紳)[93]

丹橘村邊獨火微 붉은 귤 마을 주변 불 하나가 희미하고
碧流明處鴈初飛 푸른 물 밝은 곳에 기러기 처음 나네

91 포용(鮑溶) : 생졸년 미상. 자는 덕원(德源). 809년 진사에 급제하였다. 만당 때 시인이다.

92 노동(盧仝) : 796~835. 자호는 옥천자(玉川子). 제원(濟源) 출신. 붕당의 횡포를 풍자한 장편시를 지어 한유(韓愈)의 송찬을 들었다. 저서로 『옥천자시집(玉川子詩集)』 2권과 외집(外集)이 전한다.

93 이신(李紳) : 772~846. 자는 공수(公垂). 윤주(潤州) 무석(無錫) 출신. 왜소하고 사나

蕭條落葉垂楊岸 쓸쓸히 잎이 지는 수양버들 언덕에
隔水寥寥聞擣衣 물 건너 적적하게 다듬이 소리 나네

화청궁

華淸宮

장호(張祜)[94]

風樹離離月正明 바람 나무 무성하고 달은 정말 밝으니
九天龍氣在華淸 하늘의 용 기운이 화청궁에 있구나
宮門深鎖無人覺 궁문은 깊게 잠겨 아는 사람 없으니
半夜雲中羯鼓聲 한밤중 구름 속에 갈고[95] 소리 들리네

과주에서 새벽 호각 소리를 듣다

瓜州聞曉角

寒耿稀星照碧霄 차가운 빛 성긴 별이 푸른 하늘 비추고
月樓吹角夜江遙 달 뜬 누각 호각소리 밤 강 멀리 들리네
五更人起煙霜靜 오경에 일어나니 안개 서리 고요하고
一曲殘聲遍落潮 한 곡조 남은 소리 물결 두루 떨어지네

워 보여 사람들이 단리(短李)라고 부르기도 하였다. 우습유(右拾遺), 한림학사(翰林學士), 중서시랑(中書侍郎) 등을 역임하였다. 이덕유(李德裕), 원진(元稹)과 함께 삼준(三俊)으로 불렸다. 백거이(白居易), 원진과 교유하였다. 시호는 문숙(文肅)이다.

94 장호(張祜) : 785~849. 자는 승길(承吉). 하북성(河北省) 청하(淸河) 출신. 대대로 현달한 집안 출신으로, 해내명사(海內名士)라 일컬어졌다. 『전당시(全唐詩)』에 349수의 시가 실려 있다.

95 갈고 : 羯鼓. 칠통(漆桶)처럼 만든 오랑캐의 북. 당 현종(唐玄宗)이 양귀비(楊貴妃)와 함께 갈고를 두들기면서 팔음(八音) 중에 첫째라고 하였다. 『唐書 禮樂志』

역정에 남은 꽃

郵亭殘花

雲暗山橫日欲斜　구름 낀 산 가로질러 해가 지려 하는데
郵亭下馬對殘花　역정에 말을 내려 남은 꽃을 마주하네
自從身逐征西府　몸이 쫓겨 서쪽 관아 멀리 온 이래로
每到花時不在家　꽃이 필 때마다 집에 있지 않았다네

규방의 뜻으로 장 수부에게 올리다

閨意上張水部　　주경여(朱慶餘)[96]

洞房昨夜停紅燭　동방에서 어젯밤 붉은 촛불 끄고서
待曉堂前拜舅姑　새벽 되자 당 앞에서 시부모께 절하네
粧罷低聲問夫壻　화장 끝나 남편에게 소리 낮춰 물으니
畵眉深淺入時無　그린 눈썹 짙기가 요즘 유행 맞냐고

변방 장수

邊將　　요합(姚合)[97]

將軍作鎭古汧州　예전의 견주 땅에 장군이 진 만드니
水膩山春節氣柔　수니산 봄이 되자 기후가 온화하네

---

96 주경여(朱慶餘) : 생졸년 미상. 이름은 가구(可久). 경여(慶餘)가 자이다. 절강성(浙江省) 소흥(紹興) 출신. 826년 진사에 급제하여 벼슬이 비서교서랑(秘書校書郞)에 이르렀다. 『전당시(全唐詩)』에 시 두 권이 전한다.

97 요합(姚合) : 777~843. 하남성(河南省) 섬주(陜州) 출신. 816년 진사에 급제하여 벼슬이 비서감(秘書監)에 이르렀다. 세상에서 "요무공(姚武功)"이라고 불렀고 그의 시파를 "무공체(武功體)"라 한다.

清夜滿城絲管散　맑은 밤 성 가득히 음악 소리 들끓으니
行人不信是邊頭　행인들이 여기가 변방이라 믿지 않네

성덕악
成德樂 왕표(王表)

趙女乘春上畫樓　조 땅 여인 봄을 타고 화려한 누각 올라
一聲歌發滿城秋　한 곡조 노래 하니 가을이 성안 가득
無端更唱關山曲　생각 없이 관산곡을 다시 더 부르니
不是征人亦淚流　집 떠난 이 아니어도 눈물을 흘리네

낙씨의 정자에 묵으면서 최옹에게 회포를 부치다
宿駱氏亭寄懷崔雍 이상은(李商隱)[98]

竹塢無塵水檻淸　티끌 없는 대숲 언덕 물가 난간 맑은데
相思迢遞隔重城　그리운 이 아득하여 성 겹겹이 너머 있네
秋陰不散霜飛晚　가을 그늘 안 흩어져 서리가 늦어지고
留得枯荷聽雨聲　마른 연잎 남겨놓아 빗소리를 듣는구나

98 이상은(李商隱) : 812~858. 자는 의산(義山). 호는 옥계생(玉谿生). 회주(懷州) 하내(河內) 출신. 동천절도사판관(東川節度使判官), 검교공부원외랑(檢校工部員外郎)을 지냈다. 영호초(令狐楚)에게 병려문(騈儷文)을 배웠으며, 온정균(溫庭筠), 단성식(段成式)과 함께 36체(體)로 불렸다. 작품은 대개 사회적 현실을 투영한 서사시, 위정자를 풍자한 영사시 등이 주를 이룬다. 저서로 『이의산시집(李義山詩集)』과 『번남문집(樊南文集)』이 있다.

평소

端居

遠書歸夢兩悠悠 고향 편지 고향 꿈 둘 다 모두 막막하니
只有空牀敵素秋 다만 있는 빈 침상에 가을을 대적하네
階下青苔與紅樹 돌계단 아래에는 푸른 이끼 붉은 나무
雨中寥落月中愁 빗속에 쓸쓸하여 달빛 속에 시름겹네

장안의 개인 눈

長安晴雪 두목(杜牧)[99]

翠屛山對鳳城開 취병산 마주하여 봉황성이 열리니
碧落搖光霽後來 푸른 절벽 뛰노는 빛 개인 후에 왔구나
回識六龍巡幸處 돌아보면 육룡이 순행하던 곳이니
飛煙閑繞望春臺 날린 안개 한가로이 망춘대를 감싸네

금곡원

金谷園

繁華事散逐香塵 번화한 일 흩어져 고운 먼지 되었으니
流水無情草自春 흐르는 물 무정하고 풀은 절로 봄이 됐네
日暮東風怨啼鳥 날 저물자 동풍 불어 원망하듯 새가 울고

99 두목(杜牧) : 803~852. 자는 목지(牧之). 호는 번천(樊川). 경조(京兆) 만년(萬年) 출신. 홍문관교서랑(弘文館校書郎), 감찰어사(監察御史), 사훈원외랑(司勳員外郎) 등을 역임하였다. 시문 모두 뛰어났으며, 이상은(李商隱)과 함께 '이두(李杜)'로 불렸으며, 두보와 비견하여 '소두(小杜)'라 불리기도 하였다. 『번천문집(樊川文集)』 20권이 전한다.

落花猶似墮樓人　지는 꽃은 누각에서 몸을 던진 여인 같네

푸른 무덤

青塚

青塚前頭隴水流　푸른 무덤 앞에는 농수가 흐르고
燕支山上暮雲秋　연지산 위에는 저녁 구름 가을이네
蛾眉一墜窮泉路　미인 한 번 떨어져 황천길을 다했으니
夜夜孤魂月下愁　밤마다 외로운 혼 달 아래 근심하리

낙양의 가을 저녁

洛陽秋夕

泠泠寒水帶霜風　맑고 맑은 차가운 강 서리 바람 띠고서
更在天橋夜景中　천교의 밤풍경에 다시 와 있구나
清禁漏閑煙樹寂　대궐 시계 한가하고 안개 나무 한적한데
月輪移在上陽宮　달 바퀴는 옮겨서 상양궁 위에 있네

초궁원

楚宮怨　허혼(許渾)[100]

十二山晴花盡開　열두 산 활짝 개고 꽃은 모두 피었으니

---

100 허혼(許渾) : 791~854?. 자는 용회(用晦), 중회(仲晦). 윤주(潤州) 단양(丹陽) 출신. 도주현령(涂州縣令), 태평현령(太平縣令) 등을 지냈다. 지병으로 인해 정묘교(丁卯橋) 촌사(村舍)에 은거하였다. 문집 『정묘집(丁卯集)』이 있다.

楚宮雙闕對陽臺　초나라 한 쌍 궁궐 양대[101]를 마주했네
細腰爭舞君王醉　가는 허리 다투어 춤을 추고 군왕 취해
白日秦兵天上來　대낮에 진나라 군 하늘에서 내려왔네

도중에 진시황 묘를 지나다

途經秦始皇墓

龍盤虎踞樹層層　용 서린 듯 범 앉은 듯 무덤에는 층층 나무
勢入浮雲亦是崩　뜬구름 뚫을듯한 기세에도 무너졌네
一種青山秋草裏　가을 풀 속 하나의 푸른 산이 되었으니
路人唯拜漢文陵　길손들은 한문제 능에만 참배하네

옛 태위 단공[102] 사당을 지나다

經故太尉段公廟

徒想追兵緩翠華　추격하는 군대가 취화[103] 늦춘 생각하니
古碑荒廟閉松花　오랜 비석 낡은 사당 송화에 닫혀 있네

---

101 양대 : 陽臺. 초 회왕(楚懷王)이 일찍이 고당(高唐)에서 낮잠을 자는데, 꿈에 한 여인(女人)이 와서 침석(枕席)을 같이 해달라고 청하므로, 임금은 그와 함께 하룻밤을 잤는바, 이튿날 아침에 그 여인이 떠나면서 말하기를 "저는 무산(巫山)의 양대(陽臺) 아래 사는데, 매일 아침이면 구름이 되고 저녁이면 비가 됩니다."라고 하였다.

102 태위 단공 : 단수실(段秀實, 719~783). 농주(隴州) 견양(汧陽) 출신. 자는 성공(成公), 시호는 충렬(忠烈)이다. 대종(代宗) 때 그가 재직하는 수년 동안 토번(吐蕃)이 감히 변방을 침범하지 못하였다. 주차(朱泚)가 반란을 일으킬 당시 단수실이 명망이 있다 하여 그를 초빙하자, 거짓으로 응하여 함께 어울리다가 어느 날 거사를 모의하는 자리에서 나쁜 놈이라고 꾸짖고 상아홀로 주차의 이마를 내리쳐 얼굴이 온통 피범벅이 되게 하였다. 결국 그 자리에서 주차의 무리에게 살해되었다.

103 취화 : 翠華. 황제의 의장 가운데 푸른 깃으로 장식한 깃발 혹은 일산을 가리킨다.

紀生不向滎陽死 기생[104]이 형양을 향해 죽지 않았다면
爭有山河屬漢家 어찌 이 산하가 한나라에 속했으랴

동강의 은자에게 부치다

寄桐江隱者

潮去潮來洲渚春 물결이 오가는 모래섬에 봄이 오니
山花如繡草如茵 산 꽃은 수놓은 듯 풀들은 자리 깐 듯
嚴陵臺下桐江水 엄릉대[105] 아래에 동강 물이 흐르니
解釣鱸魚能幾人 잡은 농어 풀어줄 이 몇 명이나 되겠는가

서글픈 늙은 궁인

悲老宮人 유득인(劉得仁)[106]

白髮宮娃不解悲 백발의 궁녀가 슬픔을 풀지 못해
滿頭猶自挿花枝 머리 가득 여전히 꽃가지 꽂고 있네

104 기생 : 紀生. 한나라 장군 기신(紀信)을 가리킨다. 유방이 형양(滎陽)에서 항우에게 포위당해 위급해졌을 적에, 그가 한왕의 행세를 하며 항우에게 항복을 하고 그 틈에 유방을 탈출하게 하였는데, 항우가 그 사실을 알고는 불태워 죽였다. 『漢書 卷1 高帝本紀上』

105 엄릉대 : 嚴陵臺. 엄릉뢰(嚴陵瀨). 절강성(浙江省) 동려현(桐廬縣)의 동강(桐江)에 있는 지명. 후한(後漢)의 은사(隱士)인 엄광(嚴光)이 은둔하여 낚시질한 곳이라 한다. 엄광은 어려서 광무제(光武帝)와 친한 사이였는데, 광무제가 즉위하자 곧 성명을 바꾸고 부춘산(富春山) 속에 은거하여 낚시질하면서 세상에 나오지 않았다 한다. 『後漢書 卷113 嚴光列傳』

106 유득인(劉得仁) : 생졸년 미상. 대략 838년 전후 생존한 당나라 때 시인. 공주의 아들이라고 한다. 형제들은 모두 귀척(貴戚)으로 높은 지위에 올랐으나 그는 삼십 년간 과장을 드나들었으나 급제하지 못했다고 한다. 시명이 있었으며 시집 1권이 있다고 한다.

曾緣玉貌君王寵 옥 같은 용모로 군왕 총애 얻었는데
準擬人看似舊時 남들이 예전처럼 보겠거니 여긴다네

농서행

隴西行 진도(陳陶)[107]

誓掃匈奴不顧身 흉노 소탕 맹세하며 몸 돌보지 않아서
五千貂錦喪胡塵 오천의 정예병이 오랑캐 먼지 됐네
可憐無定河邊骨 가련하다, 무정하[108] 강변에 있는 백골
猶是春閨夢裏人 여전히 봄 규방에서 꿈을 꾸는 사람인 걸

궁녀 무덤

宮人斜 맹지(孟遲)[109]

雲慘煙愁苑路斜 구름 안개 참담하고 동산 길은 비꼈으니
路傍丘塚盡宮娃 길가의 무덤들은 다 궁녀의 무덤이네
茂陵不是同歸處 무릉은 함께 돌아갈 곳이 아니니
空寄香魂著野花 고운 혼백 부질없이 들꽃에 부쳤어라

107 진도(陳陶) : 생몰년 미상. 자는 숭백(嵩伯). 호는 삼교포의(三教布衣). 영남(嶺南) 출신. 홍주(洪州) 서산(西山)에 은거하였다. 시에 능하였으며, 석지(釋志)와 천문역상(天文曆象)에도 깊은 조예를 보였다. 저서로 『문록(文錄)』이 전한다.

108 무정하(無定河) : 내몽고 지역에서 발원하여 동으로 섬서성(陝西省)을 거쳐 황하로 흘러가는 강 이름.

109 맹지(孟遲) : 약 859년 전후 생존. 자는 지지(遲之). 평창(平昌) 출신. 고비웅(顧非熊)과 가깝게 지낸 사이로, 845년 함께 진사에 급제하였다.

경주에서 장 처사의 금 연주를 듣다

涇州聽張處士彈琴 항사(項斯)[110]

邊州獨夜正思鄉 변주에서 홀로인 밤 고향 정말 그리운데
君又彈琴在客堂 그대가 또 객당에서 금을 타고 있구려
髣髴不離燈影外 등불의 그림자 밖 나가지 않는데도
似聞流水到瀟湘 소상강 흘러 닿은 물소리 들은 듯

교례를 구경하다

觀郊禮 사마예(司馬禮)[111]

鐘鼓旌旗引六飛 종과 북 깃발들이 황제 수레 이끄니
玉皇初著畫龍衣 옥황께서 처음으로 용 그린 옷 입으셨네
泰壇煙盡星河曉 태단[112] 연기 다하니 은하수 밝아오고
萬國心隨彩仗歸 만국 마음 채색 의장 따라서 귀의하네

새 기러기를 쓰다

題新鴈 두순학(杜荀鶴)[113]

暮天新鴈起汀洲 저녁 하늘 새 기러기 물가에서 일어나고

---

110 항사(項斯) : 생몰년 미상. 자는 자천(子遷). 대주(臺州) 임해(臨海, 지금의 浙江) 출신. 시를 잘 지어 장적(張籍)에게 인정받기도 하였다. 그의 시가 장안(長安) 일대에 널리 퍼진 다음 해 과거에 응시하여 우등으로 뽑혔다. 명대에 편집된 『항사시집(項斯詩集)』이 전한다.

111 사마예(司馬禮) : 생몰년 미상. 만당(晚唐) 선종(宣宗) 대중(大中) 연간의 시인이다.

112 태단 : 泰壇. 하늘에 제사를 지내기 위해 쌓은 둥그런 단.

113 두순학(杜荀鶴) : 846~904. 자는 언지(彦之). 호는 구화산인(九華山人). 지주(池州)

紅蓼花疎水國秋　붉은 여뀌 꽃 성기고 물가 마을 가을이네
想得故園今夜月　고향 동산 오늘 밤 달이 뜰 걸 생각하면
幾人相憶在江樓　몇 사람이 강루에서 추억하고 있으려나

패도를 곡하다

哭貝韜

親朋來哭我來歌　친한 벗은 곡하고 나는 와서 노래하니
喜傍青山葬薜蘿　청산 옆에 벽라를 장사 지내 기쁘네
四海十年人殺盡　사해에는 십년 동안 사람을 다 죽여서
似君埋少不埋多　그대 같은 이가 적고 못 묻힌 이 많다오

금오의 기녀가 양주를 부르는 것을 듣다

聞金吾妓唱梁州　이빈(李頻)[114]

聞君一曲古梁州　그대 노래 옛 양주 한 곡을 들으니
驚起黃雲塞上愁　황사 구름 일으켜 변방이 근심하네
秦女樹前花正發　진녀의 나무 앞에 꽃이 바로 피어나고
北風吹落滿城秋　북풍이 온 성 가득 가을을 불어오네

석태(石埭, 지금의 安徽省 石台縣) 출신. 일설에는 두목(杜牧)의 서자(庶子)라는 소문이 전한다. 어려서부터 재주로 이름을 날렸으나, 출신이 미천하여 과거에 급제하지 못하였다. 이후 늦은 나이에 천거되어 한림학사(翰林學士), 주객원외랑(主客員外郎), 지제고(知制誥) 등을 지냈다. 율절(律絕)에 능하였고 시풍은 천이(淺易)하다는 평을 받았다. 저서로 『당풍집(唐風集)』 3권이 전한다.

114 이빈(李頻) : 818?~876. 자는 덕신(德新). 목주(睦州) 수창(壽昌, 지금의 浙江) 출신. 교서랑(校書郎), 남릉주부(南陵主簿), 무공현령(武功縣令) 등을 역임하였다. 저서로 『건주자사집(建州刺史集)』 1권이 전하며, 『이악집(梨岳集)』이라고 하기도 한다.

장문원

長門怨 유가(劉駕)[115]

御泉長繞鳳凰樓 궁궐 샘물 봉황루를 길이 감싸 돌지만
只是恩波別處流 은혜 물결 다른 곳에 흐르고 있을 뿐
閑揲舞衣歸未得 한가히 춤 옷 개나 돌아가지 못하고
夜來砧杵六宮秋 밤 되면 다듬이질 육궁에 가을이네

완릉의 옛 유람을 생각하다

懷宛陵舊遊 육구몽(陸龜蒙)[116]

陵陽佳地昔年遊 능양산 훌륭한 땅 예전 놀던 곳이니
謝朓青山李白樓 사조[117] 놀던 청산이요 이백 놀던 누각[118]이네
惟有日斜溪上思 오로지 해 기울던 시냇가가 그리우니
酒旗風影落淸流 펄럭이는 주점 깃발 맑은 물에 어렸지

---

115 유가(劉駕) : 822~미상. 자는 사남(司南). 강남(江南) 출신. 관직은 국자박사(國子博士)까지 이르렀다. 고체시(古體詩)에 능하였으며, 조업(曹鄴)과 더불어 '조유(曹劉)'라 불렸다. 당시 사회와 백성들의 삶을 잘 반영한 작품들로 만당(晩唐) 현실주의 시인 중 한 사람으로 불린다.

116 육구몽(陸龜蒙) : 미상~881. 자는 노망(魯望). 호는 천수자(天隨子), 보리선생(甫里先生), 강호산인(江湖散人). 장주(長洲) 출신. 어려서부터 『육경(六經)』에 능통하였으며, 그중에서도 『춘추(春秋)』에 조예가 깊었다. 피일휴(皮日休)와 교유하였으며, 서로 주고받은 화답시가 유명하다. 저서로 『당보리선생문집(唐甫里先生文集)』 20권, 『입택총서(笠澤叢書)』 4권 등이 전한다.

117 사조 : 謝朓. 자는 현휘(玄暉). 남제(南齊) 때 시인이다. 선성태수(宣城太守)로 있을 적에 누각을 지어 사공루(謝公樓)라 불렸다.

118 이백 놀던 누각 : 이백이 선성(宣城)에 와 있을 때 자주 사공루에 올라 술을 마시며 시를 지었다.

서쪽으로 돌아가는 사람을 전송하다

送人西歸 장분(張賁)[119]

孤雲獨鳥本無依 외딴 구름 외로운 새 본래 의지할 데 없고
江海重逢故舊稀 강과 바다 거듭 만난 옛친구는 드무네
楊柳漸疏蘆葦白 버들 점점 성겨지고 갈대는 희어지니
可堪斜日送君歸 해 기울 때 돌아가는 그대 전송 감당할까

중산

仲山 당언겸(唐彦謙)[120]

千載遺踪寄薜蘿 천 년의 남은 자취 벽라에 부쳤으니
沛中鄉里漢山河 패현의 향리도 한나라 산하라네
長陵亦是閑丘壟 장릉[121] 역시 한가한 유허가 되었으니
異日誰知與仲多 훗날 누가 중씨보다 훌륭한 줄[122] 알아주랴

---

119 장분(張賁) : 생몰년 미상. 활동 사항 미상.

120 당언겸(唐彦謙) : 미상~893?. 자는 무업(茂業). 병주(幷州) 진양(晉陽, 지금의 山西太原市) 출신. 일찍이 녹문산(鹿門山)에 은거하며, 스스로를 '녹문선생(鹿門先生)'이라 불렀다. 칠언시(七言詩)에 능하였으며, 재주 뒤떨어지지 않았다. 저서로 『녹문집(鹿門集)』이 전한다.

121 장릉(長陵) : 한 고조의 능 이름이다.

122 중씨보다 훌륭한 줄 : 한 고조(漢高祖) 유방(劉邦)의 형을 말한다. 처음 고조가 가업(家業)을 돌보지 않자 고조의 아버지가 형만 못하다고 나무랐었는데, 뒤에 고조가 왕업(王業)을 이루고 미앙궁(未央宮)을 지은 뒤 아버지에게 술잔을 올리면서 "오늘 내가 이룬 업(業)이 형과 비겨 어떻습니까?" 하였는데, 여기서 인용한 말이다. 『史記 高祖本紀』

장계에서 가을 조망

長溪秋望

柳短莎長溪水流　버들 짧고 사초 길고 시냇물은 흐르고
雨餘煙冥立溪頭　비 온 끝에 안개 덮여 시내 끝에 서있네
寒鴉閃閃前山去　갈까마귀 번쩍번쩍 앞산으로 가버리고
杜曲黃昏人自愁　두곡[123]에 황혼 드니 사람 절로 시름겹다

막 쓰다

漫書　**사공도**(司空圖)[124]

長擬求閑未得閑　한가로움 늘 구하나 한가로울 수가 없어
又勞行役出秦關　또 행역에 수고하러 진 땅 관문 나서네
逢人漸覺鄕音異　사람 만날 때마다 발음 점점 달라지나
却恨鶯聲似故山　한스럽게 꾀꼬리는 고향과 소리 같네

은자를 찾아왔으나 만나지 못하다

訪隱者不遇　**고변**(高駢)[125]

落花流水認天台　물에 흐른 꽃잎에 천태산을 알겠으니

---

123 두곡 : 杜曲. 장안(長安) 동남쪽에 있는 곳의 지명으로, 당(唐)나라 때 명문인 두씨(杜氏)의 세거지다.

124 사공도(司空圖) : 837~908. 자는 표성(表聖). 자호는 지비자(知非子), 내욕거사(耐辱居士). 하중(河中) 우향(虞鄕) 출신. 예부원외랑(禮部員外郎), 중서사인(中書舍人) 등을 지냈다. 시에 능하였는데, 당나라 말에 그의 시가 으뜸으로 꼽힐 정도였다. 저서로 『사공표성문집(司空表聖文集)』 10권과 시집 5권이 전한다.

125 고변(高駢) : 미상~887. 자는 천리(千里). 유주(幽州) 출신. 대대로 금군장령(禁軍將

半醉閑吟獨自來　반쯤 취해 한가로이 읊으며 홀로 왔네
怊悵仙翁何處去　서글프게 신선 노인 어디로 갔는가
滿庭紅杏碧桃開　뜰에 가득 붉은 행화 벽도화가 피었는데

화청궁

華清宮　최로(崔魯)[126]

障掩金雞蓄禍機　금계장[127] 덮어서 재앙 계기 키웠으니
翠華西拂蜀雲飛　황제 의장 서쪽으로 촉 땅 구름 스쳤네
珠簾一閉朝元閣　구슬 주렴 내려서 한 번 닫은 조원각[128]에
不見人歸見燕歸　돌아온 이 뵈지 않고 돌아온 제비 뵈네

꽃을 느끼다

感花　최도(崔塗)[129]

繡軛香韉夜不歸　호화롭게 장식한 말 돌아오지 않는 밤에

領)을 지냈으며, 제도행영도통(諸道行營都統)과 염철전운사(鹽鐵轉運使) 등을 역임하였다. 황소(黃巢)의 난을 진압하였는데, 이때 최치원(崔致遠)이 그를 위해 쓴 격문이 유명하다. 저서에 문집이 있다.

126 최로(崔魯) : 호북성(湖北省) 형주(荊州) 출신. 광명(廣明) 연간에 진사에 급제, 벼슬이 체주사마(棣州司馬)에 이르렀다. 『무기집(無譏集)』 4권이 있으나 전하지 않고, 『전당시(全唐詩)』에 16수의 시가 실려 있다.

127 금계장 : 金鷄障. 금색 닭을 그린 가리개. 당현종(唐玄宗)이 연회를 베풀 때마다 어좌의 동쪽 칸에 금계장을 설치하고 의자를 두어 안록산(安祿山)을 앉게 하고 주렴을 걷어서 총애하는 것을 드러내었다고 한다.

128 조원각 : 朝元閣. 화청궁(華淸宮) 안에 있는 전각. 당현종이 시월이면 화청궁에 가서 잔치를 베풀 때 조원각에 앉았다고 한다.

129 최도(崔塗) : 생몰년 미상. 자는 예산(禮山). 강남(江南) 출신. 관직 생활에 관한 내용

少年爭惜最紅枝 소년은 가장 붉은 가지 다퉈 아끼네
東風一陣黃昏雨 한바탕 동풍 불고 황혼에 비 내리니
又是繁華夢覺時 번화한 꿈 또다시 깨어나야 할 때라네

책을 태우고 묻다

焚書坑

장갈(章碣)[130]

竹帛煙銷帝業虛 서책 태워 사라지고 황제 업적 비었으니
關河空鎖祖龍居 부질없이 잠긴 관하 조룡[131]이 사는구나
坑灰未冷山東亂 구덩이 재 식기 전에 산동 어지러웠으니
劉項原來不讀書 유방도 항우도 원래 책을 안 읽었네

동도에서 행차를 바라보다

東都望幸

懶修珠翠上高臺 진주 비취 막 꾸미고 높은 대에 오르니
眉月連娟恨不開 초승달 같은 눈썹 한스러워 펴지 않네
縱使東巡也無益 동쪽으로 순수하여 이익은 없더라도
君王自領美人來 군왕이 미인을 데리고 왔을 테지

은 상세하지 않다. 장년에는 유랑생활을 하였으며, 시로 명망이 있었다. 특히, 근체시(近體詩)에 뛰어났다.

130 장갈(章碣) : 생몰년 미상. 목주(睦州) 동로(桐盧, 지금의 浙江 桐盧縣) 출신. 일설에는 전당(錢塘, 지금의 浙江 杭州市) 출신이라고도 한다. 시에 능하였으며, 변체시(變體詩)와 단구압측운(短句押仄韻), 쌍구압평운(雙句押平韻) 등을 창안한 인물이다. 현존하는 그의 시는 모두 26수이며, 대부분 칠언율시(七言律詩)다.

131 조룡 : 祖龍. 진시황(秦始皇)의 별칭. 『사기』 「진시황본기(秦始皇本紀)」에 “금년에 조룡이 죽을 것이다.[今年祖龍死]”라고 한 예언에서 나온 말이다.

일본 감 선사에게 주다

贈日本鑒禪師 정곡(鄭谷)[132]

故國無心度海潮 고국이 무심하여 바다 물결 건너니
老禪方丈倚中條 늙은 선사 거처를 중조산에 의지했네
夜深雨絶松堂靜 밤 깊어 비 그치고 소나무 당 고요하니
一點飛螢照寂寥 한 점 나는 반딧불이 적막함을 비추네

기해세

己亥歲 조송(曺松)[133]

澤國江山入戰圖 강 고을의 강산이 전도에 들어가니
生民何計樂樵蘇 백성들이 삶을 즐길 계획을 어찌 하랴
憑君莫話封侯事 공 세우고 봉작 받고 그대는 말을 마오
一將功成萬骨枯 한 장수가 공 세우려 만백성 뼈 마르오

화청궁

華淸宮

中原無鹿海無波 중원에는 사슴 없고 바다에는 파도 없고
鳳輦鸞旗出幸多 황제 수레 의장이 행차를 많이 하네

---

132 정곡(鄭谷) : 생몰년 미상. 자는 수우(守愚). 원주(袁州) 의춘(宜春, 지금의 江西) 출신. 경조호현위(京兆鄠縣尉)를 제수받고, 우습유(右拾遺), 우보궐(右補闕) 등을 지냈다. 저서로 『의양집(宜陽集)』 3권, 『의양외집(宜陽外集)』 3권, 『운대편(雲臺編)』 3권, 『국풍정결(國風正訣)』 1권 등이 있다.

133 조송(曺松) : 828~903. 자는 몽징(夢徵). 서주(舒州) 출신. 901년 진사에 급제하여 특별히 교서랑(校書郎)에 제수되었다. 『전당시(全唐詩)』에 시 140수가 실렸다.

今日故宮歸寂寞　오늘날 옛 궁궐이 적막함에 돌아가니
太平功業在山河　태평세월 공업은 산하에 달려 있네

병주 분주로 노닐러 가는 사람을 전송하다

送人遊幷汾

위장(韋莊)[134]

風雨蕭蕭欲暮秋　비바람 쓸쓸하고 늦가을이 되려는데
獨攜孤劍塞垣遊　홀로 단검 들고서 변방 장성 노니네
如今虜騎方南牧　지금처럼 오랑캐 말 남쪽으로 침입하면
莫過陰關第一州　음관의 제일 고을 지나가지 마시오

봄 시름

春愁

自有春愁正斷魂　봄 시름 절로 있어 혼이 정말 끊어지니
不堪芳草思王孫　고운 풀들 왕손 생각 감당할 수가 없네
落花寂寂黃昏雨　지는 꽃은 쓸쓸하고 황혼에 비 내리니
深院無人獨倚門　깊은 뜨락 사람 없이 홀로 문에 기대네

134 위장(韋莊) : 836~910. 자는 단기(端己). 경조(京兆) 두릉(杜陵) 출신. 이부상서(吏部尙書), 동평장사(同平章事)를 지냈다. 사(詞)에 능하여 화간파(花間派) 사인에 속했다. 「진부음(秦婦吟)」을 지은 것으로 이름을 알려 세간에서 '진부음수재(秦婦吟秀才)'라 일컬어졌다. 저서로 『완화집(浣花集)』 10권과 『완화사집(浣花詞集)』 1권 등이 전한다.

궁사

宮詞 한악(韓偓)[135]

繡屛斜立正銷魂 수 병풍이 기울게 서 혼을 정말 녹이니
侍女移燈掩殿門 시녀가 등 옮기고 전각 문을 닫는구나
燕子不來花着雨 제비는 오지 않고 꽃에 비가 내리니
春風應自怨黃昏 봄바람은 스스로 황혼 원망 하겠지

새하곡

塞下曲 강위(江爲)[136]

萬里黃雲凍不飛 만 리의 황사구름 얼어서 날지 않고
磧煙烽火夜深微 사막 연기 봉화는 밤 깊어 희미하네
胡兒移帳寒笳絶 오랑캐 군막 옮겨 겨울 호가 끊기니
雪路時聞探馬歸 눈길에서 때때로 정탐 기병 말을 듣네

제이곡

第二曲 개라봉(蓋羅縫)

音書杜絶白狼西 편지가 두절 된 백랑하[137] 서쪽에는

135 한악(韓偓) : 840~923. 자는 치요(致堯), 치광(致光). 소자(小字)는 동랑(冬郎). 호는 옥산초인(玉山樵人). 경조(京兆) 만년(萬年) 출신. 중서사인(中書舍人), 병부시랑(兵部侍郞), 한림학사승지(翰林學士承旨) 등을 지냈다. 시에 능하였는데, 염정(艶情)의 색채가 진하다고 하여 향염체(香奩體)라 불렸다. 저서로 『한내한별집(韓內翰別集)』, 『향염집(香奩集)』 등이 전한다.

136 강위(江爲) : 송주(宋州) 출신. 일찍이 난을 피해 건양(建陽)에 거주하였고 여산(廬山)에서 노닐었다. 시 8수가 남아있다.

桃李無顔黃鳥啼 도리꽃 안색 없고 꾀꼬리 운다네
寒雁春深歸去盡 기러기는 봄이 깊어 다 날아 돌아가고
出門腸斷草萋萋 문 나서면 애끊는데 풀만 무성하구나

울적한 시

悒悵詩

晨肇重來路已迷 새벽 일찍 다시 오자 길은 이미 모르겠고
碧桃花謝武陵溪 벽도화는 무릉 계곡 시들어 있구나
仙山目斷無尋處 신선 달은 눈 닿은 데 찾을 곳이 없으니
流水潺湲日漸西 흐르는 물 잔잔하고 해는 점점 서쪽 가네

夢裏分明入漢宮 꿈속에서 분명하게 한나라 궁 들었건만
覺來燈背錦屛空 깨고 나니 등불 뒤에 비단 병풍 비어있네
紫臺月落關山曉 자대[138]에 달 떨어지면 관산에는 새벽 오니
腸斷君恩信畫工 애끊는 건 임금 은혜 화공 손에 달렸던 것

새상곡

塞上曲 왕렬(王烈)[139]

紅顔歲歲老金微 붉은 얼굴 해마다 금미산[140]에 늙어가고

137 백랑하 : 白狼河. 만주 요녕성에 있는 강 이름이다.

138 자대 : 紫臺. 신선이 사는 곳. 인신하여 황제의 궁궐을 가리킨다.

139 왕렬(王烈) : 생몰년 미상. 당나라 대력(大曆, 766~779) 연간에 활동했던 것으로 추정된다. 『전당시(全唐詩)』에 시 5수가 실려 있다.

140 금미산 : 金微山. 몽고 지역에 있는 산 이름으로, 지금의 알타이산맥이다.

砂磧年年臥鐵衣　모래 사막 해마다 철갑옷을 눕히네
白草城中春不入　흰 풀이 난 성 안에 봄은 들어오지 않고
黃花戍上雁長飛　황화수[141] 위에는 기러기 길게 나네

孤城夕對戍樓閑　외딴 성 저녁에 수루 대해 한가하니
迴合靑冥萬仞山　감싸 도는 푸른 하늘 만 길 높이 산이 있네
明鏡不須生白髮　흰머리가 생겨나도 밝은 거울 필요 없어
風沙自解老紅顔　홍안이 늙는 것을 바람 모래 절로 아네

형양으로 돌아가는 휴공을 전송하다

送休公歸衡

유소속(劉昭屬)[142]

草履初登南岳船　짚신 신고 처음으로 남악 가는 배 오르니
銅甁猶貯北山泉　청동 병엔 여전히 북산 샘물 담겨있네
衡陽舊寺秋歸晩　형양의 옛 절에 가을 늦게 돌아가니
門鎖寒潭幾樹蟬　문 잠긴 추운 못에 몇 나무 매미 우네

141 황화수 : 黃花戍. 이주(伊州)에 있는 요새의 이름이다. 이주는 현재 신강 위구르 자치구 하미시 일대이다.

142 유소속(劉昭屬) : 유소우(劉昭禹)의 오기이다. 909년 전후 생존했을 것으로 추정된다. 자는 휴명(休明). 계양(桂陽) 혹은 무주(婺州) 출신으로 알려져 있다. 이굉고(李宏皐), 하중거(何仲擧) 등과 마씨의 천책부학사(天策府學士)로 활동하였고, 계주(桂州)의 군막에서 죽었다. 『전당시(全唐詩)』에 15수의 시가 실려 있다.

봄날

春日 송옹(宋邕)[143]

輕花細葉滿林端 가벼운 꽃 가는 잎이 수풀 끝에 가득하니
昨夜春風曉色寒 어젯밤은 봄바람 새벽빛은 차갑네
黃鳥不堪愁裏聽 시름 속에 꾀꼬리 소리 못 듣겠으니
綠楊宜向雨中看 푸른 버들 빗속 향해 보아야 하겠구나

가을 못을 새벽에 바라보다

秋塘曉望 오상호(吳商浩)[144]

鐘盡疏桐散曙鴉 새벽 종 다한 오동 갈까마귀 흩어지고
故山煙樹隔天涯 고향 산 안개 나무 하늘 끝 너머 있네
西風一夜秋塘曉 서풍이 밤새 불고 가을 못에 동트니
零落幾多紅藕花 붉은 연꽃 얼마나 많이 떨어졌는지

이 수재의 「변정사시원」에 화운하다 【봄, 겨울 이미 이선을 만났다.】

和李秀才邊庭四時怨 【春冬已見李選】 노필(盧弼)[145]

盧龍塞外草初肥 노룡 변새 밖에는 풀이 처음 살지고
雁乳平蕪曉不飛 황야 어린 기러기 새벽에 날지 않네

143 송옹(宋邕) : 생몰년 미상. 당나라 대종(代宗)과 덕종(德宗) 때 활동한 것으로 추정된다. 두 눈을 잃은 후 시명이 났다고 한다. 『전당시(全唐詩)』에 시 2수가 실려 있다.

144 오상호(吳商浩) : 생몰년 미상. 절강성(浙江省) 영파(寧波) 출신. 『전당시(全唐詩)』에 시 9수가 실려 있다.

145 노필(盧弼) : 생몰년 미상. 본명은 노여필(盧汝弼). 자는 자해(子諧). 범양(范陽, 지금의 河北 涿縣) 출신. 사부원외랑(詞部員外郎), 낭중(郎中), 지제고(知制誥) 등을 역임

鄕國近來音信斷　고향 마을 근래에 편지가 끊겼으니
至今猶自著寒衣　지금까지 이 내 몸은 겨울옷을 입고 있네

八月霜飛柳半黃　팔월에 서리 날려 버들 반이 누렇고
蓬根吹斷雁南翔　쑥대 뿌리 끊기고 기러기 남쪽 가네
隴頭流水關山月　농두에 물 흐르고 관산에 달이 뜨니
泣上龍堆望故鄕　백룡퇴에 올라 울며 고향땅 바라보네

도성 가는 벗을 만나다

逢友人上都　승려 법진[僧法振][146]

玉帛徵賢楚客稀　현인을 예우하여 초나라 객 드무니
猿啼相送武陵歸　원숭이 울음 속에 무릉으로 전송하네
湖頭望入桃花去　호수 끝에 흘러가는 복사꽃이 보이고
一片春帆帶雨飛　한 조각 봄 돛배가 비를 띠고 나는구나

강릉에서 근심스레 바라보며 자안에게 부치다

江陵愁望寄子安　어현기(魚玄機)[147]

楓葉千枝複萬枝　단풍잎 천 가지 다시 만 가지 되어

하였다. 『전당시(全唐詩)』에 시 8수가 실려 있다. 그중 4수는 칠언절구(七言絕句) 「화이수재변정사시연(和李秀才邊庭四時宴)」이며, 풍격이 강건하고 선명하다. 그러나 남은 4수는 평이하고 격조가 높지 않은 시이다.

146 법진(法振) : 생몰년 미상. 중당(中唐) 시인으로 강남의 시승이다. 『전당시(全唐詩)』에 시 16수가 실려 있다.

147 어현기(魚玄機) : 843?~868?. 자는 유미(幼微), 혜란(惠蘭). 장안(長安) 출신의 여류 시인. 창가(娼家)에서 태어났으나, 총명하고 시에 능하였다. 이억(李億)의 시첩(侍妾)

江橋掩映暮帆遲 강 다리를 가리고 저녁 배는 더디네
憶君心似西江水 생각하면 그대 마음 서강의 물 같으니
日夜東流無歇時 밤낮으로 동쪽 흘러 그칠 때가 없어라

연자루시

燕子樓詩 **관반반(關盼盼)**[148]

樓上殘燈伴曉霜 누대 위에 남은 등불 새벽 서리 짝을 하니
獨眠人起合歡床 홀로 자다 합환했던 침상에서 일어나네
相思一夜情多少 그리움의 하룻밤에 정은 얼마 되려나
地角天涯不是長 땅 모서리 하늘 끝도 긴 것이 아니라네

장문원

長門怨 **유원(劉媛)**[149]

雨滴梧桐秋夜長 빗방울 듣는 오동 가을밤은 길어지고
愁心和雨到昭陽 시름겨운 마음은 소양전 비 섞이네
淚痕不學君恩斷 임금 은혜 끊어질 줄 못 배운 눈물 흔적
拭卻千行更萬行 씻어내도 천 줄기 또 만줄기가 되는구나

으로 들어갔다가 본처의 질투로 인해 서경(西京)의 사찰로 들어가 여도사(女道士)가 되었다. 장안(長安)의 명사들과 시로써 교유하였으며, 저서로 『당여랑어현기시(唐女郎魚玄機詩)』 1권이 전한다.

148 관반반(關盼盼) : 785~820. 서주(徐州)의 명기(名伎)이며, 사장건(帥張建)의 첩이다.

149 유원(劉媛) : 미상. 여성 시인. 『전당시(全唐詩)』에 시 7수가 실려 있다.

궁사

宮詞 화예부인(花蕊夫人)[150]

廚船進食簇時新 주방 배가 제철 음식 모아서 드리니
侍宴無非列近臣 왕을 뫼신 잔치에 근신 아닌 이가 없네
日午殿頭宣索鱠 정오 되자 전각 끝에 궤어를 찾으면
隔花催喚打魚人 꽃 너머 어부 불러 물고기를 재촉하네

梨園子弟簇池頭 이원자제 못 머리에 빼곡히 모여있고
小樂携來候燕遊 작은 악기 가져와서 잔치 자리 살피네
試挾銀箏先按拍 시험 삼아 은쟁 끼워 먼저 박자 맞춰보고
海棠花下合梁州 해당화 아래에서 양주곡을 합주하네

양랑에게 주다

贈楊郎 무덤 지키는 시녀[守塋靑衣]

獨持巾櫛掩玄關 수건과 빗 홀로 들고 현관을 닫으니
小帳無人燭影殘 작은 휘장 사람 없고 촛불 빛은 꺼져가네
昔日羅衣今化盡 지난날 비단 옷은 지금 다 변했으니
白楊風起隴頭寒 백양나무 바람 일어 농두가 춥구나

150 화예부인(花蕊夫人) : 오대(五代) 후촉주(後蜀主)인 맹창(孟昶)의 부인인데, 문장에 능하여 궁사(宮詞) 1백 수(首)를 지었다. 후촉이 망한 후에도 항상 후촉을 잊지 않고 맹창의 초상에 제사를 지냈다고 한다.

무산

巫山 장자용(張子容)[151]

巫嶺岧嶢天際重 무산 봉은 높고 높아 하늘 끝에 겹쳐있고
佳期宿昔願相從 예전 오랜 좋은 기약 따르고 싶어라
朝雲暮雨連天暗 아침 구름 저녁 비에 하늘 닿아 어두우니
神女知來第幾峰 몇 번째 봉우리에 신녀 온 줄 알겠구나

소피역에서 묵다

宿疎陂驛 왕주(王周)[152]

秋染棠梨葉半紅 팥배나무 가을 들어 잎이 반쯤 붉은데
荊州東望草平空 동쪽으로 형주 보니 하늘과 풀 평평하네
誰知孤宦天涯意 천애의 외로운 신하 마음 누가 알랴
微雨瀟瀟古驛中 가랑비 쓸쓸한 옛 역정에 있다네

151 장자용(張子容) : 생졸년 미상. 호북성(湖北省) 양양(襄陽) 출신. 712년 진사에 급제하여, 벼슬이 진릉위(晉陵尉)에 이르렀다. 맹호연(孟浩然)과 녹문산(鹿門山)에 같이 은거한 바 있어 평생 친교를 맺었다. 후에 벼슬을 버리고 은거하여 삶을 마쳤다.

152 왕주(王周) : 생졸년 미상. 진사에 급제하였고 파촉에서 관직을 역임한 바 있다. 『문헌통고(文獻通考)』에 당나라 사람으로 실려 있으나 분명하지 않다.

구지현

충남 천안 출생

연세대학교 국어국문학과 및 동대학원 졸업

현 선문대학교 국어국문학과 교수

허균전집 5

당절선산(唐絕選刪)

2022년 12월 30일 초판 1쇄 펴냄

옮긴이 구지현
발행인 김흥국
발행처 보고사

책임편집 황효은
표지디자인 김규범

등록 1990년 12월 13일 제6-0429호
주소 경기도 파주시 회동길 337-15 보고사
전화 031-955-9797(대표), 02-922-5120~1(편집), 02-922-2246(영업)
팩스 02-922-6990
메일 kanapub3@naver.com / bogosabooks@naver.com
http://www.bogosabooks.co.kr

ISBN 979-11-6587-402-5 94910
979-11-6587-374-5 (세트)

정가 34,000원